Inteligência Artificial Para leigos

A Inteligência Artificial (IA) é uma tecnologia que vem se popularizando em filmes, livros, produtos e em uma série de outros lugares. Com frequência, fornecedores equiparam IA com inteligência: você compra um aparelho inteligente esperando que ele contenha IA, ainda que essa inteligência muitas vezes se resuma apenas a conectividade, e não que tenha IA. Muitos produtos geram alvoroço no mercado simplesmente por conter uma IA, que muitas vezes nem funciona. Algumas pessoas, obviamente, querem aparecer nas manchetes e contam inverdades ou apresentam ideias erradas sobre a IA. Esta folha de cola não explica todas as ideias erradas, inverdades e sensacionalismo para você, porém traz algumas ideias de por que os usos rotineiros da IA são, de fato, as áreas em que ela é mais frequente. Sim, a IA está sendo usada de formas incríveis também, mas fornecedores costumam distorcer esses usos a tal ponto, que ninguém realmente sabe o que é real e o que é mero produto de uma imaginação fértil.

OS TIPOS DE INTELIGÊNCIA QUE A IA NÃO CONSEGUE IMITAR DOS HUMANOS

Os humanos demonstram sete tipos de inteligência [veja a tabela no Capítulo 1]. Essas formas de inteligência ajudam a distinguir os humanos de outras espécies, assim como da inteligência artificial (IA). Além disso, conhecer esses tipos de inteligência ajuda você a ver como os humanos sempre se sobressairão em relação à IA. Muitos temem que as IAs dominem o mundo e substituam as pessoas, em algum momento no futuro. Sim, uma IA pode se tornar bem inteligente em determinada área de inteligência, mas não "inteligente como os humanos"; uma IA não consegue demonstrar certos tipos de inteligência, pois nem nós os compreendemos muito bem.

Inteligência Artificial

Para leigos

por John Paul Mueller
e Luca Massaron

ALTA BOOKS
GRUPO EDITORIAL
Rio de Janeiro, 2022

Inteligência Artificial Para Leigos®
Copyright © 2019 da Starlin Alta Editora e Consultoria Eireli. ISBN: 978-85-508-0842-0

Impresso no Brasil — 1ª Edição, 2019 — Edição revisada conforme o Acordo Ortográfico da Língua Portuguesa de 2009.

Publique seu livro com a Alta Books. Para mais informações envie um e-mail para autoria@altabooks.com.br

Obra disponível para venda corporativa e/ou personalizada. Para mais informações, fale com projetos@altabooks.com.br

Produção Editorial Editora Alta Books **Gerência Editorial** Anderson Vieira	**Produtor Editorial** Thiê Alves	**Marketing Editorial** marketing@altabooks.com.br **Editor de Aquisição** José Rugeri j.rugeri@altabooks.com.br	**Vendas Atacado e Varejo** Daniele Fonseca Viviane Paiva comercial@altabooks.com.br	**Ouvidoria** ouvidoria@altabooks.com.br
Equipe Editorial	Adriano Barros Bianca Teodoro Carolinne de Oliveira Ian Verçosa	Illysabelle Trajano Juliana de Oliveira Keyciane Botelho Larissa Lima	Laryssa Gomes Leandro Lacerda Livia Carvalho Maria de Lourdes Borges	Paulo Gomes Raquel Porto Thales Silva Thauan Gomes
Tradução Alberto Gassul	**Copidesque** Wendy Campos	**Revisão Gramatical** Maíra Meyer Alessandro Thomé	**Diagramação** Lucia Quaresma	

Erratas e arquivos de apoio: No site da editora relatamos, com a devida correção, qualquer erro encontrado em nossos livros, bem como disponibilizamos arquivos de apoio se aplicáveis à obra em questão.

Acesse o site www.altabooks.com.br e procure pelo título do livro desejado para ter acesso às erratas, aos arquivos de apoio e/ou a outros conteúdos aplicáveis à obra.

Suporte Técnico: A obra é comercializada na forma em que está, sem direito a suporte técnico ou orientação pessoal/exclusiva ao leitor.

A editora não se responsabiliza pela manutenção, atualização e idioma dos sites referidos pelos autores nesta obra.

Dados Internacionais de Catalogação na Publicação (CIP) de acordo com ISBD

M946i Mueller, John Paul

Inteligência Artificial / John Paul Mueller, Luca Massaron ; traduzido por Alberto Gassul. - Rio de Janeiro : Alta Books, 2019.
336 p. ; 17cm x 24cm. – (Para Leigos)

Inclui índice.
ISBN: 978-85-508-0842-0

1. Inteligência Artificial. 2. Computação. 3. Informática. 4. Mídias Digitais. I. Massaron, Luca. II. Gassul, Alberto. III. Título. IV. Série.

2019-1834 CDD 004
CDU 004

Elaborado por Vagner Rodolfo da Silva - CRB-8/9410

ALTA BOOKS
EDITORA

Rua Viúva Cláudio, 291 — Bairro Industrial do Jacaré
CEP: 20.970-031 — Rio de Janeiro (RJ)
Tels.: (21) 3278-8069 /3278-8419
www.altabooks.com.br — altabooks@altabooks.com.br
www.facebook.com/altabooks — www.instagram.com/altabooks

ASSOCIADO CBL Câmara Brasileira do Livro

Sobre os Autores

John Mueller é autor freelancer e editor técnico. Tem a escrita no sangue e já produziu 108 livros e mais de 600 artigos até o momento. Os assuntos variam de networking a inteligência artificial, de gestão de banco de dados a programação head-down [sem interrupções]. Alguns de seus livros mais recentes incluem discussões sobre a ciência de dados, aprendizado de máquina e algoritmos. Suas habilidades de edição técnica já ajudaram mais de 70 autores a refinarem o conteúdo de seus manuscritos. John já forneceu serviços editoriais para várias revistas, prestou vários tipos de consultoria e cria exames de certificação. Não deixe de acessar seu blog em `http://blog.johnmuellerbooks`.com/. Seu email é John@JohnMuellerBooks.com, e seu site `http://www.johnmuellerbooks.com/`[conteúdos em inglês].

Luca Massaron é cientista de dados e diretor de pesquisa de marketing, especializado em análises estatísticas multivariadas, aprendizado de máquina e customer insight, com mais de uma década de experiência na solução de problemas do mundo real e na geração de valores para as partes interessadas ao aplicar o raciocínio, a estatística, a mineração de dados e os algoritmos. Apaixonado por tudo que tem relação com dados e análises, assim como com a demonstração do potencial da descoberta do conhecimento motivado pelos dados tanto para especialistas como para não especialistas, Luca é coautor, com John Mueller, de *Python para Data Science Para Leigos*, *Aprendizado de Máquina Para Leigos* e *Algoritmos Para Leigos* (todos publicados pela Alta Books). Ao dar preferência à simplicidade, em vez de à sofisticação desnecessária, ele acredita que muito pode ser realizado através da compreensão simples das coisas e da prática do básico de qualquer assunto.

Dedicatória de John

Este livro é dedicado aos meus amigos da biblioteca La Valle library onde fui voluntário. Espero vê-los a cada semana, pois vocês ajudam a completar minha vida.

Dedicatória de Luca

Este livro é dedicado à família Suda que mora em Tóquio: Yoshiki, Takayo, Makiko e Mikiko.

Agradecimentos de John

Agradeço à minha esposa, Rebecca. Mesmo tendo partido, seu espírito está em cada livro que escrevo e em cada palavra que aparece nas páginas. Ela acreditava em mim quando ninguém mais o faria.

Russ Mullen merece os agradecimentos por sua revisão técnica deste livro. Ele contribuiu enormemente para a precisão e profundidade do material que você tem em mãos. Russ está sempre me mostrando ótimos links sobre novos produtos e ideias. É ele também que garante a sanidade em meu trabalho.

Matt Wagner, meu agente, merece o crédito por ter me ajudado a conseguir o contrato, para começar, e por cuidar de todos os detalhes que a maioria dos autores não considera. Sou grato por todo o apoio. É bom saber que alguém está disposto a ajudar.

Várias pessoas leram o livro todo ou partes dele para me ajudar a refinar as abordagens, testar os exemplos de codificação e oferecer informações que todos os leitores gostariam de ter. Sem receber nada por isso, esses voluntários ajudaram de tantas maneiras, que seria impossível mencionar todos aqui. Agradeço especialmente aos esforços de Eva Beattie e Osvaldo Téllez Almirall, que deram informações gerais, leram o livro todo e se dedicaram altruisticamente a este projeto.

Finalmente, gostaria de agradecer a Katie Mohr, Susan Christophersene e aos demais integrantes da equipe editorial e de produção.

Agradecimentos de Luca

Meus primeiros e maiores agradecimentos são para minha família, Yukiko e Amelia, por seu apoio, sacrifícios e paciência amorosa durante os longos dias/noites, semanas e meses que estive envolvido na produção deste livro.

Agradeço a todo o pessoal do editorial e da produção da Wiley, especialmente Katie Mohr e Susan Christophersen, por seu grande profissionalismo e apoio em todas as fases da escrita deste livro para a série *Para Leigos*.

Sumário Resumido

Sumário

Introdução

É quase impossível não ouvirmos falar em IA hoje em dia. Ela está em filmes, livros, notícias e na internet. A IA faz parte dos robôs, dos carros autônomos, dos drones, dos sistemas médicos, dos sites de compra online e de vários outros tipos de tecnologia que afetam seu dia a dia de muitas maneiras.

Além disso, especialistas despejam toneladas de informações (e desinformações) sobre IA. Alguns acham que ela é bonitinha e fofinha; outros a veem como uma assassina em massa da raça humana. O problema em estarmos tão sobrecarregados com informações de tantas maneiras é que lutamos para separar o que é real daquilo que é apenas o produto de uma imaginação fértil. Muito do sensacionalismo sobre a IA se origina nas expectativas excessivas e irreais de cientistas, empreendedores e executivos. *Inteligência Artificial Para Leigos* é o livro de que você precisa, caso sinta que realmente não sabe nada sobre uma tecnologia que pretende ser um elemento essencial de sua vida.

Se usarmos os vários tipos de mídia como parâmetro, é fácil perceber como a maioria das tecnologias úteis são quase tediosas. Certamente, não causam grande comoção. A IA é assim: está tão presente, que acaba ficando banal. Ela já está presente em sua vida; na verdade, você a usa de muitas formas diferentes — apenas não se dá conta disso, pois são coisas muito corriqueiras. *Inteligência Artificial Para Leigos* ajudará você a conhecer esses usos essenciais e muito reais da IA. Um termostato inteligente em sua casa pode não parecer algo tão empolgante assim, mas é um dos usos extremamente práticos para uma tecnologia que faz algumas pessoas pirarem de medo.

Obviamente, *Inteligência Artificial Para Leigos* também fala sobre os usos muito legais da IA. Por exemplo, talvez você não saiba que existe um aparelho de monitoramento médico que consegue de fato prever quando você poderá ter um problema cardíaco, mas ele existe. A IA controla os drones, conduz carros e possibilita a existência de vários tipos de robôs. Hoje em dia, vemos a IA sendo usada em vários tipos de aplicações espaciais, e ela será o personagem principal em todas as aventuras espaciais que os humanos terão no futuro.

Ao contrário de vários livros sobre o assunto, *Inteligência Artificial Para Leigos* também fala a verdade sobre onde e como a IA não funciona. Na verdade, ela nunca conseguirá se engajar em certas atividades e tarefas essenciais, e não conseguirá realizar outras até muito tempo no futuro. Algumas pessoas tentam convencê-lo de que essas atividades são possíveis para a IA, mas *Inteligência Artificial Para Leigos* lhe explica por que elas não podem funcionar, acabando com todo o sensacionalismo que o manteve nas trevas em relação à IA. Uma lição deste livro é que os humanos sempre serão importantes. De fato, no mínimo, a IA torna os humanos ainda mais importantes, porque ela os ajuda a se sobressair de formas que, francamente, talvez você nem imagine.

Sobre Este Livro

Inteligência Artificial Para Leigos começa ajudando você a entender a IA, especialmente do que ela precisa para funcionar e por que ela não deu certo no passado. Você também descobrirá a base de alguns problemas com a IA atualmente e como esses problemas podem ser quase impossíveis de serem resolvidos em alguns casos. Obviamente, junto desses problemas, você também descobrirá como resolver alguns deles e considerar aonde os cientistas estão levando a IA em busca de respostas.

Para a sobrevivência de uma tecnologia, ela deve ter um grupo sólido de aplicações que realmente funcionem. Ela também deve dar um retorno sobre o investimento aos investidores que tiveram a visão de acreditar na tecnologia. No passado, a IA não conseguiu atingir um sucesso importante porque não tinha algumas dessas características. Ela também sofreu por estar à frente de seu tempo: a verdadeira IA precisou esperar que o hardware chegasse no ponto em que está hoje. Atualmente, podemos encontrar a IA sendo usada em várias aplicações de computadores e na automação de processos. Ela também é muito usada na área médica e para melhorar a interação humana. A IA também está relacionada com a análise de dados, o aprendizado de máquina e o aprendizado profundo. Às vezes, esses termos podem parecer confusos, então, um dos motivos para ler *Inteligência Artificial Para Leigos* é descobrir como essas tecnologias se interconectam.

A IA tem um futuro brilhante, pois se tornou uma tecnologia essencial. Este livro também lhe mostra os caminhos que ela provavelmente seguirá no futuro. As várias tendências discutidas aqui se baseiam no que as pessoas estão de fato tentando realizar no momento. A nova tecnologia ainda não deu certo, mas, como as pessoas estão trabalhando nela, há boas chances de que ela atinja o sucesso em algum momento.

Para facilitar ainda mais o aprendizado dos conceitos, este livro usa as seguintes convenções:

» Os endereços de internet aparecem `nesta fonte`.

» As palavras em *itálico* indicam termos especiais de que você deve se lembrar. Você verá essas palavras usadas (e às vezes mal usadas) de várias formas na imprensa e em outras mídias, como nos filmes. Conhecer o significado desses termos pode ajudá-lo a eliminar um pouco do sensacionalismo que envolve a IA.

Ícones Usados Neste Livro

Enquanto lê este livro, você verá ícones nas margens que indicam assuntos de interesse (ou não, dependendo do caso). Esta seção descreve brevemente cada um.

DICA

As dicas são legais, pois ajudam você a economizar tempo ou a realizar alguma tarefa sem muito esforço extra. As dicas neste livro são técnicas que economizam seu tempo ou indicadores de recursos que você deveria experimentar para tentar obter o máximo benefício de seu aprendizado em IA.

CUIDADO

Não queremos parecer pais rigorosos ou algum tipo de maníaco, mas você deveria evitar fazer qualquer coisa que esteja marcada com o ícone Cuidado. Caso contrário, poderá acabar envolvido com o tipo de desinformação a respeito da IA que aterroriza as pessoas hoje em dia.

PAPO DE ESPECIALISTA

Sempre que vir este ícone, pense em dicas ou técnicas avançadas. Talvez você considere essas pequenas porções de informações úteis apenas um monte de palavras chatas, ou talvez elas contenham a solução de que precisa para criar ou usar uma solução de IA. Pule essas informações sempre que quiser.

LEMBRE-SE

Se não entender nada mais em um capítulo ou seção específica, lembre-se das partes marcadas por este ícone. O texto geralmente contém um processo essencial ou uma informação que você precisa saber para interagir bem com a IA.

Além Deste Livro

Este livro não é o ponto final de sua experiência de descoberta da IA; ele é apenas o começo. Na verdade, você tem acesso a todos estes extras legais:

- **Folha de cola:** Você se lembra de ter usado aquelas anotações em papeizinhos na escola para tentar tirar uma nota melhor, né? Sério? Bem, uma folha de cola é algo assim. Ela apresenta algumas anotações especiais sobre tarefas que você pode realizar com uma IA e que nem todo mundo conhece. Você pode encontrar a folha de cola para este livro acessando `www.altabooks.com.br` e digitando *Inteligência Artificial Para Leigos* no campo de busca. A folha de cola contém informações bem legais, como os vários tipos de inteligência, os usos mais comuns da IA e os principais fabricantes.
- **Blog:** Confira os posts com respostas às perguntas dos leitores e demonstrações de técnicas úteis relacionadas a este livro no blog `http://blog.johnmuellerbooks.com/`[conteúdo em inglês].

De Lá para Cá, Daqui para Lá

Chegou a hora de começar a descobrir a IA e ver o que ela pode fazer por você. Caso não saiba nada sobre IA, comece no Capítulo 1. Talvez você não queira ler todos os capítulos do livro, mas começar com o primeiro o ajudará a entender o básico sobre IA, tudo que você precisa saber para entender outras partes do livro.

Se seu objetivo principal com a leitura deste livro é construir conhecimento sobre as áreas em que a IA é usada atualmente, comece no Capítulo 5. Os materiais na Parte 2 o ajudarão a conhecer os usos atuais da IA.

Os leitores com um conhecimento um pouco mais avançado sobre a IA podem começar no Capítulo 9. A Parte 3 deste livro contém o material mais avançado que você encontrará. Caso não queira saber como a IA funciona em um nível básico (não como desenvolvedor, mas simplesmente como alguém interessado em IA), talvez ache melhor pular esta parte do livro.

Tudo bem, então você quer conhecer as maneiras superfantásticas que as pessoas estão usando a IA hoje ou que usarão no futuro. Se for este o caso, comece no Capítulo 12. Todo o conteúdo das Partes 4 e 5 mostra os usos mais incríveis da IA, sem forçá-lo a lidar com pilhas de sensacionalismo. As informações na Parte 4 se concentram no hardware usado pela IA, e o material na Parte 5, nos usos futurísticos da IA.

* **Nota da Editora:** Ao longo do livro, há inúmeros links para sites e artigos. Em vários casos, um artigo com conteúdo igual ou semelhante, mas em português, foi indicado. Caso contrário, há a indicação "conteúdo em inglês". De todo modo, a Editora não se responsabiliza pelo conteúdo apresentado nesses links, pelo eventual não funcionamento de qualquer um nem pelos endereços de e-mail e de blogs apresentados pelos autores.

1 Apresentando a IA

NESTA PARTE...

Descubra o que a IA pode, de fato, fazer por você.

Considere como os dados afetam o uso da IA.

Entenda como a IA depende de algoritmos para executar uma tarefa útil.

Veja como o uso de hardware especializado melhora a IA.

NESTE CAPÍTULO

» Definindo a IA e sua história

» Usando a IA para atividades práticas

» Entendendo o alvoroço causado pela IA

» Conectando a IA com a tecnologia dos computadores

Capítulo 1

Apresentando a IA

A Inteligência Artificial (IA) teve vários falsos começos e interrupções ao longo dos anos, em parte porque as pessoas não entendem realmente qual é o propósito da IA, ou até mesmo o que ela deveria realizar. Uma parte principal do problema é que filmes, programas de TV e livros conspiraram para dar falsas esperanças a respeito do que a IA será capaz de realizar. Além disso, a tendência humana de *antropomorfizar* (atribuir características humanas) à tecnologia faz com que a IA pareça executar mais do que é capaz de realizar. Assim, a melhor forma de começar este livro é a partir da definição do que é e o que não é IA, de fato, e como ela se conecta com os computadores hoje.

LEMBRE-SE

Obviamente, a base de suas expectativas a respeito da IA é uma combinação de como você a define, a tecnologia disponível para implementá-la e seus objetivos para ela. Como resultado, todo mundo vê a IA de uma forma diferente. Este livro adota uma abordagem mais moderada ao considerar a IA sob todas as perspectivas possíveis. Ele não compra a ideia do sensacionalismo provocado por seus defensores, nem cede à negatividade adotada pelos detratores, de modo que você obterá o melhor ponto de vista possível sobre a IA como tecnologia. Dessa forma, talvez descubra que tem expectativas até certo ponto diferentes das que encontrará neste livro. Tudo bem, mas é essencial levar em conta o que a tecnologia pode, de fato, fazer por você, em vez de esperar por algo impossível.

Definindo o Termo IA

Antes de usarmos um termo de forma significativa e útil, é preciso defini-lo. Afinal, se ninguém concorda a respeito de um significado, o termo acaba não tendo nenhum; ele é apenas um conjunto de letras. Definir uma expressão idiomática (um termo cujo significado não fica claro a partir do significado de seus elementos constitutivos) é especialmente importante com os termos tecnológicos, que receberam intensa cobertura da mídia em vários momentos e de várias formas.

LEMBRE-SE

Dizer que a IA é uma inteligência artificial não nos transmite nada significativo, na verdade, e é por isso que há tantos debates e discordâncias a respeito desse termo. Sim, você pode argumentar que o que ocorre é artificial, uma vez que não veio de uma fonte natural. No entanto, a parte da inteligência é, na melhor das hipóteses, ambígua. Mesmo que não concorde com a definição da IA apresentada nas seções a seguir, este livro usa o termo IA de acordo com essa definição, e saber disso o ajudará a acompanhar o restante do texto com mais facilidade.

Discernindo a inteligência

As pessoas definem inteligência de muitas formas diferentes. Porém, podemos dizer que a inteligência envolve certas ações mentais compostas das seguintes atividades:

- **Aprendizado:** Ter a habilidade de obter e processar novas informações.
- **Raciocínio:** Conseguir manipular a informação de várias maneiras.
- **Compreensão:** Considerar o resultado da manipulação da informação.
- **Apreender verdades:** Determinar a validade da informação manipulada.
- **Ver relações:** Prever como os dados validados interagem com outros dados.
- **Considerar significados:** Aplicar verdades a situações específicas de uma maneira consistente com suas relações.
- **Separar fatos de crenças:** Determinar se os dados são adequadamente apoiados por fontes factíveis que possam ser demonstradas de modo a apresentar uma validade consistente.

A lista pode facilmente ficar gigantesca, porém, mesmo ela está relativamente propensa a ser interpretada por qualquer um que a aceite como válida. No entanto, como você pode ver a partir da lista, em geral a inteligência segue um processo que pode ser imitado por um sistema de computador como parte de uma simulação:

1. Estabelecer um objetivo com base em necessidades ou desejos.
2. Avaliar o valor de qualquer informação atualmente conhecida em apoio ao objetivo.
3. Colher informações adicionais que possam apoiar o objetivo.
4. Manipular os dados de forma que adquiram um formato que seja consistente com informações existentes.
5. Definir as relações e valores verdade entre informações existentes e novas.
6. Determinar se o objetivo foi alcançado.
7. Modificar o objetivo sob a luz dos novos dados e seu efeito na probabilidade de sucesso.
8. Repetir os Passos 2 a 7, conforme necessário, até que o objetivo seja alcançado (considerado verdadeiro) ou as possibilidades para alcançá-lo tenham sido esgotadas (considerado falso).

LEMBRE-SE

Mesmo que você possa criar algoritmos e prover acesso aos dados em apoio a esse processo em um computador, a capacidade do computador de alcançar a inteligência é muito limitada. Por exemplo, um computador é incapaz de entender qualquer coisa, pois ele depende de processos maquinais para manipular os dados, usando matemática pura de forma estritamente mecânica. Da mesma forma, os computadores não conseguem separar com facilidade a verdade da inverdade (como descrito no Capítulo 2). Na realidade, nenhum computador consegue implementar integralmente qualquer das atividades mentais que descrevem a inteligência.

Categorizar a inteligência também é útil como parte do esforço para decidir o que ela de fato envolve. Os humanos não usam só um tipo de inteligência, mas contam com inteligências múltiplas para realizar as tarefas. Howard Gardner, de Harvard, definiu vários desses tipos de inteligência (veja `http://www.pz.harvard.edu/projects/multiple-intelligences` para obter os detalhes [conteúdo em inglês]), e conhecê-los ajuda você a relacioná-los com os tipos de tarefas que um computador consegue simular como inteligência (veja, na Tabela 1-1, uma versão modificada dessas inteligências, com descrições adicionais).

TABELA 1-1 Entendendo os tipos de inteligência

Tipo	Potencial de Simulação	Ferramentas Humanas	Descrição
Visual-espacial	Moderado	Modelos, gráficos, tabelas, fotos, desenhos, modelagens 3D, vídeo, televisão e multimídia	Inteligência aplicada ao ambiente físico usada por pessoas como navegadores e arquitetos (entre muitos outros). Para realizar qualquer movimento, os humanos precisam entender seu ambiente físico — ou seja, suas dimensões e características. Qualquer inteligência de robôs ou de computadores portáteis demanda essa capacidade, mas ela é geralmente difícil de ser simulada (como nos carros autodirigidos) ou menos precisa (como nos aspiradores que precisam bater em objetos para se moverem de forma inteligente).
Corporal--cinestésica	Moderado a alto	Equipamentos especializados e objetos reais	Movimentos corporais como aqueles realizados por um cirurgião ou dançarino exigem precisão e percepção corporal. Os robôs comumente usam este tipo de inteligência para realizar tarefas repetitivas, geralmente com uma precisão maior que os humanos, mas às vezes com menos beleza. É essencial diferenciarmos entre uma melhoria humana, tal como um aparelho cirúrgico que oferece uma habilidade física aprimorada ao cirurgião, e o movimento realmente independente. O primeiro é apenas uma demonstração de habilidade matemática, uma vez que depende do cirurgião para ser aplicado.
Criativa	Nenhum	Produções artísticas, novos padrões de pensamento, invenções, novos tipos de composições musicais	A criatividade é a ação de desenvolver um novo padrão de pensamento que resulte em uma produção única na forma de arte, música e escrita. Um produto realmente inovador é resultado da criatividade. Uma IA pode simular padrões existentes e até combiná-los para criar o que parece ser uma apresentação única, mas é, na verdade, apenas uma versão matemática baseada em um padrão existente. Para conseguir criar, uma IA teria de possuir autoconhecimento, o que exige uma inteligência intrapessoal.
Interpessoal	Baixo a Moderado	Telefone, teleconferências, videoconferências, escrita, conferências via computador, e-mails	A interação com os outros ocorre em vários níveis. O objetivo desta forma de inteligência é obter, trocar, dar e manipular informações baseadas nas experiências de outros. Os computadores conseguem responder perguntas básicas pelas entradas de palavras-chave, e não porque entendem a pergunta. A inteligência envolve obter informações, localizar as palavras-chave adequadas e, na sequência, dar a informação com base nessas palavras-chave. Fazer referência cruzada de termos em uma tabela de pesquisa e, depois, agir de acordo com as instruções dessa tabela demonstram uma inteligência lógica, e não interpessoal.

Tipo	Potencial de Simulação	Ferramentas Humanas	Descrição
Intrapessoal	Nenhum	Livros, materiais criativos, diários, privacidade e tempo	Olhar para dentro de si para entender seus próprios interesses e, depois, estabelecer objetivos com base nesses interesses é, no momento, um tipo de inteligência exclusivo dos humanos. Assim como as máquinas, os computadores não têm desejos, interesses ou habilidades criativas. Uma IA processa entradas numéricas usando um conjunto de algoritmos e produz uma saída, mas não tem consciência nem compreende o que faz.
Linguística	Baixo	Jogos, multimídia, livros, gravadores de voz e palavras faladas	Trabalhar com palavras é uma ferramenta essencial para a comunicação porque a troca de informações faladas e escritas é muito mais rápida do que em qualquer outra forma. Esta forma de inteligência inclui a compreensão de entradas faladas e escritas, gerenciando a entrada para desenvolver uma resposta e oferecer uma resposta compreensível como saída. Em muitos casos, os computadores mal podem processar as entradas em palavras-chave, não conseguem realmente entender o pedido de forma alguma e as respostas de saída podem não ser compreensíveis. Nos humanos, a inteligência linguística falada e escrita vem de áreas diferentes do cérebro (`http://releases.jhu.edu/2015/05/05/say-what-how-the-brain-separates-our-ability-to-talk-and-write/`[conteúdo em inglês]), o que significa que, mesmo nos humanos, alguém com uma alta inteligência linguística escrita pode não ter uma alta inteligência linguística falada. Os computadores, até o momento, não separam a habilidade linguística escrita da falada.
Lógico-matemática	Alto	Jogos de lógica, investigações, mistérios e quebra-cabeças	Calcular um resultado, realizar comparações, explorar padrões e considerar relações são todas áreas nas quais os computadores são melhores, no momento. Ao vermos um computador ganhar de um humano em um game show, essa é, das sete, a única forma de inteligência que estamos de fato observando. Sim, podemos ver pequenas partes dos outros tipos de inteligência, mas esta é o foco. Basear uma avaliação de uma inteligência humana contra uma inteligência de computador em apenas uma área não é uma boa ideia.

Descobrindo quatro maneiras de definir a IA

Como descrevemos na seção anterior, o primeiro conceito importante a ser entendido é que a IA, na realidade, não tem nada a ver com a inteligência humana. Sim, partes da IA são modeladas para simular a inteligência humana, mas não passa disso: simulação. Ao pensar na IA, perceba uma interação entre a busca por objetivos, processamento de dados usados para alcançar o objetivo e a aquisição de dados, usada para melhor entender o objetivo. A IA depende de algoritmos para alcançar um resultado que pode ou não ter qualquer coisa a ver com os objetivos e métodos humanos de realizar esses objetivos. Tendo isso em mente, podemos categorizar a IA de quatro maneiras:

- **Age como humano:** Quando um computador age como uma pessoa, o melhor exemplo é o Teste de Turing, no qual o computador vence quando não é possível diferenciá-lo de um ser humano (veja `http://www.turing.org.uk/scrapbook/test.html` para mais detalhes [conteúdo em inglês]). Esta categoria também reflete aquilo que a mídia quer que você acredite como sendo a definição da IA. Você a vê empregada em tecnologias como processamento de linguagem natural, representação do conhecimento, raciocínio automatizado e aprendizado de máquina (sendo que todos esses quatro elementos devem estar presentes para passar no teste).

  O Teste de Turing original não incluía qualquer contato físico. A versão mais nova, o Teste Total de Turing, inclui contato físico na forma de avaliação de habilidade perceptiva, o que significa que o computador também deve empregar a visão de computador e a robótica para ser bem-sucedido. As técnicas modernas incluem a ideia de alcançar o objetivo, em vez de apenas imitar os humanos. Por exemplo, os irmãos Wright não foram bem-sucedidos na criação de um avião ao copiar precisamente o voo dos pássaros; em vez disso, os pássaros foram uma fonte de ideias que os levou à aerodinâmica e que, tempos depois, levou aos voos humanos. O objetivo é voar. Tanto os pássaros quanto os humanos alcançaram esse objetivo, mas através de abordagens diferentes.

- **Pensa como humano:** Quando um computador pensa como um humano, ele realiza tarefas que exigem inteligência humana (contrastando com os procedimentos de rotina) para ser bem-sucedido, tal como dirigir um carro. Para determinar se um programa pensa ou não como um humano, você deve ter algum método de determinar como os humanos pensam, o que é definido pela abordagem de modelagem cognitiva. Essa abordagem baseia-se em três técnicas:
  - **Introspecção:** Detectar e documentar as técnicas usadas para alcançar objetivos ao monitorar seus próprios processos de pensamento.

PROCESSOS HUMANOS X LÓGICOS

Os processos humanos são diferentes dos processos lógicos em seus resultados. Um processo é *lógico* se ele sempre faz a coisa certa com base nas informações atuais, considerando uma medida de desempenho ideal. Resumindo, os processos lógicos seguem as regras e presumem que elas estejam realmente certas. Os processos humanos envolvem instinto, intuição e outras variáveis que não necessariamente refletem as regras e podem nem ser consideradas dados existentes. Por exemplo, a maneira lógica de dirigir um carro é sempre obedecer as leis. No entanto, o trânsito não é lógico. Caso você siga com precisão as regras, acabará parado no meio da rua, porque os outros condutores não seguem exatamente as leis. Para ser bem-sucedido, um carro autodirigido deve, dessa forma, agir como humano, e não logicamente.

- **Testes psicológicos:** Observar o comportamento de uma pessoa e adicioná-lo a um banco de dados de comportamentos similares de outras pessoas, considerando um conjunto similar de circunstâncias, objetivos, recursos e condições ambientais (entre outras coisas).
- **Exames cerebrais:** Monitorar a atividade cerebral diretamente através de vários meios mecânicos, como a Tomografia Axial Computadorizada (TAC), a Tomografia por Emissão de Pósitrons (PET), a Imagem por Ressonância Magnética (MRI) e a Magnetoencefalografia (MEG).

Após criar um modelo, você pode escrever um programa para simulá-lo. Considerando a quantidade de variação entre os processos de pensamento humano e a dificuldade de representar precisamente esses processos de pensamento como parte de um programa, os resultados são, na melhor das hipóteses, experimentais. Esta categoria de pensar como humano é usada com frequência em psicologia e em outras áreas nas quais a modelagem do processo de pensamento humano para criar simulações realísticas é essencial.

» **Pensa logicamente:** Estudar como os humanos pensam usando alguns padrões permite a criação de parâmetros que descrevem os comportamentos humanos típicos. Uma pessoa é considerada racional quando segue esses comportamentos, dentro de certos níveis de desvio. Um computador que pensa logicamente depende de comportamentos gravados para criar um guia de como interagir com o ambiente com base nos dados disponíveis. O objetivo dessa abordagem é resolver problemas de forma lógica, quando possível. Em muitos casos, essa abordagem permitiria a criação de uma técnica de referência para a solução de um problema, que seria depois modificada para de fato resolver o problema. Dito de outro modo, a solução de um problema na teoria é geralmente diferente de resolvê-lo na prática, mas você ainda precisa de um ponto de partida.

- **Age logicamente:** Estudar como os humanos agem em determinadas situações e diante de restrições específicas permite a você que determine quais técnicas são adequadas e eficazes. Um computador que age racionalmente depende de ações gravadas para interagir com um ambiente baseado em condições, fatores ambientais e dados existentes. Da mesma forma que ocorre com o pensamento racional, os atos racionais dependem de uma solução teórica, que talvez não seja útil na prática. No entanto, os atos racionais oferecem, sim, uma base sobre a qual um computador pode começar a realizar a conclusão satisfatória de um objetivo.

As categorias usadas para definir a IA oferecem uma forma de considerarmos vários usos ou formas de aplicá-la. Alguns dos sistemas usados para classificar a IA por tipo são arbitrários e confusos. Por exemplo, alguns grupos entendem a IA como forte (inteligência generalizada que pode se adaptar a uma variedade de situações) ou fraca (inteligência específica programada para realizar bem determinada tarefa). O problema com a IA forte é que ela não realiza bem tarefa alguma, enquanto a IA fraca é específica demais para realizar tarefas de forma independente. Mesmo assim, apenas dois tipos de classificações não são suficientes, mesmo em um sentido geral. Os quatro tipos de classificação promovidos por Arend Hintze (veja `http://theconversation.com/understanding-the-four-types-of-ai-from-reactive-robots-to-self-aware-beings-67616` para mais detalhes [conteúdo em inglês]) formam uma base melhor para a compreensão da IA:

- **Máquinas reativas:** As máquinas que você vê derrotando os humanos no xadrez ou participando de game shows são exemplos de máquinas reativas. Elas não têm memória ou experiências nas quais basear uma decisão. Em vez disso, elas dependem de uma pura capacidade de processamento e de algoritmos inteligentes para recriar cada decisão, todas as vezes. Este é um exemplo de uma IA fraca usada para um propósito específico.
- **Memória limitada:** Um carro autodirigido ou um robô autônomo não podem se dar o luxo de levar o tempo que quiserem para tomar, do zero, cada decisão. Essas máquinas contam com uma pequena quantidade de memória para oferecer um conhecimento experimental de várias situações. Quando a máquina identifica a mesma situação, ela pode se basear na experiência para reduzir o tempo de reação e oferecer mais recursos para tomar novas decisões que ainda não foram tomadas. Este é um exemplo do nível atual de IA forte.
- **Teoria da mente:** Uma máquina que consegue avaliar tanto os objetivos solicitados quanto os potenciais objetivos de outras entidades no mesmo ambiente tem um tipo de compreensão que, hoje, só é possível até determinado ponto, e não em qualquer canal comercial. No entanto, para que os carros autodirigidos se tornem verdadeiramente autônomos, este nível de IA deve estar totalmente desenvolvido. Um carro autodirigido não apenas precisaria saber que deve ir de um ponto a outro, mas também intuir os potenciais objetivos conflitantes de condutores ao seu redor e reagir de acordo.

» **Autoconhecimento:** Este é o tipo de IA que você vê nos filmes. No entanto, ela exige tecnologias que não são nem remotamente possíveis no momento, porque esse tipo de máquina teria um senso do eu e da consciência. Além disso, em vez de simplesmente intuir os objetivos dos outros com base no ambiente e nas reações de outras entidades, esse tipo de máquina conseguiria deduzir a intenção de outros com base em conhecimento experimental.

Entendendo a História da IA

As seções anteriores deste capítulo o ajudam a entender a inteligência a partir de uma perspectiva humana e ver como os computadores modernos são lamentavelmente inadequados para simular essa inteligência e nem de longe são capazes de adquirir inteligência. No entanto, o desejo de criar máquinas inteligentes (ou ídolos, como eram consideradas no passado) é tão antigo quanto os humanos. O desejo de não estar sozinho no universo, de ter algo com que se comunicar sem as inconsistências de outros humanos, é grande. É claro que um único livro não consegue contemplar toda a história humana, portanto, as seções a seguir oferecem uma síntese breve e pertinente da história das tentativas da IA moderna.

Começando com a lógica simbólica em Dartmouth

Os primeiros computadores eram apenas isso: dispositivos de computar. Eles imitavam a habilidade humana de manipular símbolos de modo a realizar as operações básicas da matemática, como a adição. Posteriormente, o raciocínio lógico adicionou a capacidade de realizar o raciocínio matemático através das comparações (como determinar se um valor é maior do que outro). No entanto, os humanos ainda precisavam definir o algoritmo usado para realizar a computação, oferecer os dados exigidos no formato certo e, então, interpretar o resultado. Durante o verão de 1956, vários cientistas participaram de um workshop realizado no campus da faculdade Dartmouth, para tentar ir além. Eles previram que as máquinas capazes de raciocinar de forma tão eficaz quanto os humanos exigiriam, no máximo, mais uma geração de pesquisa. Estavam errados. Apenas agora construímos máquinas que conseguem realizar raciocínio matemático e lógico de forma tão eficaz quanto os humanos (o que significa que os computadores devem dominar, pelo menos, seis outras inteligências antes de chegar perto da inteligência humana).

Os problemas indicados no encontro da faculdade Dartmouth e em outras tentativas da época estão relacionados ao hardware — capacidade de processamento para realizar cálculos com a velocidade suficiente para criar uma simulação. No entanto, esse não era todo o problema. Sim, o hardware é um fator na situação, mas não é possível simular processos que não entendemos. Mesmo assim, a razão pela qual a IA é de certa forma eficaz hoje é que o hardware finalmente atingiu uma potência suficiente para suportar o número exigido de cálculos.

CUIDADO

O maior problema dessas primeiras tentativas (e ainda é um problema considerável hoje em dia) é que não entendemos bem o suficiente como os humanos raciocinam, de modo a criarmos qualquer tipo de simulação — presumindo que uma simulação direcional seja possível. Pense novamente nos problemas envolvendo o voo tripulado descrito anteriormente neste capítulo. Os irmãos Wright conseguiram realizá-lo não por simular os pássaros, mas por entender os processos que os pássaros usam e, a partir disso, criar um campo de aerodinâmica. Como resultado, quando alguém diz que a próxima grande inovação de IA está prestes a acontecer e ainda não há dissertações concretas a respeito dos processos envolvidos, a inovação pode estar em qualquer ponto, menos prestes a acontecer.

Continuando com os sistemas especialistas

Os sistemas especialistas apareceram pela primeira vez nos anos 1970 e, novamente, nos anos 1980, como uma tentativa de reduzir os requisitos computacionais impostos pela IA, usando o conhecimento de especialistas. Surgiram várias representações de sistemas especialistas, incluindo os baseados em regras (que usam declarações se...então para basear decisões em regras práticas), os baseados em frames (que usam bases de dados organizados em hierarquias relacionadas de informações genéricas chamadas de frames — enquadramentos) e os baseados em lógica (que dependem da teoria dos conjuntos para estabelecer relações). O advento dos sistemas especialistas é importante porque eles apresentam as primeiras implementações da IA bem-sucedidas e efetivamente úteis.

DICA

Você ainda vê os sistemas especialistas em uso hoje (mesmo que não tenham mais esse nome). Por exemplo, os recursos de verificar a digitação e a gramática em suas aplicações são tipos de sistemas especialistas. O corretor gramatical, especialmente, é fortemente baseado em regras. Vale a pena dar uma olhada ao seu redor para identificar onde os sistemas especialistas podem ainda ter um uso prático em aplicações do nosso cotidiano.

Um problema com os sistemas especialistas é que podem ser difíceis de criar e manter. Os primeiros usuários tiveram de aprender as linguagens de programações especializadas como List Processing (LisP) ou Prolog. Alguns fornecedores viram uma oportunidade de colocar sistemas especialistas nas mãos de programadores menos experientes ou iniciantes, usando produtos como o VP-Expert (veja `http://www.csis.ysu.edu/~john/824/vpxguide.html` e `https://www.amazon.com/exec/obidos/ASIN/155622057X/datacservip0f-20/` [conteúdo em inglês]), que usam a abordagem baseada em regras. No entanto, esses produtos geralmente oferecem uma funcionalidade extremamente limitada por usar bases de conhecimento muito pequenas.

Nos anos 1990, a expressão *sistema especialista* começou a desaparecer. Surgiu a ideia de que os sistemas especialistas eram um fracasso, mas a realidade é que eles eram simplesmente tão bons, que acabaram incorporados às aplicações que deveriam oferecer suporte. Usando o exemplo de um processador de textos, houve um tempo em que era preciso comprar um aplicativo de correção gramatical como o RightWriter (`http://www.right-writer.com/`[conteúdo em inglês]). No entanto, os processadores de texto agora possuem corretores gramaticais embutidos, porque eles demonstraram ser muito úteis — e quase sempre precisos (para mais detalhes, veja `https://www.washingtonpost.com/archive/opinions/1990/04/29/hello-mr-chips-pcs-learn-english/6487ce8a-18df-4bb8-b53f-62840585e49d/`[conteúdo em inglês]).

Sobrevivendo aos invernos da IA

O termo *inverno da IA* se refere a um período de investimentos reduzidos em seu desenvolvimento. Em geral, a IA trilhou um caminho em que os proponentes exageravam as possibilidades, incluindo pessoas sem qualquer conhecimento de tecnologia, mas com muito dinheiro, para investir. Seguia-se então um período de críticas quando ela não atingia as expectativas, e, consequentemente, os investimentos diminuíam. Vários desses ciclos ocorreram ao longo dos anos — todos eles devastadores para o verdadeiro progresso.

A IA está atualmente em uma nova fase de sensacionalismo por causa do *aprendizado de máquina*, uma tecnologia que ajuda os computadores a aprender a partir de dados. Fazer com que um computador aprenda a partir de dados significa não depender de um programador humano para estabelecer as operações (tarefas), mas derivá-las diretamente a partir de exemplos que mostram como o computador deve se comportar. O aprendizado de máquina tem suas armadilhas, porque o computador pode aprender a fazer as coisas incorretamente, por meio de um ensino descuidado.

Cinco tribos de cientistas estão trabalhando nos algoritmos do aprendizado de máquina, cada uma sob um ponto de vista diferente (para mais detalhes, veja a seção "Evitando o Sensacionalismo da IA", mais adiante neste capítulo). Neste momento, a melhor solução é o *aprendizado profundo*, uma tecnologia que se esforça para imitar o cérebro humano. O aprendizado profundo é possível graças à disponibilidade de computadores poderosos, algoritmos mais inteligentes, grandes bases de dados produzidos pela digitalização de nossa sociedade e investimentos enormes de empresas como Google, Facebook, Amazon e outras que aproveitam essa renascença da IA para suas próprias empresas.

As pessoas estão dizendo que o inverno da IA acabou por causa do aprendizado profundo, e isso é verdade para o momento. No entanto, ao olharmos ao nosso redor e observarmos as maneiras como as pessoas compreendem a IA, podemos facilmente entender que outra fase de críticas acabará ocorrendo, a menos que os proponentes mudem o teor de sua retórica. A IA pode fazer coisas maravilhosas, mas de um tipo corriqueiro, como as descritas na próxima seção.

Considerando os Usos da IA

Podemos encontrar a IA usada de várias formas hoje em dia. O único problema é que a tecnologia funciona tão bem, que nem sabemos de sua existência. Na verdade, você pode até se surpreender ao saber que muitos aparelhos em sua casa já utilizam IA. Por exemplo, alguns termostatos inteligentes criam uma programação com base em como você controla a temperatura manualmente. Da mesma forma, o sistema de voz que é usado para controlar alguns aparelhos aprende como você fala, para que possa interagir melhor. A IA com certeza está em seu carro e mais especialmente no ambiente de trabalho. De fato, os usos para a IA chegam aos milhões — todos em segurança longe de nossas vistas, mesmo quando são bem impressionantes. Veja a seguir apenas algumas das maneiras de ver a IA em ação:

- **Detecção de fraude:** Você recebe uma ligação de sua empresa de cartão de crédito perguntando se determinada compra foi realizada. A empresa não está sendo intrometida, está apenas o alertando para o fato de que outra pessoa pode estar fazendo uma compra usando seu cartão. A IA incorporada no código da empresa de cartão de crédito detectou um padrão desconhecido de gastos e alertou alguém sobre isso.
- **Agendamento de recursos:** Muitas empresas precisam planejar o uso de recursos com eficiência. Por exemplo, um hospital pode ter de decidir onde colocar um paciente com base nas necessidades dele, na disponibilidade dos especialistas e na quantidade de tempo que o médico acredita que o paciente ficará no hospital.
- **Análises complexas:** Os humanos muitas vezes precisam de ajuda com análises complexas, porque há, literalmente, fatores demais a serem considerados. Por exemplo, o mesmo conjunto de sintomas poderia indicar mais de um problema. Um médico ou outro especialista pode precisar de ajuda para fazer um diagnóstico em tempo útil para salvar a vida do paciente.
- **Automação:** Qualquer forma de automação pode ser beneficiada pela adição da IA para lidar com mudanças ou eventos inesperados. Um problema com alguns tipos de automação no momento é que um evento inesperado, como um objeto no lugar errado, pode causar a paralisação da automação. Adicionar a IA à automação pode permitir que a máquina lide com eventos inesperados e continue, como se nada tivesse acontecido.
- **Atendimento ao cliente:** O serviço de atendimento ao cliente hoje em dia pode nem mesmo ser operado por um ser humano. A automação é boa o suficiente para seguir o script e usar vários recursos para lidar com a vasta maioria das perguntas que você possa ter. Com uma boa inflexão vocal (também oferecida pela IA), talvez nem seja possível perceber que se está conversando com um computador.

- **Sistemas de segurança:** Muitos dos sistemas de segurança encontrados em máquinas de vários tipos hoje recorrem à IA para que assumam o controle do veículo em um momento de crise. Por exemplo, muitos sistemas de freios automáticos recorrem à IA para que parem o carro, com base em todas as informações que um veículo possa oferecer, como a direção de uma derrapagem.
- **Eficiência das máquinas:** A IA pode ajudar a controlar uma máquina de tal forma que obtenha a máxima eficiência. A IA controla o uso de recursos para que o sistema não exceda a velocidade ou outros parâmetros. Cada fração de potência é usada ao máximo na exata medida necessária para oferecer os serviços desejados.

Evitando o Sensacionalismo da IA

Este capítulo menciona bastante o sensacionalismo da IA. Infelizmente, o capítulo é como uma gota no oceano em relação a todo o alvoroço que vemos por aí. Ao assistir filmes como *Ela* e *Ex Machina*, você pode ser levado a acreditar que a IA está muito mais avançada do que na realidade. O problema é que a IA está, de fato, em sua infância, e qualquer tipo de aplicação como aquelas mostradas nos filmes é o resultado criativo de uma imaginação hiperativa.

Talvez você tenha ouvido sobre algo chamado singularidade, que é responsável pelas potenciais alegações apresentadas na mídia e nos filmes. A *singularidade* é, em essência, um algoritmo mestre que abarca todos os cinco grupos de aprendizado usados no aprendizado de máquina, para realizar o que, como alegam alguns, as máquinas devem conseguir aprender como os humanos — conforme especificado pelos sete tipos de inteligência analisados na seção "Discernindo a inteligência", anteriormente neste capítulo. Veja a seguir as cinco tribos de aprendizado:

- **Simbolistas:** A origem desta tribo encontra-se na lógica e na filosofia. O grupo baseia-se na dedução inversa para resolver os problemas.
- **Conexionistas:** A neurociência é a origem desta tribo, que usa a retropropagação para a solução dos problemas.
- **Evolucionistas:** A tribo dos evolucionistas tem sua origem na biologia, usando a programação genética na solução dos problemas.
- **Bayesianos:** Originada na estatística, usa a dedução probabilística para resolver os problemas.
- **Analogistas:** A origem desta tribo é a psicologia. O grupo usa as máquinas kernel para resolver os problemas.

O objetivo supremo do aprendizado de máquina é combinar as tecnologias e estratégias adotadas pelas cinco tribos para criar um único algoritmo (o *algoritmo mestre*) que consiga aprender qualquer coisa. É óbvio que a realização desse objetivo ainda está muito distante. Mesmo assim, cientistas como Pedro Domingos (`http://homes.cs.washington.edu/~pedrod/`[conteúdo em inglês]) trabalham continuamente para sua concretização.

Para dificultar ainda mais, as cinco tribos podem não conseguir fornecer informações suficientes para de fato resolver o problema da inteligência humana, então a criação de algoritmos mestres para todas as cinco tribos pode ainda não resultar na singularidade. Neste ponto, você deve estar maravilhado sobre o quanto as pessoas não sabem a respeito de como pensam, ou por que elas pensam de determinada maneira. Qualquer rumor que ouvir sobre a IA dominando o mundo ou se tornando superior às pessoas será a mais pura mentira.

Conectando a IA ao Computador Subjacente

Para ver a IA em funcionamento, é necessário haver algum tipo de sistema computacional, uma aplicação que contenha o software exigido e uma base de conhecimento. O sistema computacional pode ser qualquer coisa que contenha um chip. Na verdade, um smartphone funciona tão bem quanto um computador desktop para algumas aplicações. É claro que, se você é a Amazon e quer oferecer conselhos para alguém em específico sobre sua próxima decisão de compra, o smartphone não será suficiente — será necessário um sistema computacional realmente grande para essa aplicação. O tamanho do sistema computacional é diretamente proporcional à quantidade de trabalho que se espera que a IA realize.

A aplicação também pode variar em tamanho, complexidade e até localização. Por exemplo, se você é uma empresa e quer analisar os dados de um cliente para determinar qual será a melhor maneira de criar um argumento de vendas, pode usar uma aplicação com base em servidor para realizar a tarefa. Por outro lado, digamos que seja o cliente e queira encontrar produtos na Amazon para adicionar à sua compra atual. Nesse caso, a aplicação nem mesmo precisar estar em seu computador; você a acessa por uma aplicação com base na internet localizada nos servidores da Amazon.

A base de conhecimento também varia em localização e tamanho. Quanto mais complexos forem os dados, mais poderá extrair deles, porém, também será necessário manipulá-los mais. Não há nada de graça quando o assunto é gestão de conhecimento. A relação entre localização e tempo também é importante. Uma conexão em rede lhe concede acesso a uma grande base de conhecimento online, mas lhe custa tempo, por causa da latência das conexões de rede. No entanto, bancos de dados localizados, embora sejam rápidos, têm uma tendência a pecar nos detalhes, em muitos casos.

- » Entendendo os dados como um recurso universal
- » Obtendo e manipulando os dados
- » Buscando inverdades nos dados
- » Definindo os limites de aquisição de dados

Capítulo 2

Definindo a Função dos Dados

Não há nada de novo a respeito dos dados. Qualquer aplicação que já foi escrita para um computador tem dados associados a ela. Eles aparecem de muitas formas — algumas organizadas, outras não. O que mudou é a quantidade deles. Algumas pessoas acham assustador o fato de agora termos acesso a tantos dados que detalham praticamente todos os aspectos da vida de quase todo mundo, às vezes em um nível que a pessoa nem desconfia. Além disso, o uso de hardware avançado e as melhorias nos algoritmos tornaram os dados um recurso universal para a IA no momento.

Para trabalhar com os dados, é preciso primeiro obtê-los. Hoje, as aplicações coletam os dados manualmente, como era feito no passado, e também automaticamente, usando novos métodos. No entanto, não é uma questão de apenas uma ou duas técnicas de coleta de dados; os métodos de coleta variam de totalmente manual até totalmente automático.

Os dados brutos geralmente não funcionam bem quando o objetivo é a análise. Este capítulo o ajudará a entender a necessidade de manipular e configurar os dados para que atinjam determinadas exigências. Você também perceberá a necessidade de definir o valor verdade dos dados para garantir que os resultados das análises estejam de acordo com os objetivos estabelecidos para as aplicações, em primeiro lugar.

Também é preciso lidar com os limites de aquisição de dados. No momento não há uma tecnologia capaz de capturar os pensamentos da mente de alguém por meios telepáticos. É claro, há outros limites, também — a maioria dos quais você provavelmente já conhece, mas pode não ter levado em consideração.

Descobrindo a Ubiquidade dos Dados Nesta Era

Mais do que uma palavra da moda usada por fornecedores que apresentam novas maneiras de armazenar dados e analisá-los, a revolução do big data é uma realidade de nosso cotidiano e uma força motriz de nossos tempos. Talvez você tenha ouvido a expressão big data mencionada em várias publicações especializadas na área científica e nos negócios, e tenha até se perguntado o que o termo realmente significa. Sob uma perspectiva técnica, *big data* se refere a quantidades grandes e complexas de dados de computador, tão grandes e intrincadas, que as aplicações não conseguem lidar com os dados apenas pelo uso de armazenagem adicional ou pelo aumento da capacidade do computador.

O big data pressupõe uma revolução no armazenamento e na manipulação de dados. Ele afeta o que é possível realizar com eles em termos mais qualitativos (além de fazer mais, você pode executar as tarefas de uma maneira melhor). Sob uma perspectiva humana, os computadores armazenam o big data em formatos diferentes, mas, para o computador, tais dados são apenas uma sequência de zeros e uns (a linguagem essencial dos computadores). Há duas formas de entender os dados, dependendo de como os produz e os consome. Alguns dados apresetam uma estrutura clara (você sabe exatamente o que eles contêm e onde encontrar cada um dos dados), outros não são estruturados (você tem uma ideia do que eles contêm, mas não sabe exatamente como estão organizados).

Exemplos típicos de dados estruturados são as tabelas de base de dados, nas quais a informação é organizada em colunas e cada coluna contém um tipo específico de informação. Os dados são geralmente estruturados por definição. Você os agrupa seletivamente e os grava no local correto. Por exemplo, quando quer inserir um cálculo do número de pessoas que compram determinado produto em uma coluna específica, em uma tabela específica, em uma base de dados específica. Assim como em uma biblioteca, se você sabe de qual dado precisa, poderá encontrá-lo imediatamente.

Dados não estruturados são compostos de imagens, vídeos e áudio. Você pode usar uma forma não estruturada para textos, assim, pode identificá-los com características tais como tamanho, data ou tipo de conteúdo. Em geral, você não sabe exatamente onde o dado aparece em um conjunto não estruturado de dados, porque ele aparece como sequências de zeros e uns que uma aplicação deve interpretar ou visualizar.

LEMBRE-SE

Transformar dados não estruturados em estruturados pode custar muito tempo e esforço e pode envolver o trabalho de diversas pessoas. A maioria dos dados da revolução do big data é não estruturada e armazenada assim, a menos que alguém os estruture.

Esse armazenamento de dados farto e sofisticado não surgiu do dia para a noite. Foi necessário tempo para se desenvolver a tecnologia para armazenar essa quantidade de dados. Além disso, foi necessário tempo para difundir a tecnologia que gera e entrega os dados, mais precisamente, os computadores, sensores, smartphones, a internet e seus serviços online.

Entendendo as implicações de Moore

Em 1965, Gordon Moore, cofundador da Intel e da Fairchild Semiconductor, escreveu em um artigo intitulado "Cramming More Components Onto Integrated Circuits" [Abarrotando Circuitos Integrados com Mais Componentes, em tradução livre] (`http://ieeexplore.ieee.org/document/4785860/` [conteúdo em inglês]) que o número de componentes encontrados em circuitos integrados dobraria a cada ano durante a década seguinte. Naquela época, os transistores dominavam a eletrônica. Conseguir alocar mais transistores em um Circuito Integrado (CI) significava conseguir tornar os dispositivos eletrônicos mais capazes e úteis. Esse processo é chamado integração e pressupõe um forte processo de miniaturização de sistemas eletrônicos (tornando o mesmo circuito muito menor). Os computadores atuais não são tão menores assim do que os computadores de uma década atrás, contudo, são decisivamente mais potentes. O mesmo se dá com os telefones móveis. Mesmo que tenham o mesmo tamanho que seus antecessores, ele se tornaram capazes de realizar mais tarefas.

O que Moore afirmou naquele artigo tem de fato acontecido por muitos anos. A indústria de semicondutores denomina isso de Lei de Moore (veja mais detalhes em `https://noticias.uol.com.br/tecnologia/noticias/redacao/2019/ 01/29/o-que-e-a-lei-de-moore-e-porque-voce-deve-se-preocupar-com-o-fim-dela.htm`). Conforme suas previsões, o número de componentes em circuitos integrados dobrou nos primeiros dez anos. Em 1975, Moore corrigiu sua afirmação, prevendo que o número dobraria a cada dois anos. A Figura 2-1 mostra os efeitos desse crescimento. A taxa de duplicação ainda é válida, embora agora seja senso comum que isso não durará muito mais do que a presente década (até cerca de 2020). A partir de 2012, começou a haver uma discrepância entre o aumento esperado de velocidade e o que as empresas de semicondutores conseguem realizar em termos de miniaturização.

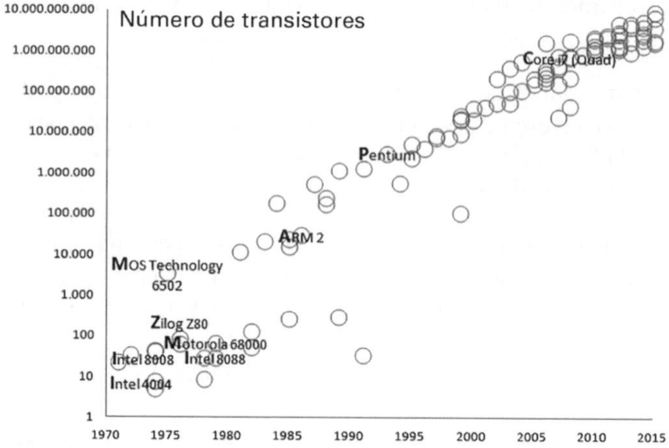

FIGURA 2-1: Alocando mais e mais transistores em uma CPU.

Há barreiras físicas para a integração de mais circuitos em um CI usando os atuais componentes de silício, pois só é possível fazer itens muito pequenos. No entanto, a inovação continua, como descrito em `http://g1.globo.com/Noticias/Tecnologia/0,,AA1495634-6174,00-LEI+DE+MOORE+ATINGE+LIMITES+NOS+CHIPS+DE+MEMORIA.html`. No futuro, a Lei de Moore pode não se aplicar, porque a indústria passará a usar uma nova tecnologia (como criar componentes usando lasers óticos, em vez de transistores; para mais detalhes sobre computação ótica, veja o artigo em `https://www.tecmundo.com.br/laser/3630-computacao-otica-o-computador-com-a-velocidade- da-luz-.htm`). O que importa é que, desde 1965, a duplicação de componentes a cada dois anos introduziu grandes avanços na eletrônica digital, com consequências de longo alcance na aquisição, no armazenamento, na manipulação e no gerenciamento de dados.

A Lei de Moore tem um efeito direto nos dados. Tudo começa com aparelhos mais inteligentes. Quanto mais inteligentes forem os aparelhos, maior será a difusão (como comprovado pela existência de sistemas eletrônicos em todos os lugares atualmente). Quanto maior a difusão, menor será o preço, criando um ciclo infinito que leva ao uso de máquinas com alta capacidade de processamento e sensores pequenos em todos os lugares. Com grandes quantidades de memória de computador disponíveis e com discos com maior armazenamento de dados, as consequências são uma expansão da disponibilidade de dados, como sites, registros de transações, aferições, imagens digitais e outros tipos de dados.

Usando os dados em todos os lugares

Os cientistas necessitam de computadores mais potentes do que os usados pelas pessoas comuns por causa de seus experimentos científicos. Eles começaram a lidar com quantidades impressionantes de dados anos antes de alguém ter cunhado a expressão big data. Naquela época, a internet não produzia vastas quantidades de dados como faz hoje. Lembre-se que o big data não é uma modinha criada pelos fornecedores de software e hardware, ele se baseia em muitos campos científicos, como a astronomia (missões espaciais), satélites (vigilância e monitoramento), meteorologia, física (aceleradores de partículas) e genomas (sequenciamento de DNA).

Embora as aplicações da IA possam ser especializadas em um campo científico, como o Watson da IBM, que ostenta uma capacidade impressionante de diagnósticos médicos, pois consegue colher informações a partir de milhões de artigos científicos sobre doenças e medicina, o que realmente impulsiona as aplicações de IA geralmente tem facetas mais simples. Grande parte das atuais aplicações de IA são festejadas por sua capacidade de reconhecer objetos, mover-se ao longo de um trajeto ou entender o que as pessoas dizem e interagir com elas. A contribuição dos dados para o real renascimento da IA que a modelou dessa forma não veio das fontes clássicas de dados científicos.

A internet agora gera e distribui novos dados em grandes quantidades. Nossa atual produção diária de dados está estimada em torno de 2,5 quintilhões (um número com 18 zeros) de bytes, sendo a maior parte de dados não estruturados, como vídeos e áudios. Todos esses dados estão relacionados com atividades humanas, sentimentos, experiências e relações do dia a dia. Ao passar por esses dados, uma IA pode facilmente aprender a raciocinar e agir em atividades mais semelhantes às dos humanos. Veja a seguir alguns exemplos dos dados mais interessantes que você pode encontrar:

- Enormes repositórios de rostos e expressões a partir de fotos e vídeos postados em sites de mídia social como Facebook, YouTube e Google fornecem informações sobre sexo, idade, sentimentos e possíveis preferências sexuais, orientações políticas ou QI (veja `https://www.bbc.com/portuguese/geral-41250020`).
- Informações médicas e dados biométricos particulares a partir de smartwatches, que medem dados corporais como temperatura e batimentos cardíacos tanto em pessoas saudáveis quanto em doentes.
- Conjuntos de dados sobre como as pessoas se relacionam e o que motiva seus interesses, usando fontes como mídia social e mecanismos de busca. Por exemplo, um estudo do Centro de Psicometria da Universidade de Cambridge afirma que as interações no Facebook contêm muitos dados sobre relacionamentos íntimos (veja `https://www.theguardian.com/technology/2015/jan/13/your-computer-knows-you-researchers-cambridge-stanford-university` [conteúdo em inglês]).
- Informações sobre como falamos são gravadas por dispositivos móveis. Por exemplo, o OK Google, uma função presente em smartphones Android, rotineiramente grava perguntas e, às vezes, até mais: `https://`

www.codigofonte.com.br/dicas/o-google-esta-gravando-sua-voz-saiba-como-ouvir-e-apagar-os-registros

Diariamente, os usuários conectam à internet cada vez mais dispositivos à que começam a armazenar novos dados pessoais. Agora há assistentes pessoais que ficam nas casas, como o Amazon Echo e outros dispositivos inteligentes domésticos integrados, que oferecem formas de regular e facilitar o ambiente doméstico. Isso é só a ponta do iceberg, pois muitas outras ferramentas comuns dia a dia estão se tornando interconectadas (da geladeira à pasta de dente) e capazes de processar, gravar e transmitir dados. A Internet das Coisas (IoT) está se tornando uma realidade. Os especialistas estimam que até 2020, o número de coisas conectadas será seis vezes maior do que o de pessoas na Terra, mas as equipes de pesquisa e laboratórios de ideias já estão revendo esses números (https://exame.abril.com.br/negocios/dino/segundo-projecao- ate-2020-cerca-de--50-bilhoes-de-dispositivos-estarao- conectados-a-internet/).

Colocando os algoritmos para funcionar

A raça humana chegou à incrível encruzilhada de volumes nunca vistos de dados, gerados por hardwares cada vez menores e mais potentes. Os dados também são cada vez mais processados e analisados pelos mesmos computadores que o processo ajudou a difundir e desenvolver. Essa afirmação pode parecer óbvia, mas os dados se tornaram tão onipresentes, que seus valores não são mais decorrentes apenas das informações neles contidas (como no caso de dados armazenados no banco de dados de uma empresa que permitem suas operações diárias), mas em seu uso como meio de criar novos valores; esse tipo de dados é descrito como "o novo petróleo". Esses novos valores residem, em sua maioria, em como as aplicações tratam, armazenam e recuperam dados, e em como você realmente os usa mediante algoritmos inteligentes.

Os algoritmos e a IA mudaram o cenário dos dados. Como mencionado no capítulo anterior, os algoritmos de IA tentaram abordagens diferentes ao longo do caminho, passando de simples algoritmos a um raciocínio simbólico baseado na lógica e, depois, a sistemas especialistas. Nos últimos anos, eles se tornaram redes neurais e, em sua forma mais amadurecida, aprendizado profundo. Enquanto essa passagem metodológica acontecia, os dados deixaram de ser as informações processadas por algoritmos predeterminados para se tornar o que modelou o algoritmo em algo útil para a tarefa. Os dados deixaram de ser apenas a matéria-prima que abastecia a solução e se tornaram o artífice da própria solução, como apresentado na Figura 2-2.

Desse modo, uma foto de seus gatinhos se tornou cada vez mais útil não apenas por seu valor afetivo — retratar seus gatinhos fofinhos —, mas porque ela pode se tornar parte do processo de aprendizado de uma IA que está descobrindo conceitos mais gerais, como quais características denotam um gato, ou entender o que define algo como fofinho.

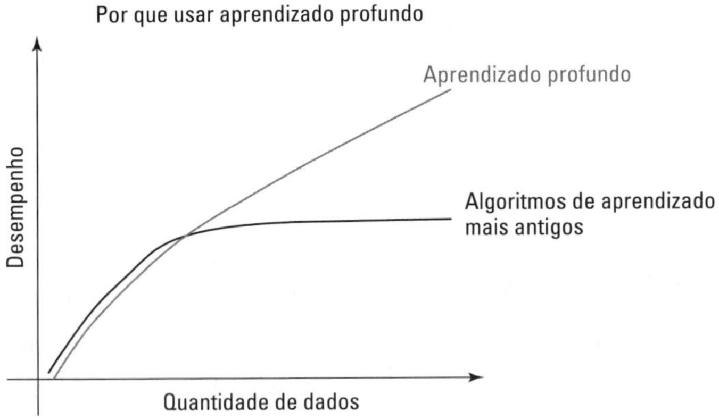

FIGURA 2-2: Com as soluções de IA atuais, mais dados significam mais inteligência.

Em um aspecto mais amplo, uma empresa como o Google alimenta seus algoritmos a partir de dados disponíveis gratuitamente, como os conteúdos de sites ou de textos encontrados em documentos e livros disponíveis publicamente. O software spider do Google faz uma varredura na internet, passando de um site a outro, recuperando páginas de internet com seus conteúdos de texto e imagens. Mesmo que o Google devolva parte dos dados aos usuários em forma de resultados de pesquisa, ele extrai outros tipos de informações a partir dos dados usando seus algoritmos de IA, que usam esses dados para aprender como alcançar outros objetivos.

Os algoritmos que processam palavras podem ajudar os sistemas de IA do Google a entender e antecipar suas necessidades mesmo quando você não as expressa em um conjunto de palavras-chave, mas usando uma linguagem natural simples e confusa, a linguagem que usamos todos os dias (e, sim, a linguagem do dia a dia é geralmente confusa). Se hoje você tentar colocar perguntas no mecanismo de busca do Google, e não apenas frases com palavras-chave, perceberá que as respostas provavelmente estarão corretas. Desde 2012, com a introdução da atualização Hummingbird (`https://resultadosdigitais.com.br/blog/o-que-muda-em-seo-com-a-nova-atualizacao-do- google-o-hummingbird/`), o Google ficou mais preparado para entender sinônimos e conceitos, algo que vai além dos dados iniciais que adquiriu, e este é o resultado de um processo de IA. Um algoritmo ainda mais avançado existe no Google, chamado RankBrain, que aprende diretamente a partir de milhões de pesquisas diárias e que consegue responder a consultas ambíguas ou confusas, mesmo quando são expressas com gírias ou termos coloquiais, ou simplesmente cheias de erros. O RankBrain não atende a todas as pesquisas, mas aprende, com base nos dados, como responder a consultas de uma forma melhor. Ele já controla 15% das pesquisas no mecanismo, e, no futuro, essa porcentagem poderá alcançar os 100%.

Usando os Dados com Êxito

Ter dados disponíveis em abundância não é o suficiente para se criar uma IA de sucesso. No momento, um algoritmo de IA não consegue extrair informações diretamente dos dados brutos. A maioria dos algoritmos depende de coleta e manipulação externas antes da análise. Quando um algoritmo coleta informações úteis, ele pode não representar a informação correta. As seções a seguir o ajudarão a entender como coletar, manipular e automatizar a coleta de dados sob uma perspectiva geral.

Considerando as fontes de dados

Os dados que você usa vêm de várias fontes. As fontes de dados mais comuns são as informações registradas pelos humanos em algum momento. Mesmo quando um sistema coleta, de forma automática, dados de sites de compras, os humanos colocam as informações inicialmente. Um humano clica em vários itens, adiciona-os ao carrinho de compras, especifica as caraterísticas (como tamanho) e a quantidade e vai para o pagamento. Depois, após a venda, o humano avalia e faz comentários sobre a experiência da compra, sobre o produto e o método de entrega. Resumindo, cada experiência de compra se torna um exercício de coleta de dados também.

Muitas fontes de dados hoje dependem de entradas recolhidas a partir de fontes humanas. Os humanos também fornecem entradas manuais. Você liga ou vai até um escritório para agendar uma consulta com um profissional. Então, um recepcionista colhe informações suas que são necessárias para a consulta. Esses dados coletados de forma manual futuramente acabarão incluídos em um conjunto de dados em algum lugar para que sejam analisados.

Os dados também são coletados a partir de sensores, e esses sensores podem ter praticamente qualquer formato. Por exemplo, muitas organizações baseiam suas coletas de dados, como o número de pessoas que olham um objeto em uma vitrine, com a detecção feita pelo celular. O reconhecimento facial poderia potencialmente detectar clientes repetidos.

Porém, os sensores podem criar conjuntos de dados a partir de qualquer coisa. O serviço de previsão de tempo usa conjuntos de dados criados por sensores que monitoram as condições ambientais tais como chuva, temperatura, umidade, nuvens, e assim por diante. Os sistemas robóticos de monitoramento ajudam a corrigir pequenas falhas nas operações dos robôs ao analisar constantemente os dados coletados pelos sensores de monitoramento. Um sensor, junto com uma pequena aplicação de IA, poderia lhe informar quando seu jantar atingir o ponto ideal. O sensor coleta dados, mas a aplicação de IA usa as regras para ajudar a definir quando a comida está cozida no ponto certo.

Obtendo dados confiáveis

A palavra *confiável* parece muito fácil de ser definida, mas é difícil de ser implementada. Algo é confiável quando o resultado produzido é, além de esperado, coerente. Uma fonte confiável de dados produz dados corriqueiros que não contêm surpresas; ninguém se espanta com os resultados. Dependendo da perspectiva, pode até ser bom ter alguma surpresa, assim as pessoas não morreriam de tédio ao analisarem os dados. As surpresas fazem com que valha mais a pena analisar e avaliar os dados. Assim, os dados têm um aspecto de dualidade. Queremos dados confiáveis, corriqueiros, totalmente antecipados, que simplesmente confirmam o que já sabemos, mas o inesperado é que torna a coleta de dados útil, para começar.

Ainda assim, você não quer dados incomuns demais, a ponto de se tornarem algo muito complexo de ser avaliado. O equilíbrio precisa ser mantido na obtenção de dados. Eles devem estar dentro de certos limites (como descrito na seção "Tratando os Dados", adiante neste capítulo). Eles também devem preencher critérios específicos quanto ao valor verdadeiro (conforme a descrição na seção "Considerando as Cinco Inverdades nos Dados", logo mais neste capítulo). Os dados também devem vir em intervalos esperados, e todos os campos do registro dos dados de entrada devem estar completos.

LEMBRE-SE

Até certo ponto, a segurança de dados também afeta sua confiabilidade. A consistência dos dados aparece de inúmeras formas. Quando os dados chegam, você pode garantir que eles permaneçam dentro de faixas esperadas e que sejam apresentados em uma determinada forma. Porém, após armazená-los, a confiabilidade pode diminuir, a menos que você garanta que eles permaneçam na forma esperada. Qualquer entidade que os manipule afetará a confiabilidade, tornando-os suspeitos e potencialmente inúteis para análise posterior. Garantir sua confiabilidade significa que, após chegarem, ninguém os adulterará para que se adéquem a um domínio esperado (tornando-os comuns por consequência).

Tornando mais confiável a entrada feita por humanos

Os humanos erram — é parte de ser humano. Na realidade, esperar que os humanos não cometam erros não é nada racional. Contudo, muitos desenvolvedores de aplicações presumem que os humanos de alguma forma não cometerão qualquer tipo de erros. Eles esperam que todos simplesmente seguirão as regras. Infelizmente, a grande maioria dos usuários quase nunca lê as regras, porque a maioria dos humanos também é preguiçosa, ou está com pressa, quando o assunto envolve a realização de coisas que realmente não os ajuda de forma direta.

Considere, por exemplo, o registro sobre algum estado em um formulário. Se você oferecer apenas um campo para texto, alguns usuários podem escrever o nome inteiro do estado, como o estado norte-americano Kansas. É claro, alguns usuários escreverão alguma letra errada ou colocarão uma maiúscula fora de lugar, resultando em Kansus ou kANSAS. Ao definir esses erros, as pessoas e as organizações têm várias abordagens para realizar as tarefas. Alguém do mercado editorial pode usar o guia de estilos da Associated Press (AP) e escrever Kan. Alguém que seja mais velho e que esteja acostumado às normas da Secretaria de Publicações dos EUA (GPO) pode usar Kans. Outras abreviações também são utilizadas. O sistema postal norte-americano (USPS) usa KS, mas a Guarda Costeira dos EUA usa KA. Enquanto isso, a organização de Padrões Mundiais (ISO) estabelece a forma US-KS. Veja você, estamos falando apenas de um registro de um estado, algo que é razoavelmente muito direto — ou, pelo menos, era o que você pensava até ler esta seção. Claramente, como os estados não terão seus nomes mudados tão cedo, você poderia simplesmente oferecer um menu suspenso com a lista no formulário para que o estado seja selecionado no formato exigido, eliminando, dessa forma, as diferenças de uso nas abreviações, erros de escrita e no uso de maiúsculas, tudo de uma vez só.

LEMBRE-SE

As listas em menu suspenso funcionam bem para uma variedade incrível de entradas de dados, e usá-las garante que o registro humano nesses campos se torne extremamente confiável, porque o humano não terá escolha a não ser usar uma das entradas-padrão. É óbvio que o humano poderá escolher a entrada errada, e é aqui que a dupla conferência entra em jogo. Algumas aplicações mais recentes comparam o CEP com a cidade e com o estado para ver se estão certas. Caso não estejam, pede-se ao usuário que forneça a entrada correta. Essa dupla conferência chega a ser chata, mas não é sempre que o usuário se depara com elas, então não é algo que deva ultrapassar os limites da chatice.

Mesmo com verificações cruzadas e entradas estáticas, os humanos ainda terão muitas possibilidades de cometer erros. Por exemplo, registrar números pode ser um problema. Quando um usuário precisa colocar 2.00, talvez você veja 2, 2.0, 2. ou qualquer outra variação de entradas. Felizmente, processar a entrada e reformatá-la resolverá o problema, e você pode realizar essa tarefa de maneira automática, sem a ajuda do usuário.

Infelizmente, a reformatação não corrigirá uma entrada numérica errada. Você pode mitigar parcialmente os erros desse tipo ao incluir checagens de limites. Um cliente não pode comprar-5 sabonetes. A forma legítima de indicar que um cliente está devolvendo os sabonetes é processar uma devolução, e não uma venda. No entanto, o usuário pode apenas ter cometido um erro, e você pode fornecer uma mensagem informando o limite correto para a entrada daquele valor.

Usando a coleta automatizada de dados

Algumas pessoas acham que a coleta automatizada de dados resolve os problemas de registros humanos associados aos conjuntos de dados. Na realidade, a coleta automatizada de dados oferece, sim, vários benefícios:

- Maior consistência.
- Melhor confiabilidade.
- Menor possibilidade de perder dados.
- Maior precisão.
- Variação reduzida para coisas como entradas com tempo estabelecido.

Infelizmente, dizer que a coleta automatizada de dados resolve todos os problemas é incorreto — simples assim. Ela ainda depende de sensores, aplicações e hardware de computador projetados por humanos que forneçam acesso apenas aos dados que os humanos decidem permitir. Por causa dos limites que os humanos impõem às características da coleta automatizada de dados, o resultado em geral apresenta menos informações úteis do que o esperado pelos designers. Dessa forma, a coleta automatizada de dados está em um estado de fluxo constante enquanto os designers tentam resolver os problemas de entrada.

A coleta automatizada de dados também é vítima de erros tanto de software como de hardware presentes em qualquer sistema computacional, mas com um potencial maior para *problemas leves* (que aparecem quando o sistema está aparentemente funcionando, mas não está apresentando o resultado desejado) do que outras questões relacionadas aos computadores. No entanto, quando um problema leve ocorre, o sistema geralmente não consegue reconhecer que um problema existe, quando um humano conseguiria, e assim, o conjunto de dados pode acabar contendo mais dados medíocres ou até ruins.

Tratando os Dados

Algumas pessoas usam o termo *manipulação* ao falarem sobre dados, dando a impressão de que eles são, de algum modo, alterados de forma inescrupulosa ou maldosa. Talvez um termo melhor seja *tratamento*, que deixa os dados bem moldados e bonitinhos. Porém, independentemente do termo que você usar, é raro que os dados brutos cumpram os requisitos de processamento e análise. Para extrair qualquer coisa deles, é preciso tratá-los para que atendam às necessidades específicas. As seções a seguir analisam as necessidades de tratamento dos dados.

Lidando com dados faltantes

De modo a responder corretamente determinada pergunta, é necessário termos todos os fatos. Você pode adivinhar a resposta a uma pergunta sem todos os fatos, mas, assim, a resposta poderá estar tanto certa quanto errada. Em geral, dizemos que a pessoa que toma uma decisão, essencialmente ao responder uma pergunta sem todos os fatos, está apenas tirando uma conclusão. É possível que, ao analisar dados, você simplesmente esteja tirando conclusões, sem se dar conta disso, por causa de dados faltantes. Um *registro de dados*, uma entrada em um *conjunto de dados* (que são todos os dados), é formado por *campos* que contêm fatos usados para responder a uma pergunta. Cada campo contém um único tipo de dados que aborda um único fato. Se esse campo estiver vazio, você não terá os dados necessários para responder à pergunta usando esse registro de dados específico.

LEMBRE-SE

Como parte do processo de lidar com dados faltantes, você deve saber dessa ausência. Identificar que seu conjunto de dados apresenta uma lacuna nas informações pode ser bem difícil na realidade, porque isso exige que você observe os dados em um nível baixo — algo que a maioria das pessoas não está preparada para fazer e que consome muito tempo, mesmo que você tenha as habilidades necessárias. Geralmente, a primeira indicação de que há dados faltantes são as respostas absurdas às suas perguntas obtidas a partir do algoritmo e do conjunto de dados associado. Quando o algoritmo é o correto a ser usado, o problema deve ser devido a dados faltantes.

Um problema pode ocorrer quando o processo de coleta de dados não inclui todos os dados necessários para responder a uma pergunta específica. Às vezes, é melhor deixar um fato totalmente fora do que usar um com danos consideráveis. Caso perceba que um determinado campo em um conjunto de dados esteja com 90% ou mais de dados faltantes, o campo se torna inútil, e você precisa tirá-lo do conjunto de dados (ou encontrar alguma maneira de obter todos aqueles dados).

Campos com menos danos podem ter dados faltantes de duas formas. Os dados faltantes aleatórios com frequência são o resultado de um erro humano ou de um sensor. Isso ocorre quando os registros de dados ao longo do conjunto de dados têm entradas ausentes. Às vezes, uma simples avaria causará o dano. Dados faltantes sequenciais ocorrem durante algum tipo de falha generalizada. Um segmento inteiro dos registros de dados no conjunto de dados não tem a informação exigida, o que significa que a análise resultante poderá estar bem distorcida.

É mais fácil reparar dados faltantes aleatórios. Você pode usar um valor mediano ou média simples como substituto. Não, o conjunto de dados não será totalmente preciso, mas provavelmente funcionará bem o bastante para obter uma resposta razoável. Em alguns casos, os cientistas de dados usam um algoritmo especial para computar o valor faltante, o que pode deixar o conjunto de dados mais preciso à custa de tempo computacional.

A falta de dados sequencial é significativamente mais difícil, se não impossível, de reparar, porque você não tem quaisquer dados ao redor sobre os quais basear qualquer tipo de palpite. Se puder encontrar a causa da falta de dados, às vezes conseguirá reconstruí-los. No entanto, quando a reconstrução é impossível, poderá escolher ignorar o campo. Infelizmente, algumas respostas exigirão aquele campo, o que significa que você pode ter de ignorar essa sequência particular de registros de dados — potencialmente causando um resultado incorreto.

Considerando o desalinhamento de dados

Os dados podem existir para cada um dos registros de dados em um conjunto de dados, mas talvez eles não se alinhem com outros dados em outros conjuntos de dados que você possua. Por exemplo, os dados numéricos em um campo de um conjunto de dados podem ser do tipo de ponto flutuante (com casas decimais), mas do tipo inteiro em outro conjunto. Antes de poder combinar os dois conjuntos, os campos devem conter o mesmo tipo de dados.

Podem ocorrer vários outros tipos de desalinhamento. Por exemplo, os campos de datas são notórios por serem formatados de várias maneiras. Para comparar as datas, seus formatos devem ser o mesmo. No entanto, as datas também são traiçoeiras em sua propensão para parecerem iguais, quando na verdade não são. Por exemplo, as datas em um conjunto de dados podem usar o Tempo Médio de Greenwich (GMT) como base, enquanto as datas em outro conjunto podem usar outro fuso horário. Antes de poder comparar os horários, você deve alinhá-los ao mesmo fuso horário. Pode ficar até mais estranho quando as datas em um conjunto de dados vêm de um local que está em horário de verão, mas as datas de outro local não estão.

Mesmo quando os tipos e formatos de dados são os mesmos, outros desalinhamentos podem ocorrer. Por exemplo, os campos em um conjunto de dados podem não bater com os campos do outro conjunto. Em alguns casos, essas diferenças são fáceis de serem corrigidas. Um conjunto de dados pode tratar o primeiro e o último nome como um único campo, enquanto outro conjunto pode usar campos diferentes para o primeiro e o último nome. A solução é mudar todos os conjuntos de dados para que usem um único campo, ou mudá-los para que usem campos separados para o primeiro e para o último nome. Infelizmente, muitos desalinhamentos no conteúdo de dados são mais difíceis de serem resolvidos. Na verdade, é totalmente plausível que você não consiga resolvê- -los de forma alguma. No entanto, antes de desistir, considere estas possíveis soluções ao problema:

- » Calcule os dados faltantes a partir de outros dados que você pode acessar.
- » Localize os dados faltantes em outro conjunto de dados.
- » Combine conjuntos de dados para criar um todo que forneça campos consistentes.

- Colete dados adicionais a partir de várias fontes para preencher os dados faltantes.
- Redefina sua pergunta para que não precise mais usar os dados faltantes.

Separando os dados úteis do restante

Algumas organizações são da opinião de que elas nunca têm dados demais, mas um excesso de dados é um problema tão grande quanto ter dados insuficientes. Para resolver os problemas de maneira eficaz, uma IA exige apenas os dados suficientes. A definição da pergunta que você quer responder de forma concisa e clara ajuda nisso, assim como usar o algoritmo correto (ou um conjunto de algoritmos). Obviamente, os maiores problemas ao ter dados demais são que encontrar a solução (após passar por todos aqueles dados extras) leva mais tempo, e às vezes você obtém resultados confusos, pois fica preso aos detalhes e não vê o panorama geral.

CUIDADO

Como parte da criação de um conjunto de dados necessários para a análise, você faz uma cópia dos dados originais, em vez de modificá-los. Sempre mantenha os dados brutos originais puros para que possa usá-los em outras análises futuramente. Além disso, criar a saída correta de dados para análise pode exigir um número de tentativas, porque talvez você ache que o resultado não atendeu a suas necessidades. A questão é criar um conjunto de dados que contenha apenas os dados necessários para análise, mas tendo em mente que eles podem precisar de tipos específicos de cortes para garantir o resultado desejado.

Considerando as Cinco Inverdades nos Dados

Os humanos estão acostumados a ver os dados pelo que eles são em muitos casos: uma opinião. Na verdade, em alguns casos, as pessoas distorcem os dados a ponto de torná-los inúteis, ou seja, uma *inverdade*. Um computador não consegue ver a diferença entre dados verdadeiros e não verdadeiros — tudo o que ele vê são dados. Um dos problemas que torna difícil, se não impossível, criar uma IA que de fato pense como um humano é que os humanos conseguem trabalhar com inverdades e os computadores, não. O máximo que você pode esperar alcançar é ver os dados errados como atípicos e depois filtrá-los, mas essa técnica não resolve o problema necessariamente, porque um humano ainda usaria os dados e tentaria determinar uma verdade com base nas inverdades que estão lá.

CUIDADO

Um pensamento comum a respeito de criar menos conjuntos de dados contaminados é o de que, em vez de permitir que os humanos façam a entrada dos dados, seria possível coletá-los por meio de sensores ou de outra forma. Infelizmente, os sensores e outras metodologias mecânicas de entrada refletem os objetivos de seus inventores humanos e os limites daquilo que a tecnologia específica consegue detectar. Dessa forma, mesmo os dados derivados de máquinas ou sensores também estão sujeitos à geração de inverdades que são muito difíceis de ser detectadas e superadas por uma IA.

As seções a seguir usam um acidente de carro como exemplo principal para ilustrar cinco tipos de inverdades que podem aparecer nos dados. Os conceitos que o acidente está tentando retratar podem nem sempre aparecer nos dados e podem aparecer de formas diferentes das analisadas. O fato é que você geralmente precisa lidar com esses tipos de coisas ao observar os dados.

Comissão

As inverdades por comissão são aquelas que refletem uma tentativa categórica de substituir informações verdadeiras por não verdadeiras. Por exemplo, ao preencher o boletim de ocorrência do acidente, alguém poderia afirmar que o sol o cegou momentaneamente, fazendo com que fosse impossível ver a outra pessoa atingida. Na realidade, talvez a pessoa estivesse distraída por outra coisa ou não estivesse de fato concentrada na direção (possivelmente pensando em um belo jantar). Se ninguém puder desmentir essa teoria, a pessoa pode escapar com uma punição mais leve. No entanto, a questão é que os dados também ficariam contaminados. O efeito é que agora a corretora de seguros basearia os prêmios em dados errados.

LEMBRE-SE

Embora possa parecer que as inverdades por comissão sejam totalmente evitáveis, em geral elas não o são. Os humanos contam "pequenas mentirinhas" para evitar ficar constrangidos perante outras pessoas ou para lidar com um problema com o mínimo esforço pessoal necessário. Às vezes uma inverdade por comissão baseia-se em entradas erradas ou em rumores. De fato, as fontes dos erros por comissão são tantas, que fica realmente difícil de se chegar a uma situação em que alguém poderia evitá-las por completo. Com tudo isso apresentado, as inverdades por comissão são um tipo de inverdade com mais chances de ser evitadas.

Omissão

As inverdades por omissão são aquelas em que uma pessoa diz a verdade em cada fato afirmado, mas deixa de fora algo importante que mudaria a percepção de um acidente no panorama geral. Pensando novamente no boletim de ocorrência do acidente, digamos que alguém atropele uma vaca, causando danos consideráveis no carro. Ele diz a verdade quando afirma que a rodovia estava molhada; estava perto do pôr do sol, então não havia tanta luminosidade; ele demorou um pouquinho para frear o carro; e a vaca simplesmente apareceu na estrada, saindo de um arbusto no acostamento. A conclusão seria a de que o incidente é apenas um acidente.

No entanto, a pessoa omitiu um fato importante. Ela estava usando o celular no momento do acidente. Se a polícia soubesse disso, a razão do acidente passaria a ser distração ao conduzir. O condutor poderia ser multado, e a corretora de seguros usaria um motivo diferente ao registrar o incidente no banco de dados. Assim como a inverdade por comissão, os dados errados resultantes mudariam a forma de a corretora ajustar os prêmios.

LEMBRE-SE

Evitar os erros por omissão é quase impossível. Sim, alguém poderia deixar propositadamente alguns fatos de fora no boletim de ocorrência, mas também é possível que alguém apenas se esqueça de incluir todos os fatos. Afinal de contas, a maioria das pessoas fica bem abalada após um acidente, então é fácil perder o foco e relatar apenas aquelas verdades que deixaram uma impressão mais significativa. Mesmo se uma pessoa se lembrar mais tarde de detalhes adicionais e relatá-los, a base de dados provavelmente nunca conterá um conjunto total de verdades.

Perspectiva

As inverdades por perspectiva ocorrem quando múltiplas partes observam um incidente a partir de múltiplos pontos de vista. Por exemplo, ao considerar um acidente envolvendo o atropelamento de um pedestre, o condutor, o pedestre atingido e um transeunte que testemunhou o evento poderiam ter, cada um, uma perspectiva diferente. Um policial coletando informações de cada pessoa compreensivelmente obteria fatos diferentes de cada uma, mesmo presumindo que cada pessoa diga a sua verdade. De fato, a experiência demonstra que esse é quase sempre o caso, e aquilo que o policial envia como relatório é um campo intermediário do que cada um dos envolvidos alegou, aumentado pela experiência pessoal. Dito de outro modo, o relatório estará próximo à verdade, mas não perto o suficiente para uma IA.

Ao lidarmos com a perspectiva, é importante considerarmos o ponto de vista. O condutor do carro consegue ver o painel e sabe quais são as condições do carro no momento do acidente. Essa é uma informação que as outras duas partes não têm. Da mesma forma, o pedestre atingido pelo carro tem o melhor ponto de vista para observar a expressão facial do condutor (a intenção). O transeunte pode estar na melhor posição para observar se o condutor tentou parar e avaliar questões tal como se o condutor tentou desviar do pedestre. Cada parte terá de fazer um relatório com base nos dados observados, sem o benefício dos dados escondidos.

CUIDADO

A perspectiva é, talvez, a inverdade mais perigosa, porque qualquer um que tentar extrair a verdade nesse cenário acabará, na melhor das hipóteses, com uma média de várias histórias, que nunca estará totalmente correta. Um humano que observa as informações pode se basear em sua intuição e instinto para potencialmente obter uma aproximação melhor da verdade, mas uma IA sempre usará apenas a média, o que significa que a IA está sempre em uma desvantagem significativa. Infelizmente, evitar as inverdades de perspectiva é impossível, porque não importa quantas testemunhas presenciaram o evento, o máximo que você pode esperar é chegar a uma aproximação da verdade, e não à verdade de fato.

Também há outro tipo de inverdade a ser considerado, o de perspectiva. Pense no cenário a seguir: você é surdo e está em 1927. Semanalmente, você vai ao cinema assistir a um filme mudo, e durante uma hora ou mais, você se sente como qualquer outra pessoa. Você pode ter a experiência do filme da mesma forma que os demais; não há diferenças. Em outubro daquele ano, você vê uma placa informando que o cinema está se atualizando para oferecer um sistema de som para que possa passar filmes com som. A placa informa que é uma maravilhosa novidade, e quase todos concordam, com exceção de você, a pessoa surda, que agora passa a se sentir como um cidadão de segunda classe, diferente de todos os demais e até mesmo excluído do cinema. Na compreensão da pessoa surda, a placa é uma inverdade; adicionar um sistema de som não é uma maravilhosa novidade, mas, sim, um desastre completo. A questão é que o que geralmente parece ser a verdade na realidade não é verdade para todos. A ideia de uma verdade geral — uma que seja verdadeira para todos — é um mito. Ela não existe.

Parcialidade

Inverdades por parcialidade ocorrem quando uma pessoa consegue ver a verdade, mas, devido a interesses ou crenças pessoais, ela não consegue realmente vê-la. Por exemplo, ao pensar em um acidente, o condutor pode estar tão concentrado e com sua atenção voltada ao meio da rodovia, que a vaca que surge no acostamento se torna invisível. Consequentemente, o condutor não tem tempo de reação quando a vaca decide, de repente, atravessar a rodovia.

Um problema com a parcialidade é que ela pode ser incrivelmente difícil de ser categorizada. Por exemplo, um condutor que não consegue ver a vaca pode sofrer um acidente genuíno, o que significa que a vaca estava escondida da visão do condutor, atrás do arbusto. Porém, o condutor também pode ser culpado de falta de atenção ao conduzir por causa de sua atenção inadequada. O condutor também pode ter uma distração momentânea. Em resumo, a questão não é o fato de o condutor não ter visto a vaca, mas, sim, por que o condutor não viu a vaca. Em muitos casos, confirmar a fonte da parcialidade se torna importante na criação de um algoritmo projetado para evitar uma fonte parcial.

LEMBRE-SE

Em teoria, evitar as inverdades por parcialidade é sempre possível. Porém, na realidade, todos os humanos têm parcialidades de vários tipos, e elas sempre resultarão em inverdades que distorcem os conjuntos de dados. Só o fato de fazer com que alguém realmente veja e depois perceba algo — fazer com que seja registrado no cérebro da pessoa — é uma tarefa difícil. Os humanos dependem de filtros para evitar a sobrecarga de informações, e esses filtros também são uma fonte de parcialidade, porque eles impedem que as pessoas realmente percebam as coisas.

Quadro de referências

Das cinco inverdades, o quadro de referências na verdade não precisa ser o resultado de qualquer tipo de erro, mas de compreensão. Uma inverdade por quadro de referências ocorre quando uma das partes descreve algo, tal como um acidente, e, como a outra parte não tem experiência com esse tipo de eventos, os detalhes ficam confusos ou são completamente mal compreendidos. Há inúmeros shows de comédia que se baseiam em erros por quadro de referências. Um exemplo famoso é a apresentação de Abbott e Costello, *Who's On First?*, que você pode ver em `https://www.youtube.com/watch?v=ueZo94AG8PA&start_radio=1&list=RDueZo94AG8PA`. Fazer com que uma pessoa entenda o que uma segunda pessoa está dizendo pode ser impossível quando a primeira pessoa não tem o conhecimento experimental — o quadro de referências.

Outro exemplo de inverdade por quadro de referências acontece quando não é possível para uma das partes entender a outra. Por exemplo, um velejador enfrenta uma tempestade no mar. Talvez seja uma monção, mas presuma por um momento que a tempestade é considerável — talvez até com risco de morte. Mesmo com o uso de vídeos, entrevistas e simuladores, a experiência de estar no mar em uma situação com risco de morte seria impossível de ser transmitida a alguém que nunca vivenciou tal experiência; essa pessoa não tem um quadro de referências.

LEMBRE-SE

A melhor maneira de evitar as inverdades por quadro de referências é garantir que todas as partes envolvidas possam desenvolver quadros de referências similares. Para realizar essa tarefa, as várias partes precisam de um conhecimento experimental similar para garantir a transferência precisa de dados de uma pessoa para a outra. No entanto, ao trabalhar com um conjunto de dados, que é necessariamente composto por dados estáticos e registrados, os erros por quadro de referências ainda ocorrerão quando o observador em potencial não tiver o conhecimento experimental exigido.

Uma IA sempre terá problemas de quadro de referências, porque ela necessariamente não tem a habilidade de criar uma experiência. Um banco de dados de conhecimentos adquiridos não é exatamente a mesma coisa. O banco de dados contém fatos, no entanto, a experiência não se baseia apenas em fatos, mas também em conclusões que a tecnologia atual é incapaz de reproduzir.

Definindo os Limites da Aquisição de Dados

Pode parecer que todo mundo está adquirindo seus dados sem atenção ou motivo, e você está certo; é o que estão fazendo. Na verdade, as organizações coletam, categorizam e armazenam os dados de todo mundo — aparentemente sem um objetivo ou intenção. De acordo com Data Never Sleeps (`https://www.domo.com/blog/data-never-sleeps-5/`[conteúdo em inglês]), o mundo está coletando dados em uma taxa de 2,5 quintilhões de bytes por dia. Esses dados diários vêm de todos os tipos de formas, como atestado pelos seguintes exemplos:

- » O Google realiza 3.607.080 pesquisas.
- » Os usuários do Twitter enviam 456.000 tuítes.
- » Os usuários do YouTube assistem a 4.146.600 vídeos.
- » As caixas de entrada recebem 103.447.529 e-mails spam.
- » O Weather Channel — Canal do Tempo — recebe 18.055.555,56 solicitações sobre o clima.
- » O GIPHY entrega 694.444 GIFs.

A aquisição de dados se tornou um vício para organizações no mundo todo, e algumas pessoas acham que a organização que coletar mais ganhará um prêmio, de alguma forma. No entanto, a aquisição de dados por si só não realiza nada. O livro *O Guia do Mochileiro das Galáxias*, de Douglas Adams, ilustra esse problema claramente. Nesse livro, uma raça de supercriaturas constrói um computador imenso para calcular o significado da "vida, do universo e de tudo". A resposta, 42, na verdade não resolve nada, então algumas das criaturas reclamam que a coleta, a categorização e a análise de todos os dados que foram usados para a resposta não produziram um resultado aproveitável. O computador dotado de "senciência" diz às pessoas que receberam a resposta que ela está de fato correta, mas que elas precisam saber qual é a pergunta para que a resposta faça sentido. A aquisição de dados pode ocorrer em quantidades ilimitadas, mas descobrir as perguntas corretas a serem feitas pode ser desanimador, se não impossível.

LEMBRE-SE

O problema principal que qualquer organização precisa resolver com respeito à aquisição de dados é quais perguntas fazer e por que elas são importantes. Adequar a aquisição de dados para responder às perguntas para as quais precisa de respostas é importante. Por exemplo, digamos que você tenha uma loja na cidade, então poderá precisar de respostas para perguntas como estas:

- » Quantas pessoas passam caminhando em frente da loja diariamente?
- » Quantas dessas pessoas param para olhar a vitrine?

» Por quanto tempo elas ficam olhando?
» Em que hora do dia elas ficam olhando?
» Determinadas apresentações na vitrine produzem resultados melhores?
» Qual dessas apresentações de fato faz com que as pessoas entrem na loja e comprem?

A lista poderia continuar, mas a ideia é a de que criar uma lista de perguntas que lidam com necessidades específicas do negócio é essencial. Após criar uma lista, você deve verificar que cada uma das perguntas seja realmente importante — ou seja, elas tratam de uma necessidade — e, depois, determinar de quais tipos de informações você precisa para responder à pergunta.

CUIDADO

Obviamente, tentar coletar à mão todos esses dados seria impossível, e é aqui que a automação entra em cena. Aparentemente, a automação produziria uma entrada de dados confiável, reproduzível e consistente. No entanto, muitos fatores na automação da aquisição de dados podem produzir dados que não são particularmente úteis. Por exemplo, considere estes problemas:

» Os sensores podem coletar apenas os dados para os quais eles foram projetados para coletar, então você pode ficar sem certos dados caso os sensores usados não tenham sido projetados para esse propósito.
» As pessoas criam dados errados de várias formas (para mais detalhes, veja neste capítulo a seção "Considerando as Cinco Inverdades nos Dados"), o que significa que os dados que você recebe podem ser falsos.
» Os dados podem ficar distorcidos quando as condições para a coleta são definidas incorretamente.
» Interpretar os dados incorretamente significa que os resultados também serão incorretos.
» Converter uma questão do mundo real em um algoritmo para que o computador possa entender é um processo fadado ao erro.

Muitas outras questões precisam ser consideradas (suficientes para encher um livro). Ao combinar dados mal coletados e mal formados com algoritmos que na realidade não respondem a suas perguntas, você obtém um resultado que pode, de fato, levar seu negócio na direção errada, e é por isso que a IA geralmente leva a culpa por resultados inconsistentes ou não confiáveis. Fazer a pergunta certa, obter os dados certos, realizar o processamento correto e, então, analisar corretamente os dados são todas ações necessárias para fazer com que a aquisição de dados seja o tipo de ferramenta na qual você possa confiar.

» Descobrindo a função dos algoritmos na IA

» Vencendo jogos com a busca de espaço de estados e minmax

» Analisando como os sistemas especialistas funcionam

» Entendendo que o aprendizado de máquina e o aprendizado profundo são partes da IA

Capítulo **3**

Considerando o Uso de Algoritmos

Os dados são um divisor de águas na IA. Avanços recentes na IA indicam que, para alguns problemas, escolher a quantidade certa de dados é mais importante do que escolher o algoritmo certo. Por exemplo, em 2001, dois pesquisadores da Microsoft, Banko e Brill, em seu artigo memorável "Scaling to Very Very Large Corpora for Natural Language Disambiguation" [Aumentando para Corpora Muito, Muito Grandes para a Desambiguação Natural da Linguagem, em tradução livre] (`http://www.aclweb.org/anthology/P01-1005` [conteúdo em inglês]), demonstraram que, se quiser que um computador crie um modelo de uma linguagem, você não precisa do algoritmo mais inteligente disponível. Após lançar mais de um bilhão de palavras dentro do contexto do problema, qualquer algoritmo começará a ter um rendimento incrivelmente bom. Este capítulo o ajuda a compreender a relação entre os algoritmos e os dados usados para fazer com que realizem um trabalho proveitoso.

Porém, não importa a quantidade de dados que você tenha, ainda será necessário um algoritmo para torná-los úteis. Além disso, é preciso realizar a *análise dos dados* (uma série de passos definíveis) para fazer com que eles funcionem corretamente com os algoritmos escolhidos. Não dá para tomar atalhos. Embora a IA seja uma automação inteligente, às vezes a automação precisa dar lugar à análise. As máquinas que aprendem sozinhas estão em um futuro distante. Você não encontrará, no momento, máquinas que sabem o que é apropriado e que podem eliminar qualquer intervenção humana. A segunda metade deste capítulo o ajuda a compreender o papel dos sistemas especialistas, do aprendizado de máquina, do aprendizado profundo e de aplicações como AlphaGo, para trazer possibilidades futuras um pouco mais próximas à realidade.

Entendendo a Função dos Algoritmos

As pessoas têm uma tendência a reconhecer a IA quando uma ferramenta apresenta uma abordagem inovadora e interage com o usuário de uma maneira semelhante a um humano. Os exemplos incluem assistentes digitais como Siri, Alexa e Cortana. Porém, algumas outras ferramentas comuns, como os mapas de GPS e planejadores especializados (como aqueles utilizados para evitar colisões de automóveis, piloto automático dos aviões e os planejamentos de organização e produção), nem parecem ser IAs, por serem consideradas já incorporadas em nossa realidade e atuarem nos bastidores.

Esse é claramente o *efeito IA*, como expresso e descrito por Pamela McCorduck, uma autora norte-americana que escreveu uma notável história da IA em 1979. O efeito IA afirma que os programas inteligentes de computador bem-sucedidos logo perdem o reconhecimento das pessoas e se tornam atores silenciosos, enquanto a atenção se volta aos problemas da IA que ainda precisam de solução. As pessoas não têm consciência da importância de algoritmos clássicos para a IA e começam a fantasiar sobre ela ter sido criada a partir de tecnologias esotéricas, ou a igualam a avanços recentes, como o aprendizado de máquina e o aprendizado profundo.

Um *algoritmo* é um procedimento, que, por sua vez, é uma sequência de operações, geralmente realizado por um computador que garante encontrar a solução para um problema em um tempo finito ou informar que não há solução. Embora as pessoas tenham resolvido manualmente os algoritmos por, literalmente, milhares de anos, fazer isso pode consumir quantidades enormes de tempo e exigir muitas computações numéricas, dependendo da complexidade do problema que você quer resolver. Os algoritmos se resumem a encontrar soluções, e quanto mais rápido e mais fácil, melhor. Eles acabaram incorporados de modo indelével na inteligência dos humanos que os conceberam, e qualquer máquina que opere com algoritmos só será capaz de refletir a inteligência por trás desses procedimentos algorítmicos.

Entendendo o significado de *algoritmo*

Um algoritmo sempre apresenta uma série de passos, mas não realiza necessariamente todos esses passos para resolver um problema. O escopo dos algoritmos é incrivelmente grande. As operações podem envolver o armazenamento de dados, sua exploração e ordenamento ou organização em estruturas de dados. É possível encontrar algoritmos que resolvem problemas na ciência, na medicina, nas finanças, no suprimento e nas produção industriais e nas comunicações.

Todos os algoritmos são sequências de operações para encontrar a solução correta para um problema em um tempo razoável (ou informar caso uma solução não tenha sido encontrada). Os algoritmos de IA distinguem-se dos algoritmos genéricos por resolver problemas cuja resolução é considerada tipicamente (ou até exclusivamente) como produto do comportamento de inteligência humana. Os algoritmos de IA tendem a lidar com problemas complexos, que, em geral, são parte da classe de problemas NP-completo (sendo que NP significa o tempo polinomial não determinístico) com os quais os humanos lidam de forma rotineira usando uma mistura de abordagem racional e de intuição. Aqui estão alguns exemplos:

- Problemas de agendamento e alocação de recursos escassos.
- Buscar rotas em espaços físicos complexos ou figurativos.
- Reconhecer padrões em visões de imagens (em comparação com algo como restauração ou processamento de imagens) ou percepção de sons.
- Processar linguagem (tanto a compreensão de textos como a tradução de idiomas).
- Jogar (e vencer) jogos competitivos.

DICA

Problemas NP-completo se diferenciam de outros problemas de algoritmos porque, para eles, ainda não é possível encontrar uma solução dentro de um período razoável de tempo. O NP-completo não é o tipo de problema que podemos resolver testando todas as combinações ou possibilidades possíveis. Mesmo se tivéssemos computadores mais potentes do que os que existem hoje, uma pesquisa pela solução seria praticamente infinita. De maneira similar, na IA, esse tipo de problema é chamado de *IA-completa*.

Começando com o planejamento e a ramificação

O planejamento o ajuda a determinar a sequência de ações a serem realizadas para atingir determinado objetivo. É um problema clássico de IA, e você encontra exemplos de planejamento na produção industrial, na alocação de recursos e na movimentação de um robô dentro de um cômodo. Partindo do estado atual, uma IA determina todas as ações possíveis a partir desse estado inicial. Tecnicamente, ela *expande* o estado atual para vários outros estados futuros. Depois, ela expande todos os estados futuros para seus próprios estados futuros, e assim por diante. Quando não for mais possível expandir os estados e a IA parar com a expansão, dizemos que a IA criou um *espaço de estados*, que é composto por qualquer coisa que possa acontecer no futuro. Uma IA pode aproveitar um espaço de estado não apenas como uma previsão possível (na verdade, ela prevê tudo, embora alguns estados futuros sejam mais possíveis do que outros), mas também porque ela consegue usar o espaço de estado para explorar as decisões possíveis para atingir seu objetivo da melhor forma. Isso é conhecido como a *busca no espaço de estados*.

Trabalhar com um espaço de estados exige o uso tanto de estruturas específicas de dados como de algoritmos. As estruturas de dados centrais comumente usadas são árvores e gráficos. Os algoritmos favoritos usados para explorar gráficos com eficiência incluem a busca em largura ou a busca em profundidade.

Construir uma árvore é bem parecido com construir uma árvore no mundo físico. Cada item adicionado à árvore é um *nó*. Os nós se conectam entre si usando links, e a combinação de nós e links forma a estrutura que se parece com uma árvore, como mostrado na Figura 3-1.

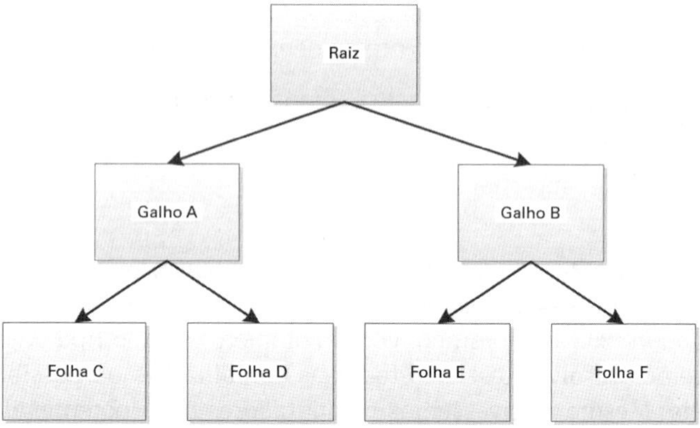

FIGURA 3-1: Uma árvore pode ser parecida com a do mundo físico ou ter suas raízes apontando para cima.

LEMBRE-SE

As árvores têm um nó raiz, assim como uma árvore física. O *nó raiz* é o ponto de partida para o processamento. Conectados à raiz estão os galhos ou as folhas. Um *nó folha* é um ponto final para a árvore. Os *nós galhos* suportam tanto os galhos como as folhas. O tipo de árvore apresentado na Figura 3-1 é de uma árvore binária porque cada nó tem, no máximo, duas conexões (mas as árvores que representam espaços podem ter múltiplos galhos).

Ao observar a árvore, o Galho B é o *filho* do nó raiz. Isso porque o nó raiz aparece primeiro na lista. A Folha E e a Folha F são filhas do Galho B, tornando o Galho B o *pai* da Folha E e da Folha F. A relação entre os nós é importante, porque os debates sobre as árvores geralmente consideram a relação pai/filho entre os nós. Sem esses termos, os debates sobre as árvores poderiam ficar muito confusos.

Um *grafo* é um tipo de extensão de uma árvore. Assim como com as árvores físicas, temos nós que se conectam entre si para criar relações. No entanto, diferente das árvores binárias, um nó no grafo pode ter mais de uma ou duas conexões. Na verdade, os nós em grafos geralmente têm múltiplas conexões e, mais importante ainda, os nós podem se conectar em qualquer direção, e não apenas de pai para filho. No entanto, para simplificar as coisas, considere o gráfico apresentado na Figura 3-2.

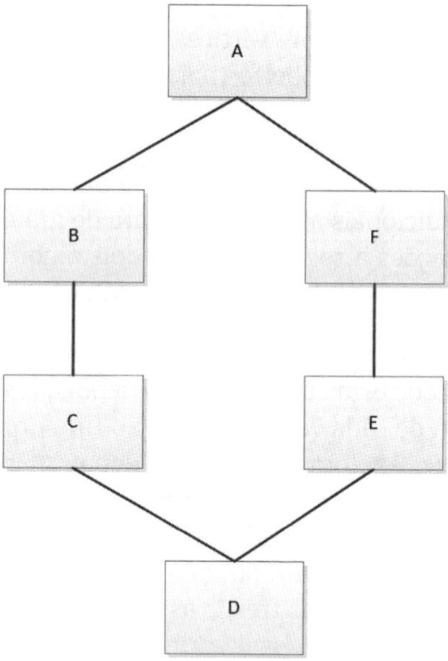

FIGURA 3-2: Os nós grafos podem se conectar de infinitas formas.

Os grafos são estruturas que apresentam um número de nós (ou vértices) conectados por um número de arestas ou arcos (dependendo da representação). Ao pensar em um grafo, pense em uma estrutura como um mapa, onde cada local no mapa é um nó e as ruas são as extremidades. Essa apresentação se difere de uma árvore, onde cada caminho acaba em um nó folha. Consulte a Figura 3-2 para ver uma representação de um grafo. Os grafos são especialmente úteis para entender estados que representam um tipo de espaço físico. Por exemplo, o GPS usa um grafo para representar os lugares e ruas.

Os grafos também adicionam alguns toques novos que talvez você não tenha considerado. Por exemplo, um grafo pode incluir o conceito de direcionalidade. Diferentemente de uma árvore, que tem relações de pais/filhos, um nó em grafo pode se conectar com qualquer outro nó tendo uma direção específica em mente. Pense nas ruas de uma cidade. A maioria delas é bidirecional, mas algumas têm mão única, permitem o movimento em apenas uma direção.

A apresentação de uma conexão de grafo pode não representar verdadeiramente as realidades do gráfico. Um grafo pode designar um peso para uma conexão em particular. O peso poderia definir a distância entre dois pontos, o tempo necessário para percorrer a rota, ou fornecer outros tipos de informações.

DICA

A árvore não é nada além do que um grafo no qual quaisquer dois vértices são conectados por um caminho exato e que não permite ciclos (conseguir voltar ao pai, saindo de qualquer filho). Muitos algoritmos de grafos se aplicam apenas a árvores.

Percorrer um grafo significa buscar (visitar) cada vértice (nó) em uma ordem específica. O processo de visitar um vértice pode incluir tanto sua leitura quanto sua atualização, e você descobre vértices não visitados ao percorrer um grafo. O vértice passa a ser descoberto (pois você acabou de visitá-lo) ou processado (pois o algoritmo tentou todas as arestas saindo dele) após a busca. A ordem da busca determina o tipo: não informada (busca cega) e informada (heurística). Na estratégia *não informada*, a IA explora o espaço de estados sem informações adicionais além da estrutura de grafo que ela descobre ao percorrê-lo. As seções a seguir analisam dois algoritmos comuns de busca cega: busca em largura e busca em profundidade.

Uma busca em largura (BFS — Breath-first search) começa na raiz do grafo e explora cada um dos nós que está atrelado à raiz. Depois, ela busca o próximo nível, explorando um de cada vez até chegar ao fim. Como resultado, no exemplo do grafo, a busca explora de A para B e depois C antes de passar a explorar D. A BFS explora o grafo de uma forma sistemática, buscando vértices ao redor do vértice inicial de maneira circular. Ela começa visitando todos os vértices com apenas um passo a partir do vértice inicial, e em seguida, ela dá dois passos, depois três, e assim por diante.

Uma busca em profundidade (DFS — Depth-first search) começa no grafo raiz e depois explora cada nó a partir dessa raiz, seguindo um único caminho até o final. Na sequência, ela volta e começa a explorar os caminhos que não foram trilhados no atual caminho de busca até que encontre a raiz novamente. Nesse ponto, caso os outros caminhos a serem trilhados a partir da raiz estejam disponíveis, o algoritmo escolhe um e começa novamente a mesma busca. A ideia é explorar cada caminho completamente antes de explorar qualquer outro.

Jogos adversariais

O interessante sobre uma busca no espaço de estados é que ela representa tanto a funcionalidade atual da IA como suas oportunidades futuras. É o caso da busca competitiva, ou jogos adversariais (jogos em que um lado ganha e os outros perdem), ou de qualquer outra situação similar em que os jogadores buscam um objetivo que conflita com os objetivos dos outros. Um simples jogo da velha apresenta um exemplo perfeito de um jogo de busca de estado que talvez você tenha visto uma IA jogar. No filme *Jogos de Guerra*, de 1983, o supercomputador WORP (War Operation Plan Response — Plano de Reação de Operação de Guerra) joga contra si mesmo em uma velocidade alucinante. No entanto, ele não consegue vencer porque o jogo é muito simples, e se você usar uma busca no espaço de estados, não perderá nunca.

Você tem nove células para preencher com X e O para cada jogador. O primeiro que fizer três marcas em uma fileira (horizontal, vertical ou diagonal) vence. Ao construir uma árvore de espaço de estados para a árvore, cada nível dela representa uma rodada do jogo. Os nós finais representam o estado final do tabuleiro e determinam uma vitória, um empate ou uma derrota para a IA. Cada nó terminal tem um score maior para vencer, menor para empatar e ainda menor ou negativo para perder. A IA propaga os scores para os nós e galhos mais acima usando somatória até alcançar o nó inicial. O nó inicial representa a situação verdadeira. Usar uma estratégia simples permite percorrer a árvore: quando for a vez da IA e você precisa propagar os valores de muitos nós, você soma o valor máximo (presumivelmente porque a IA precisa obter o resultado máximo do jogo); quando for a vez do adversário, você soma, em contrapartida, o valor mínimo. No fim, obtém uma árvore cujos galhos são qualificados por scores. Quando for a vez da IA, ela escolhe seus movimentos com base no galho cujo valor for o mais alto, porque ele implica expandir os nós com as maiores possibilidades de vencer. A Figura 3-3 mostra um exemplo visual dessa estratégia.

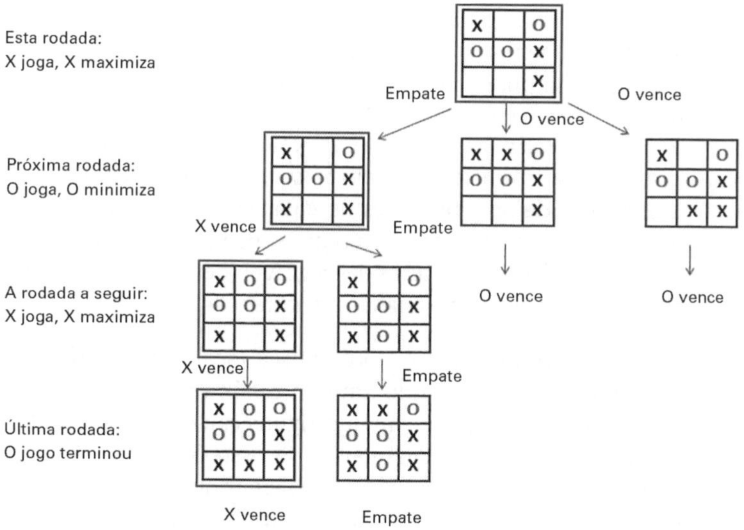

FIGURA 3-3: Uma olhada na aproximação minmax em um jogo da velha.

Esta abordagem é chamada de aproximação minmax. Ronald Rivest, do laboratório de computação do MIT, apresentou-a em 1987 (você pode ler seu artigo em `https://people.csail.mit.edu/rivest/pubs/Riv87c.pdf` [conteúdo em inglês]). Desde então, esse algoritmo e suas variantes têm propulsionado muitos jogos competitivos, junto dos avanços recentes relacionados aos jogos, tais como AlphaGo do Google DeepMind, que usa uma abordagem que reproduz a aproximação minmax (que também aparece no filme *Jogos de Guerra*, de 1983).

DICA

Às vezes você ouve a respeito da poda alfa-beta como estando conectada à aproximação minmax. A *poda alfa-beta* é uma forma inteligente de propagar valores ao longo da hierarquia da árvore em espaços de estados complexos, limitando as computações. Nem todos os jogos utilizam as árvores de estado de espaços compactas; quando seus galhos chegam a milhões, você precisa podá-los e diminuir os cálculos.

Usando busca local e heurística

Há muitas coisas nos bastidores da abordagem de busca no espaço de estado. No fim, não há máquinas, por mais potentes que sejam, que possam enumerar todas as possibilidades que surgem de uma situação. Esta seção continua com os jogos, pois eles são previsíveis e têm regras fixas, ao passo que muitas situações do mundo real são imprevisíveis e não às têm, o que faz dos jogos um ambiente otimista e favorável.

Damas, um jogo relativamente simples, quando comparado ao xadrez ou ao Go, tem 500 quintilhões (500.000.000.000.000.000.000) de posições possíveis no tabuleiro, um número que, de acordo com cálculos feitos por matemáticos da Universidade do Havaí, se iguala a todos os grãos de areia na Terra. É fato que menos movimentos são possíveis à medida que o jogo avança. Contudo, o número a ser potencialmente avaliado a cada movimento é alto demais. Foram necessários 18 anos, usando computadores potentes (`http://g1.globo.com/Noticias/Tecnologia/0,,MUL73331-6174,00-COMPUTADOR+FICA+INVENCIVEL+NO+JOGO+DE+DAMAS.html`) para computar todas as 500 quintilhões de possibilidades de jogadas. Apenas considere quanto tempo levaria para realizar até mesmo um subconjunto menor de jogadas em um computador comum. Para ser exequível, deveria ser um subconjunto bem pequeno com todas as jogadas em potencial.

A otimização através do uso da busca local e da heurística ajuda porque implementa restrições que limitam o número inicial de avaliações possíveis (como na poda alfa, em que alguns cálculos são deixados de fora porque não acrescentam nada para o sucesso da busca). A busca local é uma abordagem geral de solução de problemas que comporta uma grande gama de algoritmos que o ajudam a escapar das complexidades exponenciais de muitos problemas NP. Uma busca local começa a partir de sua situação presente ou de uma solução imperfeita para um problema e se move para longe dele, um passo de cada vez. Ela determina a viabilidade de soluções próximas, potencialmente levando a uma solução perfeita, com base em escolhas aleatórias ou em uma heurística astuta (o que significa que nenhum método exato está envolvido).

LEMBRE-SE

Heurística é uma suposição bem fundamentada a respeito de uma solução, tal qual um princípio básico que aponta para a direção de um resultado desejado, mas que não pode dizer exatamente como alcançá-lo. É como estar perdido em uma cidade desconhecida e as pessoas lhe apontarem determinado caminho para chegar ao seu hotel (porém, sem instruções precisas) ou apenas dizerem a qual distância você está dele.

Os algoritmos de busca local melhoram iterativamente a partir de um estado inicial, movendo-se um passo de cada vez através de soluções próximas no estado de espaços até que não consiga mais melhorar a solução. Como os algoritmos de busca local são muito simples e intuitivos, não é difícil projetar uma abordagem de busca local para um problema de algoritmo; torná-lo eficaz é geralmente mais difícil. A chave é definir o procedimento correto:

1. Comece com uma situação existente (pode ser a situação presente ou uma solução aleatória ou conhecida).
2. Busque um conjunto de novas soluções possíveis dentro das proximidades da solução atual, que constitui a lista de candidatos.
3. Determine qual solução usar no lugar da solução atual com base na saída de uma heurística que aceite a lista de candidatos como entrada.
4. Continue realizando os Passos 2 e 3 até que não veja mais melhoria nas soluções, o que significa que você tem a melhor solução disponível.

Embora seja fácil projetá-las, as soluções de busca local podem não encontrar uma solução em um tempo razoável (você pode parar o processo e usar a solução atual) ou apresentar uma solução com um mínimo de qualidade. Não há garantias de que uma busca local chegará à solução de um problema, mas suas chances aumentam desde o ponto de partida quando você fornece tempo suficiente para que a busca realize seus cálculos. Ela para apenas após não conseguir encontrar qualquer outro caminho para melhorar a situação. O segredo é determinar a vizinhança a ser explorada. Se explorar tudo, você voltará à uma busca exaustiva, o que significa uma explosão de possibilidades a serem exploradas e testadas.

Depender da heurística limita o local de busca com base em uma regra prática. Às vezes, uma heurística é aleatoriedade, e uma solução assim, apesar de ser uma abordagem não inteligente, pode funcionar bem. Por exemplo, poucas pessoas sabem que o Roomba, o robô autônomo de limpeza criado por três graduados pelo MIT, inicialmente não planejava seu caminho de limpeza, mas apenas se movia pelo local de forma aleatória. No entanto, ele foi considerado um aparelho inteligente pelas pessoas que o adquiriram e fazia um ótimo trabalho com a limpeza. (A inteligência, na verdade, está na ideia de usar a aleatoriedade para solucionar um problema que, de outro modo, é muito complexo.)

A escolha aleatória não é a única heurística disponível. Uma busca local pode depender de soluções de exploração mais racionais usando-se uma heurística bem elaborada para obter direções, como na *otimização de subida de encostas* (*hill-climbing optimization*) ou *fator de giro* (*tweeddle factor*), e evitar a armadilha de aceitar soluções medíocres, como o *recozimento simulado* (*simulated annealig*) e a *busca tabu* (*tabu search*).

A subida de encostas se inspira na força da gravidade. Ela recorre à observação de que, à medida que uma bola rola ladeira abaixo, ela percorre a descida mais íngreme. Ao subir uma encosta, uma bola tende a tomar a direção mais direta para chegar ao topo, que é aquela com a maior inclinação. O problema da IA, portanto, é visto como uma descida em uma ladeira ou uma escalada ao topo de uma montanha, e a heurística é qualquer regra que sugira a melhor abordagem de descida ou escalada entre os possíveis estados do estado de espaços. É um algoritmo eficaz, embora às vezes acabe preso em situações como platôs (vales intermediários) e picos (pontos máximos locais).

A , ou algoritmos coordenados de descida, são similares aos algoritmos de subida de encostas. A heurística da é explorar todas as direções possíveis, mas concentrar a busca na direção da vizinhança que funcione melhor. Ao fazer isso, ele calibra seu passo, diminuindo quando considerá-lo difícil para que encontre soluções melhores, até que pare.

O termo *recozimento simulado* deriva de uma técnica da metalurgia em que se aquece o metal e depois o esfria lentamente para o encruamento e para remover os defeitos cristalinos (para mais detalhes, veja `http://www.pmt.usp.br/pmt2402/TRATAMENTO%20T%C3%89RMICO%20DE%20A%C3%87OS.pdf`). A busca local replica essa técnica ao compreender a solução de busca como uma estrutura atômica que se transforma para melhorar sua aplicabilidade. A temperatura é o divisor de águas no processo de otimização. Assim como as altas temperaturas fazem com que a estrutura de um material fique relaxada (os sólidos derretem e os líquidos evaporam em altas temperaturas), as altas temperaturas em um algoritmo de busca local induzem o relaxamento da função objetiva, permitindo que ela prefira soluções piores em detrimento das melhores. O recozimento simulado modifica o procedimento de subida de encostas, mantendo a função objetiva para a avaliação de soluções na vizinhança, porém, permitindo que ele determine a escolha de solução de busca de uma maneira diferente.

A busca tabu usa a memorização para se lembrar de quais partes da vizinhança explorar. Quando ela aparentemente tenha encontrado uma solução, tende a tentar repassar por outros caminhos possíveis que ainda não experimentou de modo a garantir a melhor solução.

Usar medidas de direção (para cima, para baixo), temperatura (aleatoriedade controlada) ou simplesmente restringir ou refazer parte da busca são maneiras de evitar, com eficiência, experimentar tudo e se concentrar em uma boa solução. Considere, por exemplo, um robô caminhando. Guiar um robô em um ambiente desconhecido significa evitar obstáculos para chegar a um alvo determinado. É uma tarefa fundamental e desafiadora na inteligência artificial. Os robôs podem depender de telêmetros a detecção e localização por luz (LIDAR) ou de sonares (que envolvem dispositivos que usam o som para mapear seu ambiente) para navegar em seus arredores. Contudo, não importa o nível da sofisticação do hardware, os robôs ainda precisarão de algoritmos corretos para:

» Encontrar o caminho mais curto para um destino (ou, pelo menos, um que seja razoavelmente curto).

» Evitar obstáculos pelo caminho.

» Aplicar um comportamento customizado, como minimizar as mudanças de direção ou as freadas.

Um algoritmo de busca de caminhos ajuda um robô a começar em um local e chegar a um objetivo usando o menor caminho entre os dois, antecipando e evitando obstáculos ao longo do trajeto. (Reagir depois de atingir uma parede não é o suficiente). A busca de caminhos também é útil na movimentação de qualquer outro aparelho para um alvo no espaço, mesmo que seja um virtual, como acontece nos videogames e nas páginas de internet. Ao usar a busca de caminhos com um robô, ele percebe o movimento como um fluxo de estado de espaços para os limites de seus sensores. Caso o objetivo não esteja dentro do alcance, o robô não saberá para onde ir. A heurística pode apontá-lo na direção certa (por exemplo, ela consegue saber que o alvo está ao norte) e ajudá-lo a evitar os obstáculos em tempo útil, sem ter de determinar todos os caminhos possíveis para isso.

Descobrindo o Aprendizado de Máquina

Todos os exemplos de algoritmos até agora estão associados com a IA porque são soluções inteligentes que resolvem problemas repetitivos e bem delimitados que exigem inteligência. Eles exigem um arquiteto que estude os problemas e escolha o algoritmo certo para resolvê-lo. Mudanças de problemas, mutações ou a aparição de características incomuns podem se tornar um problema real para uma execução bem-sucedida do algoritmo. Isso porque aprender o problema e sua solução ocorre definitivamente no momento que o algoritmo aparece no software. Por exemplo, você pode programar seguramente uma IA para resolver o Sudoku (um jogo popular que exige que você coloque os números em um tabuleiro seguindo certas regras: `http://www.sudoku.name/rules/pt`). Você pode até fornece a flexibilidade que permite que o algoritmo aceite mais regras ou tabuleiros maiores futuramente. Peter Norvig, diretor de pesquisas no Google, escreveu um artigo extremamente interessante sobre o assunto (`http://norvig.com/sudoku.html` [conteúdo em inglês]) que demonstra como o uso sábio da busca em profundidade, limitando o número de cálculos (ou eles poderiam não terminar nunca), usando restrições e explorando galhos menores primeiro pode fazer com que as soluções para o Sudoku sejam possíveis.

Infelizmente, nem todos os problemas podem depender de uma solução como a oferecida ao Sudoku. Os problemas da vida real nunca são estabelecidos em mundos simples de informações perfeitas e ações bem-definidas. Considere o problema de encontrar alguém que está fraudando o seguro ou o problema de diagnosticar uma doença:

- **Um conjunto grande de regras e possibilidades:** O número de fraudes possíveis é incrivelmente alto; muitas doenças apresentam sintomas similares.
- **Informações ausentes:** Os fraudadores podem ocultar informações; os médicos geralmente dependem de informações incompletas (podem faltar exames).
- **As regras dos problemas não são imutáveis:** Os fraudadores descobrem novas maneiras para realizar suas vigarices ou fraudes; novas doenças surgem ou são descobertas.

Para resolver problemas assim, não é possível usar uma abordagem predeterminada, sendo que é necessária uma abordagem flexível, e você deve acumular conhecimento útil para enfrentar qualquer novo desafio. Em outras palavras, você continua aprendendo, da mesma forma que os humanos devem fazer ao longo da vida para lidar com um ambiente instável e desafiador.

Potencializando os sistemas especialistas

Os sistemas especialistas foram a primeira tentativa para fugir do âmbito de algoritmos hard-coded e criar formas mais flexíveis e inteligentes de resolver problemas da vida real. A ideia central dos sistemas especialistas era simples e bem-adequada à época, quando armazenar e lidar com inúmeros dados em memória de computador ainda era muito caro. Isso pode parecer estranho hoje em dia, mas nos anos 1970, cientistas de IA como Ross Quillian tiveram de demonstrar como construir modelos de linguagem que funcionassem com base em um vocabulário de apenas 20 palavras, porque era o máximo que a memória dos computadores da época poderiam suportar. Poucas opções estavam disponíveis caso um computador não conseguisse suportar todos os dados, e uma solução era lidar com as informações do problema-chave e obter isso dos humanos, que sabiam mais do assunto.

LEMBRE-SE

Os sistemas especialistas eram chamados de especialistas não porque baseavam seu conhecimento em seu próprio processo de aprendizagem, mas porque coletavam esse conhecimento a partir de especialistas humanos que ofereciam um sistema pré-digerido de informações-chave obtido a partir do estudo de livros, do aprendizado com outros especialistas ou descobrindo sozinhos. Foi basicamente uma forma inteligente de externalizar o conhecimento em uma máquina.

Um exemplo de um dos primeiros sistemas desse tipo é o MYCIN, um sistema para diagnosticar doenças de coagulação de sangue ou de infecções causadas por bactérias, tais como a bacteremia (as bactérias que infectam o sangue) e meningite (inflamação das membranas que protegem o cérebro e a coluna vertebral). O MYCIN recomendava a dosagem certa de antibióticos ao utilizar bem mais de 500 regras e dependia, quando necessário, que o médico utilizasse o sistema. Quando não havia informações suficientes, por exemplo, ausência de exames laboratoriais, o MYCIN começava, então, um diálogo consultivo fazendo perguntas relevantes para chegar a um diagnóstico e ao tratamento confiável.

Escrito em LisP por Edward Shortliffe como tese de doutorado na Universidade de Stanford, foram necessários mais de 5 anos para o MYCIN ser concluído, e ele tinha um rendimento melhor do que qualquer médico-residente, alcançando a alta precisão diagnóstica de um médico experiente. Ele se originou do mesmo laboratório que desenvolveu o DENDRAL, o primeiro sistema especialista já criado, alguns anos antes. O DENDRAL, especializado em química orgânica, é uma aplicação desafiadora, na qual os algoritmos de força bruta se mostraram impraticáveis quando se deparavam com uma heurística baseada em humanos que dependia de experiência de campo.

Quanto ao sucesso do MYCIN, algumas questões surgiram. Primeiro, os termos de responsabilidade não eram claros. (Caso o sistema apresentasse um diagnóstico errado, quem assumiria a responsabilidade?) Segundo, o MYCIN tinha um problema de usabilidade, porque o médico tinha de usar um terminal remoto para se conectar ao servidor do programa em Stanford, algo muito difícil e lento em uma época em que a internet ainda estava em sua infância. O MYCIN ainda provou sua eficácia e utilidade ao dar suporte a decisões humanas e abriu caminho para muitos outros sistemas especialistas que se proliferaram mais tarde nos anos 1970 e 1980.

Geralmente, os sistemas especialistas da época eram feitos com dois componentes distintos: base de conhecimentos e mecanismo de inferências. A *base de conhecimento* retém conhecimento como uma coleção de regras na forma de declarações se-então (com o *se* envolvendo uma ou múltiplas condições e o *então* envolvendo afirmações conclusivas). Essas afirmações ocorriam de forma simbólica, diferenciando entre ocasiões (eventos ou fatos únicos), classes e subclasses, que poderiam ser manipuladas com a lógica booleana ou com uma lógica sofisticada de primeira ordem, que abrange mais operações possíveis.

DICA

A *lógica de primeira* ordem é um conjunto de operações que vai além de simplesmente estar destinado a combinar asserções VERDADEIRAS ou FALSAS. Por exemplo, ele apresenta conceitos como PARA TODOS ou EXISTE, permitindo a você que lide com afirmações que podem ser verdadeiras, mas que não podem ser provadas pelas evidências que tem em mãos no momento.

Você pode ler e descobrir mais sobre essa forma de lógica começando com este estudo: `https://www.ime.usp.br/~mat/0349/Predicados-2.pdf`.

O mecanismo de inferências é um conjunto de instruções que dizem ao sistema como manipular as condições com base no conjunto de operadores da lógica booleana como E, OU, NÃO. Usando esse conjunto lógico, condições simbólicas VERDADEIRAS (uma regra é acionada ou, tecnicamente, disparada — "fired") ou FALSAS (a regra não se aplica) conseguiriam combinar-se em um raciocínio complexo.

Como o sistema foi feito no núcleo de uma série de "se" (condições) e "então" (conclusões), e foi aninhado e estruturado em camadas, adquirir informações iniciais ajudou a descartar algumas conclusões enquanto, ao mesmo tempo, ajudava o sistema a interagir com o usuário em termos de informações que poderiam levar a uma resposta. Ao lidar com o mecanismo de inferências, operações comuns realizadas pelos sistemas especialistas eram da seguinte forma:

» **Encadeamento progressivo (forward chaining):** Evidências disponíveis acionavam uma série de regras e excluíam outras em cada estágio. O sistema inicialmente se concentrou nas regras que poderiam acionar uma conclusão final pelo disparo. Esta abordagem é claramente orientada por dados.

» **Encadeamento regressivo (backward chaining):** O sistema avalia cada conclusão possível e tenta provar cada uma delas com base nas evidências disponíveis. Esta abordagem orientada por objetivos ajuda a determinar quais perguntas apresentar e exclui conjuntos inteiros de objetivos. O MYCIN usava o encadeamento para trás; progredir de trás para a frente, da hipótese até a evidência é uma estratégia comum nos diagnósticos médicos.

» **Resolução de conflito (conflict resolution):** Se um sistema chega a mais de uma conclusão ao mesmo tempo, ele favorece a conclusão que tem certas características (em termos de impacto, risco ou outros fatores). Às vezes, o sistema consulta o usuário, e a resolução é percebida com base nas avaliações do usuário. Por exemplo, o MYCIN usava um certo fator que estimava a probabilidade da exatidão diagnóstica.

Uma grande vantagem de sistemas desse tipo foi representar o conhecimento de uma forma legível para os humanos, deixando uma decisão transparente para compreensão e modificação. Se o sistema chegar a uma conclusão, ele devolve as regras usadas para chegar àquela conclusão. O usuário pode revisar sistematicamente o trabalho do sistema e concordar, ou revisá-lo em busca de sinais de erros de entrada. Além disso, os sistemas especialistas eram fáceis de serem programados usando-se linguagens como LisP ou ALGOL. Os usuários melhoraram os sistemas especialistas com o tempo ao adicionarem novas regras ou atualizarem as existentes. Eles poderiam até ser programados para funcionar em meio a condições incertas pela aplicação da *lógica difusa* ou lógica fuzzy (um tipo de lógica multivalorada na qual um valor pode conter qualquer coisa entre 0, ou absolutamente falso, e 1, ou absolutamente verdadeiro). A lógica difusa evita os passos repentinos de ativar uma regra com base em um limiar. Por exemplo, se uma regra é estabelecida para ser acionada quando o cômodo estiver quente, ela não será acionada em uma temperatura exata, mas quando a temperatura estiver ao redor do limiar. Os sistemas especialistas testemunharam seu crepúsculo no fim dos anos 1980, e seu desenvolvimento foi interrompido, principalmente pelos motivos a seguir:

- » A lógica e o simbolismo desses sistemas se monstraram limitados ao expressar as regras por trás de uma decisão, levando à criação de sistemas customizados, ou seja, voltando novamente às regras hard-coded com algoritmos clássicos.
- » Para muitos problemas desafiadores, os sistemas especialistas se tornaram tão complexos e intricados, que perderam sua atratividade em termos de viabilidade e custos baixos.
- » Como os dados estavam se tornando mais difusos e disponíveis, não fazia tanto sentido todo o esforço para cuidadosamente entrevistar, juntar e filtrar conhecimentos especialistas raros quando o mesmo conhecimento (ou até mesmo melhor) poderia ser filtrado a partir dos dados.

Os sistemas especialistas ainda existem. Você pode encontrá-los sendo usados em scoring de crédito, detecção de fraudes e outros campos com o imperativo de não apenas fornecer uma resposta, mas afirmar, de forma clara e transparente, as regras por trás da decisão de uma forma que o usuário do sistema considere aceitável (como um especialista faria).

Apresentando o aprendizado de máquina

Soluções capazes de aprender diretamente dos dados sem qualquer pré-tratamento para serem considerados símbolos surgiram algumas décadas antes dos sistemas especialistas. Algumas eram estáticas em sua natureza; outras imitavam a natureza de diferentes formas; e ainda, outras tentavam gerar uma lógica simbólica autônoma na forma de regras a partir das informações brutas. Todas essas soluções derivaram de diferentes escolas e apareceram com nomes diferentes que, hoje, abarcam o aprendizado de máquina. O *aprendizado de máquina* é parte do mundo de algoritmos, embora, contrário aos muitos algoritmos analisados até aqui, ele não tenha por objetivo ser uma série de passos predefinidos que sejam aptos a resolver um problema. Como regra, o aprendizado de máquina lida com problemas que os humanos não sabem como detalhar em passos, mas que são naturalmente resolvidos por eles. Um exemplo desse tipo de problema é o reconhecimento facial em imagens ou de certas palavras em um debate falado. O aprendizado de máquina é mencionado em quase todos os capítulos deste livro, mas os Capítulos 9 a 11 são dedicados a mostrar como os principais algoritmos do aprendizado de máquina funcionam, especialmente o aprendizado profundo, que é a tecnologia que está dando forças à nova onda de aplicações de IA que chegam às manchetes quase todos os dias.

Atingindo novos patamares

A função do aprendizado de máquina na nova onda de algoritmos de IA é em parte substituir e em parte suplementar algoritmos existentes ao tornar acessíveis as atividades que exigem inteligência, sob um ponto de vista humano, que não sejam fáceis de serem formalizadas como uma sequência de passos. Um exemplo claro dessa função é a maestria demonstrada por um especialista Go que, à primeira vista, entende ameaças e oportunidades de uma configuração de tabuleiro e capta a intuição de quais são os movimentos certos. (Leia a história do jogo Go em `https://abrago.org/aprenda-go/`.)

O Go é um jogo extremamente complexo para uma IA. O xadrez tem uma média de 35 movimentos possíveis a serem avaliados em um tabuleiro, e durante um jogo, chega-se a mais de 80 movimentações, enquanto em um jogo de Go tem cerca de 140 movimentações a serem avaliadas, e durante um jogo, chega-se a ultrapassar 240 movimentações. Não há uma potência computacional existente atualmente para criar um estado de espaços completo para um jogo do Go. A equipe de DeepMind do Google em Londres desenvolveu o AphaGo, um programa que derrotou vários dos melhores jogadores de Go (veja `https://deepmind.com/research/alphago/`[conteúdo em inglês]). O programa não recorre à abordagem de algoritmos com base na busca em um estado de espaços imensos, mas usa o seguinte:

- » Um método inteligente de busca com base em testes aleatórios de uma jogada possível. A IA aplica uma busca em profundidade múltiplas vezes para determinar se o primeiro resultado encontrado é positivo ou negativo (um estado de espaços incompleto e parcial).
- » Um algoritmo de aprendizado profundo processa uma imagem do tabuleiro (em um relance) e deriva tanto a melhor jogada possível naquela situação (o algoritmo se chama *policy network*) como uma estimativa do nível de possibilidades da IA vencer o jogo usando aquela jogada (o algoritmo se chama *value network*).
- » Uma capacidade de aprender ao observar jogos de especialistas já ocorridos e ao jogar contra si mesmo, que foi o que o WORP fez no filme *Jogos de Guerra*, em 1983. Uma versão recente do programa, chamada AphaGo Zero, consegue aprender totalmente sozinha, sem quaisquer exemplos humanos (veja `http://exameinformatica.sapo.pt/noticias/mercados/2017-10-19-AlphaGo-Zero-a-Inteligencia-Artificial-da-Google-ja-nao-precisa-de-humanos-para-aprender`). Esta capacidade de aprendizado é denominada de aprendizado por reforço.

» Usando hardware padrão

» Usando hardware especializado

» Melhorando seu hardware

» Interagindo com o ambiente

Capítulo 4

Hardware Especializado de Vanguarda

No Capítulo 1, você descobriu que um dos motivos do insucesso dos primeiros esforços da IA foi a falta de hardware adequado. O hardware simplesmente não conseguia realizar tarefas com velocidade suficiente até mesmo para necessidades corriqueiras, muito menos para algo tão complexo quanto simular o pensamento humano. Esse problema é descrito com algum pormenor no filme *O Jogo da Imitação* (2014), no qual Alan Turing finalmente solucionou o código Enigma ao procurar, espertamente, por uma frase específica, "Heil Hitler", em cada mensagem. Sem essa falha em particular no modo pelo qual os operadores usavam o Enigma, o computador que Turing usou nunca teria trabalhado rápido o bastante para resolver o problema (e eles não tinham o menor controle sobre essa questão). Os registros históricos, se é que apresentam algo, em razão das poucas partes que não foram consideradas sigilosas, mostram que os problemas de Turing eram mais profundos do que expressos no filme (para mais detalhes, veja `https://blogs.ne10.uol.com.br/mundobit/2015/01/21/como-funcionava-enigma-maquina-nazista-que-quase-venceu-segunda-guerra/`). Felizmente, o hardware padrão, disponível hoje em dia no mercado, consegue superar a questão da velocidade para vários problemas, e é nesse ponto que este capítulo começa.

LEMBRE-SE

É necessário um hardware especializado para se começar, verdadeiramente, a simular o pensamento humano, e mesmo os melhores hardwares especializados hoje não dão conta do recado. Quase todos os hardwares padrão se baseiam na *Arquitetura de von Neumann* (`https://www.embarcados.com.br/arquitetura-de-john-von-neumann/`), que separa a memória do sistema de computação, criando um ambiente de processamento genérico maravilhoso que simplesmente não funciona bem com alguns tipos de algoritmos porque a velocidade de barramento (bus) entre o processador e a memória cria um *gargalo de von Neumann*. A segunda parte deste capítulo o ajudará a entender os vários métodos usados para superar o gargalo de von Neumann a fim de que algoritmos complexos e com intensidade de dados funcionem mais rápido.

Mesmo com hardware customizado especialmente projetado para computações rápidas, uma máquina projetada para simular o pensamento humano consegue rodar apenas na velocidade que suas entradas e saídas permitirem. Consequentemente, as pessoas estão trabalhando para criar um ambiente melhor no qual o hardware possa operar. Essa necessidade pode ser abordada de várias formas, mas este capítulo se concentra em duas: aumentar a capacidade do hardware subjacente e usar sensores especializados. Essas mudanças no ambiente do hardware funcionam bem, porém, como o material a seguir explica, elas não são suficientes para construir um cérebro humano.

Em última instância, o hardware não será de qualquer valia, mesmo com as melhorias, se os humanos que o utilizam não tiverem uma interação eficaz com ele. A seção final deste capítulo descreve técnicas para tornar essas interações mais eficientes. Estas últimas são simplesmente o resultado da combinação de uma saída melhorada e de uma programação inteligente. Assim como Alan Turing usou um truque para fazer parecer que seu computador fizesse mais do que era capaz, essas técnicas fazem com que os computadores modernos pareçam fazer milagres. Na verdade, o computador não entende nada; todos os créditos são das pessoas que o programam.

Usando Hardware Padrão

A maioria dos projetos de IA que você venha a criar começarão, pelo menos, com um hardware padrão, porque os componentes disponíveis no mercado podem, na verdade, oferecer uma significativa capacidade de processamento, especialmente quando comparados com componentes dos anos 1980, quando a IA começou a apresentar resultados aplicáveis. Como consequência, mesmo não sendo possível, em última instância, realizar um trabalho a nível de produção usando o hardware padrão, você pode fazer com que seu código experimental e de pré-produção chegue a criar um modelo funcional que, mais cedo ou mais tarde, processará um conjunto completo de dados.

Entendendo o hardware padrão

A *arquitetura* (estrutura) do PC padrão não mudou desde que John von Neumann a apresentou pela primeira vez em 1946 (veja o artigo em `https://www.maa.org/external_archive/devlin/devlin_12_03.html` para obter mais detalhes [conteúdo em inglês]). Ao analisar a história em `http://www.c2o.pro.br/automacao/ar01s09.html`, você percebe que o processador se conectava à memória e aos dispositivos periféricos por meio de um barramento no PC já em 1981 (e muito antes). Todos esses sistemas usam a arquitetura de von Neumann, porque ela fornece benefícios significativos quanto à modularidade. A leitura da história lhe diz que esses dispositivos permitem upgrades para qualquer componente como decisões individuais, permitindo aumentos nos *recursos*. Por exemplo, respeitados alguns limites, você pode aumentar a quantidade de memória ou de armazenamento disponível em qualquer PC. Você também pode usar periféricos avançados. No entanto, todos esses elementos se conectam através de um barramento.

LEMBRE-SE

O fato de um PC ter mais funcionalidades não muda sua arquitetura essencial. Assim, o PC que você usa hoje tem a mesma arquitetura que os dispositivos criados muito tempo atrás; são apenas mais capazes. Além disso, o fator formato de um dispositivo tampouco afeta sua arquitetura. Os computadores em seu carro utilizam um sistema de barramento para conectividade que se baseia diretamente na arquitetura de von Neumann. (Mesmo que o tipo de barramento seja diferente, a arquitetura é a mesma.) Para que você não fique pensando que qualquer dispositivo não é afetado, veja o diagrama de bloco para um Blackberry em `http://mobilesaudi.blogspot.com/2011/10/all-blackberry-schematic-complete.html` [conteúdo em inglês]. Ele também usa uma configuração de von Neumann. Dessa forma, quase todos os dispositivos que você puder imaginar na atualidade têm uma arquitetura similar, apesar de terem diferentes fatores de forma, tipos de barramento e capacidades essenciais.

Descrevendo as deficiências do hardware padrão

A habilidade de criar um sistema modular tem benefícios significativos, especialmente nos negócios. A habilidade de remover e substituir componentes individuais mantém os custos baixos ao mesmo tempo em que permite melhorias incrementais tanto em velocidade como em eficiência. Contudo, assim como em relação à maioria das coisas, nada vem de graça. A modularidade oferecida pela arquitetura de von Neumann traz junto algumas deficiências sérias:

EXAMINANDO A DIFERENÇA DA ARQUITETURA DE HARVARD

Você pode se deparar com a Arquitetura de Harvard ao lidar com hardware porque alguns sistemas empregam uma forma modificada dessa estrutura para dar mais velocidade ao processamento. Tanto a Arquitetura de von Neumann quanto a Arquitetura de Harvard usam uma topologia de barramento. No entanto, ao trabalhar com um sistema com Arquitetura de von Neumann, o hardware usa um único barramento e uma única área de memória tanto para instruções como para dados, sendo que a Arquitetura de Harvard usa barramentos individuais para instruções e dados, e podem usar áreas de memória física separadas (veja a comparação em `https://www.diegomacedo.com.br/arquitetura-von-neumann-vs-harvard/`). O uso de barramentos individuais possibilita que um sistema com Arquitetura de Harvard recupere a próxima instrução enquanto espera que os dados cheguem da memória para a instrução atual, tornando, desse modo, a Arquitetura de Harvard mais rápida e mais eficiente. Porém, a confiabilidade sofre, porque agora você tem dois pontos de falha para cada operação: o barramento de instrução e o barramento de dados.

Os microcontroladores, como aqueles que acionam seu micro-ondas, geralmente usam a Arquitetura de Harvard. Além disso, talvez você a encontre em alguns lugares incomuns por um motivo específico. O iPhone e o Xbox 360 usam versões modificadas da Arquitetura de Harvard que usam uma única área de memória (em vez de duas), mas ainda dependem de dois barramentos separados. O motivo para usar a arquitetura nesse caso é a DRM (Gestão de Direitos Digitais). Você pode fazer com que o código de área da memória seja apenas de leitura, de modo que ninguém conseguir modificá-lo ou criar novas aplicações sem permissão. Sob uma perspectiva de IA, isso pode ser problemático, porque uma das capacidades da IA é escrever novo algoritmos (código executável) conforme necessário para lidar com situações atípicas. Como os PCs raramente implementam a Arquitetura de Harvard em sua forma pura ou como sua construção principal de barramento, a Arquitetura de Harvard não recebe muita atenção neste livro.

- **O gargalo de von Neumann:** De todas as deficiências, o gargalo de von Neumann é a mais séria em termos de matérias como IA, aprendizado de máquina e até ciência de dados. Você pode encontrar esta deficiência em particular analisada em mais detalhes na seção "Considerando o gargalo de von Neumann", mais adiante neste capítulo.
- **Pontos individuais de falha:** Qualquer perda de conectividade com o barramento significa, necessariamente, que o computador falha de imediato, e não tem nada de bonito nisso. Mesmo em sistemas com

processadores múltiplos, a perda de um único processo, o que deveria apenas produzir uma perda de capacidade, acaba causando uma falha total de sistema. O mesmo problema ocorre com a perda de outros componentes de sistema: em vez de reduzir a funcionalidade, o sistema inteiro falha. Considerando que a IA geralmente exige uma operação contínua de sistema, o potencial para consequências graves aumenta proporcionalmente à dependência da aplicação ao hardware.

» **Dedicação a apenas uma tarefa:** O barramento von Neumann consegue recuperar uma instrução ou os dados necessários para executar a instrução, mas não consegue fazer os dois ao mesmo tempo. Como resultado, quando a recuperação de dados exige vários ciclos de barramento, o processador se mantém ocioso, reduzindo ainda mais sua capacidade de realizar tarefas de IA, carregadas de instruções.

» **Comando de tarefas:** Quando o cérebro realiza uma tarefa, várias sinapses são disparadas de uma vez, permitindo uma execução simultânea de múltiplas operações. O design original de von Neumann permitia apenas uma operação de cada vez, e apenas após o sistema ter recuperado a instrução exigida e os dados. Hoje, os computadores geralmente têm múltiplos núcleos, permitindo a execução simultânea de operações em cada núcleo. No entanto, o código de aplicação deve atender especificamente a essa exigência, então, em geral, a funcionalidade não é usada.

Usando GPUs

Após criar uma configuração prototípica para realizar as tarefas necessárias para simular o pensamento humano em determinado tópico, talvez você necessite de hardware adicional para fornecer capacidade de processamento suficiente para trabalhar com o conjunto completo de dados que são exigidos de um sistema de produção. Muitas maneiras de oferecer essa capacidade de processamento estão disponíveis, mas uma maneira comum é usar Unidades de Processamento Gráfico (GPU), além do processador central de uma máquina. As seções a seguir descrevem o problema de domínio que uma GPU aborda, o que o termo GPU quer dizer exatamente e por que uma GPU deixa o processamento mais rápido.

Considerando o gargalo de von Neumann

O gargalo de von Neumann é um resultado natural de usar um barramento para transferir dados entre o processador, a memória, a armazenagem de longo prazo e os dispositivos periféricos. Não importa a velocidade com que o barramento realize sua tarefa, sobrecarregá-la — ou seja, formar um gargalo que reduz a velocidade — é sempre possível. Ao longo do tempo, as velocidades dos processadores continuam a aumentar, enquanto as melhorias de memória e de outros dispositivos se concentram na densidade — a capacidade de armazenar mais em menos espaço. Consequentemente, o gargalo fica mais evidente a cada melhoria, fazendo com que o processador passe muito tempo ocioso.

Dentro do razoável, você consegue superar algumas das questões em torno do gargalo de von Neumann e produzir aumentos pequenos, mas perceptíveis, na velocidade das aplicações. Aqui estão as soluções mais comuns:

» **Cache:** Quando os problemas com a obtenção de dados a partir da memória com uma velocidade suficiente na Arquitetura de von Neumann ficaram evidentes, os fornecedores de hardware rapidamente reagiram adicionando uma memória localizada que não precisasse de acesso de barramento. Essa memória aparece externa ao processador, mas como parte do pacote do processador. Porém, um cache de alta velocidade é caro, então eles tendem a ser pequenos em tamanho.

» **Cache de processador:** Infelizmente, caches externos ainda não oferecem velocidade suficiente. Mesmo o uso da RAM mais rápida disponível e a eliminação completa do acesso de barramento não atingem as necessidades de capacidade de processamento do processador. Dessa forma, os fabricantes começaram a adicionar memória interna — um cache menor que o cache externo, mas com um acesso ainda mais rápido porque ele é parte do processador.

» **Busca antecipada de informações (prefetch):** O problema com os caches é que eles se mostram úteis apenas quando contêm os dados corretos. Infelizmente, os acessos de cache se mostram reduzidos em aplicações que usam inúmeros dados e realizam uma grande variedade de tarefas. O próximo passo para deixar os processadores mais rápidos é adivinhar quais dados a aplicação exigirá na sequência e carregá-los ao cache antes que a aplicação necessite.

» **Usando RAM especial:** Você pode ficar perdido com as intermináveis abreviaturas de RAM, porque há mais tipos do que a maioria das pessoas imagina. Cada tipo de RAM tem a finalidade de resolver, pelo menos, parte do problema de gargalo de von Neumann, e elas funcionam — com certas restrições. Na maioria dos casos, as melhorias revolvem em torno ao redor da ideia de levar os dados da memória para o barramento de forma mais rápida. Dois fatores principais (e muitos secundários) afetam a velocidade: ***velocidade de memória*** (a velocidade com que a memória movimenta os dados) e ***latência*** (o tempo necessário para localizar um dado particular). Você pode ler mais a respeito da memória e de otros fatores que a afetam em `https://www.tecmundo.com.br/memoria-ram/12781-memorias-quais-os-tipos-e-para-que-servem.htm`.

CONSIDERANDO A "BOMBE": A MÁQUINA ELETROMECÂNICA DE ALAN TURING

A máquina eletromecânica de Alan Turing não era, de forma alguma, uma IA. Na verdade, ela não era nem mesmo um computador real. Ela decodificou as mensagens criptografadas da Enigma, e nada mais. No entanto, ela deu a Turing o que pensar, o que, futuramente, o levou a escrever um artigo chamado "Computing Machinery and Intelligence" (Computação e Inteligência, disponível em `https://luciomarfernandes.wordpress.com/2013/06/22/computacao-e-inteligencia-alan-turing-traducao-de-fabio-de-carvalho-hansem/`), que ele publicou nos anos 1950 e que descreve o Jogo da Imitação. No entanto, sua própria Bombe foi baseada, na verdade, em uma máquina polonesa chamada Bomba.

Muito embora algumas fontes insinuem que Turing trabalhou sozinho, a Bombe foi produzida com a ajuda de muitas pessoas, especialmente Gordon Welchman. Turing também não apareceu do nada, pronto para decodificar a encriptação alemã. Durante o tempo em que esteve em Princeton, ele esteve ao lado de grandes nomes como Albert Einstein e John von Neumann (que veio a inventar o conceito de software de computador). Os artigos que Turing escreveu inspiraram outros cientistas a fazerem experimentações e verem o que era possível.

Hardwares especializados de inúmeros tipos continuarão a aparecer enquanto os cientistas continuarem a escrever artigos, usando as ideias uns dos outros, desenvolvendo ideias novas e fazendo experimentos. Quando assistir a filmes ou qualquer outra mídia e presumir que eles são totalmente precisos em termos históricos, não fique achando que essas pessoas simplesmente acordaram certa manhã e proclamaram "Hoje serei brilhante!", e saíram para realizar algo grandioso. Todas as coisas são construídas com base em outras coisas, assim, a história é importante, porque ela ajuda a mostrar o caminho trilhado e ilumina outros caminhos promissores — aqueles ainda não trilhados.

CUIDADO

Assim como em muitas outras áreas tecnológicas, a publicidade pode ser um problema. Por exemplo, o *multithreading*, o ato de dividir uma aplicação ou outro conjunto de instruções em unidades distintas de execução para que o processador possa lidar com uma de cada vez, é geralmente propagado como uma forma de superar o gargalo de von Neumann, sendo que, na realidade, ele não faz nada além de adicionar overhead (piorando o problema). O multithreading é uma resposta a outro problema: deixar a aplicação mais eficiente. Quando uma aplicação acrescenta questões de latência ao gargalo de von Neumann, o sistema inteiro fica mais lento. O multithreading garante que o processador não perca ainda mais tempo esperando pelo usuário ou pela aplicação, mas que tenha algo para fazer o tempo todo. A latência de aplicações pode ocorrer com qualquer arquitetura de processadores, não apenas com a Arquitetura de von Neumann. Mesmo assim, qualquer coisa que acelere a operação geral de uma aplicação é visível para o usuário e para o sistema como um todo.

Definindo a GPU

O propósito inicial de uma Unidade de Processamento de Gráficos (GPU) era processar dados de imagem rapidamente e, então, exibir a imagem resultante na tela. Durante a fase inicial da evolução do PC, a CPU realizava todo o processamento, significando que os gráficos poderiam aparecer com uma lentidão enquanto a CPU realizava outras tarefas. Durante aquele época, um PC geralmente vinha equipado com um *adaptador de exibição*, que dispõe de pouca, ou nenhuma, capacidade de processamento. Tudo que um adaptador de exibição faz é converter os dados do computador em uma forma visual. Na verdade, usar apenas um processador se mostrou quase impraticável, uma vez que o PC deixava de lado exibições que tinham apenas textos, ou gráficos de 16 cores extremamente simples. Porém, as GPUs na realidade não tiveram muitas incursões na computação até que as pessoas começaram a querer uma saída 3D. Naquela altura, uma combinação de uma CPU e um adaptador de exibição simplesmente não dava conta do recado.

Um primeiro passo nessa direção foram os sistemas como o Hauppauge 4860 (`http://www.geekdot.com/hauppauge-4860/`[conteúdo em inglês]), que incluía uma CPU e um chip especial de gráficos (o 80860, neste caso) na placa-mãe. O 80860 possui uma vantagem na realização de cálculos extremamente rápidos (acesse `http://www.maxpezzin.com.br/aulas/1_SIN_Arquitetura_de_Computadores/Microprocessadores.htm` para obter mais detalhes). Infelizmente, esses sistemas assíncronos, de multiprocessadores, não chegaram a atingir as expectativas das pessoas (embora fossem extremamente rápidos, considerando os sistemas da época) e eram extremamente caros. Além disso, havia toda a questão das aplicações de escrita que incluíram o segundo (ou subsequente) chip. Os dois chips também compartilhavam memória (que havia de sobra para esses sistemas).

Uma GPU transfere o processamento de gráficos da placa-mãe para a placa periférica de gráficos. A CPU pode dar um comando de tarefa para a GPU, e então a GPU determina o melhor método para realizá-la, independentemente da CPU. Uma GPU tem uma memória separada, e o caminho de dados para seu barramento é imenso. Acrescenta-se a isso o fato que uma GPU consegue acessar a memória principal para obter os dados necessários para realizar uma tarefa e apresentar resultados, independentemente da CPU. Como resultado, essa configuração possibilita o display de gráficos modernos.

PAPO DE ESPECIALISTA

No entanto, o que realmente faz a diferença em uma GPU é o fato de ela conter centenas de núcleos (acesse `https://www.nvidia.com.br/object/what-isgpu-computing-br.html` para obter mais detalhes), em contraste com apenas alguns núcleos de uma CPU. Embora a CPU apresente uma funcionalidade com objetivos mais gerais, a GPU realiza cálculos extremamente rápidos e consegue mover os dados da GPU para o visor de forma ainda mais rápida. Essa habilidade é o que faz da GPU com um propósito especial um componente essencial nos sistemas atuais.

Considerando por que as GPUs funcionam bem

Assim como o chip 80860 descrito na seção anterior, as GPUs atuais são excelentes para realizar as tarefas especializadas associadas com o processamento de gráficos, incluindo as funções com vetores. Todos aqueles núcleos realizando tarefas em paralelo realmente aceleram os cálculos de IA.

Em 2011, o Projeto Google Brain (`https://research.google.com/teams/brain/`[conteúdo em inglês]) treinou uma IA para reconhecer a diferença entre gatos e pessoas assistindo a filmes no YouTube. No entanto, para a realização da tarefa, o Google usou 2 mil CPUs em um de seus centros de dados gigantes. Poucas pessoas teriam os recursos necessários para replicar esse trabalho do Google.

Por outro lado, Bryan Catanzaro (da equipe de pesquisas da NVidia) e Andrew Ng (Stanford) conseguiram replicar o trabalho do Google usando um conjunto de 12 GPUs da NVidia (acesse `https://computerworld.com.br/2019/03/23/como-a-nvidia-planeja-usar-gpus-para-acelerar-a-inteligencia-artificial/`para obter mais detalhes). Depois que as pessoas entenderam que as GPUs poderiam substituir uma infinidade de sistemas de computador equipados com CPUs, elas puderam começar a dar prosseguimento a uma variedade de projetos de IA. Em 2012, Alex Krizhevsky (Universidade de Toronto) venceu a competição ImageNet de reconhecimento de imagens por computador, usando GPUs. Na verdade, vários pesquisadores agora estão usando as GPUs com um sucesso incrível (para mais detalhes, veja o artigo em `https://adeshpande3.github.io/The-9-Deep-Learning-Papers-You-Need-To-Know-About.html` [conteúdo em inglês]).

Criando um Ambiente de Processamento Especializado

Tanto o aprendizado profundo como a IA não usam processos von Neumann, de acordo com muitos especialistas como Massimiliano Versace,

CEO da Neurala Inc. (https://www.neurala.com/[conteúdo em inglês]). Como a tarefa que o algoritmo realiza não é compatível com o hardware subjacente, há todos os tipos de deficiências, são necessárias modificações (hacks), e obter um resultado é muito mais difícil do que deveria. A Agência de Projetos de Pesquisa Avançada de Defesa (DARPA) assumiu um projeto desse tipo na forma de Sistemas Plásticos Adaptativos Neuromórficos (SyNAPSE). A ideia subjacente a essa abordagem é duplicar a abordagem da natureza à resolução de problemas ao combinar memória e capacidade de processamento, em vez de manter os dois separados. Na realidade, eles desenvolveram o sistema (e foi algo enorme), e você pode ler mais a respeito em http://www.artificialbrains.com/darpa-synapse-program [conteúdo em inglês].

O projeto SyNAPSE segue em frente. A IBM desenvolveu um sistema menor ao usar uma tecnologia moderna que era incrivelmente rápida e com eficiência de capacidade (veja http://redesneuraisartificiais.blogspot.com/2011/08/ibm-e-computacao-cognitiva.html). O único problema é que ninguém está comprando. Assim como muitas pessoas diriam que o Betamax era uma maneira melhor de armazenar dados do que o VHS, o VHS ganhou em termos de custo, de facilidade de uso e de recursos atraentes (veja https://www.publico.pt/2006/03/26/jornal/vhs-e-beta-a-guerra-das-fitas-durou-uma-decada-70268). A mesma coisa acontece com o TrueNorth, a oferta do SyNAPSE da IBM. Tem sido difícil encontrar pessoas que estejam dispostas a pagar o alto preço, programadores que consigam desenvolver um software usando a nova arquitetura e produtos que de fato sejam beneficiados pelo chip. Consequentemente, uma combinação de CPUs e GPUs, mesmo com suas fraquezas inerentes, continua a prevalecer.

LEMBRE-SE

Provavelmente, em algum momento, alguém desenvolverá um chip que seja mais parecido com um cérebro biológico. O sistema atual provavelmente se tornará incapaz de produzir os avanços desejados na capacidade computacional. Na realidade, empresas como o Google estão trabalhando em alternativas como a Unidade de Processamento Tensorial (Tensor Processing Unit — TPU), que na verdade podem ser usadas em aplicações como Google Pesquisa, Street View, Google Fotos, e Google Tradutor (confira https://cio.com.br/google-apresenta-a-cloud-tpu-segunda-geracao-da-tensor-processing-unit/). Como agora essa tecnologia está sendo usada em aplicações reais de grande escala, algumas pessoas também estão comprando os chips, alguns programadores sabem escrever aplicações para eles, e há produtos atraentes sendo consumidos pelas pessoas. Diferentemente do SyNAPSE, a TPU também usa uma tecnologia ASIC (Circuito Integrado de Aplicação Específica) bem compreendida que tem sido utilizada em uma miríade de aplicações, então o que o Google está de fato fazendo é dar um novo propósito a uma tecnologia existente. Desta forma, as chances que esse tipo de chip tem de ser bem-sucedido no mercado são muito maiores do que as de algo como a SyNAPSE, que depende de uma tecnologia inteiramente nova.

Aumentando os Recursos de Hardware

A CPU ainda funciona bem para sistemas empresariais ou em aplicações em que a necessidade de uma flexibilidade geral na programação compensa a capacidade de processamento puro. No entanto, agora as GPUs são o padrão para as necessidades de vários tipos de ciência de dados, do aprendizado de máquina, da IA e do aprendizado profundo. É óbvio que todo mundo está constantemente de olho na próxima novidade no ambiente de desenvolvimento. Tanto as CPUs como as GPUs são processadores em nível de produção. No futuro, talvez você veja dois tipos de processadores usados no lugar destes que são padrões:

- **Circuitos Integrados de Aplicações Específicas (ASIC):** Em contraste com os processadores de uso geral, um fabricante cria um ASIC para um propósito específico. Uma solução ASIC oferece uma performance extremamente rápida usando pouca capacidade, mas não tem muita flexibilidade. Um exemplo de uma solução ASIC é a Unidade de Processamento Tensor (TPU, em inglês) do Google, que é usada para o processamento de fala.
- **Matrizes de Portas Programáveis no Campo (FPGA):** Da mesma forma que com o ASIC, um fabricante geralmente cria uma FPGA para um propósito específico. No entanto, diferente do ASIC, é possível programar uma FPGA para mudar sua funcionalidade subjacente. Um exemplo de uma solução FPGA é o Brainwave da Microsoft, que é usado para projetos de aprendizado profundo (para mais detalhes, acesse `https://docs.microsoft.com/pt-br/azure/machine-learning/service/concept-accelerate-with-fpgas`).

LEMBRE-SE

A batalha entre ASIC e FPGA promete esquentar, com desenvolvedores de IA emergindo como os vencedores. Por enquanto, a Microsoft e as FPGA parecem estar na frente (veja o artigo em `https://www.forbes.com/sites/moorinsights/2017/08/28/microsoft-fpga-wins-versus-google-tpus-for-ai/#6448980d3904` [conteúdo em inglês]). A questão é que a tecnologia é fluida, então você pode esperar por novos desenvolvimentos.

Os fabricantes também estão trabalhando em tipos de processamento completamente novos, o que, na verdade, pode ou não funcionar conforme o planejado. Por exemplo, a Graphcore está trabalhando em uma Unidade de Processamento Inteligente (IPU), como descrito em `https://economia.uol.com.br/noticias/bloomberg/2018/12/18/startup-de-ia-graphcore-levanta-us-200-mi-com-bmw-e-microsoft.htm`. É preciso receber as notícias desses novos processadores com uma certa desconfiança por causa do sensacionalismo envolvido no setor no passado. Quando vemos aplicações reais de grandes empresas como o Google e a Microsoft, então podemos ter um pouco mais de certeza sobre o futuro da tecnologia envolvida.

Adicionando Sensores Especializados

Um componente essencial da IA é sua capacidade de simular a inteligência humana usando um conjunto completo de sentidos. A entrada fornecida pelos sentidos ajudam os humanos a desenvolver os vários tipos de inteligência descritos no Capítulo 1. Os sentidos de um humano fornecem o tipo certo de entrada para criar um humano inteligente. Mesmo presumindo que seja possível que uma IA implemente por inteiro todos os sete tipos de inteligência, ainda será preciso o tipo certo de entrada para tornar essa inteligência funcional.

Os humanos em geral têm cinco sentidos, pelos quais interagem com o ambiente: visão, audição, tato, paladar e oufato. Por mais estranho que pareça, os humanos ainda não compreendem totalmente suas próprias capacidades, então não é de se surpreender que os computadores tenham um atraso em termos de percepção do ambiente comparada à de um humano. Por exemplo, até recentemente, o paladar abrangia apenas quatro elementos: salgado, doce, amargo e azedo. No entanto, outros dois gostos agora aparecem na lista: umami e gordura (veja mais detalhes em `https://www1.folha.uol.com.br/comida/2015/08/1662836-cientistas-dizem-ter-descoberto-o-sexto-gosto-do-nosso-paladar-o-da-gordura.shtml`). Da mesma forma, algumas mulheres são tetracromatas (`https://www.bbc.com/portuguese/noticias/2014/11/141029_vert_fut_cores_dg`), conseguindo enxergar 100 milhões de cores, em comparação com a média de 1 milhão (apenas mulheres podem ser tetracomatas por causa das exigências de cromossomo). Saber cerca de quantas mulheres possuem essa capacidade sequer é possível ainda. (Algumas fontes dizem que o número chega a 15%; para mais detalhes, acesse `http://www.raredr.com/contributor/ricki-lewis-phd/2016/12/a-good-mutation-seeing-the-world-with-extra-cones` e `http://sciencevibe.com/2016/12/11/the-women-that-see-100-million-colors-live-in-a-different-world/`[conteúdos em inglês].)

O uso de dados estáticos e dinâmicos filtrados permite que uma IA atualmente interaja com os humanos de algumas formas. Por exemplo, considere a Alexa (`https://www.amazon.com.br/Bose-Home-Speaker-Controle-Alexa/dp/B07FDF9B46/ref=sr_1_14?ie=UTF8&qid=1547824144&sr=8-14&keywords=alexa`), o dispositivo da Amazon que aparentemente escuta você e depois responde. Mesmo que a Alexa na verdade não compreenda nada do que você diz, a aparência da comunicação é bem viciante e motiva as pessoas a antropomorfizarem esses dispositivos. Para conseguir realizar suas tarefas, a Alexa necessita de acesso a um sensor especial: um microfone que lhe permita ouvir. Na verdade, a Alexa possui vários microfones para ajudá-la a ouvir bem o suficiente, de modo a oferecer a ilusão de que está compreendendo. Infelizmente, por mais avançada que seja, ela não consegue ver, sentir, tocar ou sentir o gosto de qualquer coisa, o que a deixa longe dos humanos, até em pequenos pormenores.

DICA

Em alguns casos, os humanos na verdade querem que sua IA tenha sentidos superiores ou diferentes. Uma IA que detecta movimentos à noite e reage a isso pode utilizar uma visão infravermelha, em vez da visão comum. Na realidade, o uso de sentidos alternativos é um dos usos válidos para a IA atualmente. O recurso de trabalhar em ambientes em que pessoas não conseguem trabalhar é um dos motivos pelos quais alguns tipos de robôs têm se tornado tão populares, mas trabalhar nesses ambientes geralmente exige um conjunto de sensores não humanos. Como consequência, o assunto dos sensores na verdade é classificado em duas categorias (e nenhuma está completamente definida): sensores semelhantes aos humanos e sensores alternativos de ambiente.

Elaborando Métodos de Interação com o Ambiente

Uma IA que seja autossuficiente e que nunca interage com o ambiente é inútil. Obviamente, a interação é feita na forma de entradas e saídas. O método tradicional de fornecer entradas e saídas ocorre diretamente por meio de fluxos de dados que o computador consegue entender, tais como conjunto de dados, textos de pesquisa e similares. No entanto, essas abordagens dificilmente são amigáveis aos humanos e exigem habilidades especiais para serem usadas.

LEMBRE-SE

A interação com uma IA está acontecendo cada vez mais de maneiras que os humanos entendem melhor do que por meio de contato direto com o computador. Por exemplo, quando perguntamos algo à Alexa, a entrada ocorre por meio de uma série de microfones. A IA transforma as palavras-chave da pergunta em símbolos que ela consegue compreender. Esses símbolos, então, iniciam a computação que forma a saída. A IA simboliza a saída de uma forma que seja compreensível pelos humanos: uma frase falada. Então, você ouve a frase falada pela Alexa em um alto-falante. Resumindo, para oferecer uma funcionalidade útil, a Alexa deve interagir com o ambiente de duas formas diferentes que sejam interessantes aos humanos, mas que ela, na realidade, não compreende.

As interações podem tomar várias formas. De fato, o número e as formas de interações estão crescendo continuamente. Por exemplo, agora uma IA consegue cheirar (veja mais detalhes em `https://canaltech.com.br/ciencia/`

pesquisadores-usam-machine-learning-para-identificacao-de-odores-129449/). No entanto, o computador, na verdade, não cheira nada. Os sensores fornecem um meio para transformar a detecção química em dados que a IA possa usar da mesma forma que ela faz com outros dados. A capacidade para detectar substâncias químicas não é nova; a habilidade de transformar a análise dessas substâncias não é nova; tampouco os algoritmos usados para interagir com os dados resultantes são novos. A novidade são os conjuntos de dados usados para interpretar os dados que entram no formato de cheiro, e esses conjuntos de dados vieram de estudos humanos. O nariz de uma IA tem todos os tipos possíveis de usos. Por exemplo, pense na capacidade da IA de usar um nariz enquanto trabalha em ambientes perigosos, como perceber o cheiro de um vazamento de gás antes de poder percebê-lo por meio do uso de outros sensores.

As interações físicas também estão em alta. Os robôs que trabalham em linhas de produção são um fato antigo, mas pense nos efeitos dos robôs que conseguem dirigir. Esses são os maiores usos da interação física. Considere, também, que uma IA consegue reagir de formas menores. Hugh Herr, por exemplo, usa uma IA para fornecer interação com um pé inteligente (veja mais detalhes em https://pt.euronews.com/2016/10/26/as-pernas-bionicas-de-hugh-herr-sera-possivel-acabar-com-a-deficiencia). Esse pé dinâmico fornece uma substituição superior para pessoas que perderam seu pé real. Em vez de um tipo estático de resposta que um humano obtém de uma prótese normal, esse pé dinâmico, na verdade, fornece o tipo de resposta ativa o qual os humanos estão acostumados a obter de um pé real. Por exemplo, o nível de impulsão do pé é diferente em uma subida e em uma descida. Da mesma forma, subir ou descer de uma calçada exige um nível diferente de impulsão do que passos sem obstáculos.

A questão é que, na medida em que a IA aumenta sua capacidade de realizar cálculos complexos em pacotes menores com um conjunto de dados cada vez maiores, a capacidade de ela realizar tarefas interessantes aumenta. Porém, as tarefas realizadas por uma IA podem não ter uma categoria humana no momento. Talvez você nunca chegue a realmente interagir com uma IA que entenda sua fala, mas pode chegar a usar uma IA que o ajude a manter a vida, ou, pelo menos, torná-la mais confortável.

2

Considerando os Usos da IA na Sociedade

NESTA PARTE...

Trabalhe com a IA em aplicações de computadores.

Use a IA para automatizar processos comuns.

Considere como a IA lida com necessidades médicas.

Defina métodos de interação direta com os humanos.

» Definindo e usando a IA em aplicações

» Usando a IA para correções e sugestões

» Compreendendo os potenciais erros da IA

Capítulo 5

Vendo os Usos da IA em Aplicações de Computadores

É provável que você já tenha usado a IA de alguma forma em muitas das aplicações de computadores que utiliza para seu trabalho. Por exemplo, os comandos de voz em seu smartphone requerem o uso de uma IA de reconhecimento de voz. Da mesma maneira, uma IA filtra todos os e-mails spam que poderiam chegar em sua caixa de entrada. A primeira parte deste capítulo analisa os tipos de aplicação de IA, muitos dos quais o surpreenderão, e as áreas que comumente usam a IA para realizar um número significativo de tarefas. Você também descobrirá uma fonte de limitações para a criação de aplicações com base em IA, o que o ajudará a compreender por que robôs "conscientes" podem nunca se tornar uma realidade — pelo menos não com a tecnologia atualmente disponível.

No entanto, independentemente de a IA jamais se tornar "consciente", ainda permanece o fato de que ela realiza, sim, um número significativo de tarefas úteis. Duas maneiras essenciais de a IA contribur atualmente com as necessidades humanas é por meior das correções e sugestões. Não devemos usar esses dois termos sob a visão humana. Uma correção não é necessariamente uma reação a um erro. Da mesma forma, uma sugestão não é necessariamente uma reação a uma pergunta. Por exemplo, considere um carro com direção assistida (em que a IA auxilia o condutor, em vez de substituí-lo). À medida que o carro começa a se movimentar, a IA pode realizar pequenas correções que permitem que a condução e as condições da estrada, os pedestres e inúmeros outros fatores sejam considerados de forma a antecipar um erro real. A IA usa uma abordagem proativa a um fator que pode ou não ocorrer. Da mesma forma, a IA pode sugerir um determinado caminho para o humano conduzindo o carro que pode apresentar as maiores chances de sucesso, e mudar a sugestão mais adiante com base em novas condições. A segunda parte do capítulo considera as correções e as sugestões separadamente.

A terceira parte principal do capítulo analisa os potenciais erros da IA. Um erro ocorre sempre que o resultado é diferente do esperado. O resultado pode ser exitoso, mas pode continuar não sendo o que se esperava. Obviamente, erros absolutos também ocorrem, ou seja, uma IA pode não fornecer um resultado útil. Talvez o resultado até contrarie o objetivo original (possivelmente causando estragos). Se você captar a ideia de que as aplicações de IA fornecem resultados em tons de cinza, e não pretos e brancos, você estará no caminho certo para compreender como a IA modifica as aplicações comuns de um computador, o que, de fato, fornece um resultado absolutamente correto ou absolutamente incorreto.

Apresentando os Tipos Comuns de Aplicações

Assim como a imaginação do programador é o único fator limitante em termos de tipos de aplicações processuais de computador, as aplicações de IA podem aparecer em qualquer plataforma para praticamente qualquer propósito, sendo que a maioria desses propósitos ainda não foi considerado por ninguém. Na realidade, a flexibilidade oferecida pela IA significa que algumas de suas aplicações podem aparecer em lugares diferentes daqueles originalmente definidos pelo programador. De fato, algum dia, softwares de IA podem muito bem escrever sua próxima geração (acesse `https://universoracionalista.org/inteligencia-artificial-aprende-escrever-o-seu-proprio-codigo-roubando-de-outros-programas/`para conhecer mais detalhes). No entanto, para termos uma ideia melhor do que exatamente torna a IA útil em aplicações, é bom analisarmos os usos da IA mais comumente aplicados hoje em dia (e as potenciais armadilhas associadas a esses usos), conforme descritos nas seções a seguir.

Usando a IA em aplicações comuns

Talvez você encontre a IA em lugares inusitados. Por exemplo, um termostato inteligente para controlar a temperatura da casa pode conter uma IA, caso o termostato seja complexo o suficiente (para mais detalhes, acesse `https://thedailyprosper.com/pt/a/como-levar-inteligencia-artificial-ate-sua-casa`). O uso da IA, mesmo nessas aplicações particularmente especiais, faz sentido, de fato, quando envolve coisas em que ela se sai melhor do que ninguém, como identificar temperaturas preferidas ao longo do tempo para criar automaticamente uma programação de temperaturas. Veja a seguir alguns dos usos mais comuns para a IA que você encontrará em vários lugares:

- Criatividade artificial
- Visão de computador, realidade virtual e processamento de imagens
- Diagnósticos (inteligência artificial)
- Reconhecimento facial
- Jogos de inteligência artificial, robôs de jogos de computador, teoria dos jogos e planejamento estratégico
- Reconhecimento de manuscritos
- Processamento de linguagem natural, tradução e robôs de conversa
- Controle não linear e robótica
- Reconhecimento ótico de caracteres
- Reconhecimento de fala

Percebendo a vasta gama de áreas da IA

As aplicações definem tipos específicos de usos para a IA. Você também pode encontrar a IA sendo usada de modo mais genérico em áreas específicas de expertise. A lista a seguir contém as áreas em que a IA aparece mais comumente:

- Vida artificial
- Raciocínio automatizado
- Automação
- Computação bioinspirada
- Mineração de conceitos
- Mineração de dados

- Filtragem de e-mails spam
- Sistema híbrido de inteligência
- Agente e controle inteligentes
- Representação de conhecimentos
- Processos judiciais
- Robótica: robótica baseada em comportamentos, cognição, cibernética, robótica de desenvolvimento (epigenética) e robótica evolucionária
- Web semântica

Considerando o argumento do Quarto Chinês

Em 1980, John Searle escreveu um artigo intitulado "Minds, Brains and Programs" [Mentes, Cérebros e Programas, em tradução livre], que foi publicado na *Behavioral and Brain Sciences*. A ênfase desse artigo é uma refutação ao teste de Turing, no qual um computador consegue se passar por um humano para outro humano usando uma série de perguntas (veja o artigo em `http://opessoa.fflch.usp.br/sites/opessoa.fflch.usp.br/files/Searle-Port-2.pdf` para mais detalhes). O pressuposto básico é o de que o funcionalismo, ou a capacidade de simular características específicas da mente humana, não é o mesmo que de fato pensar.

O argumento do Quarto Chinês, como esse experimento é chamado, baseia-se em dois testes. No primeiro, alguém cria uma IA capaz de aceitar os caracteres chineses, usar um conjunto de regras para criar uma resposta a partir desses caracteres e, depois, oferecer uma resposta a partir deles. A pergunta é a respeito de uma história — a IA deve interpretar as perguntas feitas a ela de modo que a resposta reflita o conteúdo real da história, e não apenas qualquer resposta aleatória. A IA é tão boa, que ninguém que esteja fora do quarto dirá que é uma IA que está realizando as tarefas exigidas. As pessoas que falam chinês são completamente enganadas e acham que a IA consegue ler e entender de fato esse idioma.

No segundo teste, um humano que não fala chinês recebe três itens que imitam o que o computador faz. O primeiro é um script contendo uma grande lista de caracteres chineses, o segundo é uma história em chinês e o terceiro é um conjunto de regras correlacionando os dois primeiros itens. Alguém envia um conjunto de perguntas, escritas em chinês, que o humano consegue entender usando o conjunto de regras para encontrar em que ponto da história está a resposta com base em uma interpretação dos caracteres chineses. A resposta é um conjunto de caracteres chineses que correlacionam a pergunta com base nas regras. O humano se sai tão bem nessa tarefa, que ninguém consegue perceber que ele não tem conhecimentos do idioma chinês.

O propósito dos dois testes é demonstrar que a capacidade de usar regras formais para produzir um resultado (sintaxe) não é a mesma coisa que realmente compreender o que alguém está fazendo (semântica). Searle postulou que a sintaxe não é suficiente sem a semântica, contudo, é isso que algumas pessoas que implementam uma IA estão tentando dizer quando o assunto é a criação de vários mecanismos baseados em regras, como o Script Applier Mechanism (SAM); acesse `https://eric.ed.gov/?id=ED161024` para saber mais detalhes [conteúdo em inglês].

A questão inerente se refere a haver uma IA forte, que de fato compreende o que ela está tentando realizar, e uma IA fraca, que está simplesmente seguindo as regras. Todas as IAs hoje em dia são fracas; elas não entendem nada, na verdade. O que observamos é uma programação inteligente que simula o pensamento pelo uso de regras (como aquelas implícitas nos algoritmos). Obviamente, surge muita controvérsia a respeito da ideia de que não importa o nível de complexidade que as máquinas venham a alcançar, elas não desenvolverão de fato cérebros, o que significa que nunca conseguirão compreender. A asserção de Searle é a de que a IA permanecerá fraca. Você pode ver uma discussão sobre esse tópico em `http://www.consciencia.org/wp-content/uploads/2013/08/06.pdf`

Vendo Como a IA Deixa as Aplicações Mais Fáceis de Usar

Há inúmeras formas de se analisar a questão da facilidade de uso das aplicações abordadas pela IA. Em um nível mais básico, uma IA consegue oferecer antecipações de entradas do usuário. Por exemplo, quando o usuário digita apenas algumas letras de determinada palavra, a IA adivinha as próximas letras. Ao oferecer esse serviço, a IA alcança vários objetivos:

- O usuário se torna mais eficiente ao digitar apenas algumas letras.
- A aplicação recebe menos entradas com erros de digitação.
- O usuário e a aplicação se engajam em um nível de comunicação mais alto quando o usuário recebe sugestões de termos corretos ou aperfeiçoados que, de outra forma, ele pode não se lembrar, evitando termos alternativos que o computador pode não reconhecer.

Uma IA também consegue aprender a partir de entradas anteriores do usuário, reorganizando sugestões de uma forma que funcione com o método dele para a realização de tarefas. Esse próximo nível de interação entra na categoria das sugestões descritas na seção "Fazendo Sugestões", logo mais neste capítulo. As sugestões também podem incluir a ação de fornecer ideias ao usuário que ele ainda pode não ter considerado.

CUIDADO

Mesmo no campo de sugestões, os humanos podem começar a achar que a IA está pensando, mas não é o caso. A IA está realizando uma forma avançada de combinações de padrões, assim como uma análise para determinar a probabilidade da necessidade de determinada entrada. A seção anterior deste capítulo, "Considerando o argumento do Quarto Chinês", trata da diferença entre a IA fraca, aquela encontrada em todas as aplicações atualmente, e a IA forte, algo que as aplicações podem chegar a realizar algum dia.

Usar uma IA também implica que os humanos agora podem exercitar outros tipos de entradas inteligentes. O exemplo da voz é usado quase em demasia, mas ele ainda permanece sendo um dos métodos mais comuns de entrada inteligente. Contudo, mesmo que uma IA não tenha o alcance total dos sentidos, conforme descrito no Capítulo 4, ela consegue fornecer uma grande variedade de entradas não verbais inteligentes. Uma escolha óbvia é o visual, tal como o reconhecimento da face de seu dono ou uma ameaça com base nas expressões faciais. No entanto, a entrada poderia incluir um monitor, possivelmente verificando os sinais vitais do usuário em busca de problemas em potencial. Na verdade, uma IA poderia usar um número enorme de entradas inteligentes, a maioria das quais ainda não foi inventada.

Hoje em dia, as aplicações geralmente consideram apenas esses primeiros três níveis de facilidade de uso. Porém, conforme a inteligência da IA aumenta, é essencial que uma IA exiba comportamentos de uma Inteligência Artificial Amigável (FAI — Friendly Artificial Intelligence) que sejam consistentes com uma Inteligência Artificial Geral (AGI — Artificial General Intelligence) que cause um efeito positivo na humanidade. A IA tem objetivos, mas eles podem não se alinhar com a ética humana, e o potencial para esse desalinhamento é motivo de grande preocupação atualmente. Uma FAI incluiria lógica para garantir que os objetivos de uma IA permanecessem alinhados com os objetivos humanos, algo similar às três leis encontradas nos livros de Isaac Asimov (`https://www.tecmundo.com.br/ciencia/125150-funcionam-tres-leis-robotica-escritor-isaac-asimov-2017.htm`), que serão discutidas com mais detalhes no Capítulo 12. No entanto, muitos dizem que as três leis são um bom ponto de partida (`http://gedbioetica.com.br/nossas-leis-da-robotica-precisam-ser-atualizadas/`) e que precisamos de mais proteções.

DICA

Obviamente, toda essa discussão sobre leis e ética poderia se mostrar muito confusa e difícil de ser definida. Um exemplo simples de um comportamento FAI é que ela se recusaria a divulgar informações pessoais do usuário a menos que o destinatário necessitasse saber. Na verdade, uma

FAI poderia até ir além ao combinar padrões de entradas humanas e localizar potenciais informações pessoais nela inclusas, notificando o usuário sobre os danos em potencial antes de enviar as informações para qualquer lugar. A questão é que uma IA consegue mudar significativamente como os humanos entendem e interagem com as aplicações.

Realizando Correções Automaticamente

Os humanos corrigem tudo constantemente. Não porque tudo está errado. Pelo contrário, é uma questão de deixar as coisas um pouco melhores (ou, pelo menos, tentar deixá-las melhores). Mesmo quando os humanos conseguem atingir o nível certo de precisão em um momento específico, uma nova experiência coloca esse nível em questão, porque agora a pessoa tem dados adicionais por meio dos quais deve julgar toda a questão do que constitui o correto em uma situação específica. Para imitar por completo a inteligência humana, a IA também deve ter essa capacidade de constantemente corrigir os resultados que ela fornece, mesmo quando eles apresentam um resultado positivo. As seções a seguir tratam da questão da exatidão e examina como as correções automáticas às vezes falham.

Considerando os tipos de correções

Quando as pessoas pensam a respeito da IA e da correção, elas pensam no corretor de palavras ou de gramática. Uma pessoa comete um erro (ou pelo menos é o que a IA acha), e a IA o corrige para que o documento digitado seja o mais preciso possível. Obviamente, os humanos cometem muitos erros, então ter uma IA para corrigi-los não é uma má ideia.

As correções podem ter inúmeros tipos e não necessariamente significam que um erro ocorreu ou ocorrerá no futuro. Por exemplo, um carro pode auxiliar um condutor a corrigir constantemente a posição do carro na pista. O condutor pode muito bem estar dentro do limite de velocidade, mas a IA poderia fornecer essas microcorreções para ajudar a garantir que o condutor permanecerá seguro.

Levando todo o cenário da correção adiante, o carro à sua frente, contendo a IA, para de repente por causa de um animal na pista. Você, como condutor, não cometeu nenhum tipo de erro. No entanto, a IA pode reagir mais rapidamente que você e parar o carro do modo mais rápido e seguro possível para lidar com o carro, agora parado, à sua frente.

Vendo os benefícios das correções automáticas

Quando uma IA enxerga uma necessidade de correção, ela pode pedir permissão ao humano para realizar a correção ou fazer a mudança automaticamente. Por exemplo, quando alguém usa o reconhecimento de voz para digitar um documento e comete um erro de gramática, a IA deveria pedir permissão antes de realizar a mudança, porque o humano pode, de fato, querer dizer aquilo, ou a IA pode ter compreendido mal o que o humano disse.

No entanto, às vezes é essencial que a IA apresente um processo de tomada de decisões robusto o suficiente para realizar correções automaticamente. Por exemplo, ao considerar o caso da freada na seção anterior, a IA não tem tempo para pedir permissão; ela deve frear imediatamente, ou o humano pode morrer na colisão. As correções automáticas têm um lugar definitivo ao trabalharmos com uma IA, presumindo que a necessidade de uma decisão seja crucial e que a IA seja robusta.

Entendendo por que as correções automatizadas não funcionam

Como relatado na seção anterior deste capítulo, "Considerando o argumento do Quarto Chinês", uma IA na verdade não consegue entender nada. Sem a compreensão, ela não tem a capacidade de compensar a circunstância imprevista. Neste caso, a circunstância imprevista se relaciona a um evento que não está no script, ao qual a IA não consegue acumular dados adicionais ou utilizar outros mecanismos para resolver. Um humano consegue resolver o problema porque ele compreende a base do problema e, geralmente, o suficiente dos eventos que o circundam para definir um padrão que possa ajudá-lo a formar uma solução. Além disso, a inovação e a criatividade humanas fornecem soluções a situações para as quais, por outros modos, não haveria nenhuma solução óbvia. Considerando que uma IA atualmente não tenha inovação nem criatividade, ela está em desvantagem no domínio de resolução de problemas específicos.

Para colocar isso em perspectiva, considere o caso de um corretor de palavras. Um humano digita uma palavra perfeitamente legítima que não aparece no dicionário usado pela IA para realizar as correções. A IA geralmente a substitui por uma palavra que seja parecida, mas ainda está incorreto. Mesmo após o humano ter conferido o documento, digitado a palavra corretamente e a adicionado ao dicionário, a IA ainda pode cometer um equívoco. Por exemplo, a IA poderia tratar a abreviação *CPU* de uma forma diferente caso estivesse *cpu*, porque a primeira está usando letras maiúsculas, e a segunda, minúsculas. Um humano veria que as duas abreviações correspondem à mesma coisa e que, no segundo caso, a abreviação está correta, mas pode precisar ser mudada para letras maiúsculas.

Fazendo Sugestões

Uma sugestão é diferente de um comando. Mesmo que alguns humanos pareçam não compreender isso totalmente, uma sugestão é simplesmente uma ideia apresentada como uma solução em potencial a um problema. Dar uma sugestão sugere que outras soluções poderiam existir e que aceitar uma não significa sua implementação automática. Na verdade, a sugestão é apenas uma ideia; talvez ela nem funcione. Obviamente, em um mundo perfeito, todas as sugestões seriam boas — pelo menos soluções possíveis para uma saída correta, algo que raramente é o caso no mundo real. As seções a seguir descrevem a natureza das sugestões e suas aplicações em uma IA.

Obtendo sugestões com base em ações passadas

A forma mais comum usada por uma IA para criar uma sugestão é juntar ações passadas como eventos e usá-las como um conjunto de dados para dar novas sugestões. Por exemplo, alguém compra um produto todos os meses, durante três meses. Faria sentido sugerir a compra de outro no início do quarto mês. Na verdade, uma IA realmente inteligente pode sugerir a compra no momento certo do mês. Caso o usuário realize a compra entre o terceiro e quinto dia do mês nos primeiros três meses, vale a pena começar a sugerir a compra no terceiro dia do mês e depois passar para algo diferente após o quinto dia.

Os humanos oferecem um número enorme de pistas ao realizarem suas tarefas. Diferentemente dos humanos, uma IA de fato presta atenção em cada uma dessas pistas e consegue gravá-las de uma forma consistente. A coleta consistente de dados de ações permite que uma IA faça sugestões com base em ações passadas com um alto grau de precisão em muitos casos.

Obtendo sugestões com base em grupos

Outra maneira comum de fazer sugestões se baseia na participação em grupos. Neste caso, a participação não precisa ser formal. Um grupo pode ser formado por uma associação informal de pessoas que têm alguma necessidade menor ou atividade em comum. Por exemplo, um lenhador, um proprietário de loja e um nutricionista podem todos comprar livros de mistério. Mesmo que não tenham nada mais em comum, nem mesmo sua localização, o fato de os três gostarem de mistério os torna parte de um grupo. Uma IA consegue facilmente identificar padrões desse tipo que podem escapar a um humano, então pode fazer boas sugestões de compras com base nessas afiliações informais.

Os grupos podem incluir conexões voláteis que serão, no máximo, temporárias. Por exemplo, todas as pessoas que pegaram o voo 1982 partindo de Houston em determinado dia podem formar um grupo. Novamente, não há nenhum tipo de conexão entre essas pessoas a não ser pelo fato de terem viajado em determinado voo. No entanto, ao saber dessa informação, uma IA poderia realizar uma filtragem adicional para localizar pessoas dentro do voo que gostem de livros de mistério. A questão é que uma IA consegue fornecer boas sugestões com base em afiliações a grupos, mesmo quando é difícil (se não impossível) identificar isso sob uma perspectiva humana.

Obtendo as sugestões erradas

Qualquer um que tenha passado algum tempo fazendo compras online sabe que os sites geralmente fornecem sugestões com base em vários critérios, tal como compras anteriores. Infelizmente, essas sugestões com frequência estão erradas, porque a IA subjacente não é capaz de compreender. Quando alguém realiza a compra de algo que só se compra uma vez na vida, um humano provavelmente saberia que a compra não seria realizada outra vez, porque é extremamente improvável que alguém precisasse de duas unidades de tal produto. Porém, a IA não compreende esse fato. Então, a menos que um programador desenvolva uma regra determinando especificamente que esses produtos serão comprados apenas uma vez na vida, a IA pode escolher continuar recomendando o produto, porque as vendas são compreensivelmente baixas. Ao seguir uma regra secundária a respeito da promoção de produtos com vendas baixas, a IA se comporta de acordo com as características fornecidas pelo desenvolvedor, mas as sugestões que ela faz são categoricamente erradas.

Além dos erros baseados em regras ou em lógica, as sugestões podem ser corrompidas por problemas com os dados. Por exemplo, um GPS poderia dar uma sugestão com base nos melhores dados possíveis para uma viagem em particular. No entanto, construções na estrada podem fazer com que o caminho sugerido seja inviável porque a estrada está fechada. Obviamente, muitas aplicações de GPS levam as construções nas estradas em consideração, mas às vezes elas não consideram outras questões, como uma mudança repentina no limite de velocidade ou as condições climáticas, que tornam um determinado caminho perigoso. Os humanos conseguem superar a falta de dados através da inovação, como pegar a estrada menos usada ou compreender o significado das placas de desvio.

Mesmo quando uma IA consegue superar os problemas de lógica, regras e dados, às vezes ela ainda consegue fazer sugestões ruins por não compreender a correlação entre certos conjuntos de dados da mesma forma que um humano. Por exemplo, a IA pode não saber dar a sugestão de comprar tinta após um humano ter comprado tubos e cimento para realizar um reparo do encanamento. A necessidade de pintar a parede e a área ao redor do reparo é óbvia para um humano, pois ele tem um sentido de estética que falta à IA. O humano faz uma correlação entre vários produtos, algo que não fica óbvio para a IA.

Considerando os Erros baseados na IA

Um erro categórico ocorre quando o resultado de um processo, considerando entradas específicas, não é de maneira alguma correto. A resposta não fornece um resultado compatível com a pergunta. Não é difícil de encontrarmos exemplos de erros baseados na IA. Por exemplo, um artigo recente da BBC News descreve como a diferença de um único pixel em uma foto é capaz de enganar uma determinada IA (leia o artigo em `http://www.bbc.com/news/technology-41845878` [conteúdo em inglês]). Você pode ler mais a respeito do impacto de ataques adversariais à IA em `https://nic.br/media/docs/publicacoes/1/Panorama_outubro_2018_online.pdf`. O artigo do The Kasperskey Lab Daily disponível em `https://www.kaspersky.com/blog/ai-fails/18318/`[conteúdo em inglês] apresenta ocorrências adicionais de situações nas quais uma IA falhou ao fornecer a resposta correta. A questão é que a IA ainda tem uma alta taxa de erros em algumas circunstâncias, e os desenvolvedores que estão trabalhando com a IA geralmente não estão certos sobre por que esses erros chegam a ocorrer.

São várias as fontes de erros na IA. No entanto, como observado no Capítulo 1, a IA não consegue nem mesmo imitar todas as sete formas de inteligência humana, então os erros não são apenas possíveis, mas também inevitáveis. Muito do material do Capítulo 2 se concentra nos dados e seu impacto na IA quando eles estão com algum tipo de falha. No Capítulo 3, você também descobriu que os algoritmos usados pela IA têm limites. O Capítulo 4 destaca que uma IA não tem acesso ao mesmo número ou aos mesmos tipos de sentidos humanos. Conforme destacado pelo artigo do TechCrunch disponível em `https://techcrunch.com/2017/07/25/artificial-intelligence-is-not-as-smart-as-you-or-elon-musk-think/` [conteúdo em inglês], muitas das tarefas aparentemente impossíveis realizadas pela IA hoje em dia são o resultado do uso de métodos de força bruta, e não de qualquer outra coisa que sequer chegue perto de ser um raciocínio verdadeiro.

Um problema principal que fica cada vez mais evidente é que as corporações tratam superficialmente, ou até ignoram, os problemas com IA. A ênfase está no uso da IA para reduzir custos e aumentar a produtividade, algo que pode não ser viável. O artigo da Bloomberg disponível em `https://www.bloomberg.com/news/articles/2017-06-13/the-limits-of-artificial-intelligence` [conteúdo em inglês] analisa essa questão em detalhes. Um dos exemplos recentes mais interessantes de uma entidade corporativa que foi longe demais com uma IA é o robô Tay da Microsoft (veja o artigo em https://tecnoblog.net/193318/tay-robo-racista-microsoft/), que foi treinado para emitir observações racistas, sexistas e pornográficas em frente de uma grande audiência durante uma apresentação.

LEMBRE-SE

A pequena parcela de verdade inestimável a ser levada desta seção não é que a IA não seja confiável ou que não possa ser usada. Na verdade, combinada com um conhecimento humano, a IA pode fazer com que seu parceiro humano seja mais rápido e eficiente. A IA pode possibilitar aos humanos que reduzam erros comuns ou repetitivos. Em alguns casos, os erros da IA podem até fornecer um pouco de humor em seu dia. No entanto, a IA não pensa, e ela não pode substituir os humanos em várias situações dinâmicas atuais. A IA funciona melhor quando um humano avalia as decisões ou quando o ambiente é tão estático, que os bons resultados são previsivelmente altos (bem, desde que um humano não escolha confundir a IA).

» Usando a IA para atender as necessidades humanas

» Tornando a indústria mais eficiente

» Desenvolvendo protocolos dinâmicos de segurança usando a IA

Capítulo 6

Processos Comuns de Automação

O Capítulo 5 considera o uso da IA em uma aplicação, uma situação na qual um humano interage com a IA de uma forma significativa, mesmo que o humano não saiba da presença dela. O objetivo é ajudar os humanos a fazer as coisas de modo mais rápido, fácil e eficiente, ou para suprir outras necessidades. Um *processo* que inclua uma IA é diferente, pois, nesse caso, ela está trabalhando para auxiliar um humano ou realizando outras tarefas sem intervenção direta. A primeira seção deste capítulo mostrará como os processos ajudam os humanos. Considerando que a monotonia é possivelmente o pior cenário humano (apenas pense em todas as coisas negativas que acontecem quando os humanos estão entediados), este capítulo usa essa perspectiva para analisar o processo de IA para os humanos.

Um dos usos mais longevos da IA em um processo é sua aplicação industrial. Considere todos os robôs que agora propulsionam as fábricas ao redor do mundo. Mesmo que a automação feita pela IA substitua os humanos, ela também os mantém mais seguros ao realizar tarefas que geralmente são consideradas perigosas. Por mais incrível que pareça, uma das questões mais significativas para os acidentes industriais e para uma infinidade de outras questões é a monotonia (veja `https://employer.com.br/`

textos-de-rh/o-problema-do-trabalho-monotono para obter mais detalhes). Os robôs conseguem realizar esses trabalhos repetitivos sem ficar entediados.

Caso você ainda não esteja entediado demais, leia algo a respeito disso na terceira seção deste capítulo, que discute algumas das áreas mais novas nas quais a IA é excelente — algo que está tornando vários tipos de ambientes mais seguros. Na verdade, só na indústria automobilística, podemos encontrar milhares de formas em que o uso da IA está tornando as coisas melhores (para mais detalhes, acesse https://www.istoedinheiro.com.br/como-o-big-data-a-inteligencia-artificial-e-outras-tecnologias-estao-transformando-a-industria-automotiva/).

LEMBRE-SE

O ponto central deste capítulo é que a IA trabalha bem em processos, sobretudo aqueles durante os quais os humanos tendem a ficar entediados, levando-os a cometer erros que a IA provavelmente não cometeria. É óbvio que uma IA não consegue eliminar todas as fontes de perda de eficiência, de desinteresse e de questões de segurança. Uma coisa é certa, os humanos podem escolher ignorar a ajuda da IA, mas a natureza das limitações vai muito além disso. Como analisado em capítulos anteriores (mais especialmente no Capítulo 5), uma IA não entende; ela não consegue oferecer soluções criativas ou inovadoras aos problemas, então alguns problemas não podem ser resolvidos por uma IA, não importa o quanto alguém se esforce para criá-la.

Desenvolvendo Soluções para a Monotonia

As pesquisas geralmente mostram o que as pessoas acham que querem, em vez de mostrar o que de fato querem, porém, ainda podem ser bastante úteis. Em uma pesquisa, quando alguns recém-graduados da faculdade foram questionados sobre o tipo de vida que queriam, ninguém respondeu ter um desejo pela monotonia (veja https://www.huffingtonpost.com/paul-raushenbush/what-kind-of-life-do-you_b_595594.html [conteúdo em inglês]). Com efeito, seria possível fazer essa pesquisa com qualquer grupo e, ainda assim, não encontrar uma única pessoa que respondesse que seu desejo na vida é a monotonia. A maioria dos humanos (dizer que são todos provavelmente causaria uma avalanche de e-mails com exemplos) não querem ficar entediados. Em alguns casos, a IA pode trabalhar com os humanos para deixar a vida mais interessante — para o humano, pelo menos. As seções a seguir tratam de soluções que a IA pode oferecer para a monotonia humana (e algumas que ela não pode).

Deixando as tarefas mais interessantes

Qualquer ocupação, seja pessoal ou profissional, tem certas características que atraem as pessoas e as fazem querer participar delas. Obviamente, algumas ocupações, tais como cuidar de seus próprios filhos, não são remuneradas, mas a satisfação de realizá-las pode ser incrivelmente alta. Da mesma forma, trabalhar como contabilista pode pagar muito bem, mas sem oferecer muito na forma de satisfação no trabalho. Várias pesquisas (como a encontrada em `https://canaltech.com.br/empregos/os-melhores-e-os-piores-empregos-do-brasil-10577/`) e artigos (como o encontrado em `https://exame.abril.com.br/carreira/como-anda-a-satisfacao-do-brasileiro-com-o-trabalho/`) falam sobre o equilíbrio entre dinheiro e satisfação, porém, sua leitura pode geralmente ser confusa, pois a base para fazer uma determinação é ambígua. No entanto, a maioria dessas fontes concorda que, depois que um humano ganha uma certa quantia de dinheiro, a satisfação se torna essencial para manter o interesse na ocupação (não importa qual seja). Naturalmente, desvendar o que a satisfação no trabalho abrange é quase impossível, mas o interesse continua no topo da lista. Uma ocupação interessante sempre terá um maior potencial de satisfação.

DICA

Então, o problema não envolve necessariamente mudar de emprego, mas tornar o trabalho mais interessante como um meio de evitar a monotonia. Uma IA consegue ajudar esse processo de modo eficaz ao remover a repetição das tarefas. No entanto, exemplos como a Alexa da Amazon e o Google Home apresentam outras alternativas. O sentimento de solidão que pode invadir o lar, o ambiente de trabalho, o carro e outros locais é um forte criador de monotonia. Quando os humanos começam a se sentir sós, a depressão se instala e a monotonia está apenas a um passo de distância. A criação de aplicações que usam a interface Alexia (acesse `https://developer.amazon.com/`[conteúdo em inglês]) ou a API (Interface de Programação de Aplicação) Actions do Google (acesse `https://developers.google.com/actions/`[conteúdo em inglês]) para estimular a interação humana, de um tipo proveitoso, pode melhorar a experiência no ambiente de trabalho. O mais importante é que desenvolver interfaces inteligentes desse tipo pode ajudar os humanos a realizar uma infinidade de tarefas corriqueiras rapidamente, como buscar informações e interagir com dispositivos inteligentes, e não apenas controlar os interruptores de luz (para obter mais detalhes, acesse `https://pt.phhsnews.com/how-to-control-your-smarthome-products-with-amazon-echo4808` e `https://store.google.com/product/google_home`).

Ajudando os humanos a trabalhar com mais eficiência

A maioria dos humanos, pelo menos aqueles com visão de futuro, tem algumas ideias de como gostariam que uma IA melhorasse sua vida pela eliminação de tarefas que eles próprios não querem fazer. Uma pesquisa recente mostra algumas das formas mais interessantes pelas quais a IA pode fazer isso: https://blog.devolutions.net/2017/10/october-poll--results-which-tasks-in-your-job-would-you-like-to-be-automated--by-ai.html [conteúdo em inglês]. Várias delas são coisas do dia a dia, mas também há algumas que envolvem tarefas como detectar quando o cônjuge está infeliz e enviar flores. Provavelmente isso não funcionará, mas não deixa de ser uma ideia interessante.

A questão é que é provável que os humanos apresentarão as ideias mais interessantes sobre como criar uma IA que atenda especificamente às necessidades de cada um. Na maioria dos casos, as ideias sérias funcionarão com os outros também. Por exemplo, automatizar os relatórios de incidentes no trabalho é algo que poderia funcionar em várias áreas industriais. Caso alguém criasse uma interface genérica, com um back-end programável para gerar os relatórios de incidentes customizados necessários, a IA poderia economizar muito tempo dos usuários e garantir eficiências futuras ao se certificar de que esse relatórios registrassem consistentemente as informações necessárias.

Entendendo como a IA reduz a monotonia

A monotonia se apresenta em várias embalagens, e os humanos enxergam essas embalagens de formas diferentes. Há aquela monotonia que vem quando não temos os recursos e o conhecimento necessários, ou quando outras necessidades não são atendidas. Outro tipo de monotonia vem quando não sabemos o que acontecerá em seguida. Uma IA pode ajudar com o primeiro tipo de monotonia, mas não pode ajudar com o segundo. Esta seção analisa o primeiro tipo. (A próxima seção analisa o segundo.)

LEMBRE-SE

O acesso a recursos de todos os tipos ajuda na redução da monotonia ao permitir aos humanos que criem sem ter a necessidade corriqueira de adquirir os materiais necessários. Veja algumas das formas pelas quais uma IA pode facilitar o acesso aos recursos:

- » Buscar os itens necessários online.
- » Fazer o pedido automático de itens necessários.
- » Realizar o monitoramento de sensores e de outras aquisições de dados.
- » Gerenciar os dados.
- » Realizar tarefas corriqueiras ou repetitivas.

Considerando como a IA não consegue reduzir a monotonia

Como observado nos capítulos anteriores, sobretudo nos Capítulos 4 e 5, a IA não é criativa ou intuitiva. Assim, pedir a uma IA que pense sobre alguma coisa por você quase certamente não trará resultados satisfatórios. Alguém poderia programar uma IA para identificar as dez coisas de que você mais gosta e depois selecionar uma delas aleatoriamente, mas o resultado ainda não será satisfatório, porque a IA não consegue levar em conta aspectos como seu atual estado de espírito. Na verdade, mesmo com a melhor expressão facial, uma IA não terá a capacidade de interagir com você de uma maneira que produzirá qualquer resultado satisfatório.

Uma IA tampouco consegue motivá-lo. Pense no que acontece quando um amigo tenta motivar você (ou você tenta motivar seu amigo). Na verdade, esse amigo usa uma combinação de conhecimento intrapessoal (sendo empático ao considerar como ele se sentiria se estivesse em sua situação) e conhecimento interpessoal (ao projetar ideias criativas de como obter uma reação emocional positiva de você). Uma IA não possuirá nada do primeiro tipo de conhecimento e apenas uma quantidade extremamente limitada do segundo, como foi descrito no Capítulo 1. Como resultado, uma IA não consegue reduzir sua monotonia através de técnicas motivacionais.

DICA

A monotonia pode nem sempre ser algo ruim, de qualquer modo. Vários estudos recentes têm demonstrado que, na realidade, ela ajuda a promover um pensamento criativo (veja, por exemplo, `https://www.fastcompany.com/3042046/the-science-behind-how-boredom-benefits-creative-thought` [conteúdo em inglês]), que aponta a direção na qual os humanos devem seguir. Após analisar uma infinidade de artigos sobre como a IA roubará o trabalho das pessoas, é importante considerar que esses trabalhos sendo roubados pela IA são geralmente monótonos e não permitem aos humanos que exerçam sua capacidade criativa. Mesmo hoje, os humanos poderiam encontrar trabalhos criativos e produtivos, caso realmente pensassem sobre isso. O artigo "7 Surprising Facts About Creativity, According To Science" [7 Fatos Surpreendentes sobre a Criatividade, de Acordo com a Ciência, em tradução livre](`https://www.fastcompany.com/3063626/7-surprising-facts-about-creativity-according-to-science` [conteúdo em inglês]) na verdade discute o papel das tarefas monótonas como um devaneio no aumento da criatividade. No futuro, se os humanos realmente quiserem alcançar as estrelas e realizar outras coisas maravilhosas, a criatividade será essencial, então a constatação de a IA não conseguir reduzir essa monotonia é, de fato, algo bom.

Trabalhando em Ambientes Industriais

Qualquer ambiente industrial provavelmente apresentará riscos à segurança, não importa quanto tempo, esforço e dinheiro sejam aplicados na solução do problema. Você pode facilmente encontrar artigos como: `https://conect.online/blog/acidentes-de-trabalho-no-brasil-quais-sao-as-areas-com-maiores-riscos/`, que descrevem as principais áreas com mais riscos de acidentes nos ambientes industriais. Embora os humanos causem a maioria desses problemas e a monotonia os agrave, o ambiente real no qual os humanos estão trabalhando causa muitos desses problemas. As seções a seguir descrevem como a automação pode ajudar os humanos a viver uma vida mais longas e mais segura.

Desenvolvendo vários níveis de automação

A automação nos ambientes é muito mais antiga do que você possa imaginar. As pessoas tendem a pensar que a linha de montagem de Henry Ford foi o ponto de partida da automação (acesse `https://operamundi.uol.com.br/historia/18232/hoje-na-historia-1913-henry-ford-comeca-producao-em-massa-de-automoveis`). Na realidade, a automação começou em 1104 d.C. em Veneza (veja `https://www.mouser.com/applications/factory-automation-trends/`[conteúdo em inglês]), onde 16 mil trabalhadores conseguiram construir um navio de guerra inteiro em um único dia. Os norte-americanos repetiram esse feito com os navios modernos durante a Segunda Guerra Mundial (see `https://www.nps.gov/nr/travel/wwiibayarea/shipbuilding.htm` [conteúdo em inglês]). Portanto, a automação já está presente há um bom tempo.

O que não está presente há um bom tempo é uma IA que consiga realmente ajudar os humanos dentro do processo de automação. Em muitos casos atualmente, um operador humano começa definindo como realizar a tarefa, criando um *trabalho*, e depois passando o trabalho para ser realizado por um computador. Exemplo de um dos vários novos tipos de trabalhos é a Automação de Processos Robóticos (RPA — Robotic Process Automation), que permite a um ser humano treinar o software para atuar, substituindo um humano ao trabalhar com aplicações (acesse `http://www.icaptor.com.br/o-que-e-rpa/`). Esse processo é diferente da linguagem de script, como o uso de Visual Basic for Applications (VBA) no Office, pois a RPA não é uma aplicação específica e não exige codificação. Muitas pessoas ficam surpresas ao saberem que há, na verdade, dez níveis de automação, nove dos quais podem usar uma IA. O nível que você escolhe depende de sua aplicação:

1. Um operador humano cria um trabalho e o encaminha para que um computador o implemente.
2. Uma IA ajuda o humano a determinar as opções do trabalho.
3. A IA determina as melhores opções do trabalho e, então, permite ao humano que aceite ou rejeite a recomendação.
4. A IA determina as opções e as usa para definir uma série de ações para depois entregar a lista de ações, a fim de que um humano aceite ou rejeite as ações individuais antes de sua implementação.
5. A IA determina as opções, define uma série de ações, cria um trabalho e, então, pede a aprovação de um humano antes de enviá-lo ao computador.
6. A IA cria o trabalho automaticamente e o envia para a lista de trabalhos do computador, com o humano atuando como intermediário, caso o trabalho selecionado exija seu término antes da implementação real.
7. A IA cria e implementa o trabalho e, então, informa ao operador humano o que ela fez, caso o trabalho exija correção ou reversão.
8. A IA cria e implementa o trabalho, informando ao humano o que ela fez apenas quando ele perguntar.
9. A IA cria e implementa o trabalho sem fornecer qualquer feedback, a menos que um humano precise intervir, como quando acontece um erro ou quando o resultado não é o esperado.
10. A IA inicia a necessidade pelo trabalho, em vez de esperar que o humano lhe diga para criá-lo. A IA fornece feedback apenas quando um humano precisa intervir, como quando acontece um erro. A IA pode fornecer um nível de correção de erro e gerenciar resultados inesperados sozinha.

Usando mais do que apenas robôs

Ao pensar na indústria, a maioria das pessoas pensa em automação: robôs fazendo as coisas. No entanto, a sociedade está, na realidade, na quarta revolução industrial; já tivemos o vapor, a produção em massa, a automação e, agora, a comunicação (para mais detalhes, acesse `http://www.industria40.gov.br/`). Uma IA requer informações de todos os tipos de fontes para que possa realizar as tarefas com eficiência. Consequentemente, quanto mais informações um cenário industrial puder obter de todos os tipos de fontes, melhor uma IA conseguirá operar (presumindo que os dados também sejam gerenciados de maneira adequada). Com isso em mente, os cenários industriais de todos os tipos agora usam um Mecanismo de Comunicação

Industrial (ICE — Industrial Communication Engine) para coordenar a comunicação entre as várias fontes exigidas por uma IA.

Os robôs de fato realizam muito do trabalho real em um cenário industrial, mas você também precisa de sensores para avaliar os riscos potenciais, tais como tempestades. Porém, a coordenação está se tornando cada vez mais importante para garantir que as operações continuem eficientes. Por exemplo, garantir que os caminhões com matéria-prima cheguem no momento adequado ao mesmo tempo em que outros caminhões que transportem os produtos acabados estejam disponíveis quando necessário é uma tarefa essencial para manter o fluxo no almoxarifado funcionando com eficiência. A IA precisa saber a respeito do status de manutenção de todos os equipamentos para garantir que eles recebam o melhor cuidado possível (para aumentar a confiabilidade) e os momentos em que a manutenção seja menos necessária (para aumentar a eficiência). A IA também precisaria saber considerar questões como o custo de recursos. Talvez seja possível ganhar uma vantagem ao utilizar certos equipamentos no período noturno, quando o preço da eletricidade é menor.

Usando apenas a automação

Os primeiros exemplos de fábricas sem humanos incluíam configurações especialistas, como as fábricas de chips que exigiam ambientes excepcionalmente limpos. No entanto, desde aquele início, a automação se espalhou. Devido aos perigos para os humanos e ao custo de ter humanos realizando certos tipos de tarefas industriais, é possível encontrar vários casos hoje de fábricas comuns que não exigem intervenção humana de qualquer tipo (veja alguns exemplos em `https://exame.abril.com.br/revista-exame/a-fabrica-do-futuro/`).

LEMBRE-SE

Várias tecnologias permitirão, em algum momento, a realização de todas as tarefas relacionadas à manufatura sem a intervenção humana (veja alguns exemplos em `https://epocanegocios.globo.com/Informacao/Visao/noticia/2014/05/adeus-humanos.html`). A questão é que, a certa altura, a sociedade precisará encontrar outros trabalhos para os humanos, que não sejam aqueles repetitivos realizados em fábricas.

Criando um Ambiente Seguro

Uma das funções estabelecidas para a IA com mais frequência, além da automatização de tarefas, é manter os humanos seguros, de várias formas. Artigos como `https://www.terra.com.br/noticias/tecnologia/digital/nao-ha-razao-para-voce-temer-a-inteligencia-artificial,3ae3a1bc9ffca5723a7e2a26aa3df2107md5r7rw.html` descrevem um ambiente em que a IA atua como intermediária, assumindo os riscos que um humano normalmente assumiria quando há questões de segurança envolvidas. A segurança assume várias formas. Sim, a IA tornará o trabalho mais seguro em vários ambientes, mas ela também ajudará a criar um ambiente mais saudável e reduzir os riscos associados às tarefas comuns, incluindo navegar na internet. As seções a seguir oferecem um panorama geral das formas pelas quais uma IA poderia fornecer um ambiente mais seguro.

Considerando o papel da monotonia nos acidentes

Na condução de veículos (acesse `http://jaicar.com.br/dirigir-com-sono-e-fadiga/`) e no trabalho (acesse `https://beecorp.com.br/blog/riscos-ergonomicos-encontrados-nas-empresas/`), a monotonia aumenta a ocorrência de todos os tipos de acidentes. Na verdade, em qualquer momento que uma pessoa sonolenta precise realizar uma tarefa que exige qualquer nível de atenção, o resultado raramente será bom. O problema é tão sério e significativo, que você encontra uma infinidade de artigos sobre o assunto, como "Modelling human boredom at work: mathematical formulations and a probabilistic framework" [Modelando a monotonia humana no trabalho: formulações matemáticas e um contexto probabilístico, em tradução livre — conteúdo em inglês], em `http://www.emeraldinsight.com/doi/full/10.1108/17410381311327981`). É a pura sorte que determina se um acidente de fato acontece (ou não acontece por pouco). Imagine o real desenvolvimento de algoritmos que ajudam a determinar a probabilidade de acidentes devido à monotonia sob certas condições.

Observando a IA evitar problemas com segurança

Não há IA que possa prevenir acidentes oriundos de causas humanas, como a monotonia. No melhor dos casos, quando os humanos decidem realmente seguir as regras que a IA ajuda a criar, ela pode apenas ajudar a evitar os problemas em potencial. Diferentemente dos robôs de Asimov, não há as três leis de proteção vigentes em qualquer ambiente; os humanos devem escolher permanecer seguros. Tendo isso em mente, a IA poderia ajudar das seguintes maneiras:

- » Sugerir rotatividade das funções (seja no trabalho, no carro ou mesmo em casa) para manter as tarefas interessantes.
- » Monitorar o rendimento humano para poder fazer uma sugestão melhor de tempos de descanso em razão de fatiga ou outros fatores.

- Auxiliar os humanos na realização das tarefas para combinar a inteligência fornecida pelos humanos com o rápido tempo de reação da IA.
- Aumentar a detecção de capacidades humanas para que os problemas de segurança em potencial fiquem mais óbvios.
- Assumir tarefas repetitivas para que os humanos fiquem menos propensos a sentir fatiga e passem a participar de aspectos interessantes de qualquer trabalho.

Compreendendo que a IA não consegue eliminar problemas de segurança

Garantir segurança total implica a habilidade de prever o futuro. Como o futuro é desconhecido, os potenciais riscos aos humanos em qualquer momento também são desconhecidos, pois situações inesperadas podem ocorrer. Uma situação inesperada é aquela que os desenvolvedores originais de uma estratégia de segurança específica não imaginaram. Os humanos são peritos em encontrar novas formas de se meter em problemas, em parte porque somos curiosos e criativos. Encontrar um método para passar a perna na segurança oferecida por uma IA está na natureza humana, pois os humanos são questionadores por natureza; queremos ver o que acontecerá se tentarmos algo — geralmente algo idiota.

As situações imprevisíveis não são o único problema que uma IA enfrenta. Mesmo se alguém conseguisse encontrar todas as formas possíveis pelas quais um humanos pudesse se expor ao risco, o poder de processamento exigido para detectar o evento e determinar um plano de ação seria astronômico. A IA trabalharia tão lentamente, que sua reação ocorreria sempre tarde demais para fazer qualquer diferença. Desse modo, os desenvolvedores de equipamentos de segurança que de fato exigem uma IA para realizar o nível de segurança determinado precisam lidar com probabilidades e, então, determinar a proteção contra situações que têm mais chances de ocorrer.

» Monitorando pacientes com mais eficácia

» Auxiliando os humanos em várias tarefas

» Analisando as necessidades dos pacientes

» Realizando cirurgias e outras tarefas de profissionais da medicina

Capítulo 7

Usando a IA para Atender Necessidades Médicas

A medicina é complicada. Não é a toa que são necessários 15 anos ou mais para treinar um médico, dependendo da especialidade (para obter mais detalhes, acesse `http://g1.globo.com/educacao/noticia/2013/07/veja-como-e-e-quanto-dura-o-curso-de-medicina-em-15-paises-e-no-brasil.html`). Quando o sistema educacional está terminando de preparar o estudante de medicina com informação suficiente para que sua cabeça esteja a ponto de explodir, a maioria das outras pessoas já atua há 11 anos no mercado de trabalho (considerando que a maioria para após a graduação). Enquanto isso, a criação de novas tecnologias, abordagens e coisas afim conspiram para deixar a tarefa ainda mais complexa. A certa altura, fica impossível para qualquer um se tornar proficiente, mesmo que seja em uma especialidade mais limitada. Obviamente, essa é a principal razão para que um humano insubstituível necessite de ajuda consistente, lógica e imparcial, na forma de uma IA. O processo começa com o auxílio ao médico para monitorar pacientes (como descrito na primeira seção deste capítulo) de formas que os humanos achariam simplesmente impossíveis, pois o número de verificações é alto, a necessidade de realizá-las em determinada sequência e de forma específica é crucial, e o potencial para cometer erros é monumental.

Felizmente, as pessoas têm mais opções hoje do que jamais tiveram para realizar muitas tarefas relacionadas à medicina por conta própria. Por exemplo, o uso de jogos permite a um paciente que realize algumas tarefas terapêuticas sozinho, mas com o auxílio de uma aplicação que garanta que a pessoa esteja realizando a tarefa da melhor maneira possível para ficar saudável novamente. Próteses mais desenvolvidas e outros auxílios da medicina também habilitam as pessoas a se tornar mais independentes da assistência profissional. A segunda seção deste capítulo descreve como a IA pode auxiliar as pessoas com suas próprias necessidades médicas.

Assim como é difícil, se não impossível, consertar vários dispositivos sem vê-los em uso em um ambiente específico, às vezes os humanos desafiam a análise necessária para diagnosticar problemas. Realizar a análise de várias formas pode ajudar um médico a encontrar um problema específico e lidar com ele com mais facilidade. É totalmente possível, hoje em dia, que um médico ajuste um dispositivo de monitoramento para um paciente, monitore-o remotamente e, então, use uma IA para executar uma análise necessária para diagnosticar o problema — tudo isso com apenas uma consulta médica (necessária para colocar o dispositivo de monitoramento). Na verdade, em alguns casos, como os monitores de glicose, o paciente pode até conseguir comprar na farmácia o dispositivo necessário, de modo que nem precise comparecer ao consultório médico. Embora a terceira seção deste capítulo não ofereça um panorama completo da infinidade de dispositivos de análises, você obterá uma boa noção a respeito.

Obviamente, algumas intervenções exigem que o paciente passe por cirurgia ou por outros procedimentos (como descritos na quarta seção deste capítulo). Uma solução robótica pode, por vezes, realizar a tarefa melhor que o médico. Em alguns casos, uma solução assistida por robôs torna o médico mais eficiente e ajuda a concentrar a atenção dele em áreas que apenas os humanos conseguem atuar. O uso de vários tipos de tecnologia também torna a realização de diagnósticos mais fácil, rápida e precisa. Por exemplo, usar uma IA pode ajudar um médico a detectar o princípio de um câncer muito antes do que conseguiria por si só.

Implementando o Monitoramento Portátil de Pacientes

Nem sempre um profissional médico consegue dizer o que está acontecendo com a saúde de um paciente apenas por checar os batimentos cardíacos, os sinais vitais ou pela realização de exames de sangue. O corpo nem sempre envia sinais úteis que permitam a um profissional médico descobrir qualquer coisa. Além disso, algumas funções corporais, como o nível de açúcar no sangue, mudam com o tempo, então se faz necessário um monitoramento constante. Ter de ir ao consultório médico toda vez que precisar checar um desses sinais vitais consumiria muito tempo e, possivelmente, não seria tão proveitoso assim. Métodos mais antigos para determinar algumas características corporais exigiam intervenções manuais e externas por parte do paciente — um processo passível de erros na maioria das vezes. Por essas, e por muitas outras razões, uma IA pode ajudar a monitorar as estatísticas de um paciente de um modo eficiente, com menos chances de erros e mais consistente, conforme descrito nas seções a seguir.

Usando monitores prestativos

Todos os tipos de monitores são considerados prestativos. Na verdade, muitos deles não têm nada a ver com a medicina, contudo, produzem resultados positivos para sua saúde. Considere o monitor Moov (`https://adrenaline.uol.com.br/2017/02/05/48194/analise-smartband-moov-now/`), que monitora os batimentos cardíacos e movimentos 3D. A IA para esse dispositivo controla essas estatísticas e fornece conselhos sobre a melhor forma de se exercitar. Você obterá conselhos sobre, por exemplo, como seus pés estão atingindo o piso durante uma corrida e se precisa alongar suas passadas. O propósito desses tipos de dispositivos é garantir que você obtenha o tipo de exercícios que melhorarão sua saúde, sem o risco de se machucar.

Caso um dispositivo em formato de relógio de pulso seja muito grande, a Motiv (`https://mymotiv.com/`[conteúdo em inglês]) produz um anel que monitora praticamente o mesmo número de coisas que o Moov, mas com um formato menor. Esse anel faz até monitoramento do sono, para ajudá-lo a ter uma boa noite de descanso. Os anéis tendem a vir com uma variedade de prós e contras. O artigo disponível em `https://gizmodo.uol.com.br/analise-aneis-inteligentes/`fornece mais detalhes sobre esse assunto. O interessante é que alguns dos anéis apresentados nesse site não se parecem com um monitor fitness, então é possível ficar elegante e saudável, tudo de uma vez só.

É claro que, se seu objetivo for apenas monitorar seus batimentos cardíacos, você pode preferir dispositivos como o Apple Watch (`https://www.apple.com/br/shop/buy-watch/apple-watch`), que também oferecem um certo nível de análise usando uma IA. Todos esses dispositivos interagem com seu smartphone, então é possível sincronizar os dados ainda com outras aplicações ou enviá-los para seu médico, conforme necessário.

Usando monitores vestíveis fundamentais

Um problema com algumas condições humanas é que elas mudam constantemente, então a checagem intermitente na verdade não dá conta do recado. O nível de glicose no sangue, a estatística medida pelos diabéticos, é uma das que entram nessa categoria. Quanto mais você monitora o aumento e a diminuição do nível de glicose diariamente, mais fácil fica para modificar os medicamentos e o estilo de vida para manter a diabete sob controle. Aparelhos como o K'Watch (http://www.pkvitality.com/ktrack--glucose/[conteúdo em inglês]) oferecem um monitoramento constante, junto de um aplicativo que a pessoa pode usar para obter informações úteis sobre o controle de sua diabete. Obviamente, as pessoas usam o monitoramento intermitente há anos; esse aparelho apenas fornece um nível a mais de monitoramento que pode fazer a diferença entre a diabete ser algo que cause uma grande mudança de vida ou seja algo menos inconveniente.

O ato de monitorar constantemente o nível de açúcar no sangue de alguém ou as estatísticas de outras doenças crônicas pode parecer um exagero, mas há uma utilidade prática nisso também. Produtos como o Sentrian (http://sentrian.com/[conteúdo em inglês]) permitem às pessoas que usem os dados remotos para prever que um paciente ficará doente antes que isso de fato ocorra. Ao realizar mudanças nas medicações e no comportamento do paciente antes que um evento possa ocorrer, o Sentrian reduz o número de hospitalizações inevitáveis — melhorando muito a vida do paciente e reduzindo custos médicos.

CUIDADO

APARELHOS MÉDICOS E SEGURANÇA

Um dos problemas com a tecnologia médica de todos os tipos é a falta de segurança. Ter um aparelho implantado que qualquer um possa hackear é aterrorizante. O artigo disponível em https://revistagalileu.globo.com/Tecnologia/Internet/noticia/2014/10/primeiro-assassinato-online-deve-ocorrer-ate-o-final-do-ano-alerta-empresa-dos-eua.html descreve o que poderia acontecer se alguém hackeasse uma aparelho médico. Felizmente, de acordo com várias fontes, ninguém morreu ainda.

No entanto, imagine sua bomba de insulina ou seu desfibrilador implantado funcionando incorretamente por causa de um hackeamento e considere os danos que poderiam ser causados. A FDA — Federal Drug Administration enfim publicou um guia sobre a segurança de aparelhos médicos, como informa o artigo http://www.securityweek.com/fda-releases-guidance-medical-device-cybersecurity [conteúdo em inglês], porém, essas normas aparentemente não estão sendo aplicadas. Na verdade, o artigo afirma que os fabricantes estão buscando, de maneira ativa, formas de evitar proteger seus aparelhos.

A IA não é responsável pela falta de segurança desses aparelhos, mas poderia levar a culpa caso haja uma brecha. A questão é que você precisa considerar todos os aspectos do uso de uma IA, especialmente em termos de equipamentos que afetam diretamente os humanos, como os aparelhos médicos implantáveis.

Alguns aparelhos são realmente fundamentais, como o Colete com Desfibrilador Vestível, que percebe sua condição cardíaca continuamente e descarrega um choque caso seu coração deixe de funcionar da maneira adequada (para mais detalhes, acesse https://www.techtudo.com.br/noticias/noticia/2014/06/conheca-o-colete-inteligente-que-tem-desfibriladores-vestiveis.html). Essa solução de curto prazo pode ajudar um médico a decidir se você precisa da versão implantável do mesmo aparelho. Há prós e contras em sua utilização, mas, novamente, é difícil avaliar o fato de ter um choque disponível quando necessário para salvar uma vida. O maior valor desse aparelho é o monitoramento que ele oferece. Na verdade, algumas pessoas não precisam de um aparelho implantável, então o monitoramento é essencial para prevenir cirurgias desnecessárias.

Usando monitores portáteis

O número e a variedade de monitores de saúde com IA no mercado atualmente são impressionantes (veja alguns exemplos em http://idgnow.com.br/ti-pessoal/2017/01/13/ces-2017-conheca-9-wearables-que-podem-realmente-melhorar-a-sua-vida/). Por exemplo, é possível comprar uma escova dental habilitada com IA que monitora seus hábitos de escovação e fornece conselhos sobre as melhores técnicas para isso (https://olhardigital.com.br/noticia/inteligencia-artificial-chega-as-escovas-de-dente/65052). Se você pensar nisso, criar um dispositivo assim apresenta vários obstáculos, sobretudo o de manter o circuito de monitoramento funcionando dentro da boca humana. É claro que algumas pessoas podem achar que a escovação dentária não tem muito a ver com boa saúde, mas tem, sim (veja https://www.marinha.mil.br/saudenaval/content/rela%C3%A7%C3%A3o-entre-sa%C3%BAde-bucal-e-sa%C3%BAde-geral).

Criar monitores portáteis geralmente significa torná-los menores e menos intrusivos. A simplicidade também é uma necessidade para os aparelhos que foram projetados para serem usados por pessoas com pouco ou nenhum conhecimento médico. Um aparelho que se encaixa nessa categoria é o eletrocardiograma (ECG) vestível. Um ECG no consultório médico significa conectar os fios do paciente a um aparelho semiportátil que realiza o monitoramento necessário. O QardioCore (https://www.prnewswire.com/news-releases/qardio-makes-a-breakthrough-in-preventative-healthcare-with-the-launch-of-qardiocore-the-first-wearable-ecg-monitor-300384471.html [conteúdo em inglês]) oferece o ECG sem fio, e mesmo alguém com um conhecimento médico limitado pode usá-lo com facilidade. Da mesma forma que muitos outros aparelhos, este usa seu smartphone para fornecer a análise necessária e realizar conexões a fontes externas, conforme necessário.

LEMBRE-SE

Os aparelhos médicos atuais funcionam bem, mas não são portáteis. O objetivo da criação de apps com IA e de aparelhos especializados é obter dados muito necessários no momento em que um médico realmente precise, em vez de ter de esperar por eles. Mesmo que você não compre uma escova dental para monitorar suas técnicas de escovação, ou um ECG para monitorar seu coração, o fato de esses aparelhos serem pequenos, capazes e de fácil utilização significa que em algum momento você pode acabar se beneficiando deles.

Tornando os Humanos Mais Capazes

Muitas das técnicas atuais para estender a faixa saudável da vida humana (o segmento da vida em que não há doenças significativas), e não apenas aumentar a expectativa de vida, dependem de tornar os humanos mais capazes para melhorar sua própria saúde de várias formas. Você pode facilmente encontrar vários artigos que mostram 30, 40 ou até 50 maneiras de estender essa faixa saudável, mas em geral se resumem a uma combinação de bons hábitos alimentares, exercitar-se o suficiente e do modo correto e dormir bem. Obviamente, descobrir com exatidão quais alimentos, exercícios e técnicas de sono funcionarão melhor para você é quase impossível. As seções a seguir analisam maneiras pelas quais um dispositivo com IA pode fazer a diferença entre viver 60 bons anos ou 80 ou mais bons anos. (Na verdade, não é mais difícil encontrarmos artigos que discutem a expectativa de vida para 1.000 anos ou mais no futuro considerando as mudanças tecnológicas.)

Usando jogos para terapia

Um console de videogame pode ser uma ferramenta poderosa e divertida de fisioterapia. Tanto o Nintendo Wii quanto o Xbox 360 podem ser usados em vários centros de fisioterapia (`https://emais.estadao.com.br/noticias/bem-estar,videogames-ajudam-na-recuperacao-de-pacientes-com-problemas-motores,10000053437`). O objetivo desses jogos é fazer com que as pessoas se movimentem de determinada maneira. Assim como quando qualquer outra pessoa joga, o jogo premia automaticamente os movimentos corretos do paciente, que recebe a terapia de uma maneira divertida. Como a terapia passa a ser divertida, há mais chances de que o paciente a faça e se recupere mais rapidamente.

É claro que apenas o movimento, mesmo quando executado com o jogo adequado, não garante o sucesso. Na verdade, alguém poderia até se machucar mais com esses jogos. O add-on Jintronix para o hardware Xbox Kinect padroniza o uso desse console para fins terapêuticos(`http://tiinside.com.br/tiinside/services/26/05/2014/jintronix-apresenta-tecnologia-canadense-para-uso-em-fisioterapia/`), aumentando a probabilidade de um ótimo resultado.

PARCIALIDADE, SIMPATIA E EMPATIA

Receber bons cuidados é o objetivo inicial de qualquer pessoa que dê entrada em um centro médico. A premissa é a de que o cuidado não seja apenas o melhor disponível, mas também igualitário. Um lugar no qual uma IA pode ajudar no campo médico é na garantia de que as habilidades técnicas permaneçam altas e que nenhum tipo de parcialidade exista — pelos menos, não sob uma perspectiva da IA.

Os humanos sempre demonstrarão parcialidade, pois temos uma inteligência intrapessoal (como apresentado no Capítulo 1). Mesmo aquela pessoa mais bondosa e altruísta demonstrará algum tipo de parcialidade — em geral, inconscientemente —, criando uma condição na qual o profissional de saúde vê uma coisa, e o paciente, outra (veja a seção "Considerando as Cinco Inverdades nos Dados", no Capítulo 2). Porém, é quase certo que as pessoas que estão sendo atendidas perceberão, e sua doença provavelmente ampliará o desprezo intencional. Usar uma IA para garantir a imparcialidade ao lidar com os problemas dos pacientes é uma forma de evitar essa questão. A IA também pode ajudar os profissionais de saúde a descobrir as inverdades (intencionais ou não) por parte dos pacientes ao relatarem seus sintomas, melhorando, assim, o atendimento.

A área médica pode ser problemática às vezes, pois a habilidade técnica não é o suficiente. As pessoas geralmente reclamam da falta de jeito por parte da equipe médica ao lidar com os pacientes. As mesmas pessoas que querem um tratamento justo, de alguma forma também querem a empatia do prestador de cuidados (tornando o cuidado injusto, pois agora está tendencioso). A empatia difere da simpatia em seu contexto. As pessoas demonstram *empatia* quando conseguem se sentir da mesma forma que o paciente e criam um referencial em relação a ele. Dois exercícios da seção "Considerando as soluções baseadas em software" neste capítulo o ajudam a entender como alguém pode criar um referencial para desenvolver a empatia. Uma IA nunca conseguiria construir a empatia necessária, porque ela não tem o sentido de percepção e de compreensão necessário para construir um referencial, e nem a inteligência intrapessoal exigida para utilizá-lo.

Infelizmente, a empatia pode cegar um profissional de saúde acerca das necessidades médicas, porque ele passa a agir de acordo com a inverdade da perspectiva ao observar apenas o ponto de vista do paciente. Assim, os profissionais da medicina geralmente empregam a *simpatia*, por meio da qual conseguem olhar de fora, entender como o paciente pode estar se sentindo (em vez de como o paciente realmente se sente), e não constroem um referencial. Como resultado, o profissional de medicina pode oferecer o suporte emocional necessário, mas também enxerga a necessidade de realizar procedimentos de que o paciente pode não gostar em curto prazo. Uma IA não consegue realizar essa tarefa, pois não tem inteligência intrapessoal e não entende o conceito da perspectiva bem o suficiente para aplicá-la de maneira adequada.

Considerando o uso de exoesqueletos

Uma das realizações mais complexas para uma IA é fornecer suporte para um corpo humano inteiro. Isso é o que acontece quando alguém veste um *exoesqueleto* (em essência, um robô vestível). Uma IA percebe os movimentos (ou a necessidade de se mover) e fornece uma resposta motorizada à necessidade. Os militares se destacam no uso de exoesqueletos (veja mais detalhes em `https://www.emilitar.com.br/blog/exoesqueleto-uma-grande-tecnologia-para-os-militares/`). Imagine conseguir correr mais rápido e carregar coisas significativamente mais pesadas como resultado de estar vestindo um exoesqueleto. O vídeo disponível em `https://www.youtube.com/watch?v=ZAYdeUENbno` apresenta uma ideia do que é possível. É certo que os militares continuam com os testes, o que, na verdade, abre possibilidades para usos civis. O exoesqueleto que em algum momento veremos por aí (e é quase certo que em algum momento isso acontecerá) provavelmente terá suas origens nos militares.

A indústria também começou a usar a tecnologia de exoesqueletos (veja, por exemplo, `https://quatrorodas.abril.com.br/noticias/conheca-os-exoesqueletos-usados-nas-linhas-de-montagem/`). Hoje em dia, os trabalhadores de fábricas são afetados por inúmeras doenças devido às lesões causadas pelo estresse repetitivo. Além disso, o trabalho em fábricas é extremamente cansativo. Vestir um exoesqueleto não apenas reduz a fatiga, mas também os erros, e aumenta a eficiência do trabalhador. As pessoas que mantêm seus níveis de energia ao longo do dia conseguem realizar mais, com bem menos chances de se lesionar, de danificar produtos ou de machucar outras pessoas.

Os exoesqueletos usados atualmente na indústria refletem suas origens militares. Observe que os recursos e a aparência desses dispositivos mudarão no futuro para ficarem mais parecidas com os exoesqueletos mostrados em filmes como *Aliens, O Resgate*. Os exemplos dessa tecnologia no mundo real (veja o vídeo e o artigo disponíveis em `http://www.bbc.com/news/technology-26418358` como exemplo [conteúdo em inglês]) impressionam um pouco menos, porém continuarão a ganhar funcionalidades.

Por mais interessante que seja o uso dos exoesqueletos para tornar pessoas capazes ainda mais incríveis, hoje em dia a capacidade de permitir às pessoas que superem suas limitações é simplesmente fenomenal. Por exemplo, um artigo recentemente publicado pelo Smithsonian discute o uso de um exoesqueleto para capacitar uma criança com paralisia cerebral a andar (`https://www.smithsonianmag.com/innovation/this-robotic-exoskeleton-helps-kids-cerebral-palsy-walk-upright-180964750/`[conteúdo em inglês]). No entanto, nem todos os exoesqueletos usados em aplicações médicas fornecem um uso vitalício. Por exemplo, um exoesqueleto pode ajudar uma pessoa que sofreu um derrame a caminhar normalmente de novo (`https://epocanegocios.globo.`

com/Tecnologia/noticia/2018/09/empresa-israelense-rewalk-prepara--exoesqueleto-flexivel-para-ajudar-idosos-caminhar.html).

À medida que essas pessoas evoluem em capacidades, o exoesqueleto fornece menos suporte, até que a pessoa não precise mais usá-lo. Alguns usuários desse dispositivo conectam seu exoesqueleto com outros produtos, como a Alexa da Amazon (para obter mais detalhes, acesse https://spectrum.ieee.org/the-human-os/biomedical/bionics/how-a-paraplegic-user-commands-this-exoskeleton-alexa-im-ready-to-walk [conteúdo em inglês]).

LEMBRE-SE

O propósito geral do uso de um exoesqueleto não é nos transformar no Homem de Ferro. O objetivo é eliminar as lesões causadas por estresse repetitivo e ajudar os humanos a obter excelência em tarefas que atualmente são muito cansativas ou que estão além dos limites de nosso corpo. Sob uma perspectiva médica, usar um exoesqueleto é uma vitória, pois ele prolonga a mobilidade das pessoas, e isso é essencial para uma boa saúde.

IMAGINANDO O LADO ESCURO DOS EXOESQUELETOS

Mesmo fazendo uma pesquisa online extensiva, não há sinais de usos nefastos para os exoesqueletos, a menos que você considere suas aplicações militares negativas. No entanto, é mais fácil destruir do que criar. Em algum momento ao longo do caminho, alguém aparecerá com usos negativos para os exoesqueletos (como provavelmente para todas as outras tecnologias descritas neste capítulo). Por exemplo, imagine os ladrões de bens de alto valor empregando os exoesqueletos para obter algum tipo de vantagem durante o roubo de objetos pesados.

Mesmo que este livro seja a respeito de eliminar todo o alvoroço ao redor da IA e apresentar alguns usos positivos para ela, a questão de que o indivíduo inteligente pelo menos considere o lado obscuro de qualquer tecnologia permanece. Essa estratégia se torna perigosa quando as pessoas criam um alarde sem quaisquer fatos para dar suporte à afirmação. Sim, os ladrões poderiam se tornar incontroláveis com os exoesqueletos, o que deveria oferecer um incentivo para criar mecanismos apropriados de segurança, mas isso também ainda não aconteceu. As considerações éticas dos usos potenciais, tanto positivos como negativos, sempre acompanham a criação de uma tecnologia, como a IA.

Ao longo do livro, você encontra várias considerações éticas e morais sobre o uso positivo da IA para ajudar a sociedade. É definitivamente importante manter a tecnologia segura, mas também é necessário ter em mente que evitá-la por causa de seu potencial negativo é de fato contraprodutivo.

Lidando com Necessidades Especiais

A certa altura, perder um membro do corpo ou ter outra necessidade especial significava anos de visitas ao médico, de capacidade reduzida e de uma vida mais curta e menos feliz. No entanto, próteses melhores e outros aparelhos, muitos deles com IA, tornaram esse cenário passado para muitas pessoas. Confira, por exemplo, a mulher com uma prótese de perna dançando em `https://www.youtube.com/watch?v=AJOQj4NGJXA`. Atualmente, algumas pessoas conseguem correr uma maratona ou praticar alpinismo, mesmo que tenham perdido suas pernas originais.

LEMBRE-SE

Muitas pessoas consideram o termo *necessidades especiais* sinônimo de pessoas com necessidades físicas e/ou mentais, ou até incapacitadas. No entanto, quase todo mundo tem algum tipo de necessidade especial. Ao fim de um longo dia, alguém com uma visão perfeitamente normal pode se beneficiar com o uso de um software de ampliação para deixar os textos ou elementos gráficos maiores. Softwares de tradução de cores podem ajudar as pessoas com uma visão normal a ver detalhes que normalmente não são visíveis (pelo menos para alguém que tem uma visão considerada normal). Com o envelhecimento, as pessoas tendem a precisar de mais auxílios para ouvir, ver, tocar ou, de alguma outra maneira, interagir com objetos comuns. Da mesma forma, o auxílio a tarefas como caminhar poderia permitir que alguém continuasse vivendo em sua própria casa a vida inteira, sem ter de recorrer a uma casa de repouso. A questão é que usar vários tipos de tecnologias com IA pode ajudar significativamente todas as pessoas a terem uma vida melhor, como apresentado nas seções a seguir.

Considerando as soluções baseadas em software

Muitas pessoas que utilizam os computadores atualmente usam algum tipo de solução baseada em software para satisfazer necessidades específicas. Uma dessas soluções mais famosa é um software leitor de tela chamado Job Access With Speech (JAWS) (`https://software.com.br/p/jaws`), que lhe informa sobre os conteúdos da tela usando métodos sofisticados. Como você pode imaginar, todas as tecnologias nas quais a ciência de dados e a IA se baseiam para condicionar os dados, interpretá-los e, então, fornecer um resultado provavelmente ocorrem no software JAWS, tornando-o uma boa forma para qualquer pessoa compreender os recursos e limites das soluções baseadas em software. A melhor maneira de ver como isso funciona para você é baixar e instalar o programa, e depois usá-lo com os olhos vendados para realizar tarefas específicas em seu sistema. (Porém, evite qualquer coisa que possa deixá-lo aterrorizado, pois você cometerá erros.)

EVITANDO O ALVOROÇO EM TORNO DAS NECESSIDADES ESPECIAIS

Aquelas pessoas que você vê online que têm uma vida maravilhosa, mesmo com suas necessidades especiais, geralmente são pessoas especiais. Elas batalharam muito para chegar aonde chegaram. Usar um aparelho com IA pode ser um primeiro passo, mas para continuar essa caminhada, você deve estar disposto a fazer o que for necessário para fazer o aparelho funcionar, o que geralmente exige muitas horas de terapia. Este capítulo não tem como objetivo diminuir a incrível quantidade de esforço que essas pessoas maravilhosas fizeram para tornar a vida melhor. O objetivo é enfatizar as tecnologias que as ajudam a possibilitar suas realizações. Se realmente quiser ver algo maravilhoso, confira o exemplo de uma bailarina em `https://mdemulher.abril.com.br/estilo-de-vida/ela-teve-que-amputar-uma-perna-mas-nao-desistiu-de-ser-bailarina/`. O artigo deixa claro a enorme quantidade de esforço necessário para fazer com que todas essas tecnologias funcionem.

DICA

Softwares de acessibilidade ajudam pessoas com necessidades especiais a realizar tarefas incríveis. Eles também podem ajudar outras pessoas a entender como seria ter uma necessidade especial. Um número considerável dessas aplicações está disponível, e algumas delas podem ser vistas em `https://www.color-blindness.com/2008/12/23/15-tools-color-blindness/` [conteúdo em inglês]. Esse site lista e apresenta alguns informações sobre alguns softwares que permitem que você veja as cores como são vistas por pessoas com tipos específicos de daltonismo.

Usando hardware de aumento

Vários tipos de necessidades especiais exigem mais do que apenas um software para serem atendidas da maneira adequada. A seção "Considerando o uso de exoesqueletos", anteriormente neste capítulo, informa sobre as várias maneiras pelas quais os exoesqueletos são usados hoje em dia na prevenção de lesões, no aumento das capacidades humanas naturais ou ao lidar com necessidades especiais (como permitir a uma pessoa paraplégica que caminhe). Porém, muitos outros tipos de hardware de aumento atendem outras necessidades, e a vasta maioria exige algum nível de IA para funcionar corretamente.

Considere, por exemplo, o uso de sistemas de controle ocular (`http://www.eyegaze.com/`[conteúdo em inglês]). Os primeiros sistemas usavam uma matriz alocada em cima do monitor. Um quadriplégico poderia olhar letras individuais, o que seria captado por duas câmeras (uma de cada lado do monitor) e digitado no computador. Ao digitar os comandos dessa forma, o quadriplégico conseguia realizar tarefas básicas no computador.

Alguns dos primeiros sistemas de controle ocular eram conectados a um braço robótico por meio de um computador. Esse braço conseguia realizar ações extremamente simples, porém importantes, tais como ajudar o usuário a pegar um copo ou a coçar seu nariz. Os sistemas modernos na realidade ajudam a conectar o cérebro do usuário diretamente ao braço robótico, possibilitando a ele que realize tarefas como comer sem o auxílio de ninguém (acesse `https://revistagalileu.globo.com/Caminhos-para-o-futuro/Saude/noticia/2015/07/conheca-luke-o-braco-robotico-controlado-pelo-cerebro-do-usuario.html`).

Observando a IA em próteses

Você pode encontrar vários exemplos de IA sendo usadas em próteses. Sim, alguns exemplos passivos existem, mas a maioria das novas versões para as próteses usa abordagens dinâmicas que exigem uma IA para funcionar. Um dos exemplos mais incríveis de próteses com IA é o pé totalmente dinâmico criado por Hugh Herr (`http://www.crea-se.org.br/engenheiro-desenvolve-membros-artificiais-apos-perder-pernas/`). Esse pé e tornozelo funcionam tão bem, que é realmente possível para Hugh realizar tarefas como alpinismo. Você pode ver uma apresentação recente que ele fez no TED em `https://www.ted.com/talks/hugh_herr_how_we_ll_become_cyborgs_and_extend_human_potential?language=pt-br`.

CUIDADO

Um dilema moral que talvez teremos que considerar no futuro (ainda bem que não no momento atual) é sobre quando as próteses na verdade permitirem a seus usuários que ultrapassem substancialmente a capacidade humana original. Por exemplo, no filme *Aeon Flux*, Sithandra tem mãos no lugar dos pés (`https://apocalipsetotal.wordpress.com/2012/07/22/uma-analise-do-filme-aeon-flux/`). As mãos são, em essência, um tipo de prótese enxertada em alguém que costumava ter pés normais. A questão surge sobre se esse tipo de implante prostético é válido, útil ou mesmo desejado. Em algum momento, um grupo de pessoas terá de se sentar e determinar quais os limites para o uso de próteses para que humanos continuem sendo humanos (presumindo que decidamos permanecer humanos, e não evoluir para alguma próxima fase). Obviamente, você não verá ninguém com mãos no lugar dos pés hoje em dia.

Concluindo as Análises de Novas Maneiras

Usar a IA da maneira que mais se adéque a seus recursos maximiza o potencial para que especialistas médicos a usem de uma forma significativa. A análise de dados é uma área na qual a IA tem excelência. Na verdade, sites inteiros são dedicados ao papel que a IA desempenha na medicina moderna, como o encontrado em http://medicalfuturist.com/category/blog/digitalized-care/artificial-intelligence/[conteúdo em inglês].

Simplemente tirar uma foto de um local com tumor em potencial e depois analisar o resultado pode parecer tudo o que um especialista precisa fazer para apresentar um ótimo diagnóstico. No entanto, a maioria das técnicas para obter a imagem necessária recorre a procedimentos que atravessam tecidos que não são parte do local com tumor, obscurecendo, assim, o resultado. Além disso, o médico quer obter as melhores informações possíveis ao analisar o tumor em sua fase inicial.

O uso da IA para ajudar a fazer diagnósticos não apenas auxilia na identificação de tumores logo no início e com uma precisão maior, mas também acelera imensamente o processo de análise. O tempo é crucial ao se lidar com muitas doenças. De acordo com https://www.bbc.com/portuguese/geral-42537252/, o aumento da velocidade é monumental e o custo é pequeno para o uso dessa nova abordagem.

Tão impressionante quanto os recursos de detecção e de velocidade da IA nesta área, o que realmente faz uma diferença é a possibilidade de combiná-la de várias maneiras para realizar compilações de dados da Internet das Coisas (IoT). Quando a IA detecta uma condição em determinado paciente, ela pode checar automaticamente seu prontuário e mostrar as informações relevantes na tela com as imagens diagnosticadas, como mostra o artigo disponível em https://www.uol/tecnologia/especiais/hospital-do-futuro.htm#lista-4. Agora o médico tem todas as informações pertinentes de um paciente antes de fazer o diagnóstico e considerar um determinado caminho a seguir.

Elaborando Novas Técnicas Cirúrgicas

Os robôs e a IA participam rotineiramente nos processos cirúrgicos hoje em dia. Na verdade, algumas cirurgias seriam praticamente impossíveis sem o uso de robôs e da IA. Porém, a história sobre o uso dessa tecnologia não se estende muito ao passado. O primeiro robô cirúrgico, Arthrobot, estreou em 1983 (veja mais detalhes em http://came.ufsc.br/2018/03/09/cirurgia-robotica-como-a-engenharia-impactou-a-medicina/). Mesmo assim, o uso dessas tecnologias que salvam vidas reduziu os erros, melhorou os resultados, diminuiu o tempo de cura e, em geral, tornou as cirurgias mais baratas em longo prazo. As seções a seguir descrevem o uso de robôs e da IA em vários aspectos da cirurgia.

Dando sugestões cirúrgicas

É possível vermos a ideia toda de sugestões cirúrgicas de várias maneiras. Por exemplo, uma IA poderia analisar todos os dados sobre um paciente e oferecer sugestões ao cirurgião sobre as melhores abordagens a serem adotadas com base no prontuário desse paciente em específico. O cirurgião poderia realizar essa tarefa, mas levaria mais tempo, e ele estaria sujeito a cometer erros que a IA não cometeria. Ela não fica cansada ou deixa passar detalhes; ela analisa consistentemente todos os dados disponíveis da mesma maneira, todas as vezes.

Infelizmente, mesmo com uma assistência da IA, surpresas ainda ocorrem durante a cirurgia, e é nesse momento que o próximo nível de sugestões entra em cena. De acordo em o artigo disponível em `https://www.huffingtonpost.com/entry/the-role-of-ai-in-surgery_us_58d40b7fe4b002482d6e6f59` [conteúdo em inglês], os médicos agora podem ter acesso a um dispositivo que funciona na mesma linha que a Alexa, a Siri e a Cortana (os dispositivos de IA que você pode já ter em sua casa). Não, o dispositivo não aceitará o pedido do médico para tocar música durante a cirurgia, mas o cirurgião pode usá-lo para localizar informações específicas sem ter de parar o que está fazendo. Isso significa que o paciente recebe o benefício do que corresponde a uma segunda opinião para lidar com complicações imprevistas durante um procedimento cirúrgico. Observe que o dispositivo, na verdade, não está fazendo nada além de disponibilizar rapidamente as pesquisas existentes criadas por outros médicos em resposta às solicitações do cirurgião; não há um raciocínio real envolvido.

Preparar-se para a cirurgia também envolve analisar todos aqueles exames que os médicos insistem em fazer. A velocidade é uma vantagem que a IA tem em relação a um radiologista. A Enlitic (`http://www.technologyreview.com.br/read_article.aspx?id=45942`), uma tecnologia de aprendizado profundo, consegue analisar radiografias em milissegundos — até 10 mil vezes mais rápido que um radiologista. Além disso, o sistema é 50% melhor para classificar os tumores e tem uma taxa menor de falsos negativos do que os humanos (0% versus 7%). Outro produto nessa categoria, o Arterys (`https://arterys.com/`[conteúdo em inglês]), consegue realizar um exame cardíaco por imagens entre 6 e 10 minutos, em comparação com o tempo regular de 1 hora. Os pacientes também não precisam segurar o fôlego durante o exame. De forma surpreendente, esse sistema obtém várias dimensões de dados: a anatomia cardíaca em 3D, a taxa e a direção do fluxo sanguíneo, tudo nesses poucos minutos. Você pode assistir a um vídeo sobre o Arterys acessando `https://www.youtube.com/watch?v=IcooATgPYXc`.

Auxiliando um cirurgião

Hoje em dia, a maioria das ajudas robóticas auxilia os cirurgiões, em vez de substituí-los. O primeiro cirurgião robótico, o sistema PUMA, surgiu em 1986. Ele realizou uma biópsia neurocirúrgica extremamente delicada, um tipo de cirurgia não laparoscópica. A cirurgia laparoscópica é minimamente invasiva, havendo uma ou mais perfurações pequenas para permitir acesso a um órgão, como a vesícula biliar, para sua remoção ou procedimento de reparo. Os primeiros robôs não eram hábeis o suficiente para realizar esse procedimento.

Por volta de 2000, o Sistema Cirúrgico da Vinci disponibilizou a habilidade de realizar cirurgias laparoscópicas robóticas usando um sistema ótico 3D. O cirurgião conduz os movimentos do robô, mas é o robô que de fato realiza a cirurgia. O cirurgião observa um monitor de alta definição durante o procedimento e pode, de fato, ver a operação melhor do que se estivesse na sala de cirurgia realizando a tarefa pessoalmente. O Sistema da Vinci também realiza incisões menores do que um cirurgião consegue fazer, reduzindo os riscos de infecções.

O aspecto mais importante do Sistema Cirúrgico da Vinci, no entanto, é que o equipamento aumenta as habilidades originais do cirurgião. Por exemplo, caso o cirurgião trema um pouquinho durante parte do procedimento, o Sistema Cirúrgico da Vinci acaba com a tremedeira — de maneira similar às funções anti-shake em câmeras. O sistema também suaviza vibrações externas. As configurações do sistema também habilitam o cirurgião a realizar movimentos extremamente precisos — mais precisos do que um humano consegue originalmente realizar, tornando a cirurgia muito mais precisa do que o cirurgião conseguiria realizar sozinho.

TRABALHANDO NOS PAÍSES EM DESENVOLVIMENTO

Com frequência as pessoas percebem que nenhuma dessas tecnologias fantásticas usadas por profissionais médicos atualmente chegam de fato aos países em desenvolvimento. Na verdade, algumas delas, como os produtos da Bay Labs (`https://baylabs.io/`[conteúdo em inglês]), são designadas especificamente para os países em desenvolvimento. Os médicos usaram a tecnologia resultante na África para identificar sinais da Doença Cardíaca Reumática (RHD) em crianças quenianas. Durante uma visita, em setembro de 2016, os médicos usaram os equipamentos da Bay Labs para examinar 1.200 crianças em 4 dias, identificando 48 crianças com RHD ou com doença cardíaca congênita. Sem a IA, o equipamento não existiria, pois ele nunca seria pequeno ou fácil de usar o suficiente para ser utilizado nesses ambientes.

PAPO DE ESPECIALISTA

O Sistema Cirúrgico da Vinci é um dispositivo complexo e extremamente flexível, e a FDA o aprovou para os seguintes tipos de cirurgias pediátricas e em adultos:

- Cirurgias urológicas
- Cirurgias laparoscópicas gerais
- Cirurgias toracoscópicas não cardiovasculares gerais
- Procedimentos de cardiotomia auxiliados por toracoscopia

O motivo de incluirmos todo esse jargão médico é demonstrar que o Sistema Cirúrgico da Vinci consegue realizar muitas tarefas sem envolver o cirurgião diretamente. Em algum momento, os cirurgiões robóticos se tornarão mais autônomos, fazendo com que os humanos fiquem ainda mais distantes do paciente durante um procedimento cirúrgico. No futuro, ninguém de fato entrará com o paciente na sala de cirurgia esterilizada, reduzindo, dessa forma, as chances de infecção para praticamente zero. Você pode ler mais a respeito do Sistema Cirúrgico da Vinci em `https://setorsaude.com.br/veja-como-funciona-o-da-vinci-robo-cirurgiao-de-r-6-milhoes/`.

Substituindo o cirurgião pelo monitoramento

No filme *Star Wars*, vemos cirurgiões robóticos tratando os humanos o tempo todo. Na realidade, você pode se perguntar se há qualquer médico humano disponível. Em teoria, os robôs poderiam assumir alguns tipos de cirurgia no futuro, mas a possibilidade ainda é muito remota. Os robôs precisariam avançar bastante a partir dos tipos de aplicações industriais que vemos no momento. Os robôs atuais estão longe de ser autônomos e precisam da intervenção humana para realizar as configurações.

No entanto, a arte da cirurgia robótica está avançando. Por exemplo, o Smart Tissue Autonomous Robot (STAR) [Robô Autônomo Inteligente para Tecidos Moles] superou os cirurgiões humanos ao suturar o intestino de um porco, como descrito em `https://gizmodo.uol.com.br/robo-cirurgiao-faz-pontos-sozinho/`. Os médicos supervisionaram o STAR durante o procedimento, mas, na verdade, o robô realizou a tarefa sozinho, o que é um passo enorme na cirurgia robótica. O vídeo disponível em `https://www.youtube.com/watch?v=R30fJLK53m4` é bem informativo sobre o futuro da cirurgia.

Realizando Tarefas Usando a Automação

A IA é ótima com automação. Ela nunca se desvia do procedimento, se cansa ou comete erros, desde que o procedimento inicial esteja correto. Diferentemente dos humanos, a IA não precisa de férias, de intervalos ou mesmo de períodos de trabalho de oito horas (poucos profissionais médicos têm esse período mesmo). Como resultado, a mesma IA que interage com um paciente no café da manhã também o atenderá à tarde e à noite. Portanto, a princípio, a IA tem algumas vantagens significativas, caso sejam avaliadas apenas com base na consistência, precisão e longevidade (veja algumas áreas nas quais a IA deixa a desejar no box "Parcialidade, simpatia e empatia"). As próximas seções discutem várias maneiras pelas quais a IA pode ajudar com automação através de um acesso melhor a recursos, como dados.

Trabalhando com prontuários médicos

A principal maneira de uma IA ajudar na medicina é com os prontuários médicos. No passado, todo mundo usava papéis para registrar os dados do paciente. Em alguns casos, há quadros brancos usados pela equipe médica para registrar informações diárias do paciente durante a internação hospitalar. Vários gráficos contêm dados do paciente, e o médico talvez use anotações também. Pode ser difícil monitorar o paciente com tantas fontes de informações em lugares tão variados. Usar uma IA junto com um banco de dados em computador ajuda a deixar as informações acessíveis, consistentes e confiáveis. Produtos como o Google Deepmind Health (`http://mycoachx.com/tecnologias-do-futuro-que-ja-passam-a-ser-o-presente/`) permitem que a equipe médica analise as informações dos pacientes para identificar padrões nos dados que não sejam tão óbvios.

LEMBRE-SE

Os médicos não necessariamente interagem com os prontuários da mesma forma que as outras pessoas. O uso de produtos como o WatsonPaths da IBM (`https://path.com.br/watson/`) auxilia os médicos a interagir com todos os tipos de dados dos pacientes de novas formas para que tomem decisões melhores de diagnósticos a respeito da saúde do paciente. Você pode assistir a um vídeo sobre como esse produto funciona em `https://www.youtube.com/watch?v=07XPEqkHJ6U` [conteúdo em inglês].

A medicina tem a ver com uma abordagem de equipe, com muitas pessoas de várias especialidades trabalhando juntas. No entanto, qualquer um que observar esse processo durante algum tempo logo perceberá que as pessoas da equipe não se comunicam suficientemente, porque estão todos muito ocupados tratando os pacientes. Produtos como o CloudMedX (`http://www.cloudmedxhealth.com/`[conteúdo em inglês]) pegam todas as informações provenientes de todas as partes envolvidas e realizam análises de riscos com elas. O resultado é que o software pode ajudar a localizar áreas potencialmente problemáticas que poderiam reduzir a probabilidade de um bom resultado para o paciente. Em outras palavras, esse produto realiza um pouco da conversa que as várias partes envolvidas provavelmente teriam se não estivessem imersas no cuidado com o paciente.

Prevendo o futuro

Alguns dos incríveis softwares preditivos baseados em registros médicos incluem o CareSkore (`https://www.careskore.com/`[conteúdo em inglês]), que na verdade usa algoritmos para determinar a probabilidade de que um paciente necessite ser internado novamente no hospital. Ao realizar essa tarefa, a equipe do hospital pode analisar as razões para a reinternação potencial e tratá-las antes que o paciente deixe o hospital, tornando a reinternação menos provável. Juntamente com essa estratégia, o Zephyr Health (`https://zephyrhealth.com/`[conteúdo em inglês]) auxilia os médicos a avaliar as várias terapias possíveis e escolher aquela que possivelmente trará um resultado positivo — reduzindo, de novo, o risco de que o paciente tenha de ser reinternado. O vídeo disponível em `https://www.youtube.com/watch?v=9y930hioWjw` [conteúdo em inglês] apresenta mais informações sobre o Zephyr Health.

Em alguns aspectos, sua genética forma um mapa do que acontecerá com você no futuro. Como resultado, conhecer sua genética pode aumentar sua compreensão de seus pontos fortes e fracos, melhornado sua vida. A Deep Genomics (`https://www.deepgenomics.com/`[conteúdo em inglês]) está descobrindo como as mutações em sua genética o afetam como pessoa. As mutações nem sempre precisam produzir um resultado negativo; na verdade, algumas mutações tornam as pessoas melhores, então, conhecer as mutações também pode ser uma experiência positiva. Confira o vídeo em `https://www.youtube.com/watch?v=hVibPJyf-xg` [conteúdo em inglês] para obter mais detalhes.

Tornando os procedimentos mais seguros

Os médicos precisam de muitos dados para tomarem boas decisões. No entanto, com os dados espalhados por todos os lugares, os médicos que não têm a habilidade de analisar com rapidez esses dados díspares geralmente tomam decisões imperfeitas. Para tornar os procedimentos mais seguros, além de acesso aos dados, um médico também precisa de alguma forma de organizá-los e analisá-los de modo que reflita a especialidade desse profissional. Um produto que faz isso é o Oncora Medical (`https://oncoramedical.com/`[conteúdo em inglês]), que coleta e organiza os prontuários médicos para oncologistas de radiação. Consequentemente, esses médicos conseguem aplicar a quantidade exata de radiação apenas nos locais certos para obter um resultado melhor, com um potencial menor de efeitos colaterais inesperados.

Os médicos também encontram problemas para obter as informações necessárias, pois as máquinas que usam são geralmente caras e enormes. Um inovador chamado Jonathan Rothberg decidiu mudar esse cenário ao usar o Butterfly Network (`https://www.butterflynetwork.com/#News` [conteúdo em inglês]). Imagine um aparelho do tamanho de um iPhone que consegue realizar ressonâncias magnéticas e ultrassons. A foto no site é no mínimo incrível.

Criando medicamentos melhores

Hoje em dia, todo mundo reclama do preço dos remédios. Sim, os medicamentos podem fazer coisas incríveis para as pessoas, mas custam tanto, que há quem acabe hipotecando sua casa para obtê-los. Parte do problema reside no fato de que os testes levam muito tempo. Realizar uma análise de tecido para observar os efeitos de um novo medicamento pode levar um ano. Felizmente, produtos como o 3Scan (`http://www.3scan.com/` [conteúdo em inglês]) podem reduzir drasticamente o tempo necessário, chegando a obter a mesma análise de tecido em um dia.

É óbvio que seria melhor ainda se as empresas farmacêuticas tivessem uma ideia melhor de quais medicamentos provavelmente funcionarão e quais não antes de investir qualquer quantia em pesquisa. A Atomwise (`http://www.atomwise.com/`[conteúdo em inglês]) usa um enorme banco de dados de estruturas moleculares para realizar análises sobre quais moléculas atenderão uma necessidade em particular. Em 2015, pesquisadores usaram a Atomwise para criar medicamentos que tornariam o Ebola menos provável de infectar outras pessoas. A análise, que levaria meses ou mesmo anos para ser feita por pesquisadores humanos, foi concluída em apenas um dia pela Atomwise. Imagine esse cenário em meio a uma epidemia potencialmente global. Se a Atomwise consegue realizar a análise necessária para tornar o vírus ou a bactéria não contagiosa em um dia, a possível epidemia poderia ser contida antes de se alastrar.

As empresas farmacêuticas também produzem um número gigantesco de remédios. O motivo dessa produtividade impressionante, além do lucro, é que cada pessoa é um pouquinho diferente da outra. Um remédio que funciona bem e não produz efeitos colaterais em uma pessoa pode não funcionar nada bem e até prejudicar outra. A Turbine (`http://turbine.ai/`[conteúdo em inglês]) possibilita que as empresas farmacêuticas realizem simulações com os remédios para que possam localizar aqueles que provavelmente funcionarão no organismo de determinada pessoa. No momento, a Turbine concentra suas atenções em tratamentos de câncer, mas é fácil observar como essa mesma abordagem poderia dar certo em muitas outras áreas.

DICA

Os medicamentos podem ter muitas formas. Algumas pessoas acham que eles existem apenas em comprimidos ou em injeções, no entanto, seu corpo produz uma vasta gama de medicamentos na forma de microbiomas. Na verdade, seu corpo contém dez vezes mais micróbios do que células, e muitos deles são essenciais para a vida; sem eles, você morreria rapidamente. A Whole Biome (https://www.wholebiome.com/[conteúdo em inglês]) está usando uma variedade de métodos para fazer com que esses microbiomas funcionem melhor para você de modo que não precise necessariamente tomar um comprimido ou uma injeção para curar algo. Confira o vídeo disponível em https://www.youtube.com/watch?v=t1Y2AckssyI [conteúdo em inglês] para obter mais informações.

Algumas empresas ainda precisam perceber seu potencial, mas isso provavelmente acontecerá em algum momento no futuro. Uma dessas empresas é a Recursion Pharmaceuticals (https://www.recursionpharma.com/[conteúdo em inglês]), que emprega a automação para explorar maneiras de usar remédios conhecidos, medicamentos bioativos e fármacos que ainda não foram bem-sucedidos para resolver novos problemas. A empresa já obteve um certo grau de êxito ao ajudar a resolver casos de doenças genéticas raras, e seu objetivo é curar 100 doenças nos próximos 10 anos (obviamente, um objetivo por demais ousado).

Associando Robôs e Profissionais Médicos

Robôs semiautônomos com capacidades limitadas estão começando a ser integrados à sociedade. O Japão faz uso desses robôs há um tempo (acesse https://gauchazh.clicrbs.com.br/educacao-e-emprego/noticia/2013/11/robos-que-auxiliam-idosos-e-deficientes-fazem-sucesso-no-japao-4327126.html). Os robôs também estão começando a aparecer nos EUA, como o Rudy (veja http://www.roboticstrends.com/article/rudy_assistive_robot_helps_elderly_age_in_place/health_sports [conteúdo em inglês]). Na maioria dos casos, esses robôs podem realizar tarefas simples, como lembrar as pessoas de tomar o remédio e brincar com jogos simples, sem muitas intervenções. No entanto, quando necessário, um médico ou outro profissional da área médica pode controlar o robô remotamente e realizar tarefas mais avançadas através dele. Usar essa abordagem significa que a pessoa obtém uma ajuda instantânea quando necessário, reduzindo danos potenciais ao paciente e mantendo os custos baixos.

LEMBRE-SE

Esses tipos de robôs estão agora apenas no início, mas você pode esperar vê-los melhorar com o tempo. Embora sejam ferramentas para auxiliar a equipe médica e, na verdade, não sejam capazes de substituir um médico ou uma enfermeira em muitas tarefas especializadas, eles oferecem, sim, uma vigilância constante necessária aos pacientes, além de serem uma presença reconfortante. Outro fator é que os robôs podem reduzir a necessidade de contratar humanos para a realização de tarefas simples e repetitivas (como a administração de comprimidos, fornecer lembretes e auxiliar a caminhar), que eles já conseguem realizar muito bem.

» Comunicando-se de novas maneiras

» Compartilhando ideias

» Empregando multimídia

» Melhorando a percepção sensorial humana

Capítulo 8

Usando a IA para Melhorar a Interação Humana

As pessoas interagem entre si de infinitas maneiras. Na verdade, pouca gente percebe exatamente quantas maneiras diferentes de comunicação ocorrem. Quando muitas pessoas pensam em comunicação, o que vem à mente é a escrita ou a fala. No entanto, a interação pode tomar muitas outras formas, incluindo o contato visual, a qualidade de entonação e até mesmo o cheiro (veja https://ceticismo.wordpress.com/2007/01/26/os-seres-humanos-se-comunicam-quimicamente-por-feromonios/). Um dos exemplos de uma versão computadorizada de interação humana aumentada é o nariz eletrônico, que usa uma combinação de eletrônica, bioquímica e inteligência artificial para realizar a tarefa e tem sido usado em uma vasta gama de aplicações industriais e pesquisas (confira o artigo https://www.researchgate.net/publication/240989402_Aplicacoes_do_nariz_eletronico_nas_industrias_e_na_gestao_de_odores). Porém, este capítulo dá uma ênfase maior ao conceito de comunicação padrão, incluindo a linguagem corporal. Você obterá uma compreensão maior sobre como a IA pode melhorar a comunicação humana de maneiras que custam menos do que desenvolver seu próprio nariz eletrônico.

A IA também é capaz de potencializar a forma pela qual as pessoas trocam ideias. Em alguns casos, ela oferece métodos de comunicação inteiramente inéditos, mas, muitas vezes, fornece um método sutil (ou às vezes não tão sutil assim) de melhorar formas existentes de trocar ideias. Os humanos usam a troca de ideias para criar novas tecnologias, expandir tecnologias existentes ou aprender sobre as tecnologias necessárias para aumentar o conhecimento de alguém. As ideias são abstratas, o que faz com que sua troca seja especialmente difícil às vezes, por isso a IA pode proporcionar uma ponte necessária entre as pessoas.

Tempos atrás, quando alguém queria registrar seu conhecimento para compartilhar com outras pessoas, costumava escrever. Em alguns casos, as pessoas também podiam melhorar sua comunicação pelo uso de gráficos de vários tipos. No entanto, apenas algumas pessoas conseguem usar essas duas formas de mídia para adquirir novos conhecimentos; grande parte dos seres humanos precisa de mais, e é por isso que fontes online como o YouTube se tornaram tão populares. O interessante é que podemos aumentar o poder da multimídia, que já é substancial, usando a IA, e este capítulo lhe informa como fazer isso.

A seção final deste capítulo o ajuda a entender como uma IA pode lhe oferecer uma percepção sensorial quase super-humana. Talvez você realmente queira aquele nariz eletrônico, afinal, ele oferece, sim, vantagens significativas na detecção de cheiros que são consideravelmente menos aromáticos à capacidade humana. Imagine poder cheirar tão bem como os cães (que usam 100 milhões de receptores aromáticos, em comparação com o 1 milhão que os humanos possuem). Você descobrirá duas maneiras que lhe permitem alcançar esse objetivo: usando monitores acessados indiretamente pelos humanos e a simulação direta da percepção sensorial humana.

Desenvolvendo Novas Maneiras para se Comunicar

A comunicação envolvendo uma linguagem desenvolvida iniciou-se entre os humanos através da fala, e não da escrita. O único problema com a comunicação falada é que as duas partes devem estar perto o suficiente para conversar. Como resultado, a comunicação escrita é superior em muitos aspectos, porque possibilita as comunicações com atraso de tempo, que não exigem que as duas partes precisem se ver. Os três métodos principais da comunicação não verbal usam:

- **Alfabetos:** A abstração de componentes das palavras ou símbolos humanos.

» **Linguagem:** A união de palavras ou símbolos para criar frases ou transmitir ideias na forma escrita

» **Linguagem corporal:** A expansão da linguagem com contexto

Os dois primeiros métodos são abstrações diretas da palavra falada. Eles não são sempre fáceis de serem implementados, mas as pessoas têm feito isso há milhares de anos. O componente da linguagem corporal é o mais difícil de ser implementado porque, nesse caso, estamos criando uma abstração de um processo físico. A escrita ajuda a transmitir a linguagem corporal pelo uso de uma terminologia específica, como a descrita em `https://writerswrite.co.za/cheat-sheets-for-writing-body-language/`[conteúdo em inglês]. No entanto, a linguagem escrita deixa a desejar, então as pessoas a melhoram com símbolos, como emoticons e emojis (leia sobre a suas diferenças em `https://www.techtudo.com.br/noticias/noticia/2014/07/entenda-diferenca-entre-smiley-emoticon-e-emoji.html`). As seções a seguir analisam com mais detalhes essas questões.

Criando novos alfabetos

A introdução desta seção discute dois alfabetos novos usados na era dos computadores: emoticons e emojis. Os sites nos quais você encontra esses dois alfabetos gráficos apresentam listas com centenas de opções. Em sua maioria, os humanos conseguem interpretar esses alfabetos icônicos sem muitas dificuldades, pois eles relembram as expressões faciais. Porém, uma aplicação não tem o senso humano da arte, então os computadores geralmente precisam de uma IA apenas para descobrir qual emoção um humano está tentando transmitir com os desenhozinhos. Felizmente, podemos encontrar listas padronizadas, como o gráfico Unicode de emojis, disponível em `https://unicode.org/emoji/charts/full-emoji-list.html` [conteúdo em inglês]. Obviamente, uma lista padronizada, na verdade, não ajuda na tradução. O artigo disponível em `https://www.tecmundo.com.br/ciencia/120534-inteligencia-artificial-consegue-entender-sarcasmo-emojis-web.htm` apresenta mais detalhes sobre como alguém pode treinar uma IA para interpretar e reagir a emojis (e, por extensão, aos emoticons). Você pode ver um exemplo desse processo em ação em `https://deepmoji.mit.edu/`[conteúdo em inglês].

O emoticon é uma tecnologia mais antiga, e muitas pessoas estão fazendo o possível para esquecê-la (mas provavelmente não conseguirão). O emoji, por outro lado, é novo e divertido o suficiente para garantir um filme (por exemplo, *Emoji: O Filme*). Você também pode usar a IA do Google para transformar suas selfies em emojis (confira `https://www.techtudo.com.br/dicas-e-tutoriais/noticia/2017/05/como-transformar-suas-fotos-em-pacote-de-emojis-no-google-allo.html`). Caso você realmente não queira ter de filtrar os mais de 2.666 emojis oficiais suportados pelo

Unicode (ou os 564 quadrilhões de emojis que o Google Allo, https://play.google.com/store/apps/details?id=com.google.android.apps.fireball&hl=pt_BR, consegue gerar), você pode usar o Dango (https://play.google.com/store/apps/details?id=co.dango.emoji.gif&hl=pt_BR), que lhe sugere o emoji apropriado (veja http://www.technologyreview.com.br/printer_friendly_article.aspx?id=50727).

LEMBRE-SE

Os humanos criaram novos alfabetos para suprir necessidades específicas desde o início da palavra escrita. Os emoticons e emojis representam dois dos muitos alfabetos que podem ser considerados criações humanas como consequência da internet e do uso de IA. Na verdade, podemos até precisar de uma IA para nos manter atualizados com todos eles.

Automatizando a tradução de idiomas

O mundo sempre padeceu do problema de não haver um idioma comum. Sim, o inglês se tornou mais ou menos universal — até certo ponto, mas ainda não é completamente universal. O serviço de tradução pode ser caro, pesado e suscetível a erros, dessa forma, os tradutores, embora necessários em muitas situações, tampouco são uma boa resposta. Aqueles que não têm a assistência de um tradutor podem encontrar grande dificuldade ao lidar com outros idiomas, e nesses casos, entram em cena aplicações como o Google Tradutor (veja a Figura 8-1).

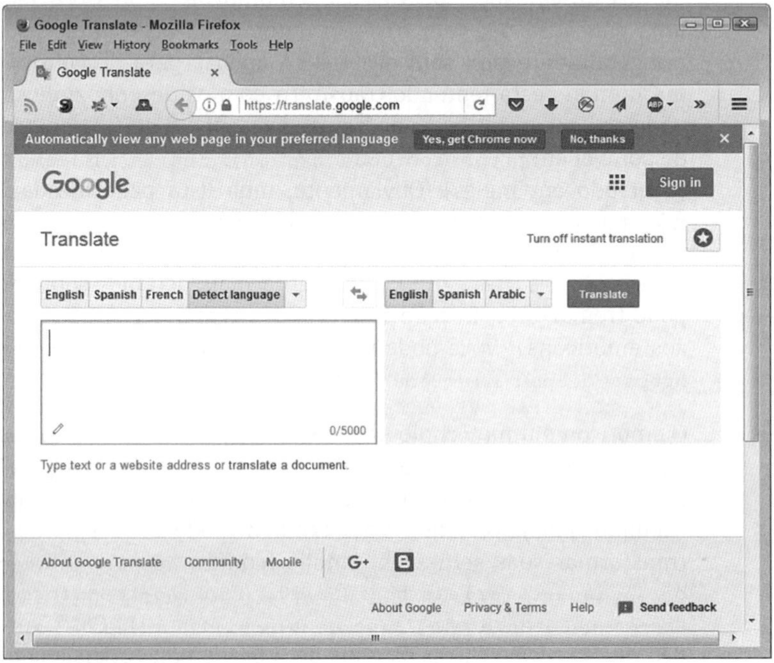

FIGURA 8-1: O Google Tradutor é um exemplo de IA que realiza uma tarefa essencial do cotidiano.

CONSIDERANDO O MITO DAS LINGUAGENS ESPECÍFICAS DA IA

Talvez você venha a ler artigos como o encontrado em `https://revistagalileu.globo.com/Tecnologia/noticia/2017/07/inteligencia-artificial-de-projeto-do-facebook-cria-linguagem-propria.html`, que parecem dizer que algumas IAs conseguem, de alguma forma, criar novos idiomas que os humanos não conseguem entender, e depois usam esses idiomas para se comunicar. O conceito parece saído do filme *O Exterminador do Futuro*, e é tão ficcional quanto o filme. No entanto, se prestar atenção no artigo, verá que a linguagem não é nova e que a comunicação parece surpreendentemente aleatória. Capítulos anteriores exploraram o conceito da compreensão por parte da IA. Uma IA, na verdade, não compreende o idioma; ela o transforma em símbolos, que são, então, processados em representações matemáticas de palavras que aparecem em uma tabela de pesquisa. A seção do Capítulo 5 intitulada "Considerando o argumento do Quarto Chinês" discute o uso de tabelas de pesquisa para fazer com que algo pareça compreender e ser inteligente a respeito de idiomas, quando na realidade não é.

Uma das coisas que se deve perceber na Figura 8-1 é que o Google Tradutor oferece a opção de detectar o idioma automaticamente para você. O interessante a respeito desse recurso é que ele funciona extremamente bem na maioria dos casos. Parte da responsabilidade por esse recurso é do sistema Google Neural Machine Translation (GNMT). Ele realmente consegue avaliar orações inteiras de modo a compreendê-las e oferecer traduções melhores do que as aplicações que usam frases ou palavras como base para criar uma tradução (para obter mais detalhes, confira `https://olhardigital.com.br/pro/noticia/sistema-do-google-inventou-uma-lingua-propria-que-humanos-nao-entendem/64122`).

PAPO DE ESPECIALISTA

O mais impressionante ainda é que o GNMT consegue traduzir idiomas mesmo quando ele não tem um tradutor específico, usando um idioma artificial, uma *interlíngua*. Porém, é importante perceber que uma interlíngua não funciona como um tradutor universal; sua função é mais de uma ponte universal. Digamos que o GNMT não saiba traduzir de chinês para espanhol. No entanto, ele consegue traduzir de chinês para inglês, e de inglês para espanhol. Ao construir uma rede 3D representando esses três idiomas (a interlíngua), o GNMT consegue criar sua própria tradução de chinês para espanhol. Infelizmente, esse sistema não funciona para traduzir de chinês para marciano, porque ainda não há métodos disponíveis para compreender e traduzir de marciano para qualquer outro idioma humano. Os humanos ainda precisam criar uma base de tradução para que o GNMT faça seu trabalho.

Incorporando a linguagem corporal

Uma parte significativa da comunicação humana ocorre com a linguagem corporal, e é por isso que o uso de emoticons e emojis é tão importante. No entanto, as pessoas estão ficando mais acostumadas a trabalhar diretamente com câmeras para criar vídeos e outras formas de comunicação que não envolvem a escrita. Neste caso, um computador possivelmente conseguiria ouvir uma entrada humana, processá-la em símbolos que representem a fala humana e, então, processar esses símbolos para atender a um pedido, similar à maneira pela qual a Alexa ou o Google Home realizam esse tipo de função.

LEMBRE-SE

Infelizmente, apenas traduzir a fala em símbolos não é o suficiente, pois ainda há toda a questão da comunicação não verbal. Nesse caso, a IA deve conseguir decifrar de maneira direta a linguagem corporal. O artigo disponível em `https://www.cmu.edu/news/stories/archives/2017/july/computer-reads-body-language.html` [conteúdo em inglês] analisa algumas das questões que os desenvolvedores devem resolver para possibilitar a leitura da linguagem corporal. A imagem no início desse artigo nos dá uma ideia de como a câmera do computador deve capturar as posições dos humanos para ler a linguagem corporal, e a IA geralmente exige entradas a partir de múltiplas câmeras para compensar problemas como o fato de ter parte da anatomia humana escondida da captura de uma única câmera. A leitura da linguagem corporal envolve a interpretação das seguintes características humanas:

- Postura
- Movimento da cabeça
- Expressão facial
- Contato visual
- Gestos

Obviamente, há outras características, mas, mesmo se uma IA conseguir dominar essas cinco áreas, ainda pode levar muito tempo para ela oferecer uma interpretação correta da linguagem corporal. Além da linguagem corporal, as implementações atuais da IA também levam em consideração algumas características como a qualidade da entonação, algo que exige uma IA por demais complexa e que ainda não chega nem perto de fazer o que o cérebro humano faz, aparentemente sem muito esforço.

PAPO DE ESPECIALISTA

Uma vez que a IA conseguir ler a linguagem corporal, ela também deverá oferecer um meio de apresentá-la ao interagir com os humanos. Considerando que esse tipo de leitura está apenas iniciando, a apresentação robótica ou gráfica da linguagem corporal está ainda menos desenvolvida.

O artigo disponível em https://g1.globo.com/economia/tecnologia/noticia/ces-2018-novos-robos-emocionais-buscam-ler-sentimentos-humanos.ghtml destaca que os robôs conseguem interpretar a linguagem corporal atualmente e reagir de modo apropriado em alguns poucos casos. No momento, os robôs não conseguem criar boas expressões faciais, portanto, de acordo com o artigo em http://theconversation.com/realistic-robot-faces-arent-enough-we-need-emotion-to-put-us-at-ease-with-androids-43372 [conteúdo em inglês], a melhor das hipóteses será substituir a linguagem corporal pela postura, movimento da cabeça e gestos. O resultado ainda não é tão impressionante assim.

Trocando Ideias

Uma IA não tem ideias porque não tem inteligência intrapessoal, tampouco a habilidade de compreender. No entanto, uma IA pode viabilizar que os humanos troquem ideias de modo a criar um todo maior do que a soma das partes. Em muitos casos, a IA não está realizando nenhum tipo de troca. Os humanos envolvidos no processo realizam a troca ao usarem a IA para potencializar o processo de comunicação. As seções a seguir trazem mais detalhes sobre como esse processo acontece.

Criando conexões

Um humano consegue trocar ideias com outro humano, mas desde que ambos se conheçam. O problema é que muitos especialistas em áreas específicas, na realidade, não se conhecem — pelo menos, não se conhecem bem o suficiente para se comunicarem. Uma IA pode realizar uma pesquisa baseada no fluxo de ideias que um humano oferece e, então, criar conexões com outros humanos que tenham o mesmo fluxo de ideias (ou similar).

Uma das maneiras de essa criação de comunicação acontecer é em sites de mídia social, como o LinkedIn, nos quais a ideia é criar conexões entre pessoas com base em alguns critérios. A rede de uma pessoa se torna o meio pelo qual a IA do LinkedIn sugere outras conexões em potencial. Em essência, o propósito dessas conexões sob a perspectiva do usuário é ganhar acesso a novos recursos humanos, fazer contatos profissionais, gerar vendas ou realizar outras atividades que o LinkedIn permite, usando as inúmeras conexões.

Melhorando a comunicação

Para haver uma troca de ideias bem-sucedida, dois humanos precisam se comunicar bem. O único problema é que eles sequer conseguem se comunicar. A questão não é apenas de tradução de palavras, mas também de ideias. As influências pessoais e sociais dos indivíduos podem impedir a comunicação, porque uma ideia para determinado grupo pode não chegar a ser traduzida para outro. Por exemplo, as leis de um país poderiam levar alguém a pensar de determinada maneira, mas as leis de outro país podem levar outro ser humano a pensar de uma maneira totalmente diferente.

Em teoria, uma IA poderia ajudar na comunicação entre grupos distintos de várias formas. Obviamente, a tradução de idiomas (presumindo que a tradução seja precisa) é um desses métodos. No entanto, uma IA poderia fornecer dicas do que é ou não culturalmente aceitável ao fazer uma pré-varredura nos materiais. Ao usar a categorização, uma IA também conseguiria sugerir ajuda, tal como gráficos alternativos, e assim por diante, para ajudar a comunicação a acontecer de uma forma que auxilie as duas partes.

Definindo tendências

Os humanos geralmente baseiam suas ideias em tendências. No entanto, para visualizar como a ideia funciona, as outras partes envolvidas na troca de ideias também devem ver essas tendências, e uma comunicação que usa esse tipo de informações é notoriamente difícil. Uma IA é capaz de realizar diversos níveis de análise de dados e apresentá-los graficamente. Ela consegue analisar dados de mais maneiras e com mais rapidez do que humanos, assim, a história contada pelos dados é especificamente aquela que você precisa que eles contem. Os dados são os mesmos; sua apresentação e interpretação é que mudam.

Estudos demonstram que os humanos se relacionam melhor com resultados em formato gráfico do que com tabelas, e os resultados gráficos certamente tornarão as tendências mais fáceis de serem identificadas. Conforme descrito em. `https://pt.wix.com/blog/2018/05/dicas-graficos-tabelas/`, geralmente dispomos os dados em tabelas apenas para apresentar informações específicas; os gráficos sempre funcionam melhor para demonstrar tendências. Usar aplicações orientadas por uma IA também pode facilitar a criação do tipo certo de apresentação de gráficos para uma exigência específica. Nem todos os humanos veem os gráficos exatamente da mesma forma, então é essencial encontrar o tipo certo de gráfico para seu público.

Usando Multimídia

A maioria das pessoas aprende usando múltiplos sentidos e abordagens. Um caminho ao aprendizado que funcione para uma pessoa pode deixar outra totalmente confusa. Como consequência, quanto mais formas uma pessoa puder usar para comunicar conceitos e ideias, maiores serão as chances de que as outras pessoas entendam o que ela está tentando comunicar. A multimídia normalmente consiste de som, gráficos, texto e animação, mas algumas fazem mais do que isso.

A IA pode ajudar com a multimídia de inúmeras formas. Uma das mais importantes é a criação, ou autoria, de multimídia. Você encontra a IA em aplicações que ajudam com tudo, desde o desenvolvimento de mídia até sua apresentação. Por exemplo, ao traduzir as cores de uma imagem, uma IA pode oferecer o benefício de ajudá-lo a visualizar os efeitos dessas mudanças mais rapidamente do que tentar uma combinação de cor diferente por vez (a abordagem de força bruta).

Após usar multimídia para apresentar ideias em mais de um formato, aqueles que estão recebendo as ideias devem processar as informações. Um uso secundário da IA baseia-se na utilização de redes neurais para processar as informações de várias formas. Categorizar a multimídia é um uso essencial da tecnologia no momento. No entanto, no futuro, você pode esperar usar a IA para ajudá-lo com a reconstrução em 3D de cenas baseadas em fotos em 2D. Imagine a polícia conseguindo caminhar por uma cena virtual de crime com cada detalhe fielmente capturado.

As pessoas costumavam especular que vários tipos de multimídia apareceriam em novos formatos. Por exemplo, imagine um jornal que tem apresentações dinâmicas como aquelas do Harry Poter. A maioria das partes tecnológicas na realidade está disponível no momento, mas é uma questão de mercado. Para que uma tecnologia alcance sucesso, ela deve ter um mercado — quer dizer, uma maneira de pagar por si mesma.

A MULTIMÍDIA E AS NECESSIDADES ESPECIAIS

A maioria das pessoas tem alguma necessidade especial, e é importante considerar essas necessidades como parte do uso que as pessoas fazem da multimídia. Em essência, o objetivo da multimídia é comunicar ideias no maior número de formas possível, para que praticamente todos possam entender as ideias e os conceitos que você quer apresentar. Mesmo quando uma apresentação como um todo usa a multimídia muito bem, as ideias individuas podem se perder quando a apresentação usa apenas um método para comunicá-las. Por exemplo, comunicar um som apenas de forma auditiva praticamente garante que apenas aqueles com uma boa audição de fato receberão a ideia. Um subconjunto daqueles que têm a audição necessária ainda não captará a ideia, pois pode parecer apenas ruído para essas pessoas, ou elas simplesmente não aprendem daquela forma. Usar o máximo de métodos possíveis para comunicar cada ideia é essencial se você realmente quer alcançar o máximo possível de pessoas.

Ornamentando a Percepção Sensorial Humana

Uma maneira em que a IA é realmente excelente para melhorar a interação dos seres humanos é pela ampliação da capacidade humana por meio de uma destas possobilidades: permitir que eles usem seus sentidos naturais em colaboração com dados ampliados, ou ampliar seus sentidos naturais, de modo que realizem mais. As seções a seguir discutem as duas possibilidades de potencialização dos sentidos humanos para que, dessa forma, melhorem a comunicação.

Mudando o espectro de dados

Ao realizar vários tipos de coleta de informações, os humanos geralmente empregam tecnologias que filtram ou mudam o espectro de dados em termos de cor, som ou cheiro. Os humanos ainda usam suas habilidades naturais, mas algumas tecnologias mudam a entrada, de modo que ela funcione com essas habilidades naturais. Um dos exemplos mais comuns de mudança de espectro é a astronomia, na qual mudar e filtrar a luz permite às pessoas que observem elementos astronômicos, como uma nebulosa, de maneiras que são impossíveis a olho nu — e, dessa forma, melhora nossa compreensão do universo.

Porém, mudar e filtrar cores, sons e cheiros manualmente pode exigir muito tempo, e os resultados podem decepcionar mesmo quando tudo foi realizado com habilidade, abrindo, assim, espaço para a IA. Uma IA consegue experimentar várias combinações de forma muito mais rápida do que um humano, além de localizar as possíveis combinações úteis com muito mais facilidade, porque ela realiza a tarefa de forma consistente.

PAPO DE ESPECIALISTA

No entanto, a técnica mais intrigante para explorar nosso mundo é completamente diferente do que a maioria das pessoas espera. E se você pudesse cheirar uma cor ou ver um som? A *sinestesia* (`https://super.abril.com.br/saude/todos-os-sentidos/`), o uso de um sentido para interpretar uma entrada de outro, é bem documentada em humanos. As pessoas usam a IA para obter ajuda no estudo dos efeitos, conforme descrito em `http://journals.plos.org/ploscompbiol/article?id=10.1371/journal.pcbi.1004959` [conteúdo em inglês]. A aplicação interessante dessa tecnologia, porém, é criar uma condição na qual outras pessoas podem de fato usar a sinestesia como meio de ver o mundo (para obter mais detalhes, confira `https://www.fastcompany.com/3024927/this-app-aids-your-decision-making--by-mimicking-its-creators-synesthesia` [conteúdo em inglês]). Caso queira ver como o uso da sinestesia funciona com você, confira o aplicativo ChoiceMap em `https://choicemap.co/`[conteúdo em inglês].

Potencializando os sentidos humanos

Como alternativa para usar uma aplicação externa para alterar o espectro de dados e, de certa forma, tornar esses dados alterados disponíveis para o uso de humanos, você pode potencializar os sentidos humanos. Na potencialização, um dispositivo, seja externo ou implantado, permite a um humano que processe as entradas sensoriais diretamente de uma nova forma. Muitas pessoas veem esses novos recursos como a criação de ciborgues, como descrito em `https://journals.openedition.org/configuracoes/882`. A ideia não é novidade: usar ferramentas para tornar os humanos cada vez mais eficazes para realizar uma infinidade de tarefas. Nesse cenário, os humanos recebem duas formas de potencialização: física e intelectual.

A potencialização física dos sentidos humanos já está presente de muitas formas, com a garantia de se espalhar ainda mais conforme os humanos fiquem mais receptivos a vários tipos de implantes. Por exemplo, óculos de visão noturna no momento permitem aos humanos que enxerguem no escuro, com modelos de ponta oferecendo uma visão colorida controlada por um processador especialmente desenvolvido. No futuro, a potencialização/substituição dos olhos poderia permitir às pessoas enxergar qualquer parte do espectro da mesma forma que ele é controlado pelo pensamento, então elas veriam apenas a parte do espectro que fosse necessária para realizar determinada tarefa.

A *Amplificação da Inteligência* exige medidas mais intrusivas, mas também oferece a promessa de permitir aos humanos que exerçam capacidades muito maiores. Diferentemente da IA, a Amplificação da Inteligência (AI) possui um ator humano no centro do processamento. O humano fornece a criatividade e a intenção que a IA não tem hoje em dia. Você pode ler uma discussão sobre as diferenças entre a IA e a AI em `https://www.financialsense.com/contributors/guild/artificial-intelligence-vs-intelligence-augmentation-debate` [conteúdo em inglês].

3 Trabalhando com Aplicações de IA Baseadas em Software

NESTA PARTE...

Realize análise de dados.

Considere a relação entre IA e aprendizado de máquina.

Considere a relação entre IA e aprendizado profundo.

» Entendendo como a análise de dados funciona

» Usando a análise de dados de forma eficaz com o aprendizado de máquina

» Determinando o que o aprendizado de máquina pode realizar

» Descobrindo os tipos diferentes de algoritmos de aprendizado de máquina

Capítulo 9

Realizando Análises de Dados para a IA

Acumular dados não é um fenômeno moderno: os seres humanos fazem isso há séculos. Não importa se a informação aparece em forma de texto ou de números, as pessoas sempre gostaram de como os dados descrevem o mundo ao seu redor, e elas os usam para o progresso da civilização. Os dados possuem um valor em si mesmos. Ao usar seus conteúdos, a humanidade pode aprender, transmitir informações essenciais a seus descendentes (não é necessário reinventar a roda) e agir de modo eficaz no mundo.

As pessoas aprenderam recentemente que os dados contêm mais do que informações superficiais. Se os dados estiverem em uma forma numérica apropriada, é possível aplicar técnicas específicas desenvolvidas por matemáticos e estatísticos, chamadas de técnicas de análises de dados, e extrair ainda mais conhecimento deles. Além disso, a partir de uma simples análise de dados, podemos extrair informações significativas e submeter os dados a análises mais avançadas, usando os algoritmos de aprendizado de máquina que são capazes de prever o futuro, classificar as informações e tomar decisões de maneira eficaz.

A análise de dados e o aprendizado de máquina permitem às pessoas que levem o uso de dados além dos limites prévios para desenvolver uma IA mais inteligente. Este capítulo lhe apresenta a análise de dados. Ele mostra como usar os dados como uma ferramenta de aprendizado para resolver problemas desafiadores de IA, como sugerir o produto certo a um cliente, compreender o idioma falado, traduzir de inglês para alemão, automatizar a condução de veículos e muito mais.

Definindo a Análise de Dados

A era atual é chamada de Era da Informação não apenas porque temos dados tão valiosos, mas também porque a sociedade atingiu uma certa maturidade quanto à análise e extração de informação a partir deles. As empresas Alphabet (Google), Amazon, Apple, Facebook e Microsoft, que construíram seus negócios sobre os dados, são vistas como as cinco empresas mais valiosas do mundo. Elas não apenas coletam e mantêm armazenados os dados que são fornecidos por seus processos digitais; elas também sabem como torná-los tão valiosos como o petróleo ao empregar análises de dados precisas e elaboradas. O Google, por exemplo, registra os dados da internet em geral e a de seu próprio mecanismo de pesquisa, entre outras coisas.

Talvez você já tenha ouvido o mantra "os dados são o novo petróleo" nos noticiários, em revistas ou conferências. A afirmação sugere que os dados podem enriquecer uma empresa e que é preciso muita habilidade e trabalho para tornar isso uma realidade. Embora muitos já tenham aplicado o conceito e alcançado um sucesso incrível, foi Clive Humbly, um matemático britânico, o primeiro a equiparar os dados ao petróleo, levando em conta sua experiência com dados de clientes no setor varejista. Humbly é conhecido por ser um dos fundadores da Dunnhumby, uma empresa de marketing do Reino Unido, e a mente criadora do programa de fidelidade da Tesco. Em 2006, Humbly também destacou que os dados não podem ser considerados dinheiro que cai do céu; é necessário esforço para torná-los úteis. Assim como não é possível usar imediatamente o petróleo que não foi refinado, pois ele precisa ser modificado através de processos químicos que o transformam em gasolina, plástico ou outros químicos, da mesma forma, os dados devem passar por transformações significativas para adquirir valor.

As transformações mais básicas de dados são chamadas de *análises de dados*, e você pode considerá-las as transformações químicas básicas que o petróleo sofre em uma refinaria antes de se tornar um combustível valioso ou produtos de plástico. Ao usar a análise de dados, você pode lançar a fundação para processos mais avançados que podem ser aplicados aos dados. Dependendo do contexto, a análise de dados se refere a um grande corpo de possíveis operações com dados, às vezes específico a certas áreas ou tarefas. É possível categorizar todas essas transformações em quatro famílias grandes e gerais que oferecem uma ideia do que acontece durante a análise de dados:

» **Transformação:** Muda a aparência dos dados. O termo *transformação* se refere a processos diferentes, embora o mais comum seja colocar os dados em linhas e colunas organizadas em um *formato matriz* (também chamado de *transformação de arquivos planos*). Por exemplo, não é possível processar efetivamente os dados de produtos comprados em um supermercado antes de alocar cada cliente em uma única linha e adicionar os produtos comprados em cada coluna dentro dessa linha como entradas numéricas que contêm quantidades ou valores monetários. A transformação também pode envolver transformações numéricas especializadas como o *redimensionamento*, através das quais você muda a *média*, ou os valores mínimos e máximos de uma série numérica, a fim de torná-los apropriados para um algoritmo.

» **Limpeza:** Corrige dados imperfeitos. Dependendo do meio que foi utilizado para a obtenção dos dados, você pode encontrar problemas diferentes a partir de informações ausentes, extremos dentro de uma faixa, ou simplesmente, valores errados. Por exemplo, os dados em um supermercado podem apresentar erros quando os produtos possuem preços incorretos. Alguns dados são adversariais, o que significa que foram criados para estragar qualquer conclusão. Por exemplo, um produto pode ter avaliações falsas na internet que mudam sua posição no ranking. A limpeza ajuda a remover exemplos adversariais dos dados e a deixar as conclusões confiáveis.

» **Inspeção:** Valida os dados. A análise de dados é primariamente um trabalho humano, embora o software tenha uma parte importante. Os humanos conseguem facilmente reconhecer padrões e identificar elementos estranhos nos dados. Por esse motivo, a análise de dados produz muitas estatísticas de dados e fornece uma visualização útil, como a Health InfoScape do MIT Senseable Cities e da General Electric (`http://senseable.mit.edu/healthinfoscape/`[conteúdo em inglês]), que ajudam na captação de conteúdo informativo com apenas uma passada de olhos. Por exemplo, você pode ver como as doenças se conectam com outras com base em dados processados a partir de 72 milhões de registros.

» **Modelagem:** Capta a relação entre os elementos presentes nos dados. Para realizar essa tarefa, você precisa de ferramentas oriundas da estatística, como a correlação, testes-t, regressão linear e muitas outras que podem determinar se um valor é realmente diferente de outro ou apenas relacionado. Por exemplo, ao analisar os gastos em um supermercado, você pode determinar que as pessoas que estão comprando fraldas provavelmente também comprarão cerveja. A análise estatística encontra esses dois produtos associados muitas vezes nos mesmos carrinhos. (Este estudo tornou-se uma grande lenda em análise de dados; veja o resumo neste artigo: `https://exame.abril.com.br/revista-exame/o-que-cerveja-tem-a-ver-com-fraldas-m0053931/`.)

A análise de dados não é magia. Você realiza transformações, limpeza, inspeção e modelagem ao usar a soma e multiplicação em massa baseadas em cálculos de matriz (que não é nada além de longas sequências de somas e multiplicações que muitas pessoas aprendem na escola). O arsenal de análise de dados também fornece ferramentas estatísticas, como a média e a variante, que descrevem a distribuição de dados, ou ferramentas sofisticadas, como a análise de correlação e de regressão linear, que revelam se você pode relacionar eventos ou fenômenos uns aos outros (como comprar fraldas e cerveja) com base em evidências. Para descobrir mais sobre essas técnicas de dados, os livros *Aprendizado de Máquina Para Leigos* e *Python para Data Science Para Leigos* (ambos da Editora Alta Books), de John Paul Mueller e Luca Massaron, oferecem um panorama e explicações práticas sobre cada um.

LEMBRE-SE

O que dificulta a análise de dados na era do big data são os grandes volumes de dados que exigem ferramentas especiais, como o Hadoop (`http://hadoop.apache.org/`) e o Apache Spark (`https://spark.apache.org/`) [conteúdos em inglês], que são duas ferramentas de software usadas para realizar operações massivas de dados. Mesmo com essas ferramentas avançadas, ainda é uma questão de muita transpiração preparar manualmente até 80% dos dados. A interessante entrevista disponível em `https://www.nytimes.com/2014/08/18/technology/for-big-data-scientists-hurdle-to-insights-is-janitor-work.html` [conteúdo em inglês] com Monica Rogati, especialista na área e consultora de IA para muitas empresas, discute com mais detalhes essa questão.

Entendendo por que a análise é importante

A análise de dados é essencial para a IA. Na verdade, nenhuma IA moderna é possível sem haver visualização, limpeza, transformação e modelagem dos dados antes que os algoritmos avançados entrem no processo e os transformem em informações de valor ainda maior do que antes.

No princípio, quando a IA era constituída por soluções puramente algorítmicas e sistemas especialistas, os cientistas e especialistas preparavam com cuidado os dados, para alimentá-los. Dessa forma, por exemplo, caso alguém quisesse um algoritmo para organizar as informações, um especialista em dados colocava-os em *listas* (sequências ordenadas de elementos de dados) ou em outras estruturas de dados que poderiam conter as informações e apropriadamente permitir as manipulações desejadas. Naquela época, os especialistas em dados coletavam e organizavam os dados para que seus conteúdos e formas fossem exatamente como esperado, pois eles eram criados para esse propósito específico. A manipulação de dados conhecidos em formas específicas apresentava uma séria limitação, pois a criação de dados exigia muito tempo e energia. Como resultado, os algoritmos recebiam menos informações do que as disponíveis atualmente.

Hoje, a atenção mudou da produção de dados para a preparação de dados usando análise de dados. A ideia é a de que várias fontes já produzem os dados em quantidades tão grandes, que você pode encontrar o que precisa sem ter de criar dados especiais para a tarefa. Por exemplo, imagine que queira que uma IA controle a porta para pets de modo que os cães e gatos possam entrar, mas outros animais não. Os algoritmos modernos de IA aprendem a partir de dados de tarefas específicas, o que significa processar um grande número de imagens mostrando exemplos de cães, gatos e outros animais. É mais provável que esse conjunto enorme de imagens virá da internet, talvez de sites de redes sociais ou de pesquisa de imagens. Previamente, realizar uma tarefa assim significava que os algoritmos usariam apenas algumas poucas entradas específicas sobre formas, tamanhos e características distintivas dos animais, por exemplo. A escassez de dados significava que eles poderiam realizar apenas algumas poucas tarefas limitadas. Na verdade, não há exemplos de uma IA que possa controlar uma porta de pets usando algoritmos clássicos ou sistemas especialistas.

A análise de dados vem ao resgate dos algoritmos modernos ao fornecer informações sobre as imagens retiradas da internet. Usar a análise de dados permite que a IA descubra o tamanho das imagens, a variedade, o número de cores, palavras usadas nas legendas das imagens, e assim por diante. Isso é parte de inspecionar os dados, e, nesse caso, é necessário para limpá-los e transformá-los. Por exemplo, a análise de dados pode ajudá-lo a localizar uma foto de um animal que foi erroneamente marcada como um gato (você não quer confundir sua IA) e transformar as imagens para usar o mesmo formato de cor (por exemplo, tons de cinza) e o mesmo tamanho.

Reconsiderando o valor dos dados

Com a explosão da disponibilidade dos dados em dispositivos digitais (como discutido no Capítulo 2), os dados adquirem novas nuances de valor e utilidade que vão além de seu escopo original de instruir (ensinar) e transmitir conhecimento (transferir dados). A abundância de dados, quando fornecida para a análise de dados, adquire novas funções que a distinguem daquelas informativas:

- Os dados descrevem o mundo melhor ao apresentar uma ampla variedade de fatos, e com mais detalhes ao fornecer nuances para cada fato. Eles se tornaram tão abundantes, que cobrem todos os aspectos da realidade. Você pode usá-los para revelar até como coisas e fatos aparentemente desconectados entre si, na verdade, se relacionam.
- Os dados mostram como os fatos se associam com os eventos. Você pode derivar regras gerais e aprender sobre as mudanças ou transformações no mundo, considerando-se certas premissas. Quando as pessoas agem de determinada forma, os dados oferecem uma certa habilidade preditiva também.

DESCOBRINDO QUE A IA MAIS INTELIGENTE DEPENDE DOS DADOS

Mais do que apenas potencializar a IA, os dados a tornam possível. Algumas pessoas diriam que a IA é o resultado de algoritmos sofisticados de uma elevada complexidade matemática, o que certamente é verdade. Atividades como a visão e a compreensão de idiomas exigem algoritmos que não são facilmente explicados e necessitam de milhões de computações para funcionar. (O hardware exerce uma função aqui também.)

Contudo, há mais coisas para a IA do que algoritmos. O Dr. Alexander Wissner-Gross, pesquisador científico norte-americano, empreendedor e membro do Instituto de Ciência da Computação Aplicada em Harvard, oferece seus insights em uma recente entrevista concedida ao Edge (`https://www.edge.org/response-detail/26587` — conteúdo em inglês). A entrevista faz uma reflexão sobre por que a tecnologia de IA demorou tanto tempo para decolar. Na entrevista, Wissner-Gross conclui que pode ter sido uma questão de qualidade e disponibilidade de dados, e não devido a recursos algorítmicos.

Wissner-Gross avalia os momentos da maioria das conquistas inovadoras da IA nos últimos anos, mostrando como os dados e os algoritmos contribuem para o sucesso de cada inovação e destacando como cada um deles era algo novo no momento em que aquele marco foi alcançado. Wissner-Gross mostra como os dados são relativamente novos e estão sempre atualizados, enquanto os algoritmos não são novas descobertas, mas usam uma consolidação de tecnologias mais antigas.

As conclusões das reflexões de Wissner-Gross são as de que, na média, o algoritmo é geralmente 15 anos mais velho do que os dados. Ele aponta que os dados estão levando as realizações da IA à frente, e deixa o leitor se perguntando o que aconteceria se fosse possível uma alimentação dos algoritmos atualmente disponíveis com dados melhores em termos de qualidade e quantidade.

Em alguns aspectos, os dados nos fornecem novos superpoderes. Chris Anderson, antigo editor-chefe da *Wired*, discute como grandes quantidades de dados podem ajudar as descobertas científicas fora do método científico (veja o artigo em `https://www.wired.com/2008/06/pb-theory/`[conteúdo em inglês]). O autor utiliza-se do exemplo das conquistas do Google nos setores empresariais de publicidade e tradução, no qual o Google alcançou a proeminência não apenas por usar modelos ou teorias específicos, mas por aplicar algoritmos para aprenderem a partir dos dados.

Assim como em publicidade, os dados científicos (como os de física ou biologia) podem dar suporte à inovação que permite aos cientistas abordar problemas sem hipóteses, em vez de considerar as variações encontradas em grandes escalas e usar algoritmos de descoberta. Galileu Galilei usou o método científico para criar as bases da física e da astronomia modernas (confira https://www.ebiografia.com/galileu_galilei/). Os avanços mais antigos foram baseados em observações e experimentos controlados que definem as razões de como e por que as coisas acontecem. A capacidade de inovar apenas pelo uso de dados é uma grande inovação na forma como entendemos o mundo. No passado, os cientistas realizavam incontáveis observações e faziam inúmeras deduções para descrever a física do universo. Esse processo manual permitiu às pessoas descobrir leis subjacentes ao mundo em que vivemos. A análise de dados, ao parear as observações expressas como entradas e saídas, nos permite determinar como as coisas funcionam e definir, graças ao aprendizado de máquina, regras aproximadas, ou leis, do nosso mundo sem ter de recorrer ao uso de observações e deduções manuais. O processo agora é mais rápido e mais automático.

Definindo o Aprendizado de Máquina

O ápice da análise de dados é o aprendizado de máquina. Só é possível aplicar o aprendizado de máquina de forma bem-sucedida após a análise de dados fornecer uma entrada correta. No entanto, apenas o aprendizado de máquina consegue associar uma série de saídas e entradas, assim como determinar as regras em operação por trás da saída de uma forma eficaz. A análise de dados se concentra na compreensão de manipulação dos dados para que eles possam se tornar mais úteis e fornecer insights sobre o mundo, enquanto o aprendizado de máquina foca estritamente a coleta de entradas a partir dos dados e a elaboração de uma representação interna funcional do mundo que pode ser usada para objetivos práticos. O aprendizado de máquina permite que as pessoas realizem tarefas como prever o futuro, classificar as coisas de forma significativa e tomar as melhores decisões racionais em determinado contexto.

LEMBRE-SE

A ideia central subjacente ao aprendizado de máquina é a de que você pode representar a realidade por meio do uso de uma função matemática que o algoritmo ainda não conhece, mas que ele é capaz de descobrir após ver alguns dados. Você pode expressar a realidade e toda sua complexidade desafiadora em termos de funções matemáticas desconhecidas que os algoritmos de aprendizado de máquina descobrem e as disponibilizam. Esse conceito é a ideia central para todos os tipos de algoritmos de aprendizado de máquina.

O aprendizado em termos de aprendizado de máquina é puramente matemático e termina com a associação de certas entradas e certas saídas. Ele não tem nada a ver com entender o que o algoritmo aprendeu (a análise de dados constrói a compreensão até certa altura), dessa forma, o processo de aprendizado é geralmente descrito como treinamento, porque o algoritmo está treinado para combinar a resposta correta (a saída) com todas as perguntas oferecidas (a entrada). (*Aprendizado de Máquina Para Leigos*, de John Paul Mueller e Luca Massaron [Alta Books], descreve em detalhes como esse processo funciona.)

Mesmo com a falta de uma compreensão deliberada e sendo apenas um processo matemático, o aprendizado de máquina mostra-se útil em muitas tarefas. Ele fornece à aplicação de IA o poder de fazer a coisa mais racional considerando-se um determinado contexto quando o aprendizado se dá por meio dos dados certos. As seções a seguir ajudam a descrever em mais detalhes como o aprendizado de máquina funciona, quais benefícios você pode esperar obter e os limites de usá-lo dentro de uma aplicação.

Entendendo como o aprendizado de máquina funciona

Muitas pessoas estão acostumadas com a ideia de que as aplicações começam com uma função, aceitam os dados como entrada e, então, oferecem um resultado. Por exemplo, um programador pode criar uma função chamada `Adicionar()` que aceita dois valores como entrada, por exemplo, 1 e 2. O resultado de `Adicionar()` é 3. A saída desse processo é um valor. No passado, escrever um programa significava entender a função usada para manipular os dados a fim de criar um determinado resultado com certas entradas. O aprendizado de máquina inverte esse processo. Nesse caso, você sabe que tem entradas, como 1 e 2. O resultado desejado, 3, é conhecido. No entanto, você não sabe qual função aplicar para criar o resultado desejado. O treinamento oferece a um algoritmo aprendiz todos os tipos de exemplos das entradas desejadas e dos resultados esperados dessas entradas. O aprendiz, então, usa essa entrada para criar uma função. Dito de outro modo, treinamento é o processo por meio do qual o algoritmo aprendiz mapeia uma função flexível para os dados. A saída é normalmente a probabilidade de uma certa classe ou de um valor numérico.

Para dar uma ideia do que acontece no processo de treinamento, imagine uma criança que está aprendendo a diferenciar árvores de outros objetos. Antes que ela consiga fazer isso de forma independente, um professor mostra à criança um certo número de imagens de árvores, complementando-as com todos os fatos que diferenciam uma árvore de outros objetos do mundo. Esses fatos podem ser características como o material de que a árvore é feita (madeira), suas partes (tronco, galhos, folhas, raízes) e a localização (plantada no solo). A criança produz uma ideia da aparência de uma árvore ao contrastar sua imagem com a de outros objetos diferentes, como mobílias que são feitas de madeira, mas que não compartilham das mesmas características de uma árvore.

Um classificador de aprendizado de máquina faz a mesma coisa. Ele constrói suas habilidades cognitivas ao criar uma formulação matemática que inclui todas as características apresentadas de forma que seja criada uma função que consiga diferenciar uma classe de outra. Vamos imaginar que uma formulação matemática, também chamada de *função-alvo*, exista para expressar as características de uma árvore. Nesse caso, um classificador de aprendizado de máquina pode buscar sua representação como uma réplica ou uma aproximação (uma função diferente que funciona da mesma forma). Conseguir expressar tal formulação matemática é a habilidade de representação do classificador.

Sob uma perspectiva matemática, é possível expressar o processo de representação no aprendizado de máquina usando o mapeamento de termo equivalente. O mapeamento ocorre quando você descobre a construção de uma função ao observar suas saídas. Um mapeamento bem-sucedido no aprendizado de máquina é similar a uma criança internalizando a ideia de um objeto. A criança entende as regras abstratas derivadas dos fatos do mundo de uma forma eficaz para que, ao ver uma árvore, por exemplo, ela a reconheça imediatamente.

Tal representação (regras abstratas derivadas de fatos do mundo real) é possível porque o algoritmo de aprendizado tem muitos parâmetros internos (consistindo de vetores e matrizes de valores), que se equiparam à memória do algoritmo para as ideias adequadas à sua atividade de mapeamento que conecta as características às classes de resposta. As dimensões e o tipo de parâmetros internos delimitam o tipo de funções-alvo que um algoritmo consegue aprender. Um mecanismo de otimização no algoritmo muda os parâmetros a partir de seus valores iniciais durante o aprendizado para representar a função-alvo escondida.

Durante a otimização, o algoritmo busca as variantes possíveis de suas combinações de parâmetros para descobrir aquela que permite o mapeamento correto entre as características e as classes durante o treinamento. Esse processo avalia muitas funções-alvo que são potenciais candidatas dentre aquelas que o algoritmo aprendiz consegue adivinhar. O conjunto de todas as funções potenciais que o algoritmo aprendiz consegue descobrir é o *espaço de hipóteses*. Podemos chamar o classificador resultante com seu conjunto de parâmetros de uma hipótese, uma forma no aprendizado de máquina para dizer que o algoritmo tem um conjunto de parâmetros para replicar a função-alvo e que agora está pronto para definir as classificações corretas (um fato que será demonstrado mais tarde).

O espaço de hipóteses deve conter todas as variações de parâmetros de todos os algoritmos de aprendizado de máquina que você quer tentar mapear para uma função desconhecida ao resolver um problema de classificação. Algoritmos diferentes podem ter espaços de hipóteses diferentes. O que realmente importa é que o espaço de hipóteses contenha a função-alvo (ou sua aproximação, que é uma função diferente, porém similar, pois, no fim, tudo de que você precisa é algo que funcione).

Você pode imaginar esta fase como o momento em que uma criança experimenta muitas ideias criativas diferentes ao reunir conhecimento e experiências (uma analogia para as características apresentadas) em um esforço de criar uma visualização de uma árvore. Naturalmente, os pais estão envolvidos nessa fase e fornecem entradas relevantes sobre o ambiente. No aprendizado de máquina, alguém precisa fornecer os algoritmos certos de aprendizagem, suprir alguns parâmetros que não são possíveis de ser aprendidos (chamados de hiperparâmetros), escolher um conjunto de exemplos a partir dos quais aprender e selecionar as características que acompanham os exemplos. Assim como uma criança que foi deixada sozinha no mundo não consegue sempre aprender a diferenciar entre o certo e o errado, os algoritmos de aprendizado de máquina também precisam dos seres humanos para aprenderem com êxito.

Entendendo os benefícios do aprendizado de máquina

Podemos encontrar a IA e o aprendizado de máquina sendo usados em inúmeras aplicações hoje em dia. O único problema é que a tecnologia funciona tão bem, que nem mesmo sabemos de sua existência. Na verdade, você pode se surpreender ao descobrir que muitos dispositivos em sua casa já fazem uso dessas duas tecnologias. Elas já aparecem em seu carro e em seu ambiente de trabalho. De fato, os usos tanto da IA como do aprendizado de máquina chegam aos milhões — todos seguramente longe de vista mesmo quando são bastante ousados por natureza. Aqui estão apenas algumas das formas pelas quais você pode ver a IA sendo usada:

- **Detecção de fraudes:** Você recebe uma ligação da administradora de seu cartão de crédito perguntando se realizou determinada compra. A administradora não está querendo se meter na sua vida; ela está, simplesmente, alertando-o sobre o fato de que outra pessoa pode ter feito uma compra usando seu cartão. A IA incorporada ao código da administradora do cartão de crédito detectou um padrão de gastos diferente e alertou alguém a respeito.
- **Programação de recursos:** Muitas organizações precisam programar o uso de recursos de forma eficiente. Por exemplo, um hospital pode ter de determinar onde colocar um paciente com base em suas necessidades, na disponibilidade de especialistas habilitados e na quantidade de tempo que o médico espera que o paciente passe no hospital.
- **Análises complexas:** Em geral, os humanos precisam de ajuda com análises complexas, pois há, literalmente, fatores demais a serem considerados. Por exemplo, o mesmo conjunto de sintomas poderia indicar mais que um problema. Um médico ou outro especialista pode necessitar de ajuda ao realizar um diagnóstico em tempo hábil para salvar a vida de um paciente.
- **Automação:** Qualquer forma de automação pode ser beneficiada com a adição de uma IA para lidar com mudanças ou eventos imprevistos. Um

problema com alguns tipos de automação atualmente é que um evento inesperado, tal como um objeto no lugar errado, pode, na verdade, fazer com que a automação pare. Adicionar a IA à automação pode permitir que a automação lide com eventos inesperados e continue, como se nada tivesse acontecido.

» **Serviço de atendimento ao cliente:** O telefone de atendimento ao cliente ao qual você liga hoje pode nem ter um humano por perto. A automação é muito boa para seguir regras e usar vários recursos para lidar com a vasta maioria de suas perguntas. Com uma boa inflexão de voz (também oferecida pela IA), talvez você nem se dê conta de que está falando com um computador.

» **Sistemas de segurança:** Muitos dos sistemas de segurança encontrados em máquinas de todos os tipos atualmente usam a IA para controlar o veículo em um momento de crise. Por exemplo, muitos sistemas de freio automático usam a IA para frear o carro com base em todas as entradas que o veículo pode oferecer, tal como a direção de uma derrapagem.

» **Eficiência de máquina:** A IA pode ajudar a controlar uma máquina de tal forma que possa obter a eficiência máxima. A IA controla o uso de recursos para que o sistema não exceda a velocidade ou outros objetivos. Cada unidade de potência é usada precisamente conforme necessário para fornecer os serviços desejados.

Essa lista não é nem o começo. Você pode encontrar a IA usada de muitas outras formas. No entanto, sempre é válido observar os usos do aprendizado de máquina fora do contexto normal que muitos consideram ser o domínio da IA. Aqui estão alguns usos do aprendizado de máquina que talvez você não associe com uma IA:

» **Controle de acesso:** Em muitos casos, o controle de acesso é uma proposição cuja resposta é sim ou não. A forma pela qual um crachá eletrônico garante acesso de um funcionário a um recurso é muito parecida com o que as chaves têm feito há séculos. Algumas fechaduras de fato oferecem o recurso de configurar horários e datas quando o acesso é permitido, mas o controle simplório, na verdade, não atende a todas as necessidades. Ao usar o aprendizado de máquina, você pode determinar se um funcionário deve acessar um recurso com base na função e na necessidade. Por exemplo, um funcionário pode obter acesso a uma sala de treinamento quando o treinamento se refere à função desse funcionário.

» **Proteção animal:** O oceano pode parecer grande o bastante para permitir que animais e navios convivam sem problemas. Infelizmente, muitos animais são atingidos por navios todos os anos. Um algoritmo de aprendizado de máquina poderia permitir que os navios se desviassem dos animais ao aprender os sons e características tanto dos animais como do navio.

» **Prevendo tempo de espera:** A maioria das pessoas não gosta de ficar esperando quando não tem uma ideia de quanto tempo a espera levará. O aprendizado de máquina permite que uma aplicação determine o tempo de espera com base na quantidade de funcionários e de quanto trabalho estão realizando, na complexidade dos problemas que estão tentando resolver, na disponibilidade de recursos, e assim por diante.

Sendo útil; sendo comum

Mesmo que os filmes sugiram que a IA certamente fará um grande estardalhaço, e às vezes você pode ver usos incríveis da IA na vida real, a maioria de seus usos e comum e até entediante. Por exemplo, um artigo recente detalha como a empresa de telefonia Verizon usa a linguagem R para o aprendizado de máquina analisar falhas nos dados de segurança e automatizar os relatórios anuais de segurança (`https://www.computerworld.com/article/3001832/data-analytics/how-verizon-analyzes-security-breach-data-with-r.html` [conteúdo em inglês]). A realização dessa análise é algo sem graça quando comparado com outros tipos de atividades de IA, mas a Verizon economiza dinheiro ao realizar a análise usando R, e os resultados também são melhores.

Especificando os limites do aprendizado de máquina

O aprendizado de máquina usa algoritmos para analisar conjuntos de dados gigantescos. Atualmente, ele não consegue oferecer o tipo de IA que os filmes apresentam. Mesmo os melhores algoritmos não conseguem pensar, sentir, mostrar qualquer tipo de autopercepção ou exercer o livre-arbítrio. O que o aprendizado de máquina consegue fazer é realizar análises preditivas de modo muito mais rápido do que qualquer humano. Consequentemente, ele pode ajudar os humanos a trabalhar com mais eficiência. O estado atual da IA, portanto, é de realização de análises, mas os humanos ainda devem considerar as implicações dessas análises de tomar as necessárias decisões morais e éticas. Em essência, o aprendizado de máquina oferece apenas a parte de aprendizado da IA, e essa parte não está nem perto de criar uma IA do tipo que você vê nos filmes.

O principal ponto de confusão entre o aprendizado e a inteligência são as suposições das pessoas de que apenas porque uma máquina faz seu trabalho melhor (aprendizado), ela também é "consciente" (inteligência). Nada apoia esse ponto de vista sobre o aprendizado de máquina. O mesmo fenômeno ocorre quando as pessoas presumem que um computador está lhes causando problemas de propósito. O computador não consegue comandar emoções e, dessa forma, age apenas com as entradas fornecidas e com as instruções contidas em uma aplicação para processar essa entrada. Uma

IA verdadeira ocorrerá em algum ponto quando os computadores puderem finalmente imitar a sábia combinação usada pela natureza:

- **Genética:** Aprendizado lento de uma geração para outra.
- **Ensino:** Aprendizado rápido a partir de fontes organizadas.
- **Exploração:** Aprendizado espontâneo através da mídia e das interações com os outros.

Tirando o fato de que o aprendizado de máquina consiste em funções matemáticas otimizadas para determinado propósito, outras fraquezas expõem os limites dele. Você precisa considerar três limites importantes:

- **Representação:** Representar alguns problemas usando funções matemáticas não é fácil, especialmente com problemas complexos como imitar um cérebro humano. No momento, o aprendizado de máquina consegue resolver problemas simples e específicos que respondem a perguntas simples, como "O que é isso?", "Quanto custa isso?" e "O que vem a seguir?"
- **Sobreajuste:** Os algoritmos de aprendizado de máquina podem até parecer aprender sobre o que é importante para você, mas, na verdade, eles não fazem isso. Portanto, suas funções internas principalmente memorizam os dados sem aprender com eles. O *sobreajuste* ocorre quando seu algoritmo aprende demais a partir de seus dados, chegando ao ponto de criar funções e regras que não existem na realidade.
- **Falta de generalização eficaz por causa de dados limitados:** O algoritmo aprende aquilo que você ensina a ele. Caso lhe forneça dados ruins ou esquisitos, ele se comporta de uma maneira imprevista.

Quanto à representação, um único algoritmo aprendiz consegue aprender muitas coisas diferentes, mas nem todos os algoritmos estão preparados para certas tarefas. Alguns são genéricos o suficiente, de modo que consigam jogar xadrez, reconhecer rostos no Facebook e diagnosticar câncer nos pacientes. Um algoritmo reduz a entrada de dados e os resultados esperados dessas entradas para uma função em cada caso, mas a função é específica ao tipo de tarefa que você quer que o algoritmo realize.

O segredo do aprendizado de máquina é a generalização. Porém, com ela vêm os problemas de sobreajuste e de dados tendenciosos. O objetivo é generalizar a função de saída para que ela funcione com dados que vão além dos exemplos do treinamento. Por exemplo, considere um filtro de spam. Digamos que seu dicionário contém 100 mil palavras (um dicionário pequeno). Um conjunto limitado de treinamento de 4 mil ou 5 mil combinações de palavras deve criar uma função genérica que consiga então encontrar spams nas 2^100.000 combinações que a função verá quando trabalhar com os dados reais. Nessas condições, parecerá que o algoritmo aprende as regras do idioma, mas, na realidade, ele não fará isso bem. O algoritmo pode reagir corretamente em situações similares àquelas usadas para treiná-lo, mas não saberá o que fazer em situações novas. Ou ele pode apresentar formas tendenciosas ou inesperadas por causa do tipo de dados usados em seu treinamento.

Por exemplo, a Microsoft treinou sua IA, a Tay, para conversar com seres humanos no Twitter e aprender com suas respostas. Infelizmente, as interações saíram do controle, porque os usuários expuseram a Tay a um discurso de ódio, levantando preocupações sobre o bem de qualquer IA suprida por uma tecnologia de aprendizado de máquina. (Você pode ler sobre essa história em `https://tek.sapo.pt/noticias/internet/artigos/o-twitter-ensinou-a-tay-a-ser-racista-e-a-microsoft-viu-se-obrigada-a-desliga-la`.) O problema foi que o algoritmo de aprendizado de máquina foi alimentado com dados ruins e não filtrados (a Microsoft não usou uma análise apropriada de dados para limpar e equilibrar a entrada apropriadamente), o que sobreajustou o resultado. O sobreajuste selecionou o conjunto errado de funções para representar o mundo de uma forma geral, o que é necessário para evitar que uma saída de não conformidade seja oferecida, tal como o discurso de ódio. Outras IAs treinadas para conversar com os humanos, como a premiada Mitsuku, (`http://www.mitsuku.com/`[conteúdo em inglês]), não estão expostas aos mesmos riscos que a Tay, pois seu aprendizado é estritamente controlado e supervisionado por análise de dados e por uma avaliação humana.

Considerando Como Aprender com os Dados

Tudo em aprendizado de máquina gira em torno de algoritmos. Um algoritmo é um procedimento ou uma fórmula usada para resolver um problema. O domínio do problema afeta o tipo de algoritmo necessário, mas a premissa básica é sempre a mesma: resolver algum tipo de problema, como conduzir um carro ou jogar dominó. No primeiro caso, os problemas são muitos e complexos, mas o problema essencial é levar um passageiro de um lugar a outro sem bater o carro. Da mesma forma, o objetivo ao jogar dominó é ganhar.

O aprendizado vem com muitas opções diferentes, dependendo do algoritmo e de seus objetivos. Podemos dividir os algoritmos de aprendizado de máquina em três grupos principais, com base em seus propósitos:

- » Aprendizado supervisionado
- » Aprendizado não supervisionado
- » Aprendizado por reforço

As seções a seguir discutem com mais detalhes quais tipos diferentes de algoritmos são explorados pelo aprendizado de máquina.

Aprendizado supervisionado

O *aprendizado supervisionado* ocorre quando um algoritmo aprende a partir de dados de exemplo e de respostas-alvo associadas que podem consistir de valores numéricos ou string labels, como classes ou tags, de modo a prever posteriormente a resposta correta quando novos exemplos forem apresentados. A abordagem supervisionada é similar ao aprendizado humano com a supervisão de um professor. O professor apresenta bons exemplos para que o aluno memorize, e o aluno, então, deriva regras gerais a partir desses exemplos específicos.

Você precisa diferenciar *problemas de regressão*, que têm como alvo um valor numérico, e *problemas de classificação*, cujo alvo é uma variável qualitativa, como uma classe ou tag. Uma tarefa de regressão poderia determinar o preço médio de casas na área de Boston, enquanto um exemplo de tarefa de classificação é diferenciar os tipos de flores íris com base em suas medidas de sépalas e pétalas. Veja a seguir alguns exemplos de aprendizado supervisionado com aplicações importantes em uma IA descritas por seus dados de entrada, dados de saída e a aplicação no mundo real que podem resolver:

Dados de entrada (X)	Dados de saída (y)	Aplicação no mundo real
Histórico de compras dos clientes	Uma lista de produtos que os clientes nunca compraram	Sistema de recomendação
Imagens	Uma lista de caixas com os nomes de um objeto	Detecção e reconhecimento de imagens
Texto em inglês no formato de perguntas	Texto em inglês no formato de respostas	Chatbot, uma aplicação de software que consegue conversar
Texto em inglês	Texto em alemão	Tradução automatizada de idiomas
Áudio	Transcrição de textos	Reconhecimento de fala
Imagem, dados de sensor	Girar o volante, frear ou acelerar	Planejamento comportamental para condução autônoma

Aprendizado não supervisionado

O *aprendizado não supervisionado* ocorre quando um algoritmo aprende a partir de exemplos simples sem qualquer resposta associada, deixando que ele determine por si só os padrões de dados. Esse tipo de algoritmo tende a reestruturar os dados em algo diferente, como novas características que podem representar uma classe ou uma nova série de valores não correlacionados.

Os dados resultantes são bastante úteis para oferecer insights aos humanos sobre o significado dos dados originais e novas entradas úteis para algoritmos supervisionados de aprendizado de máquina.

O aprendizado não supervisionado relembra os métodos usados pelos humanos para determinar que certos objetos ou eventos pertencem à mesma classe, como observar o grau de similaridade entre objetos. Alguns sistemas de recomendação encontrados na internet na forma de automação de marketing são baseados nesse tipo de aprendizado. O algoritmo de automação de marketing deriva suas sugestões a partir do que você comprou no passado. As recomendações são baseadas em uma estimativa de qual grupo de clientes você se encaixa melhor, e então se deduz quais são suas prováveis preferências com base nesse grupo.

Aprendizado por reforço

O *aprendizado por reforço* ocorre quando você apresenta ao algoritmo exemplos que não possuem labels, como no aprendizado não supervisionado. No entanto, você pode fazer o acompanhamento de um exemplo com feedback positivo ou negativo, de acordo com a solução que o algoritmo propõe.

O aprendizado por reforço está conectado a aplicações nas quais o algoritmo deve tomar decisões (portanto, o produto é prescritivo, e não apenas descritivo, como no aprendizado não supervisionado), e as decisões carregam consequências. No mundo humano, é como o aprendizado pela tentativa e erro. Os erros o ajudam a aprender, pois eles apresentam uma penalidade acrescentada (custo, perda de tempo, arrependimento, dor, e assim por diante), ensinando que um determinado curso de ações tem menos chances de dar certo do que outros. Um exemplo interessante do aprendizado por reforço ocorre quando os computadores aprendem a jogar videogames sozinhos.

Nesse caso, uma aplicação apresenta ao algoritmo exemplos de situações específicas, como fazer o jogador ficar preso em um labirinto enquanto tenta evitar um inimigo. A aplicação permite que o algoritmo saiba do resultado de suas ações, e o aprendizado ocorre enquanto ele tenta evitar o que descobre que é perigoso e busca a sobrevivência. Você pode ver como o DeepMind do Google criou um programa de aprendizado por reforço que joga os antigos jogos do Atari em `https://meiobit.com/310886/deepmind-google-inteligencia-artificial-jogos-atari/`. Ao assistir o vídeo, perceba como o programa fica todo desastrado e sem habilidades no começo, mas melhora constantemente com o treinamento até se tornar campeão. O processo é descrito como pontos fortes e fracos por Raia Hadsell, uma cientista sênior de pesquisas na equipe de Aprendizado Profundo no DeepMind, em um vídeo esclarecedor do TEDx Talks em `https://www.youtube.com/watch?v=mqma6GpM7vM` [conteúdo em inglês].

» Usando as ferramentas de tribos diferentes ao aprender com os dados

» Descobrindo como a probabilidade beneficia a IA

» Dando palpites com o uso de Naïve Bayes e da Rede Bayesianas

» Separando os dados em galhos e folhas com as árvores de decisão

Capítulo 10

Empregando o Aprendizado de Máquina na IA

O aprendizado tem sido uma parte importante da IA desde o princípio, pois ela consegue imitar um nível de inteligência parecido com o dos humanos. Alcançar um nível de imitação que efetivamente se pareça com o aprendizado levou muito tempo e exigiu inúmeras abordagens. Hoje, o aprendizado de máquina consegue ostentar um nível de aprendizado quase humano em tarefas específicas, como a classificação de imagens ou o processamento de sons, e ele está se esforçando para alcançar um nível similar em muitas outras tarefas.

O aprendizado de máquina não é totalmente automatizado. Você não pode dizer a um computador que leia um livro e esperar que ele entenda qualquer coisa. A automação sugere que os computadores conseguem aprender como os próprios programas realizam tarefas, em vez de esperar que os humanos façam sua programação. Atualmente, a automação requer quantidades grandes de dados selecionados por humanos, bem como análise de dados e treinamento (novamente, sob supervisão humana). É como pegar uma criança pela mão para guiar seus primeiros passos. Além disso, o aprendizado de máquina tem outros limites, que são ditados pela maneira como ele aprende a partir dos dados.

Cada família de algoritmos possui formas específicas de realizar tarefas, e este capítulo descreve esses métodos. O objetivo é entender como a IA toma decisões e faz previsões. Como descobrir o homem atrás das cortinas no *Mágico de Oz*, neste capítulo você descobre o maquinário e o operador por trás da IA. Mesmo assim, você ainda consegue curtir o sentimento incrível de ver as realizações maravilhosas que o aprendizado de máquina pode oferecer.

Pegando Muitos Caminhos Diferentes ao Aprendizado

Assim como os seres humanos têm formas diferentes de aprender com o mundo, os cientistas que abordaram o problema do aprendizado da IA tomaram rotas diferentes. Cada um acreditava em uma receita específica para imitar a inteligência. Até agora, nem um único modelo se mostrou superior a qualquer outro. O teorema *não existe almoço grátis*, que sugere que cada benefício tem seu preço, está mais vigente do que nunca. Cada um desses esforços se mostrou eficaz para resolver problemas específicos. Como os algoritmos são equivalentes no abstrato (veja o box "Não existe almoço grátis"), nem um deles é superior aos outros, a menos que sejam comprovados em um problema específico e prático. As seções a seguir apresentam informações adicionais sobre esse conceito de usar métodos diferentes para aprender.

NÃO EXISTE ALMOÇO GRÁTIS

Um teorema comum no folclore matemático é o "não existe almoço grátis", de David Wolpert e William Macready, que afirma que quaisquer dois algoritmos de otimização são equivalentes quando sua performance mantém uma média ao longo de todos os problemas possíveis. Em essência, não importa qual algoritmo de otimização você use, não haverá qualquer vantagem em utilizá-lo com todos os problemas possíveis. Para obter vantagem, você deve empregá-lo naqueles problemas em que o algoritmo se sobressai. O artigo escrito por Yo-Chi Ho e David L. Pepyne disponível em `https://www.researchgate.net/publication/3934675_Simple_explanation_of_the_no_free_lunch_theorem_of_optimization` [conteúdo em inglês] apresenta uma explicação acessível, porém rigorosa, desse teorema. Também é um boa ideia avaliar a discussão disponível em `http://www.no-free-lunch.org/`para obter mais detalhes sobre o teorema "não existe almoço grátis"; o aprendizado de máquina baseia-se nos dois [conteúdo em inglês].

Descobrindo cinco abordagens principais ao aprendizado de IA

Um algoritmo é um tipo de contêiner. Ele fornece uma caixa para armazenar um método que resolverá um tipo específico de problema. Os algoritmos processam dados por meio de uma série de estados bem definidos. Os estados não precisam ser determinísticos, mas são definidos mesmo assim. O objetivo é criar uma saída que resolva um problema. Em alguns casos, o algoritmo recebe entradas que ajudam a definir a saída, mas o foco é sempre a saída.

Os algoritmos devem expressar as transições entre os estados usando uma linguagem formal e bem definida que o computador consiga entender. Ao processar os dados e resolver o problema, o algoritmo define, refina e executa uma função. A função é sempre específica ao tipo de problema sendo abordado pelo algoritmo.

Como descrito na seção "Evitando o Sensacionalismo da IA", no Capítulo 1, cada uma das cinco tribos possui uma técnica e estratégia diferentes para resolver os problemas, que resultam em algoritmos únicos. A combinação desses algoritmos deveria levar, em algum momento, ao algoritmo mestre que será capaz de resolver qualquer problema apresentado. As seções a seguir apresentam uma visão geral das cinco técnicas algorítmicas principais.

Raciocínio simbólico

Uma das primeiras tribos, os simbolistas, acreditava que o conhecimento poderia ser obtido pela operação com símbolos (sinais que representam um certo significado ou evento) e pela derivação de regras a partir deles. Ao juntar sistemas complexos de regras, seria possível obter uma dedução lógica do resultado que você queria saber, assim, os simbolistas moldaram seus algoritmos para produzirem regras a partir dos dados. No raciocínio simbólico, a *dedução* expande o domínio do conhecimento humano, enquanto a *indução* aumenta o nível do conhecimento humano. A indução normalmente abre novos campos de exploração, enquanto a dedução explora esses campos.

Conexões modeladas nos neurônios cerebrais

Os conexionistas são, talvez, os mais famosos das cinco tribos. Essa tribo se esforça em reproduzir as funções cerebrais ao usar silício, em vez de neurônios. Em essência, cada um dos neurônios (criados como um algoritmo que modela seu equivalente do mundo real) resolve uma pequena parte do problema, e o uso de vários neurônios em paralelo resolve o problema por completo.

O uso da retropropagação, ou propagação reversa de erros, busca determinar as condições sob as quais os erros são removidos das redes construídas para se assemelharem aos neurônios humanos ao mudar os *pesos* (quanto uma entrada específica está incluída no resultado) e *vieses* (quais recursos são selecionados) da rede. O objetivo é continuar mudando os pesos e vieses até o momento em que a saída real se combine com a saída-alvo. Nesse ponto, o neurônio artificial dispara e passa sua solução para o próximo neurônio na fila. A solução criada por apenas um neurônio é só uma parte da solução completa. Cada neurônio passa as informações ao próximo neurônio na fila, até que o grupo de neurônios cria uma saída final. Tal método demonstrou ser o mais eficaz em tarefas similares às humanas como reconhecer objetos, compreender idiomas escritos e falados e conversar com humanos.

Algoritmos evolucionários que testam a variação

Os evolucionários usam os princípios da evolução para resolver os problemas. Ou seja, essa estratégia se baseia na sobrevivência do mais apto (removendo quaisquer soluções que não correspondam com a saída desejada). A função de aptidão determina a viabilidade de cada função ao resolver um problema. Usando uma estrutura de árvore, o método de solução procura a melhor solução com base na saída de função. O vencedor de cada nível de evolução passa a construir as funções do próximo nível. A ideia é a de que o próximo nível estará mais próximo de resolver o problema, mas ainda pode não resolvê-lo completamente, o que significa que outro nível é necessário. Esta tribo em particular faz um uso pesado da recursividade e de linguagens que apoiam fortemente a recursividade para resolver os problemas. Uma saída interessante desta estratégia tem sido os algoritmos que evoluem: uma geração de algoritmos de fato constrói a próxima geração.

Inferência Bayesiana

Um grupo de cientistas, chamados de Bayesianos, percebeu que a incerteza era o aspecto-chave a ser observado e que o aprendizado não era garantido, mas que ocorria como uma atualização contínua de crenças anteriores que ficaram cada vez mais precisas. Essa percepção levou os Bayesianos a adotar métodos estatísticos e, em particular, as derivações do teorema de Bayes, que o ajudam a calcular probabilidades em determinadas condições (por exemplo, ver uma carta de um *naipe* específico, o valor inicial para uma sequência pseudoaleatória, retirada de um baralho após três outras cartas do mesmo naipe).

Sistemas que aprendem por analogia

Os analogistas usam máquinas kernel para reconhecer os padrões nos dados. Ao reconhecer o padrão em um conjunto de entradas e compará-lo com o padrão de uma saída conhecida, é possível criar uma solução a um problema. O objetivo é usar a semelhança para determinar a melhor solução a um problema. É o tipo de raciocínio que determina que usar uma solução em particular funcionou em uma certa circunstância em algum momento anterior, portanto, usar essa solução para um conjunto similar de circunstâncias também deveria funcionar. Uma das saídas mais reconhecíveis desta tribo é o sistema de recomendação. Por exemplo, quando você compra um produto na Amazon, o sistema de recomendação indica outros produtos relacionados que talvez você também queira comprar.

O objetivo final do aprendizado de máquina é combinar as tecnologias e estratégias adotadas pelas cinco tribos para criar um único algoritmo (o algoritmo mestre) que consiga aprender qualquer coisa. Obviamente, alcançar esse objetivo ainda é algo muito distante. Mesmo assim, cientistas como Pedro Domingos (`http://homes.cs.washington.edu/~pedrod/`[conteúdo em inglês]) estão trabalhando atualmente para alcançá-lo.

Explorando as três abordagens mais promissoras de aprendizado de IA

As seções finais deste capítulo exploram os aspectos práticos dos algoritmos fundamentais escolhidos pelos Bayesianos, simbolistas e conexionistas. Essas tribos representam a fronteira atual e futura do aprendizado a partir dos dados, pois qualquer progresso em direção a uma IA semelhante aos humanos será oriunda deles, pelo menos até que ocorra uma nova descoberta com algoritmos de novos aprendizados, mais incríveis e potentes. O cenário do aprendizado de máquina é certamente muito mais amplo do que esses três algoritmos, mas o foco deste capítulo são essas três tribos, por causa de seus papéis atuais na IA. Veja uma sinopse das abordagens neste capítulo:

- **Naïve Bayes (Bayes Ingênuo):** Este algoritmo consegue ser mais preciso do que um médico ao diagnosticar certas doenças. Além disso, o mesmo algoritmo consegue detectar spam e prever sentimentos a partir de textos. Ele também é amplamente usado nas empresas de internet para tratar facilmente grandes quantidades de dados.
- **Redes Bayesianas (em gráfico):** Este gráfico oferece uma representação da complexidade do mundo em termos de probabilidade.
- **Árvores de decisão:** O algoritmo do tipo árvore de decisão representa melhor os simbolistas. A árvore de decisão tem uma longa história e indica como uma IA pode tomar decisões porque ela se parece com uma série de decisões encadeadas, que você pode desenhar como uma árvore (daí o nome).

O próximo capítulo, "Melhorando a IA com o Aprendizado Profundo", apresenta as redes neurais, um tipo exemplar de algoritmo proposto pelos conexionistas, e a engrenagem real da renascença da IA. O Capítulo 11 discute primeiramente como uma rede neural funciona, depois explica o aprendizado profundo e por que ele é tão eficaz no aprendizado.

LEMBRE-SE

Todas essas seções discutem os tipos de algoritmos, e esses tipos são posteriormente divididos em subcategorias. Por exemplo, as árvores de decisão vêm categorizadas como árvores de regressão, de classificação, aceleradas, bootstrap aggregated e rotação de floresta. Você ainda pode ir além e obter subtipos das subcategorias. Um classificador de floresta aleatório é um tipo de bootstrap aggregating, e há ainda mais níveis a partir daí. Após passar pelos níveis, você começa a ver os algoritmos reais, que chegam aos milhares. Resumindo, este livro está lhe oferecendo um panorama de um tópico infinitamente mais complexo que poderia necessitar de muitos volumes para ser tratado em qualquer nível bom de detalhes. A moral da história é captar a ideia do tipo de algoritmo, e não ficar mergulhado nos detalhes.

Aguardando a próxima inovação

Nos anos 1980, enquanto os sistemas especialistas reinavam no cenário da IA, a maioria dos cientistas e dos profissionais considerava o aprendizado de máquina uma extensão menor da IA focada em como responder da melhor forma às previsões simples a partir do ambiente (representados por dados) usando a otimização. Hoje, o aprendizado de máquina é a estrela na IA, deixando os sistemas especialistas para trás em muitas aplicações, desenvolvimentos de pesquisa e potencializando aplicações de IA que os cientistas haviam considerado impossíveis de serem realizadas em tal nível de precisão e performance. As redes neurais, a solução proposta pelos conexionistas, possibilitou a inovação nos últimos anos ao usar uma mistura de capacidade aumentada de hardware, de dados mais adequados e dos esforços de cientistas como Geoffrey Hinton, Yann LeCun, Yoshua Bengio e muitos outros.

Os recursos oferecidos pelos algoritmos de redes neurais (recentemente denominados aprendizado profundo, por causa da complexidade crescente) aumentam a cada dia. Notícias frequentes relatam as mais novas realizações em compreensão de áudio, no reconhecimento de imagem e vídeo, tradução de idiomas e até leitura labial. (Mesmo que o aprendizado profundo não tenha a performance do HAL 9000, ele está chegando perto da performance humana; veja o artigo disponível em `https://tecnoblog.net/203877/leitura-labial-inteligencia-artificial/`.) As melhorias são o resultado de investimentos intensivos de empresas grandes e pequenas para engajar os pesquisadores, e da disponibilidade de softwares potentes, como o TensorFlow, do Google (`https://www.tensorflow.org/`), e o Kit de Ferramentas de Rede Computacional da Microsoft, CNTK (`https://msdn.microsoft.com/pt-br/magazine/mt791798.aspx`), que oferecem acesso à tecnologia tanto aos cientistas como aos profissionais.

Espere por inovações ainda mais sensacionais da IA em breve. Obviamente, os pesquisadores poderiam entrar de novo em um beco sem saída, como aconteceu nos invernos anteriores da IA. Ninguém consegue saber se a IA chegará ao nível humano usando a tecnologia atual ou se alguém descobrirá um algoritmo mestre, como prevê Pedro Domingos (veja `https://www.`

youtube.com/watch?v= qIZ5PXLVZfo [conteúdo em inglês]), que resolverá todos os problemas de IA (alguns dos quais ainda temos de imaginar). Mesmo assim, o aprendizado de máquina certamente não é uma modinha causada pelo sensacionalismo; ele veio para ficar, seja em seu formato atual, melhorado, ou na forma de novos algoritmos que aparecerão.

Explorando a Verdade nas Probabilidades

Alguns sites tentam fazer você acreditar que a estatística e o aprendizado de máquina são duas tecnologias totalmente diferentes. Por exemplo, ao ler um blog chamado Statistics vs. Machine Learning, fight! [Estatística x Aprendizado de Máquina, lutem!, em tradução livre] (http://brenocon.com/blog/2008/12/statistics-vs-machine-learning-fight/[conteúdo em inglês]), você fica com a ideia de que as duas tecnologias não são apenas diferentes, mas que são totalmente antagônicas. Embora a estatística apresente uma abordagem mais teórica aos problemas, ao passo que o aprendizado de máquina é puramente baseado em dados, os dois têm muito em comum. E, também, a estatística representa uma das cinco tribos (escolas de pensamento) que tornam o aprendizado de máquina possível.

A estatística geralmente usa probabilidades — que são uma forma de expressar a incerteza a respeito dos eventos do mundo — assim como o aprendizado de máquina e a IA (a uma extensão maior do que a estatística pura). Nem todos os problemas são como os jogos de xadrez ou Go, que deixam você praticar um número grande, porém limitado, de ações, quando as decide tomar. Se quiser aprender como movimentar um robô em um corredor cheio de pessoas, ou fazer com que um carro autodirigido passe com sucesso por um cruzamento, é preciso considerar que os planos (como se mover do ponto A para o ponto B) nem sempre apresentam uma única saída e que muitos resultados são possíveis, cada um tendo uma possibilidade diferente. Em certo sentido, a probabilidade apoia os sistemas de IA em seu raciocínio ao oferecer suporte para a tomada de decisão e fazendo as escolhas que pareçam ser as melhores e mais racionais, apesar da incerteza. A incerteza pode existir por vários motivos, e a IA deveria ser informada do nível de incerteza pelo uso eficaz de probabilidade:

1. Algumas situações não podem oferecer certeza, pois são aleatórias por natureza. Situações similares são inerentemente estocásticas. Por exemplo, no jogo de cartas, não é possível ter certeza sobre quais receberá após o dealer embaralhar e dar as cartas.

2. Mesmo que uma situação não seja aleatória, não observar todos os seus aspectos (obervação incompleta) cria uma incerteza sobre o resultado das coisas. Por exemplo, um robô caminhando em um corredor lotado de pessoas não é capaz de saber a direção pretendida de cada pessoa

(ele não consegue ler suas mentes), mas pode formular um palpite com base em uma observação parcial de seus comportamentos. Assim como em qualquer palpite, o robô tem uma chance de acertar e de errar.

3. Os limites no hardware que registra os dados do mundo (chamados sensores) e aproximações no processamento de dados podem tornar incertos os resultados produzidos desses dados. A medição geralmente está sujeita a erros por causa das ferramentas utilizadas e devidon a como ela é realizada. Além disso, em geral os humanos são sujeitos a parcialidades cognitivas e são presas fáceis de ilusões ou de pontos cegos. De maneira similar, a IA é limitada pela qualidade dos dados que recebe. As aproximações e os erros introduzem a incerteza em cada algoritmo.

Determinando o que as probabilidades podem fazer

A probabilidade lhe informa as chances que um evento tem de ocorrer, e você a expressa como um número. Por exemplo, se você lançar uma moeda ao ar, não sabe se ela cairá com a cara ou a coroa para cima, mas é possível dizer a probabilidade dos dois resultados. A probabilidade de um evento é mensurada pelo intervalo de 0 (nenhuma probabilidade de que um evento ocorra) a 1 (certeza de que um evento ocorra). Os valores intermediários, como 0,25, 0,5 e 0,75 dizem que o evento acontecerá com uma certa frequência caso tente um número suficiente de vezes. Se você multiplicar a probabilidade por um número inteiro representando o número de tentativas que realizará, obtera uma estimativa de quantas vezes um evento deveria acontecer em média se todas as tentativas fossem realizadas. Por exemplo, se um evento ocorre com a probabilidade de $p = 0{,}25$ e você tenta 100 vezes, provavelmente verá esse evento ocorrer $0{,}25 \times 100 = 25$ vezes.

Na verdade, o resultado de $p = 0{,}25$ é a probabilidade de pegar um certo naipe ao escolher aleatoriamente uma carta de um baralho. O baralho francês é um exemplo clássico para explicar as probabilidades. O baralho contém 52 cartas igualmente divididas em quatro naipes, paus e espadas, que são pretos, e ouros e copas, que são vermelhos. Portanto, se você quiser determinar a probabilidade de tirar um ás, você deve considerar que há quatro ases de naipes diferentes. A resposta em termos de probabilidade é $p = 4/52 = 0{,}077$.

As probabilidades são entre 0 e 1; nenhuma probabilidade pode ultrapassar esses limites. Você define as probabilidades empiricamente a partir de observações. Simplesmente conte o número de vezes que um evento específico acontece com respeito a todos os eventos que lhe interessem. Por exemplo, digamos que você queira calcular a probabilidade de quantas vezes uma fraude acontece ao realizar transações bancárias, ou quantas vezes as pessoas contraem determinada doença em um país específico. Após testemunhar o evento, você pode estimar a probabilidade associada a ela ao contar o número de vezes que o evento ocorre e dividir pelo número total de eventos.

Você pode contar o número de vezes que a fraude ou a doença acontecem ao usar dados registrados (na maioria das vezes retirados de bancos de dados) e depois dividir esse número pelo número total de eventos genéricos ou observações disponíveis. Portanto, você divide o número de fraudes pelo número de transações bancárias em um ano, ou conta o número de pessoas que ficaram doentes durante o ano na população de uma certa área. O resultado é um número entre 0 e 1, que você pode usar como a probabilidade-base para um determinado evento, considerando determinadas circunstâncias.

Contar todas as ocorrências de um evento nem sempre é possível, então você precisa conhecer a amostragem. Ao fazer a amostragem, que é um ato baseado em certas expectativas de probabilidade, você pode observar uma pequena parte de um conjunto maior de eventos ou objetos, e ainda conseguir deduzir probabilidades corretas para um evento, assim como médias exatas, mensurações quantitativas ou classes qualitativas relacionadas a um conjunto de objetos. Por exemplo, se quiser acompanhar as vendas de carros nos Estados Unidos no último mês, você não precisa monitorar cada uma das vendas no país. Ao usar uma amostra que abranja as vendas de algumas agências de carros ao redor do país, é possível determinar medidas quantitativas, como a média de preço do carro vendido, ou medidas qualitativas, como o modelo de carro mais vendido.

Considerando o conhecimento prévio

A probabilidade faz sentido em termos de tempo e espaço, mas algumas outras condições também influenciam a probabilidade que está medindo. O contexto é importante. Ao estimar a probabilidade de um evento, talvez tenha a tendência (às vezes errônea) de acreditar que pode aplicar a probabilidade que calculou para cada situação possível. O termo usado para expressar essa crença é *probabilidade a priori*, significando a probabilidade geral de um evento.

Por exemplo, ao jogar uma moeda, que não esteja viciada, a probabilidade a priori de tirar cara é cerca de 50% (ao presumir também a existência de uma possibilidade minúscula de que a moeda caia e fique parada sobre sua borda). Não importa quantas vezes jogar a moeda, em uma nova jogada, a probabilidade de tirar cara ainda será de cerca de 50%. No entanto, em algumas outras situações, caso você mude o contexto, a probabilidade a priori não é mais válida, porque algo sutil aconteceu e o mudou. Nesse caso, você pode expressar essa crença como uma *probabilidade a posteriori*, que é a probabilidade a priori após um acontecimento que modificou a conta.

Por exemplo, a probabilidade a priori de que uma pessoa seja mulher é de aproximadamente 50%. Porém, a probabilidade pode mudar drasticamente se você considerar apenas certos limites de idades, porque as mulheres tendem a viver mais, e, após certa idade, o grupo com pessoas mais velhas terá mais mulheres do que homens. Outro exemplo relacionado ao gênero:

em geral, as mulheres atualmente são maioria nas principais universidades (como exemplos desse fenômeno, veja https://www.theguardian.com/education/datablog/2013/jan/29/how-many-men-and-women-are-studying-at-my-university [conteúdo em inglês] e http://www.brasil.gov.br/economia-e-emprego/2016/03/mulheres-sao-maioria-em-universidades-e-cursos-de-qualificacao). Portanto, considerando esses dois contextos, a probabilidade a posteriori é diferente do que se esperava da a priori. Em termos de distribuição de gêneros, a natureza e a cultura podem criar uma probabilidade a posteriori diferente. As seções a seguir o ajudam a entender mais detalhadamente a utilidade da probabilidade.

A probabilidade condicional e Naïve Bayes

Podemos ver casos como os relacionados ao gênero que foram mencionados na seção anterior como *probabilidade condicional* e expressá-la como p(y|x), que lemos como a probabilidade de o evento y acontecer, considerando que x já aconteceu. As probabilidades condicionais são uma ferramenta muito poderosa para o aprendizado de máquina e para a IA. Na verdade, se a probabilidade a priori pode mudar tanto por causa de certas circunstâncias, conhecer as circunstâncias possíveis pode potencializar suas chances de prever corretamente um evento através da observação de exemplos — exatamente o propósito do aprendizado de máquina. Por exemplo, conforme mencionado antes, a expectativa de que uma pessoa aleatória seja homem ou mulher é geralmente de 50%. Porém, e se adicionarmos a evidência de que o cabelo da pessoa é comprido ou curto? É possível estimar a probabilidade de ter cabelo comprido como sendo 35% da população; contudo, se observarmos apenas a população de mulheres, a probabilidade sobe para 60%. Se a porcentagem é tão alta na população feminina, o que contraria a probabilidade a priori, um algoritmo de aprendizado de máquina, chamado Naïve Bayes, necessita de entradas que indiquem se o cabelo da pessoa é comprido ou curto.

De fato, o algoritmo Naïve Bayes se aproveita da potencialização da chance de uma previsão correta ao conhecer as circunstâncias ao redor da previsão. Tudo começa com o reverendo Bayes e seu revolucionário teorema de probabilidades. Na verdade, como observado anteriormente no livro, uma das tribos de aprendizado de máquina recebeu o nome em sua homenagem (os Bayesianos). Os Bayesianos usam vários métodos estatísticos para resolver problemas, todos baseados na observação de probabilidades do resultado desejado no contexto certo, antes e após observar o próprio resultado. Com base nessas observações, eles resolvem o problema do nascer do sol (estimando as chances de que o sol nascerá amanhã) ao encadear observações repetidas e continuamente atualizar suas estimativas da probabilidade de o sol nascer amanhã de novo proporcionalmente ao número de vezes que eles testemunharam uma longa série de alvoreceres anteriormente. Você pode ler o raciocínio aplicado a um bebê recém-nascido observando o sol neste artigo que foi publicado na *Economist* em http://www.economist.com/node/382968 [conteúdo em inglês].

Os cientistas de dados têm grandes expectativas com respeito ao desenvolvimento de algoritmos avançados com base na probabilidade Bayesiana. A revista *Technology Review*, do MIT, menciona o aprendizado de máquina Bayesiano como um tecnologia emergente que mudará o mundo (`http://www2.technologyreview.com/news/401775/10-emerging-technologies-that-will-change-the/`[conteúdo em inglês]). Contudo, os fundamentos do teorema de Bayes não são tão complicados assim (embora possam ser um pouquinho contraintuitivos caso você normalmente considere, como a maioria das pessoas, apenas as probabilidades a priori, sem considerar as a posteriori).

Considerando o teorema de Bayes

Além de ser um ministro presbiteriano, o reverendo Thomas Bayes também foi um estatístico e filósofo que formulou seu teorema durante a primeira metade do século XVIII. O teorema não chegou a ser publicado enquanto ele estava vivo, mas sua publicação revolucionou a teoria da probabilidade ao introduzir a ideia da probabilidade condicional, mencionada na seção anterior. Graças ao teorema de Bayes, prever a probabilidade de uma pessoa ser homem ou mulher fica mais fácil, caso a evidência seja a pessoa ter cabelo comprido. Veja a fórmula usada por Thomas Bayes:

```
P(B|E) = P(E|B)*P(B) /P(E)
```

LEMBRE-SE

O reverendo Bayes não inventou o Naïve Bayes, ele apenas formulou o teorema. Na verdade, não há autoria certa para o algoritmo. Ele apareceu pela primeira vez em um livro didático em 1973, sem qualquer referência a seu criador, e permaneceu despercebido por mais de uma década até que, em 1990, pesquisadores perceberam como ele realizava previsões incrivelmente precisas, caso fosse alimentado com dados precisos o suficiente. Ler a fórmula e usar o exemplo anterior como entrada pode fornecer uma compreensão melhor de uma fórmula de outro modo contraintuitiva:

- **P(B|E):** A probabilidade de uma crença (B), considerando um conjunto de evidências (E) (probabilidade a posteriori). Leia ***crença*** como uma maneira alternativa de expressar uma hipótese. Neste caso, a hipótese é a de que uma pessoa é mulher, e a evidência é o cabelo comprido. Conhecer a probabilidade de tal crença, considerando a evidência, pode ajudar a prever o gênero da pessoa com uma certa confiança.
- **P(E|B):** A probabilidade de ter cabelo comprido quando a pessoa é mulher. Esse termo se refere à probabilidade da evidência no subgrupo, que é por si próprio uma probabilidade condicional. Neste caso, o número é 60%, que se traduz como um valor de 0,6 na fórmula (probabilidade a priori).
- **P(B):** A probabilidade geral de ser uma mulher, ou seja, a probabilidade a priori da crença. Neste caso, a probabilidade é de 50%, ou um valor de 0,5 (possibilidade).

- **P(E):** A probabilidade geral de ter cabelo comprido. Aqui, é outra probabilidade a priori, desta vez relacionada à evidência observada. Nesta fórmula, é uma probabilidade de 35%, que é um valor de 0,35 (evidência).

Se você resolver o problema anterior usando a fórmula de Bayes e os valores destacados, o resultado será `0,6 * 0,5 /0,35 = 0,857`. Essa é uma porcentagem alta de possibilidade, que leva você a afirmar que, considerando tal evidência, a pessoa é provavelmente uma mulher.

Outro exemplo comum, que pode surpreender muitas pessoas e que é rotineiramente encontrado em livros didáticos e revistas científicas, é aquele do resultado médico positivo. É bem interessante para uma melhor compreensão de como as probabilidades a priori e a posteriori podem, de fato, mudar muito sob circunstâncias diferentes.

Digamos que você esteja preocupado, achando que tem uma doença rara que acomete 1% da população. Você faz o exame, e os resultados dão positivo. Os exames médicos nunca são perfeitamente precisos, e o laboratório lhe informa que, quando você está doente, o resultado dá positivo em 99% dos casos, sendo que, quando está saudável, o teste dará negativo em 99% dos casos. Agora, usando esses números, você imediatamente acredita que está doente, considerando a alta porcentagem de resultados positivos quando uma pessoa está doente (99%). No entanto, a realidade é bem diferente. Neste caso, os números inseridos no teorema de Bayes ficam assim:

- 0,99 como P(E|B)
- 0,01 como P(B)
- 0,01 * 0,99 + 0,99 *0,01 = 0,0198 como P(E)

O cálculo fica, então, `0,01*0,99 /0,0198 = 0,5`, que corresponde a apenas 50% de probabilidade de que você esteja doente. No fim, suas chances de não estar doente são maiores do que esperava. Você pode se perguntar como isso é possível. O fato é que o número de pessoas que recebem um resultado positivo do exame é o seguinte:

- **Quem está doente e recebe o resultado correto do exame:** Este grupo é dos positivos verdadeiros e chega a 99% daquele 1% da população que contrai a doença.
- **Quem não está doente e recebe um resultado errado do exame:** Este grupo é o 1% dos 99% da população que recebe um resultado positivo, mesmo não estando doentes. Novamente, essa é uma multiplicação de 99% e 1%. Este grupo corresponde aos falsos positivos.

Se você observar o problema sob essa perspectiva, fica evidente o porquê. Ao limitar o contexto para as pessoas que recebem um resultado positivo ao exame, a probabilidade de estar no grupo dos positivos verdadeiros é a mesma que a de estar no grupo de falsos positivos.

Imaginando o mundo como um gráfico

O teorema de Bayes pode ajudá-lo a deduzir a possibilidade de algo acontecer em certo contexto com base nas probabilidades gerais do fato em si e na evidência examinada, combinada com a probabilidade da evidência de determinado fato. Raramente uma única evidência diminuirá as dúvidas e dará certeza o suficiente em uma previsão para garantir que isso aconteça. Como um verdadeiro detetive para atingir a certeza, você precisa coletar mais evidências e fazer com que todas as partes individuais trabalhem juntas em sua investigação. Perceber que uma pessoa tem cabelo comprido não é o suficiente para determinar se essa pessoa é mulher ou homem. Adicionar dados sobre altura e peso poderiam ajudar a aumentar a confiança.

O algoritmo Naïve Bayes ajuda a organizar todas as evidências coletadas e chegar a uma previsão mais sólida com uma probabilidade maior de estar certo. A evidência coletada considerada individualmente não poderia lhe poupar do risco de prever de maneira incorreta, mas todas as evidências postas juntas podem alcançar uma resolução muito mais definitiva. O exemplo a seguir mostra como as coisas funcionam em uma classificação Naïve Bayes. Este é um problema antigo e famoso, mas representa o tipo de recursos que você pode esperar de uma IA. O conjunto de dados é retirado do artigo "Induction of Decision Trees," [Indução de Árvores de Decisão, em tradução livre], de John Ross Quinlan (`http://dl.acm.org/citation.cfm?id=637969` [conteúdo em inglês]). Como cientista da computação, Quinlan contribuiu para o desenvolvimento de outro algoritmo de aprendizado de máquina, as árvores de decisão, de uma maneira fundamental, mas seu exemplo funciona bem com qualquer tipo de algoritmo de aprendizado. O problema demanda que a IA adivinhe as melhores condições para jogar tênis, considerando as condições climáticas. O conjunto de características descrito por Quinlan é o seguinte:

- **Clima:** Ensolarado, nublado ou chuvoso
- **Temperatura:** Frio, agradável ou calor
- **Umidade:** Alta ou normal
- **Com vento:** Verdadeiro ou falso

A tabela a seguir contém as entradas de base de dados usadas no exemplo:

Clima	Temperatura	Umidade	Com vento	Jogar Tênis
Ensolarado	Calor	Alta	Falso	Não
Ensolarado	Calor	Alta	Verdadeiro	Não
Nublado	Calor	Alta	Falso	Sim
Chuvoso	Agradável	Alta	Falso	Sim
Chuvoso	Frio	Normal	Falso	Sim
Chuvoso	Frio	Normal	Verdadeiro	Não
Nublado	Frio	Normal	Verdadeiro	Sim
Ensolarado	Agradável	Alta	Falso	Não
Ensolarado	Frio	Normal	Falso	Sim
Chuvoso	Agradável	Normal	Falso	Sim
Ensolarado	Agradável	Normal	Verdadeiro	Sim
Nublado	Agradável	Alta	Verdadeiro	Sim
Nublado	Calor	Normal	Falso	Sim
Chuvoso	Agradável	Alta	Verdadeiro	Não

A opção de jogar tênis depende dos quatro argumentos mostrados na Figura 10-1.

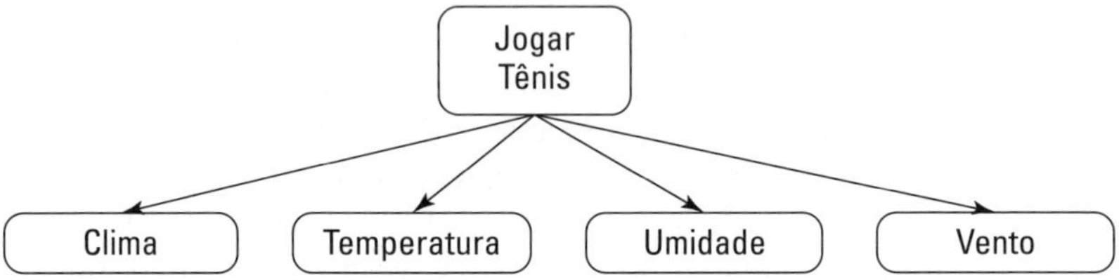

FIGURA 10-1: Um modelo Naïve Bayes consegue recriar evidências para o resultado certo.

O resultado desse exemplo de aprendizado de IA é uma decisão de jogar tênis ou não, considerando as condições climáticas (a evidência). Usar apenas o clima (ensolarado, nublado ou chuvoso) não seria suficiente, pois a temperatura e a umidade poderiam estar altas demais, ou o vento estar forte. Esses argumentos representam condições reais que têm múltiplas causas, ou causas que estão interconectadas, e o algoritmo Naïve Bayes é capaz de adivinhar corretamente quando há múltiplas causas.

O algoritmo computa um resultado com base na probabilidade de tomar uma decisão em particular e multiplica pelas probabilidades das evidências conectadas a essa decisão. Por exemplo, para determinar se dá para jogar tênis quando o clima está ensolarado, mas o vento está forte, o algoritmo computa o resultado para uma resposta positiva ao multiplicar a probabilidade geral de jogar (foram jogadas 9 de 14 vezes) pela probabilidade de o dia estar ensolarado (2 em 9 jogos) e de ter condições de vento ao jogar (3 de 9 jogos). A mesma regra se aplica para o caso negativo (que tem probabilidades diferentes para não jogar, considerando certas condições:

```
possibilidade de jogar: 9/14 * 2/9 * 3/9 = 0,05
possibilidade de não jogar: 5/14 * 3/5 * 3/5 = 0,13
```

Como o resultado para a possibilidade positiva é maior, o algoritmo decide que é mais seguro não jogar em tais condições. Ele computa essa possibilidade ao somar os dois resultados e dividi-los pela soma:

```
probabilidade de jogar : 0,05 /(0,05 + 0,13) = 0,278
probabilidade de não jogar : 0,13 /(0,05 + 0,13) = 0,722
```

Você pode expandir o Naïve Bayes para representar relações que são mais complexas do que uma série de fatores que indicam a possibilidade de um resultado usando uma *rede Bayesiana*, que consiste de gráficos apresentando como os eventos afetam uns aos outros. Os gráficos Bayesianos têm nós que representam os eventos, e arcos mostrando quais eventos afetam os outros, acompanhados por uma tabela de probabilidades condicionais que mostram como a relação funciona em termos de probabilidade. A Figura 10-2 apresenta um exemplo famoso de uma rede Bayesiana retirado de um artigo acadêmico de 1988, "Local computations with probabilities on graphical structures and their application to expert systems" [Computações locais com probabilidades em estruturas gráficas e sua aplicação a sistemas especialistas, em tradução livre], de Lauritzen, Steffen L. e David J. Spiegelhalter, publicado pelo *Journal of the Royal Statistical Society* (confira `https://www.jstor.org/stable/2345762` [conteúdo em inglês]).

A rede retratada se chama *Asia*. Ela mostra possíveis condições de pacientes e o que causa o quê. Por exemplo, se um paciente tem dispneia, poderia ser um efeito de tuberculose, câncer de pulmão ou bronquite. Saber se o paciente fuma, se esteve na Ásia ou se tem resultados anômalos de raio X (dessa forma dando certeza a certas evidências, a priori, na linguagem Bayesiana) ajuda a inferir as probabilidades reais (a posteriori) de ter qualquer das patologias no gráfico.

As redes Bayesianas, embora sejam intuitivas, apresentam uma matemática complexa por trás, e são mais potentes do que um simples algoritmo Naïve Bayes, porque imitam o mundo como uma sequência de causas e efeitos baseados na probabilidade. As redes Bayesianas são tão eficazes, que você pode usá-las para representar qualquer situação. Elas têm aplicações diversas, como diagnósticos médicos, fusão de dados incertos que chegam de múltiplos sensores, modelagem econômica e o monitoramento de sistemas complexos, como um carro. Por exemplo, como conduzir no trânsito em uma rodovia pode envolver situações complexas com muitos veículos, o consórcio Analysis of MassIve Data STreams (AMIDST) [Análise de Correntes Massivas de Dados], em colaboração com a fabricante de veículos Daimler, criou uma rede Bayesiana que consegue reconhecer manobras de outros veículos e aumentar a segurança da condução. Você pode ler mais a respeito desse projeto e ver a complexa rede Bayesiana em `http://amidst.eu/use-cases/identification-and-interpretation-of-maneuvers-in-traffic` e `http://amidst.eu/upload/dokumenter/Presentations/amidst_T62_ecsqaru.pdf` [conteúdo em inglês].

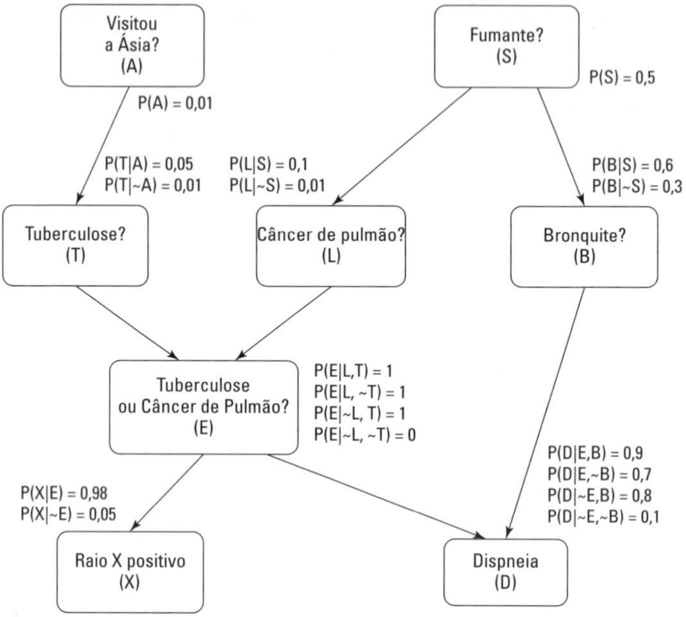

FIGURA 10-2: Uma rede Bayesiana pode dar suporte a uma decisão médica.

Plantando Árvores que Podem Classificar

Uma árvore de decisão é outro tipo de algoritmo-chave no aprendizado de máquina que influencia a implementação e o aprendizado da IA. Os algoritmos da árvore de decisão não são recentes, têm uma longa história. O primeiro algoritmo desse tipo surgiu nos anos 1970 (do qual surgiram muitas variantes). Ao considerarmos os experimentos e a pesquisa original, o uso das árvores de decisão vai até mais longe no tempo — tão longe quanto as percepções. Como o algoritmo simbolista essencial, as árvores de decisão são muito populares até hoje, pois são um tipo intuitivo de algoritmo. É fácil traduzir a saída em regras e, dessa forma, tornar a saída fácil de ser compreendida pelos humanos. As árvores de decisão também são extremamente fáceis de ser usadas. Todas essas características as tornam uma opção eficaz, atraente e muito fácil de ser escolhida com respeito aos modelos que exigem transformações de matrizes de dados complexas ou à afinação precisa de hiperparâmetros.

LEMBRE-SE

Simbolismo é a abordagem de IA com base em declarações lógicas e no uso extensivo de dedução. A *dedução* expande o conhecimento a partir do que sabemos, e a *indução* formula regras gerais a partir da evidência.

Prevendo resultados ao dividir os dados

Se você possui um grupo de medidas e quer descrevê-las usando um único número, você usa uma *média* aritmética (somando todas as medidas e dividindo pelo número de medidas). De um modo similar, se você possui um grupo de classes ou qualidades (por exemplo, tem um conjunto de dados contendo registros de muitas raças de cachorros ou tipos de produtos), pode usar a classe mais frequente no grupo para representar todas as outras, que é chamado de *moda*. A moda é outra medida estatística como a média, mas ela contém o valor (uma medida ou uma classe) que aparece com mais frequência. Tanto a média como a moda buscam apresentar um número ou uma classe que lhe forneça a maior confiança ao adivinhar o próximo elemento do grupo, pois elas são os que menos erram. De um modo, elas são preditores que aprendem a resposta a partir de dados existentes. As árvores de decisão potencializam as médias e as modas como previsores ao dividir o conjunto de dados em conjuntos menores, cujas médias e modas sejam os melhores preditores para o problema em questão.

DICA

Dividir um problema para conseguir chegar facilmente a uma solução também é uma estratégia comum em muitos algoritmos de *divisão e conquista*. Assim como perante um exército inimigo na batalha, se você conseguir separar seu adversário e combatê-lo individualmente, a vitória será mais fácil.

Ao usar uma amostra de observações como um ponto de partida, o algoritmo recria as regras que geraram as classes de saída (ou os valores numéricos, ao trabalhar em um problema de regressão) ao dividir a matriz de entrada em partes cada vez menores até que o processo dispare uma regra para a interrupção. Essa recriação a partir de regras particulares em direção a regras gerais é típico da dedução humana inversa, como é tratado pela lógica e pela filosofia.

LEMBRE-SE

Em um contexto de aprendizado de máquina, esse raciocínio inverso é alcançado pela aplicação de uma busca entre todas as formas possíveis para dividir o treinamento dentro da amostra e decidir, de forma gulosa, usar a divisão que maximiza as mensurações estatísticas nas partições resultantes. Um algoritmo é guloso quando ele sempre escolhe maximizar o resultado no passo atual do processo de otimização, independentemente do que poderia acontecer nos passos seguintes. Como resultado, um algoritmo guloso pode não alcançar uma otimização global.

A divisão ocorre para assegurar um princípio simples: cada partição dos dados iniciais deve facilitar a previsão do alvo, algo caracterizado por uma distribuição de classes (ou valores) mais favorável e diferente do que a amostra original. O algoritmo cria partições ao dividir os dados. Ele determina a divisão de dados ao avaliar primeiro as características. Depois, ele avalia os valores nas características que poderiam trazer a melhoria máxima de uma medida estatística especial — isto é, a medida que exerce o papel da função de custo em uma árvore de decisão.

Várias medidas estatísticas determinam como realizar as divisões em uma árvore de decisão. Todas acatam a ideia de que uma divisão deve melhorar a amostra original, ou uma próxima divisão possível, quando isso tornar a previsão mais segura. Entre as medidas mais usadas estão a impureza de Gini, ganho de informação e redução de variância (para problemas de regressão). Essas medidas operam de forma similar, então este capítulo se concentra no ganho de informação, pois é a medida mais intuitiva e expressa como uma árvore de decisão pode detectar uma habilidade preditiva aumentada (ou um risco reduzido) da forma mais fácil para determinada divisão. Ross Quinlan criou um algoritmo de árvore de decisão com base no ganho de informações (ID3) nos anos 1970 que ainda é bem popular, graças à sua versão recentemente atualizada para C4.5. O ganho de informação usa a fórmula para a entropia informativa (criada por Claude Shannon, matemático e engenheiro norte-americano, conhecido como o pai da teoria da informação), uma formulação generalizada que descreve o valor esperado a partir das informações contidas em uma mensagem:

```
Entropia de Shannon E =-∑(p(i)×log2(p(i)))
```

Na fórmula, você considera todas as classes, uma de cada vez, e soma o resultado de multiplicação de cada uma delas. Na multiplicação a ser realizada por cada classe, `p(i)` é a probabilidade para aquela classe (expressa na faixa de 0 a 1), e `log2` é o logaritmo base 2. Começando com uma amostra na qual você quer classificar duas classes tendo a mesma probabilidade (uma distribuição 50/50), a entropia máxima possível é `Entropia =-0,5*log2(0,5)-0,5*log2(0,5) = 1,0`. Porém, quando um algoritmo de árvore de decisão detecta uma característica capaz de dividir o conjunto de dados em duas partições, em que a distribuição de duas classes seja de 40/60, a entropia informativa média diminui:

```
Entropia =-0,4*log2(0,4)-0,6*log2(0,6) = 0,97
```

Perceba a soma da entropia para todas as classes. Usando a divisão 40/60, a soma é menor do que a máxima teórica de 1 (diminuindo a entropia). Pense na entropia como uma medida de confusão nos dados: quanto menor a confusão, maior a ordem e mais fácil de adivinhar a classe certa. Após uma primeira divisão, o algoritmo tenta dividir ainda mais as partições obtidas usando a mesma lógica de redução da entropia. Ele divide progressivamente qualquer partição de dados sucessiva até que as divisões não sejam mais possíveis, porque a subamostra é um exemplo único ou porque ele encontrou uma regra de parada.

As *regras de parada* são limites à expansão de uma árvore. Essas regras funcionam ao considerar três aspectos de uma partição: tamanho inicial da partição, tamanho resultante da partição e o ganho de informações que é alcançável pela divisão. As regras de parada são importantes, pois os algoritmos de árvores de decisão aproximam um número grande de funções; no entanto, ruído e erros de dados podem influenciar facilmente esse algoritmo. Consequentemente, dependendo da amostra, a instabilidade e a variância das estimativas resultantes afetam as previsões das árvores de decisão.

Tomando decisões baseadas nas árvores

Como exemplo do uso da árvore de decisão, esta seção usa o mesmo conjunto de dados de Ross Quinlan apresentado na seção "Imaginando o mundo como um gráfico", anteriormente neste capítulo. Usar esse conjunto de dados nos permite apresentar e descrever o algoritmo ID3, um tipo especial de árvore de decisão encontrado no artigo "Induction of Decision Trees", mencionado anteriormente neste capítulo. O conjunto de dados é bem simples, consistindo de apenas 14 observações relativas às condições climáticas, com os resultados que informam se jogar tênis é apropriado ou não.

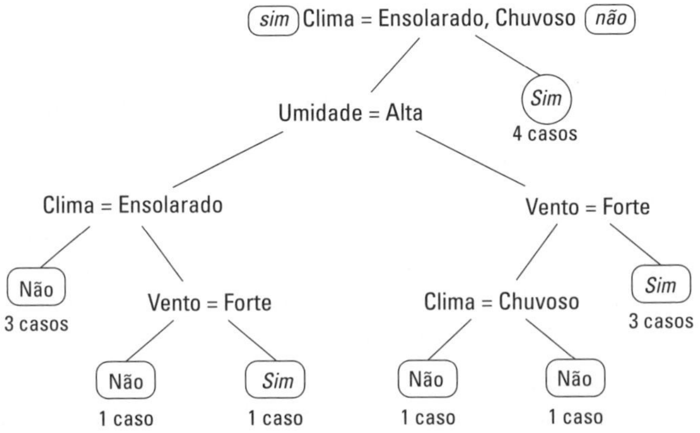

FIGURA 10-3: Uma visualização da árvore de decisão construída a partir dos dados a respeito de jogar tênis.

O exemplo contém quatro características: clima, temperatura, umidade e vento, todas expressas pelo uso de classes qualitativas, em vez de medidas (você poderia expressar temperatura, umidade e força do vento numericamente) para expressar uma compreensão mais intuitiva de como as características do clima se relacionam com o resultado. Após essas características serem processadas pelos algoritmos, você pode representar o conjunto de dados usando um esquema em forma de árvore, como mostrado na Figura 10-3. Como apresentado pela figura, podemos inspecionar e ler um conjunto de regras ao dividir o conjunto de dados para criar partes nas quais as previsões são mais fáceis, ao observar a classe mais frequente (neste caso, o resultado, que é jogar tênis ou não).

Para ler os nós da árvore, apenas comece a partir do nó mais alto, que corresponde aos dados originais de treinamento, e depois, comece a ler as regras. Perceba que cada nó contém duas derivações: o galho esquerdo significa que a regra no topo é verdadeira (declarada como sim na caixa), e o direito significa que ela é falsa (declarada como não na caixa).

À direita da primeira regra, você pode observar uma regra terminal importante (uma folha terminal), em um círculo, declarando um valor positivo, Sim, que você pode ler como jogar tênis = Verdadeiro. De acordo com esse nó, quando o clima não está ensolarado (Sol) ou chuvoso (Chuva), é possível jogar. (Os números abaixo da folha terminal mostram quatro exemplos afirmando essa regra e nenhum a negando.) Perceba que você poderia entender a regra melhor se o resultado simplesmente afirmasse que quando o clima está nublado, é possível jogar. Frequentemente, as árvores de decisão não são imediatamente utilizáveis, e você precisa interpretá-las antes de usar. No entanto, elas são claramente inteligíveis (e muito mais do que um vetor coeficiente de valores).

À esquerda, a árvore procede com outras regras relacionadas à Umidade. Novamente, na esquerda, quando a umidade está alta e o clima está ensolarado, a maioria das folhas terminais é negativa, com a exceção de quando o vento não está forte. Ao explorar os galhos à direita, você pode ver que a árvore revela que jogar é sempre possível quando o vento não está forte, ou quando ele está forte, mas não está chovendo.

Podando árvores que cresceram demais

Mesmo que o conjunto de dados sobre jogar tênis na seção anterior ilustre os aspectos básicos de uma árvore de decisão, ele tem um apelo probabilístico pequeno, pois ele propõem um conjunto de ações determinísticas (não há instruções conflitantes). Treinar com dados reais geralmente não destaca essas regras nítidas, desta forma abrindo espaço para a ambiguidade e a possibilidade do resultado esperado.

As árvores de decisão têm mais variância do que viés em suas estimativas. Para diminuir o sobreajuste, o exemplo especifica que a divisão mínima tem de envolver pelo menos cinco exemplos; isso também poda a árvore. A poda acontece quando a árvore já está totalmente crescida.

Começando pelas folhas, o exemplo poda os galhos, mostrando poucas melhorias na redução do ganho de informações. Ao inicialmente permitir que a árvore expanda, os galhos com pouca melhoria são tolerados, pois podem desbloquear galhos e árvores mais interessantes. Recriar a partir das folhas até a raiz e manter apenas os galhos que possuam algum tipo de valor preditivo reduz a variância do modelo, tornando as regras resultantes mais enxutas.

DICA

Para uma árvore de decisão, a poda é igual a um brainstorming. Primeiro, o código gera todas as ramificações possíveis da árvore (assim como as ideias em uma sessão de brainstorming). Depois, quando o brainstorming termina, o código mantém apenas o que realmente funciona.

» **Começando com o perceptron limitado**

» **Obtendo o alicerce da rede neural e da retropropagação**

» **Percebendo e detectando objetos em imagens usando convolução**

» **Usando sequências e capturando-as com RNNs**

» **Descobrindo o lado criativo da IA graças às GANs**

Capítulo **11**

Melhorando a IA com o Aprendizado Profundo

Jornais, revistas de negócios, redes sociais e sites não técnicos estão todos dizendo a mesma coisa: a IA é material de primeira e revolucionará o mundo por causa do aprendizado profundo. A IA é um campo muito maior do que o aprendizado de máquina, e o aprendizado profundo é apenas uma pequena parte do aprendizado de máquina.

É importante distinguir o sensacionalismo usado para atrair investidores e mostrar o que essa tecnologia pode de fato fazer, que é o objetivo geral deste capítulo. O artigo disponível em `https://abinc.org.br/a-diferenca-entre-inteligencia-artificial-aprendizado-de-maquinas-e-aprendizagem-profunda/`contém uma comparação proveitosa dos papéis dos três métodos de manipulação de dados (IA, aprendizado de máquina e aprendizado profundo), que este capítulo descreve em detalhes.

Este capítulo o ajuda a entender o aprendizado profundo de um ponto de vista prático e técnico, assim como a compreender o que ele pode realizar em curto prazo ao explorar suas possibilidades e limitações. O capítulo se inicia com a história e o básico sobre as redes neurais. Na sequência, temos os resultados mais recentes e de ponta das redes neurais convolucionais, redes neurais recorrentes (ambas para aprendizado supervisionado) e as redes adversárias generativas (um tipo de aprendizado não supervisionado).

Moldando as Redes Neurais Parecidas com o Cérebro Humano

As seções a seguir apresentam uma família de algoritmos de aprendizado cuja inspiração vem de como o cérebro funciona. São as redes neurais, o algoritmo central da tribo dos conexionistas que imita da melhor forma os neurônios dentro do cérebro humano, em uma escala menor.

LEMBRE-SE

O conexionismo é a abordagem de aprendizado de máquina com base na neurociência, assim como o exemplo de redes biologicamente interconectadas.

Apresentando o neurônio

O cérebro humano possui milhões de neurônios, células que recebem, processam e transmitem sinais elétricos e químicos. Cada neurônio possui um núcleo com filamentos que atuam como entradas, *dendritos* que recebem sinais de outros neurônios e um único filamento de saída, o *axônio*, que termina com as sinapses dedicadas à comunicação externa. Os neurônios se conectam a outros neurônios e transmitem informações entre eles usando substâncias químicas, sendo que a informação dentro do neurônio em si é processada eletricamente. Você pode ler mais a respeito da estrutura neural em `https://pt.khanacademy.org/science/biology/human-biology/neuron-nervous-system/a/overview-of-neuron-structure-and-function` ou no livro *Neurociência Para Leigos* (Alta Books), de Frank Amthor.

Fazer a engenharia reversa de como o cérebro processa os sinais ajuda os conexionistas a definirem as redes neurais baseados em analogias biológicas e seus componentes, usando termos referentes ao cérebro, como neurônios, ativação e conexões, como nomes para as operações matemáticas. Quando observamos as fórmulas matemáticas das redes neurais, elas parecem apenas uma série se multiplicações e somas. Contudo, esses algoritmos são extraordinariamente eficazes para resolver problemas complexos, como o reconhecimento de imagem e som, ou a tradução automatizada de idiomas. Usando um hardware especializado, eles conseguem executar computações preditivas rapidamente.

Começando com o perceptron milagroso

O algoritmo principal da rede neural é o neurônio (também chamado de unidade). Muitos neurônios organizados em uma estrutura interconectada formam uma rede neural, com cada neurônio se ligando a entradas e saídas de outros neurônios. Assim, um neurônio pode receber dados de exemplos ou transmitir os resultados de outros neurônios, dependendo de sua localização na rede neural.

Frank Rosenblatt criou o primeiro exemplo de um neurônio desse tipo, o perceptron, no Cornell Aeronautical Laboratory algumas décadas atrás. Ele inventou o perceptron em 1957 com o patrocínio do Laboratório de Pesquisas da Marinha dos EUA (NRL). Rosenblatt era psicólogo, além de ser um pioneiro no campo da inteligência artificial. Tendo proficiência em ciência cognitiva, sua ideia era criar um computador capaz de aprender a partir de tentativa e erro, assim como os humanos.

O perceptron era apenas uma maneira inteligente de traçar uma linha divisória em um espaço simples feito pelos dados de entrada, como mostrado na Figura 11-1, na qual temos duas características (neste caso, o tamanho e o nível de domesticação de um animal), usada para distinguir duas classes (cães e gatos, neste exemplo). A formulação do perceptron produz uma linha no espaço cartesiano que divide os exemplos mais ou menos em grupos. A abordagem é similar à do Naïve Bayes, descrito no Capítulo 10, que soma as probabilidades condicionais multiplicadas por outras gerais de modo a classificar.

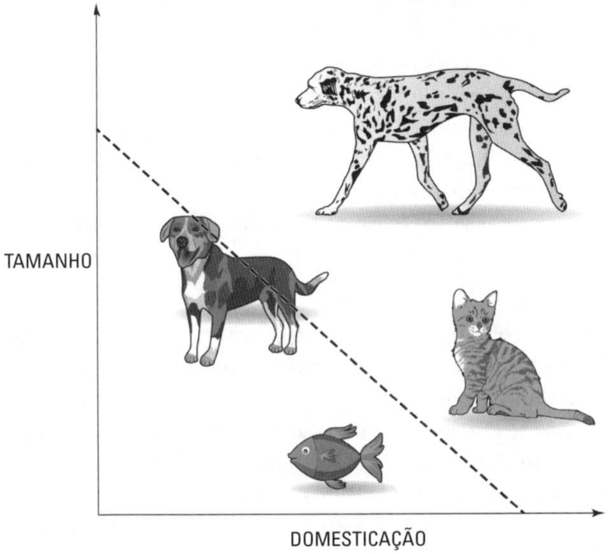

FIGURA 11-1: Exemplo de um perceptron em tarefas de classificação simples e desafiadoras.

O perceptron não atingiu todas as expectativas de seu criador ou dos investidores. Não demorou muito para mostrar sua capacidade limitada, mesmo em sua especialização em reconhecimento de imagens. A decepção geral deu início ao primeiro inverno da IA e ao abandono do conexionismo até os anos 1980. Contudo, alguma pesquisas continuaram, mesmo com a perda de investimentos (o Dr. Nils J. Nilsson, agora aposentado mas ex-professor de IA na Stanford, conta mais sobre o progresso durante essa época no artigo `https://www.singularityweblog.com/ai-is-so-hot-weve-forgotten-all-about-the-ai-winter/`[conteúdo em inglês]).

VENDO O APRENDIZADO PROFUNDO COMO UMA EXPANSÃO

O Capítulo 10 analisa as redes Bayesianas e inclui um exemplo de como elas podem dar sugestões de diagnóstico para os médicos. Para fazer isso, a rede Bayesiana exige dados de probabilidade bem preparados. O aprendizado profundo consegue criar uma ponte entre a capacidade dos algoritmos de tomar a melhor decisão possível usando todos os dados exigidos e os dados que de fato estão disponíveis, que nunca estão no formato que os algoritmos de aprendizado de máquina entendem. Fotos, imagens, áudios, dados de internet (especialmente de redes sociais) e registros empresariais exigem uma análise de dados para torná-los apropriados.

Um algoritmo futuro de aprendizado profundo poderia ajudar os médicos ao combinar o extensivo conhecimento médico (usando todas as fontes disponíveis, incluindo livros, relatórios e as pesquisas mais recentes de Institutos Nacionais de Saúde) com as informações do paciente. Por sua vez, as informações do paciente poderiam vir de diagnósticos prévios, de receitas médicas ou mesmo de evidências das redes sociais (para que os médicos não tenham de perguntar se o paciente esteve na Ásia, por exemplo; a IA detectará isso a partir das fotos no Instagram ou no Facebook). Esse cenário pode parecer ficção científica, mas a criação de um sistema assim é quase uma possibilidade hoje. Por exemplo, uma IA com aprendizado profundo consegue atualmente detectar pneumonia a partir dos raios X em um nível superior ao de radiologistas, graças ao Grupo de Aprendizado de Máquina de Stanford (`https://www.b9.com.br/81730/nova-inteligencia-artificial-ajuda-medicos-a-fazer-diagnosticos-mais-precisos-de-pneumonia/`).

O aprendizado profundo também aparece em muitas aplicações. Você pode encontrá-lo nas redes sociais, nas quais as imagens e o conteúdo são automaticamente classificados; em mecanismos de busca, nos quais as perguntas são recuperadas; em propagandas online, nas quais os clientes são marcados; em telefones móveis e assistentes digitais para reconhecimento de fala e linguagem ou para tarefas de tradução; em veículos autodirigidos para a detecção de visão; e em um jogo Go com o AlphaGo contra um campeão. Em aplicações não tão conhecidas, o aprendizado profundo também pode possibilitar a robótica e as previsões de terremotos. Talvez aplicações como TinEye (`https://tineye.com/`[mecanismo de busca por imagens, conteúdo em inglês]) sejam úteis para você. Nesse caso, você coloca uma imagem no TinEye e ele a encontra na internet.

Posteriormente, especialistas tentaram criar um perceptron mais avançado, e conseguiram. Os neurônios em uma rede neural são uma evolução posterior do perceptron: há muitos deles, eles se conectam uns aos outros e imitam nossos neurônios quando são ativados com certos estímulos. Ao observar as funcionalidades do cérebro humano, os cientistas notaram que os neurônios recebem sinais, mas nem sempre emitem um sinal por si sós. Emitir um sinal depende da quantidade de sinais recebidos. Quando um neurônio recebe estímulos suficientes, ele dispara uma resposta; de outro modo, permanece em silêncio. De igual modo, após receber os dados, os neurônios algoritmos os somam e usam uma função de ativação para avaliar o resultado. Caso o resultado obtido alcance um certo patamar, o neurônio transforma e transmite o valor de entrada; caso contrário, ele simplesmente morre.

DICA

As redes neurais usam funções específicas chamadas *funções de ativação* para disparar um resultado. Tudo que você precisa saber é que elas são um componente-chave da rede neural porque, permitem que a rede resolva problemas complexos. Elas são como portas, permitindo que os sinais passem ou não. Porém, elas não deixam o sinal simplesmente passar; elas o transformam de uma maneira útil. O aprendizado profundo, por exemplo, não seria possível sem funções de ativação eficientes tais como a Unidade Linear Retificada (Rectified Linear Unit — ReLU), e, assim, as funções de ativação são um aspecto importante da história.

Imitando o Cérebro de Aprendizagem

Em uma rede neural, devemos considerar a arquitetura em primeiro lugar, que é a organização dos componentes da rede neural. As seções a seguir analisam as considerações de arquitetura das redes neurais.

Considerando redes neurais simples

Diferentemente de outros algoritmos, que possuem uma pipeline fixa que determina como eles recebem e processam os dados, as redes neurais precisam que você decida como a informação fluirá, ao fixar o número de unidades (os neurônios) e sua distribuição em camadas, chamadas de *arquitetura de rede neural*, como mostrado na Figura 11-2.

A figura mostra uma arquitetura de rede neural simples. Perceba como as camadas filtram e processam as informações de modo progressivo. Essa é uma *entrada alimentada adiante*, pois os dados alimentam em uma direção da rede. As conexões exclusivamente unem as unidades em uma camada com as unidades da próxima camada (a informação flui da esquerda para a direita). Não há conexões entre as unidades da mesma camada ou com unidades fora da camada seguinte. Além disso, as informações continuam avançando (da esquerda para a direita). Os dados processados nunca retornam às camadas prévias de neurônios.

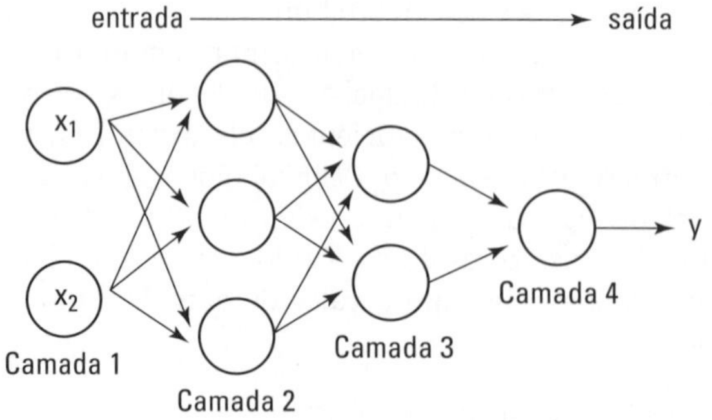

FIGURA 11-2: Uma arquitetura de rede neural, da entrada à saída.

Usar uma rede neural é como usar um sistema estratificado para filtrar a água: você coloca a água em cima e ela sai filtrada embaixo. Não tem como a água voltar para cima; ela só segue adiante e direto para baixo, e nunca lateralmente. Da mesma forma, as redes neurais forçam as características dos dados a fluir através da rede e se misturar com as outras, como ditado pela arquitetura da rede. Ao usar a melhor arquitetura para misturar as características, a rede neural cria novas características em cada camada e ajuda a realizar previsões melhores. Infelizmente, não há como determinar a melhor arquitetura sem tentar, de forma empírica, soluções diferentes e testar se os dados de saída ajudam a prever os valores-alvo após fluírem pela rede.

DICA

Às vezes os conceitos podem ser mais bem compreendidos se forem testados diretamente na realidade. O Google tem um playground de redes neurais (`http://playground.tensorflow.org` [conteúdo em inglês]) onde você pode testar como elas funcionam, de forma intuitiva, através da adição ou remoção de camadas e pela mudança dos tipos de ativações.

Percebendo que o segredo está nos pesos

As redes neurais possuem camadas diferentes, cada uma com um peso próprio. Os *pesos* representam a força da conexão entre os neurônios na rede. Quando o peso da conexão entre duas camadas é pequeno, significa que a rede descarta os valores que estão fluindo entre eles e sinaliza que pegar essa rota provavelmente não influenciará a previsão final. Da mesma forma, um valor grande positivo ou negativo afeta os valores recebidos pela próxima camada, desta forma determinando certas previsões. Essa abordagem é similar às células cerebrais, que não agem sozinhas, mas que se conectam com outras células. Conforme uma pessoa ganha mais experiência, as conexões entre os neurônios tendem a se enfraquecer ou a se fortalecer para ativar ou desativar certas regiões de células na rede cerebral, causando outros processos ou uma atividade (uma reação ao perigo, por exemplo, caso a informação processada sinalize uma situação de risco à vida).

Cada camada sucessiva de unidades da rede neural processa progressivamente os valores retirados das características, como em uma esteira transportadora. Conforme a rede transmite os dados, eles chegam em cada unidade como um valor somado produzido pelos valores apresentados na camada anterior e pesados pelas conexões na camada presente. Quando os dados recebidos dos outros neurônios ultrapassam um certo patamar, a função de ativação aumenta o valor armazenado na unidade; de outro modo, ele extingue o sinal, reduzindo-o. Após o processamento de função de ativação, o resultado está pronto para continuar para a conexão da próxima camada. Esses passos são repetidos em cada camada até que os valores cheguem ao fim, e você tem um resultado.

Os pesos das conexões fornecem uma maneira de misturar e compor as entradas em uma nova forma, gerando novas características ao misturar as entradas processadas de uma forma criativa, por causa dos pesos e das funções de ativação. A ativação também torna não linear a recombinação resultante das entradas recebidas pelas combinações. Esses dois componentes da rede neural habilitam o algoritmo a aprender funções-alvo complexas que representam a relação entre as características de entrada e o resultado-alvo.

Entendendo o papel da retropropagação

O aprendizado acontece no cérebro humano por causa da formação e da modificação das sinapses entre os neurônios, com base nos estímulos recebidos pela experiência de tentativa e erro. As redes neurais apresentam uma forma de replicar esse processo como uma formulação matemática chamada de *retropropagação*. Veja como essa arquitetura de unidades de computação interconectadas consegue resolver os problemas: as unidades recebem um exemplo e, caso não adivinhem corretamente, elas retraçam o problema no sistema de pesos existentes usando a retropropagação e o consertam ao mudar alguns valores. Esse processo sofre muitas iterações antes que uma rede neural possa aprender. As iterações em uma rede neural são chamadas de *épocas*, um nome que se encaixa perfeitamente, pois uma rede neural pode precisar de dias ou semanas de treinamento para aprender tarefas complexas.

PAPO DE ESPECIALISTA

A matemática da retropropagação é bem avançada e exige um conhecimento dos conceitos como as derivadas. Você pode ler uma descrição matemática detalhada, porém acessível, em *Aprendizado de Máquina Para Leigos*, de John Paul Mueller e Luca Massaron (Alta Books) e obter uma visão geral sobre os cálculos necessários. A retropropagação, como conceito, é intuitiva o suficiente para ser compreendida e comunicada, porque ela se parece com o que as pessoas fazem ao realizar uma tarefa usando a iteração aproximada de tentativa e erro.

Desde o aparecimento do algoritmo de retropropagação nos anos 1970, os desenvolvedores o consertaram muitas vezes, e atualmente estão discutindo se ele deve ser repensado. (Você pode ler a opinião de Geoffrey Hinton, um dos cocriadores do método, em `https://www.axios.com/ai-pioneer-advocates-starting-over-2485537027.html` [conteúdo em inglês].) A retropropagação está no âmago da atual renascença da IA. No passado, cada melhoria no processo de aprendizado da rede neural resultava em novas aplicações e em um interesse renovado pela técnica. Também a atual revolução do aprendizado profundo, que envolve uma revitalização das redes neurais (abandonadas no início dos anos 1990), é resultado de avanços essenciais na forma que as redes neurais aprendem com seus erros.

Apresentando o Aprendizado Profundo

Após a retropropagação, a próxima melhoria nas redes neurais levou ao aprendizado profundo. A pesquisa continuou apesar do inverno da IA, e as redes neurais superaram problemas técnicos, como o *gradiente de fuga*, que limita a dimensionalidade das redes neurais. Os desenvolvedores precisavam de redes neurais maiores para resolver certos problemas, tão grandes que eram impensáveis nos anos 1980. Além disso, os pesquisadores começaram a aproveitar os desenvolvimentos das CPUs e GPUs (as unidades de processamento gráfico, mais conhecidas por sua aplicação nos jogos).

PAPO DE ESPECIALISTA

O gradiente de fuga ocorre quando você tenta transmitir um sinal através de uma rede neural e ele se enfraquece até quase zero; ele não consegue mais atravessar as funções de ativação. Isso ocorre porque as redes neurais são encadeadas por multiplicações. Cada multiplicação abaixo de zero diminui os valores rapidamente, e as funções de ativação precisam de valores grandes o suficiente para deixar os sinais passarem. Quanto mais longe as camadas de neurônios estiverem da saída, maior será a possibilidade de que ficarão de fora das atualizações, pois os sinais são pequenos demais e as funções de ativação as impedirão. Como resultado, sua rede para de aprender como um todo, ou aprende em um ritmo extremamente lento.

Novas soluções ajudam a evitar o problema do gradiente de fuga, assim como muitos outros problemas técnicos, permitido redes *profundas* maiores, em contraste com as *redes rasas* mais simples do passado. As redes profundas são possíveis graças aos estudos de especialistas da Universidade de Toronto, no Canadá, como Geoffrey Hinton (`https://www.utoronto.ca/news/artificial-intelligence-u-t` [conteúdo em inglês]), que insistiram em trabalhar com as redes neurais, mesmo quando elas pareciam mais como uma abordagem antiquada de aprendizado de máquina.

As GPUs são unidades de computação potentes para o cálculo de matriz e vetor, necessárias para a retropropagação. Essas tecnologias tornam o treinamento das redes neurais possível em curto prazo e acessível a mais pessoas. A pesquisa também abriu um mundo de novas aplicações. As redes neurais podem aprender a partir de quantidades enormes de dados e aproveitar o big data (dados de imagens, textos, transações e mídias sociais), criando modelos que têm uma performance cada vez melhor, dependendo do fluxo de dados com que você as alimenta.

ENTENDENDO OS PROBLEMAS DO APRENDIZADO PROFUNDO

Considerando como as coisas estão hoje, as pessoas têm uma ideia irreal de como o aprendizado profundo pode ajudar a sociedade como um todo. Você vê uma aplicação com aprendizado profundo vencer alguém no xadrez e pensa que, se ela consegue fazer algo fantástico assim, que outras coisas não conseguirá fazer também? O problema é que até mesmo seus proponentes não compreendem muito bem o aprendizado profundo. Em artigos técnicos sobre aprendizado profundo, o autor geralmente descreve as camadas de processos nebulosos organizados em uma rede, sem qualquer tipo de explicação sobre o que de fato acontece em cada uma daquelas caixas. A questão essencial é que o aprendizado profundo, na verdade, não entende nada. Ele usa um número massivo de exemplos para derivar estatisticamente uma combinação de padrão usando princípios matemáticos. Quando a IA vence um jogo envolvendo labirintos, ela não entende o conceito de labirintos, apenas sabe que certas entradas, manipuladas de certas formas, criam certas saídas de vitória.

Em contraste com os humanos, o aprendizado profundo deve usar um número enorme de exemplos para descobrir relações específicas entre entradas e saídas. Se você disser a uma criança que todos entre determinadas idades são *pré-adolescentes* — nem criança nem adolescente —, ela conseguirá reconhecer qualquer um nessa categoria com uma alta porcentagem de precisão, mesmo que a outra pessoa seja completamente desconhecida. O aprendizado profundo precisaria de um treinamento especial para realizar a mesma tarefa, e seria fácil enganá-lo, pois exemplos fora de sua experiência não seriam registrados.

Os humanos também conseguem criar hierarquias de conhecimento sem qualquer tipo de treinamento. Sabemos, por exemplo, sem muito esforço, que tanto cães quanto gatos são animais. Além disso, ao saber que cães e gatos são animais, um humano consegue facilmente dar o salto para ver outros animais como animais, mesmo sem um treinamento específico. O aprendizado profundo necessitaria de treinamentos separados para cada coisa que seja um animal. Em resumo, o aprendizado profundo não consegue transferir o que ele conhece para outras situações, como os humanos conseguem.

Mesmo com essas limitações, o aprendizado profundo é uma ferramenta incrível, mas não deveria ser a única à disposição da IA. Usar o aprendizado profundo para ver padrões onde os humanos não conseguem é a maneira perfeita de aplicar essa tecnologia. Os padrões são uma parte essencial na descoberta de novas coisas. Por exemplo, o teste humano de compostos para combater o câncer poderia levar muito tempo. Ao ver os padrões onde os humanos não conseguem, o aprendizado profundo conseguiria abrir caminhos importantes rumo a uma solução com muito menos esforço do que seria necessário aos humanos.

Agentes de peso como Google, Facebook, Microsoft e IBM identificaram a nova tendência e, desde 2012, começaram a comprar outras empresas e a contratar especialistas (Hinton agora trabalha no Google; LeCun, o criador das Redes Neurais Convolucionais, lidera a pesquisa de IA no Facebook) nas novas áreas do aprendizado profundo. O projeto Google Brain, conduzido por Andrew Ng e Jeff Dean, juntou 16 mil computadores para calcular uma rede de aprendizado profundo com mais de um bilhão de pesos, possibilitando, assim, o aprendizado não supervisionado a partir de vídeos do YouTube. A rede de computadores conseguiu até determinar sozinha o que é um gato, sem qualquer intervenção humana (como você pode ler neste artigo, disponível em `https://www.tecmundo.com.br/google/39950-skynet-como-a-google-quer-construir-a-melhor-inteligencia-artificial.htm`).

Explicando a diferença no aprendizado profundo

O aprendizado profundo pode parecer apenas uma rede neural maior que funciona em computadores — ou seja, apenas uma inovação de tecnologia potente de matemática e computação que disponibiliza tais grandes redes. No entanto, algo inerentemente qualitativo mudou no aprendizado profundo quando comparado às redes neurais rasas. É mais do que a mudança de paradigma de técnicos brilhantes trabalhando. O aprendizado profundo muda o paradigma no aprendizado de máquina a partir da criação das características (as características que facilitam o aprendizado e que você deve criar usando a análise de dados) para o aprendizado de características (características complexas automaticamente criadas com base nas características atuais). Esse aspecto não poderia ser de outro modo percebido com o uso de redes menores, mas fica evidente quando usamos muitas camadas de redes neurais e inúmeros dados.

Ao analisar o aprendizado profundo por dentro, talvez você fique surpreso ao descobrir muitas tecnologias antigas, mas, surpreendentemente, tudo funciona como nunca antes. Como os pesquisadores enfim descobriram como fazer com que as soluções simples e tradicionais funcionassem juntas, o big data consegue automaticamente filtrar, processar e transformar os dados. Por exemplo, novas ativações como a ReLU não são tão novas assim; elas são conhecidas desde o perceptron. Do mesmo modo, as habilidades de reconhecimento de imagens que inicialmente popularizaram tanto o aprendizado profundo não são novidade. No início, o aprendizado profundo teve seu ápice graças às Redes Neurais Convolucionais (CNN — Convolutional Neural Networks). Descobertas nos anos 1980 pelo cientista francês Yann LeCun (visite seu site pessoal em `http://yann.lecun.com/` [conteúdo em inglês]), essas redes agora apresentam resultados surpreendentes, porque elas usam muitas camadas neurais e inúmeros dados. O mesmo acontece com a tecnologia que possibilita a uma máquina compreender a fala humana ou traduzir de um idioma para outro; são décadas de tecnologia antiga que um pesquisador revisou e fez funcionar no novo paradigma do aprendizado profundo.

Obviamente, parte da diferença também é causada pelos dados (falaremos mais sobre isso posteriormente), o uso aumentado de GPUs e as redes de computadores. Juntamente com o *paralelismo* (mais computadores organizados em grupo operando em paralelo), as GPUs permitem que você crie redes maiores e as treine muito bem com mais dados. Na verdade, estima-se que uma GPU realize certas operações 70 vezes mais rápido que qualquer CPU, permitindo uma redução de tempo nos treinamentos para as redes neurais, de semanas para dias ou mesmo horas.

PAPO DE ESPECIALISTA

Para mais informações sobre o quanto uma GPU pode empoderar o aprendizado de máquina pelo uso de uma rede neural, leia este artigo técnico sobre o tema: `http://www.ic.unicamp.br/~cortes/mo601/trabalho_mo601/diego_domingos_gpu/artigo.pdf`.

Descobrindo soluções ainda mais inteligentes

O aprendizado profundo influencia a eficácia da IA na solução de problemas de reconhecimento de imagens, tradução automatizada e reconhecimento de fala que eram inicialmente enfrentados pela IA clássica e pelo aprendizado de máquina. Além disso, ele apresenta soluções novas e vantajosas:

- Aprendizado contínuo com o uso do ***aprendizado online***.
- Soluções reutilizáveis com o uso de ***aprendizado transferido.***
- Mais democratização da IA pelo uso de frameworks de código aberto.
- Soluções simples e diretas usando o ***aprendizado de ponta a ponta*** (end-to-end).

Usando o aprendizado online

As redes neurais são mais flexíveis do que outros algoritmos de aprendizado de máquina e conseguem continuar a treinar enquanto fazem seu trabalho de produção de previsões e classificações. Esse recurso vem da otimização de algoritmos que permitem que as redes neurais aprendam, algo que pode funcionar repetidamente em amostras menores de exemplos (chamadas de *aprendizado por lotes*) ou mesmo em exemplos únicos (chamados de *aprendizado online*). As redes de aprendizado profundo conseguem construir seu conhecimento passo a passo e ser receptivas a novas informações que possam chegar (como a mente de um bebê, que está sempre aberta a novos estímulos e a experiências de aprendizagem). Por exemplo, uma aplicação de aprendizado profundo em um site de rede social pode ser treinada em imagens de gatos. Conforme as pessoas postam fotos de gatos, a aplicação as reconhece e as marca com um rótulo apropriado. Quando as pessoas começam a postar fotos de cães na rede social, a rede neural não precisa recomeçar o treinamento; ela pode continuar através do aprendizado das imagens dos cães também. Esse recurso é particularmente útil para lidar com a variabilidade dos dados da internet. Uma rede de aprendizado profundo pode estar aberta a novidades e adaptar seus pesos para lidar com elas.

Usando a transferência de aprendizado

A flexibilidade é útil mesmo quando uma rede completa seu treinamento, mas você deve reutilizá-la para propósitos diferentes do aprendizado inicial. As redes que distinguem os objetos e os classificam corretamente exigem um longo tempo e muita capacidade computacional para aprender o que fazer. Estender os recursos de uma rede para novos tipos de imagens que não faziam parte do aprendizado inicial significa transferir o conhecimento a este novo problema (*transferência de aprendizado*).

Por exemplo, você pode transferir uma rede que é capaz de distinguir cães e gatos para que realize um trabalho que envolva identificar pratos de macarrão com queijo. Você usa a maioria das camadas da rede como são (você as congela), e depois trabalha nas camadas finais de saída (*ajuste fino*). Em pouco tempo, e com menos exemplos, a rede aplicará o que aprendeu na distinção entre cães e gatos para o macarrão com queijo, e ela se sairá ainda melhor do que uma rede neural treinada apenas para reconhecer macarrão com queijo.

O aprendizado transferido é algo novo para a maioria dos algoritmos de aprendizado de máquina e abre um mercado possível para a transferência de conhecimento de uma aplicação para outra, de uma empresa para outra. O Google já está fazendo isso, compartilhando seu imenso repositório de dados ao tornar públicas as redes por ele construídas com os dados (como detalhado neste post: `http://datascienceacademy.com.br/blog/o-que-e-o-tensorflow-machine-intelligence-platform/`). Esse é um passo rumo à democratização do aprendizado profundo ao permitir que todos atinjam seu potencial.

A democratização pelo uso de frameworks de código aberto

Hoje, as redes podem ser acessíveis a todos, incluindo o acesso a ferramentas para a criação de redes de aprendizado profundo. Não é apenas uma questão de divulgar publicamente artigos científicos explicando como o aprendizado profundo funciona, é uma questão de programação. Nos primeiros dias do aprendizado profundo, era preciso construir cada rede do zero, como uma aplicação desenvolvida em uma linguagem como C++, com acesso limitado a alguns poucos especialistas bem-treinados. Os recursos de scripting hoje em dia (por exemplo, usar o Python; acesse `https://`

python.org.br/) são melhores por causa de uma grande variedade de frameworks de aprendizado profundo com código aberto, como o TensorFlow do Google (https://www.tensorflow.org/) ou o PyTorch do Facebook (http://pytorch.org/[conteúdo em inglês]). Esses frameworks permitem a replicação dos avanços mais recentes no aprendizado profundo com o uso de comandos simples e diretos.

LEMBRE-SE

Com muitas luzes vem a escuridão. As redes neurais precisam de quantidades gigantescas de dados para funcionar, e os dados não estão acessíveis a todos, porque as organizações maiores os detêm. O aprendizado transferido pode mitigar a falta de dados, mas apenas parcialmente, porque certas aplicações exigem os dados reais. Como resultado, a democratização da IA é limitada. Além disso, os sistemas de aprendizado profundo são tão complexos, que suas saídas são difíceis de ser explicadas (permitindo que o enviesamento e a discriminação se proliferem) e frágeis, pois alguns truques podem enganar esses sistemas (veja https://gizmodo.uol.com.br/manipulacao-imagem-inteligencia-artificial/para obter mais detalhes). Qualquer rede neural pode ser sensível a *ataques adversários*, que são manipulações de entradas criadas a fim de enganar o sistema para que responda de forma equivocada.

Usando o aprendizado de ponta a ponta

Finalmente, o aprendizado profundo possibilita o *aprendizado de ponta a ponta* (end-to-end), significando que ele resolve problemas de forma mais fácil, simples e direta do que as soluções anteriores de aprendizado profundo, podendo resultar em um impacto maior na solução dos problemas. Talvez você queira resolver um problema difícil, como ter de fazer a IA reconhecer rostos ou conduzir um veículo. Ao usar a abordagem clássica de IA, era preciso dividir o problema em subproblemas mais gerenciáveis, de modo a alcançar um resultado aceitável em um tempo viável. Por exemplo, se você quer reconhecer rostos em uma foto, os sistemas anteriores de IA organizavam o problema nestas três partes:

1. Encontrar os rostos na foto.
2. Recortar os rostos da foto.
3. Processar os rostos recortados para que tenham uma pose similar a de uma carteira de identidade.
4. Alimentar os rostos processados recortados como exemplos de aprendizado em uma rede neural, para o reconhecimento facial.

Hoje em dia, você pode alimentar a foto em uma arquitetura de aprendizado profundo e guiá-la para que aprenda a encontrar rostos nas imagens e, depois, classificá-las. Você pode usar a mesma abordagem para a tradução de idiomas, reconhecimento de fala ou mesmo para carros autodirigidos (como discutido no Capítulo 14). Em todos os casos, você simplesmente passa a informação para um sistema de aprendizado profundo e obtém o resultado desejado.

Detectando Bordas e Formatos a partir de Imagens

As Redes Neurais Convolucionais (também conhecidas como ConvNet ou CNN) alimentaram a recente renascença do aprendizado profundo. As seções a seguir discutem como as CNN ajudam a detectar bordas e formatos de imagens para tarefas como decifrar um texto manuscrito.

Começando com o reconhecimento de caracteres

As CNN não são novidade. Elas surgiram nos anos 1980 como resultado do trabalho de Yann LeCun (agora diretor de IA do Facebook), quando trabalhava nos laboratórios de pesquisa da AT&T, com Yoshua Bengio, Leon Bottou e Patrick Haffner em uma rede chamada LeNet5. Você pode ver a rede em `http://yann.lecun.com/exdb/lenet/`, ou neste vídeo, com uma demonstração pelo próprio LeCun, mais jovem, disponível em `https://www.youtube.com/watch?v=FwFduRA_L6Q` [ambos com conteúdo em inglês]. Naquela época, fazer com que uma máquina decifrasse números manuscritos era uma bela proeza, que auxiliou o serviço postal a automatizar a detecção de CEPs e a organizar as entradas e saídas de correspondências.

Os desenvolvedores chegaram a alguns resultados conectando a imagem de um número para detectar uma rede neural. Cada pixel da imagem se conectava a um nó na rede. O problema de usar essa abordagem é que a rede não consegue realizar a *invariância de tradução*, ou seja, a capacidade de decifrar o número quando ele tem condições diferentes de tamanho, distorção ou posição na imagem, como exemplificado na Figura 11-3. Uma rede neural similar poderia detectar apenas os números similares — aqueles que já tinha visto antes. Ela também cometia muitos enganos. Transformar a imagem antes de alimentá-la para a rede neural resolvia parcialmente o problema ao redimensionar, mover, limpar os pixels e criar blocos especiais de informações para um processamento melhor de rede. Essa técnica, chamada de *criação de funcionalidades*, exige expertise sobre as transformações necessárias na imagem, assim como muitas computações em termos de análise de dados. As tarefas de reconhecimento de imagens naquela época eram mais o trabalho de um artista do que de um cientista.

As convoluções resolveram facilmente o problema da invariância de tradução, pois ofereceram uma abordagem diferente de processamento de imagens dentro da rede neural. As convoluções são a base da LeNet5 e fornecem o fundamento para todas as CNN reais realizarem o seguinte:

» **Classificação de imagem:** Determinar qual objeto aparece em uma imagem.

» **Detecção de imagem:** Descobrir onde um objeto está em uma imagem.

» **Segmentação de imagem:** Separar as áreas de uma imagem com base em seu conteúdo. Oor exemplo, em uma imagem de uma estrada, separar a própria estrada dos carros sobre ela e dos pedestres.

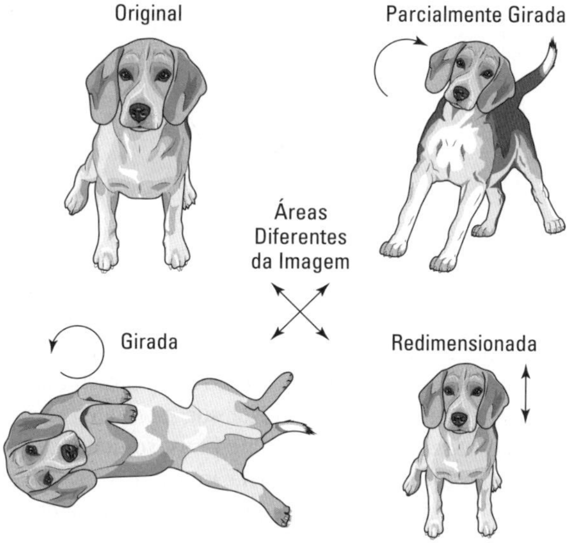

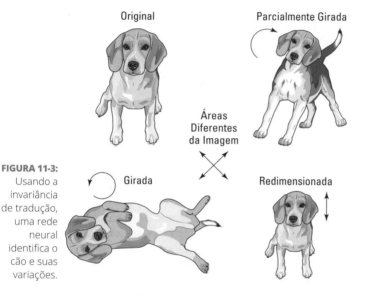

FIGURA 11-3: Usando a invariância de tradução, uma rede neural identifica o cão e suas variações.

Explicando como as convoluções funcionam

Para entender como as convoluções funcionam, começamos da entrada, que é uma imagem composta por uma ou mais camadas de pixels, chamados de *canais*, usando valores de 0 (o pixel está totalmente ligado) até 256 (o pixel está totalmente desligado). Por exemplo, as imagens em RGB possuem canais individuais para o vermelho, verde e azul. Misturar esses canais gera a paleta de cores, como você a vê no monitor.

Os dados de entrada sofrem transformações simples para redimensionar os valores dos pixels (por exemplo, para configurar a faixa entre zero e um) e, então, passar esses valores à frente. A transformação dos dados facilita o funcionamento das convoluções, pois elas são simplesmente operações de multiplicação e soma, como demonstrado na Figura 11-4. A camada de convolução neural toma pequenas porções da imagem, multiplica os valores dos pixels dentro da porção por uma grade de números especialmente criados, soma tudo que foi derivado da multiplicação e projeta isso à próxima camada neural.

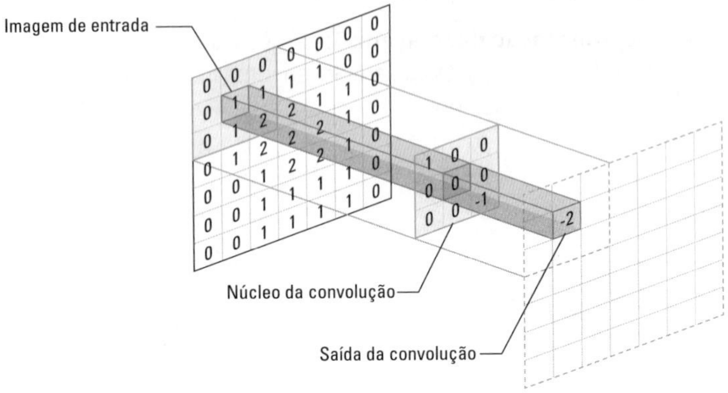

FIGURA 11-4: Uma convolução escaneando uma imagem.

Tal operação é flexível, pois a retropropagação forma a base para a multiplicação numérica dentro da convolução (veja o artigo em `https://ujjwalkarn.me/2016/08/11/intuitive-explanation-convnets/`para saber precisamente como o passo da convolução funciona, incluindo uma animação — [conteúdo em inglês]), e os valores que a convolução filtra são característica de imagens, algo importante para a rede neural realizar sua tarefa de classificação. Algumas convoluções captam apenas linhas, algumas, somente curvas ou padrões especiais, não importa onde apareçam na imagem (e isso é a propriedade de invariância de tradução das convoluções). Conforme os dados da imagem passam por várias convoluções, ela é transformada, formada e desenhada em padrões cada vez mais complexos até que a convolução produza imagens referenciais (por exemplo, a imagem de um gato ou cachorro normal), que a CNN posteriormente treinada usa para detectar novas imagens.

PAPO DE ESPECIALISTA

Caso queira saber mais sobre as convoluções, você pode conferir uma visualização criada por alguns pesquisadores do Google Research e do Google Brain. A visualização é dos funcionamentos internos de uma rede de 22 camadas desenvolvida por cientistas no Google chamada GoogleLeNet (veja o artigo em `https://distill.pub/2017/feature-visualization/`[conteúdo em inglês aqui e no próximo link]). No apêndice (`https://distill.pub/2017/feature-visualization/appendix/`), eles apresentam exemplos das camadas atribuídas para detectar primeiro as bordas, depois as texturas, os padrões totais, as partes e, finalmente, objetos inteiros.

O interessante é que não é difícil configurar as arquiteturas básicas de uma ConvNet. Apenas imagine que, quanto mais camadas tiver, melhor. Você estabelece o número de camadas de convolução e algumas características de comportamento da convolução, como a forma que a grade é feita (*filtro*, *núcleo* ou valores do *detector de características*), como a grade passa pela imagem (*ritmo*) e como ela se comporta ao redor das margens da imagem (*preenchimento*).

LEMBRE-SE

Observar o funcionamento das convoluções indica que se aprofundar no aprendizado profundo significa que os dados sofrem transformações mais profundas do que com qualquer outro algoritmo de aprendizado de máquina ou rede neural rasa. Quanto mais camadas, mais transformações uma imagem sofrerá, e mais profunda se tornará.

Avançando com o uso de desafios de imagens

As CNNs são uma ideia inteligente. A AT&T chegou a implementar a LeNet5 nos leitores de cheques de caixas eletrônicos. No entanto, outro inverno da IA começou no meio dos anos 1990, quando muitos pesquisadores e investidores perderam a fé de que as redes neurais pudessem revolucionar a IA. Além disso, naquela época os dados não possuíam complexidade. Os pesquisadores conseguiram chegar a resultados comparáveis aos da LeNet5 usando novos algoritmos de aprendizado de máquina chamados de Máquinas de Vetores de Suporte (da tribo dos Analogistas) e Florestas Aleatórias, uma sofisticação das árvores de decisão da tribo dos simbolistas (veja o Capítulo 10).

Poucos pesquisadores, como Geoffrey Hinton, Yann LeCun e Yoshua Bengio, continuaram desenvolvendo tecnologias de redes neurais até que um novo conjunto de dados oferecesse uma inovação e acabasse com o inverno da IA. Enquanto isso, em 2006, houve um esforço de Fei-Fei Li, professora de ciência da computação na Universidade de Illinois Urbana-Champaign (e agora cientista-chefe do Google Cloud, bem como professora na Stanford), para fornecer mais conjuntos de dados do mundo real para testar melhor os algoritmos. Ela começou a juntar um número incrível de imagens, representando inúmeras classes de objetos. Ela e sua equipe realizaram tal feito usando o Mechanical Turk da Amazon, um serviço usado para pedir às pessoas que façam microtarefas para você (como classificar uma imagem) pagando uma pequena quantia.

O conjunto de dados resultante, completo em 2009, foi batizado de ImageNet e continha 3,2 milhões de imagens identificadas, arranjadas em 5.247 categorias hierarquicamente organizadas. Você pode explorá-lo em `http://www.image-net.org/`ou ler o artigo original que apresenta o conjunto de dados em `http://www.image-net.org/papers/imagenet_cvpr09.pdf` [ambos com conteúdo em inglês]. O ImageNet logo apareceu em uma competição realizada em 2010 na qual as redes neurais provaram sua capacidade de classificar corretamente imagens arranjadas em 1.000 classes.

Em sete anos de competição (o desafio se encerrou em definitivo em 2017), os algoritmos vencedores aumentaram a precisão na previsão de imagens de 71,8% para 97,3%, o que supera a capacidade humana (sim, os humanos cometem erros ao classificar os objetos). No início, os pesquisadores notaram que seus algoritmos começaram a funcionar melhor com mais dados (não havia nada como o ImageNet naquela época), então começaram a testar novas ideias e melhoraram as arquiteturas das redes neurais.

Mesmo que as competições do ImageNet não ocorram mais, os pesquisadores estão desenvolvendo mais arquiteturas de CNN, intensificando a precisão ou a detecção de recursos, bem como a robustez. Na verdade, muitas soluções de aprendizado profundo ainda são experimentais e não foram utilizadas em aplicações cruciais, como bancos ou segurança, não apenas pelas dificuldades em sua interpretabilidade, mas também por causa de possíveis vulnerabilidades.

CUIDADO

As vulnerabilidades aparecem de todas as formas. Os pesquisadores descobriram que adicionar um ruído especialmente desenvolvido, ou mudar um único pixel em uma imagem pode fazer com que uma CNN mude radicalmente suas respostas, em ataques *não direcionados* (você apenas precisa enganar a CNN) ou *direcionados* (você quer que a CNN forneça uma resposta específica). Você pode investigar mais a respeito dessa questão no tutorial da OpenAI em `https://blog.openai.com/adversarial-example-research/`[conteúdo em inglês]. A OpenAI é uma organização sem fins lucrativos de pesquisa. O artigo intitulado "One pixel attack for fooling deep neural networks" [Ataque a um pixel para enganar as redes neurais profundas, em tradução livre] (`https://arxiv.org/abs/1710.08864` [conteúdo em inglês]) também será útil. A questão é que as CNN ainda não são uma tecnologia segura. Você não pode simplesmente usá-las no lugar de seus olhos. E preciso ter muito cuidado.

Aprendendo a Imitar a Arte e a Vida

A CNN não apenas impactou as tarefas de visão computacional, mas também é importante para muitas outras aplicações (por exemplo, ela é necessária para a visão em carros autodirigidos). A CNN persuadiu muitos pesquisadores a investir tempo e esforço na revolução do aprendizado profundo, e a pesquisa consequente fez brotar novas ideias. Testes subsequentes finalmente trouxeram a inovação para a IA ao ajudar os computadores a aprender a entender o idioma falado, traduzir idiomas estrangeiros escritos e criar texto e imagens modificadas, demonstrando, dessa forma, a que nível de complexidade as computações sobre distribuições estatísticas podem ser traduzidas em um tipo de arte, criatividade e imaginação. Ao falar sobre o aprendizado profundo e suas aplicações possíveis, você também precisa mencionar as Redes Neurais Recorrentes (Recurrent Neural Network — RNN) e as Redes Adversárias Generativas (Generative Adversarial Network — GAN), caso contrário, não terá uma imagem clara do que o aprendizado profundo pode fazer pela IA.

Memorizando sequências que importam

Uma das fraquezas da CNN é a falta de memória. Ela vai bem com a compreensão de uma única foto, mas tentar entender a foto em um contexto, como um frame em um vídeo, traduz-se em uma inabilidade para obter a resposta certa para desafios de IA. Muitos problemas importantes são sequências. Se quiser entender um livro, você o lê página por página. As sequências estão encadeadas. Dentro de uma página está uma sequência de palavras, e dentro de uma palavra está uma sequência de letras. Para entender um livro, é preciso entender a sequência de letras, palavras e páginas. Uma RNN é a resposta, pois ela processa entradas reais enquanto busca por entradas antigas. A entrada na rede não apenas ocorre para a frente, como é costumeiro em uma rede neural, mas também faz loops dentro dela. É como se a rede ouvisse um eco de si mesma.

Se você alimentar uma RNN com uma sequência de palavras, a rede aprenderá que, ao ver uma palavra, precedida por certas palavras, é possível determinar como completar a frase. As RNNs não são apenas uma tecnologia que pode automatizar uma compilação de entradas (como quando um navegador preenche os termos de busca automaticamente quando digitamos as palavras). Além disso, as RNNs podem alimentar sequências e apresentar uma tradução como saída, como o significado geral de uma frase (então agora a IA pode tirar a ambiguidade de frases quando as palavras são importantes) ou traduzir um texto para outro idioma (novamente, a tradução funciona em um contexto). Funciona até mesmo com sons, pois é possível interpretar certas modulações de sons como palavras. As RNNs permitem que os computadores e os dispositivos móveis entendam, com grande precisão, não apenas o que você diz (é a mesma tecnologia que faz legendas automaticamente), mas também o que quis dizer, abrindo a porta para programas de computador que conversam com você e para assistentes digitais, como a Siri, a Cortana e a Alexa.

Descobrindo a mágica das conversas da IA

Um *chatbot* é um software capaz de conversar com você por meio de dois métodos: auditório (você fala com ele e ouve as respostas) ou textual (você digita o que quer dizer e lê as respostas). Talvez você os conheça por outros nomes (agente de conversação, chatterbot, talkbot e outros), mas a questão é que você já pode usar um em seu smartphone, computador ou dispositivo especial. A Siri, a Cortana e a Alexa são exemplos bem conhecidos. Você também pode "conversar" com um chatbot quando entra em contato com o atendimento ao cliente via internet ou telefone, ou por meio de um aplicativo em seu telefone celular quando usa o Twitter, o Slack o Skype ou outras aplicativos de bate-papo.

Os chatbots são um grande negócio, pois ajudam as empresas a economizar dinheiro com operadores de atendimento ao cliente — mantendo um contato constante com o cliente e os servindo —, mas a ideia não é nova. Mesmo que o nome seja recente (criado em 1994 por Michael Mauldin, o inventor do mecanismo de pesquisa Lycos), os chatbots são considerados o ápice da IA. De acordo com a visão de Alan Turing, detectar uma IA forte ao conversar com ela não deveria ser possível. Turing inventou um teste famoso baseado na conversação para determinar se uma IA havia adquirido inteligência equivalente à da de um ser humano.

LEMBRE-SE

Você tem uma IA fraca quando ela mostra comportamento inteligente, mas não é consciente como um ser humano. Uma IA forte ocorre quando a IA pode realmente pensar como um humano.

O teste de Turing requer um juiz humano para interagir com dois sujeitos através de um terminal de computador: um humano e uma máquina. O juiz avalia qual é a IA com base na conversa. Turing afirmou que se uma IA conseguisse convencer um ser humano de que a conversa acontecia com outro ser humano, seria possível acreditar que a IA atingiu seu nível humano. O problema é difícil, pois não é apenas uma questão de responder apropriadamente e de forma gramaticalmente correta, mas também de incorporar o contexto (lugar, tempo e características da pessoa com quem a IA está conversando) e apresentar uma personalidade consistente (a IA deveria ser como uma persona real, tanto em seu contexto como em atitude).

Desde os anos 1960, desafiar o teste de Turing se provou ser a motivação para os chatbots em desenvolvimento, que são baseados na ideia de *modelos baseados em recuperação*. Ou seja, o uso do Processamento de Linguagem Natural (Natural Language Processing — NLP) processa a entrada do idioma pelo interrogador humano. Certas palavras ou conjuntos de palavras recolhem respostas preestabelecidas e feedback a partir do armazenamento de memória do chatbot.

DICA

O *NLP* é uma análise de dados com foco no texto. O algoritmo divide o texto em símbolos (elementos de uma frase como substantivos, verbos e adjetivos) e remove qualquer informação menos útil ou que possa confundir. O texto simbolizado é processado usando operações estatísticas ou aprendizado de máquina. Por exemplo, o NLP pode ajudar no tagueamento de partes do discurso e na identificação de palavras e seus significados, ou determinar se um texto é similar a outro.

Joseph Weizenbaum construiu o primeiro chatbot deste tipo, ELIZA, em 1966 como uma forma de terapeuta psicológica computadorizada. A ELIZA foi feita de heurística simples, que são frases-base para adaptar ao contexto e palavras-chave que faziam com que Eliza se "lembrasse" de uma resposta apropriada a partir de um conjunto fixo de respostas. Você pode experimentar uma versão online da ELIZA em `https://rebot.me/pt/`

eliza34. Talvez você se surpreenda ao ler conversas significativas como a de Eliza com seu criador: http://www.masswerk.at/elizabot/eliza_test.html [conteúdo em inglês].

Os modelos baseados em recuperação funcionam bem quando são interrogados com o uso de tópicos preestabelecidos porque eles incorporam o conhecimento humano, assim como um sistema especialista faz (como discutido no Capítulo 3), dessa forma, eles conseguem responder com frases relevantes e gramaticalmente corretas. Os problemas surgem quando são confrontados com perguntas fora do tópico. O chatbot pode tentar se defender dessas perguntas rebatendo-as em novo formato (como ELIZA fazia) e ser identificado como um falante artificial. Uma solução é criar novas frases, por exemplo, com base em modelos estatísticos, aprendizado de máquina ou mesmo uma RNN pré-treinada, que poderia ser construída em um discurso neutro ou até mesmo refletir a personalidade de uma pessoa específica. Essa abordagem é chamada de *modelos com base em geração* e é a nova fronteira a ser superada pelos robôs atualmente, pois não é fácil gerar linguagem de improviso.

Os modelos com base em geração nem sempre respondem com frases corretas e pertinentes, porém, muitos pesquisadores vêm fazendo avanços, especialmente com as RNN. Como observado em capítulos anteriores, o segredo é a sequência: você fornece uma sequência de entrada em um idioma e uma sequência de saída em outro, como em um problema de tradução automatizada. Nesse caso, você fornece tanto a sequência de entrada como de saída no mesmo idioma. A entrada é uma parte da conversa, e a saída é a reação que se segue.

Considerando o atual desenvolvimento tecnológico em termos de construção de chatbots, as RNN funcionam muito bem para trocas curtas, embora obter resultados perfeitos para frases mais longas ou mais articuladas seja mais difícil, assim como com os modelos baseados em recuperação as RNN "recordam" as informações que adquirem, mas não de uma forma organizada. Se o escopo do discurso for limitado, esses sistemas conseguem dar boas respostas, mas o desempenho piora quando o contexto é aberto e geral, porque eles precisariam de conhecimento comparável ao que um humano adquire durante em sua vida toda. (Os humanos aperfeiçoam suas conversas com base em experiência e conhecimento.)

Os dados para treinar uma RNN são realmente a chave. Por exemplo, o chatbot do Google, Google Smart Reply, oferece respostas rápidas para seus e-mails. A história disponível em https://research.googleblog.com/2015/11/computer-respond-to-this-email.html [conteúdo em inglês] conta mais sobre como se espera que esse sistema funcione. No mundo real, ele tinha uma tendência de responder a maioria das conversas com "Eu te amo", pois foi treinado com exemplos enviesados. Algo similar aconteceu com o chatbot Tray do Microsoft Twitter, cuja habilidade para aprender a partir de interações com os usuários o desencaminhou porque as conversas eram tendenciosas e maliciosas.

DICA

Se quiser saber como anda a tecnologia no mundo dos chatbots, informe-se sobre as competições anuais de chatbots nas quais os testes de Turing são aplicados à tecnologia atual. Por exemplo, o prêmio Loebner é o mais famoso (http://www.loebner.net/Prizef/loebner-prize.html [conteúdo em inglês]) e o lugar certo para começar. Embora não tenha passado no teste de Turing, o mais recente vencedor do prêmio Loebner (no momento que escrevo este livro) é o Mitsuku, um software que consegue raciocinar sobre objetos específicos propostos durante o discurso. Ele também consegue jogar e até fazer alguns truques de mágica (http://www.mitsuku.com/[conteúdo em inglês]).

Fazendo uma IA competir com outra IA

As RNN podem fazer um computador conversar com você, e, ainda que não faça ideia de que a rede neural está reativando sequências de palavras que já tinha aprendido, você tem a impressão de que algo relacionado com inteligência está rolando nos bastidores. Na realidade, não acontece nada de pensamento ou raciocínio por trás delas, embora a tecnologia seja bem articulada e não apenas recorde frases preestabelecidas.

As Redes Adversárias Generativas (GAN) são outro tipo de tecnologia de aprendizado profundo que podem dar uma ilusão ainda maior de que a IA pode expressar criatividade. Novamente, essa tecnologia baseia-se na retomada de exemplos prévios e na compreensão da máquina de que os exemplos contêm regras — com as quais a máquina pode brincar, assim como uma criança brinca com tijolos de brinquedo (tecnicamente, as regras são as distribuições estatísticas subjacentes aos exemplos). Mesmo assim, as GAN são uma tecnologia incrível que tem apresentado um número relativamente alto de aplicações futuras.

As GAN tiveram seu início no trabalho de alguns pesquisadores no departamento de informática e de pesquisa operacional na Universidade de Montreal em 2014, sendo o mais notável entre eles Ian Goodfellow (veja at https://arxiv.org/pdf/1406.2661.pdf [conteúdo em inglês]). A nova abordagem de aprendizado profundo conquistou interesse e agora é uma das tecnologias mais pesquisadas, com desenvolvimentos e melhorias constantes. Yann LeCun acredita que as Redes Adversárias Generativas sejam "a ideia mais interessante em aprendizado de máquina nos últimos dez anos". Em uma entrevista para a *MIT Technology Review*, Ian Goodfellow explica seu nível de entusiasmo com esta declaração intrigante: "Você pode pensar nos modelos generativos como uma forma de imaginação para a inteligência artificial" (https://www.technologyreview.com/lists/innovators-under-35/2017/inventor/ian-goodfellow/[conteúdo em inglês]).

Para ver uma GAN básica em ação (agora há muitas variantes sofisticadas, e mais estão sendo desenvolvidas), você precisa de um conjunto de dados de referência, geralmente composto por dados do mundo real, cujos exemplos você gostaria de usar para ensinar a rede GAN. Por exemplo, se você tem um conjunto de dados de imagens de cães, espera que a GAN aprenda sobre a aparência de um cão a partir do conjunto de dados. Após aprender isso, a GAN pode propor imagens de cães que sejam plausíveis e realistas, diferentes daquelas do conjunto de dados inicial. (Elas serão novas imagens; apenas replicar imagens existentes é considerado um erro de uma GAN.)

O conjunto de dados é o ponto de partida. Você também precisa de duas redes neurais, cada uma se especializando em uma tarefa específica e ambas competindo entre si. Uma rede é chamada de *geradora* e pega entradas arbitrárias (por exemplo, a imagem de um cão), que é um *artefato*, pois é artificialmente criada usando a rede geradora. A segunda rede é a *discriminativa*, que deve distinguir corretamente os produtos da geradora, os artefatos, a partir de exemplos no conjunto de dados de treinamento.

Quando uma GAN começa seu treinamento, as duas redes tentam melhorar pelo uso da retroprpopragação, com base nos resultados da discriminativa. Os erros que ela comete ao diferenciar uma imagem real de um artefato se propagam à discriminativa (assim como um rede neural de classificação). As respostas corretas da discriminativa se propagam como erros à geradora (porque ela não conseguiu igualar artefatos às imagens no conjunto de dados, e a discriminativa as identificou). A Figura 11-5 mostra essa relação.

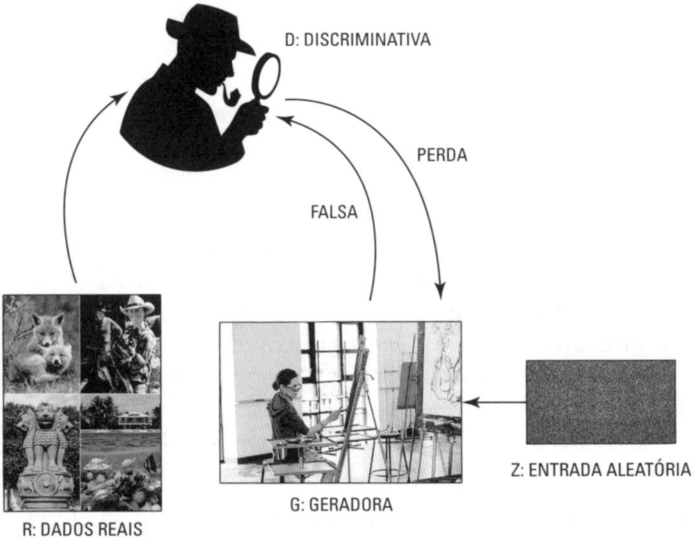

FIGURA 11-5: Como uma rede GAN funciona, oscilando entre a geradora e a discriminativa.

Fotos cortesia de (montagem, em sentido horário a partir do canto inferior direito): Lileephoto/Shutterstock; Menno Schaefer/Shutterstock; iofoto/Shutterstock; vilainecrevette/iStockphoto; Middle: Rana Faure/Corbis/VCG/Getty Images.

As imagens originais escolhidas por Goodfellow para explicar como uma GAN funciona são a da falsificadora de arte e do investigador. O investigador fica mais habilitado para detectar arte falsificada, mas o falsificador também melhora, para evitar a detecção pelo investigador.

Talvez você se pergunte como a geradora aprende a criar os artefatos certos se nunca vê o original. Apenas a discriminativa vê o conjunto de dados original ao tentar diferenciar a arte real dos artefatos da discriminativa. Mesmo se a geradora nunca examinar qualquer coisa a partir do conjunto de dados original, ela recebe dicas por meio do trabalho da discriminativa. São dicas sutis, guiadas pelas muitas tentativas que não deram certo no começo da geradora. É como aprender a pintar a Mona Lisa sem tê-la visto e apenas com a ajuda de um amigo lhe dizendo se você adivinhou certo ou não. A situação evoca o teorema do exército infinito de macacos, com algumas diferenças. Nesse teorema, espera-se que os macacos escrevam os poemas de Shakespeare por puro acaso (veja `https://ceticismo.net/2011/09/26/o-teorema-macaco-infinito-qed/`). Aqui, a geradora usa a aleatoriedade apenas no início e depois é lentamente guiada pelo feedback da discriminativa. Com algumas modificações dessa ideia básica, as GAN se tornaram capazes do seguinte:

- » Criar imagens fotorrealistas de objetos com itens de moda, bem como design de interiores ou industrial com base em uma descrição por palavras (você pede uma flor amarela e branca e você a obtém, conforme descrito neste artigo: `https://arxiv.org/pdf/1605.05396.pdf` [conteúdo em inglês])
- » Modificar imagens existentes ao aplicar uma resolução maior, adicionando padrões especiais (por exemplo, transformar um cavalo em uma zebra: `https://junyanz.github.io/CycleGAN/`[conteúdo em inglês]), e preencher as partes faltantes (por exemplo, você quer remover uma pessoa da foto, e uma GAN substitui o espaço vazio por algum outro fundo plausível, como na realização desta imagem feita por arquitetura neural: `http://hi.cs.waseda.ac.jp/~iizuka/projects/completion/en/` [conteúdo em inglês])
- » Muitas aplicações de ponta, como a geração de movimento a partir de fotos estáticas, criando objetos complexos como textos completos (que é chamado de ***predição estruturada***, porque a saída não é simplesmente uma resposta, mas um conjunto de respostas todas relacionadas), criar dados para o aprendizado de máquina supervisionado, ou até gerar criptografia poderosa (`https://arstechnica.com/information-technology/2016/10/google-ai-neural-network-cryptography/`[conteúdo em inglês])

DICA

As GAN são uma tecnologia de ponta do aprendizado profundo, e há muitas áreas de pesquisa abertas e novas para sua aplicação na IA. Caso a IA tenha um poder imaginativo e criativo, provavelmente virá de tecnologias como GAN. Você pode ter uma ideia do que está rolando com essa tecnologia ao ler os sites sobre GAN da OpenAI, uma empresa sem fins lucrativos fundada por Greg Brockman, Ilya Sutskever, Elon Musk (fundador do PayPal, do SpaceX e da Tesla) e Sam Altman (`https://blog.openai.com/generative-models/`[conteúdo em inglês]).

4

Trabalhando com a IA em Aplicações de Hardware

NESTA PARTE...

Trabalhe com robôs.

Voe com drones a todos os lugares.

Deixe que a IA dirija por você.

» Diferenciando os robôs de sci-fi e da realidade

» Argumentando sobre a ética dos robôs

» Encontrando mais aplicações para os robôs

» Vendo por dentro o processo de como um robô é feito

Capítulo **12**

Desenvolvendo Robôs

As pessoas geralmente confundem robótica com IA, mas são duas coisas diferentes. A inteligência artificial tem como objetivo encontrar soluções para alguns problemas difíceis relacionados às habilidades humanas (como o reconhecimento de objetos, ou entender fala ou texto), já o objetivo da robótica é usar as máquinas para realizar tarefas no mundo físico de forma parcial ou totalmente automatizada. Será de valia pensar na IA como o software usado para resolver os problemas, e na robótica como o hardware para tornar essas soluções uma realidade.

O hardware da robótica pode ou não usar software de IA. Os humanos controlam alguns robôs remotamente, como o robô da Vinci, discutido na seção "Auxiliando um cirurgião" do Capítulo 7. Em muitos casos, a IA oferece, sim, uma expansão das habilidades, mas os humanos ainda têm o controle. Entre esses extremos ficam os robôs que recebem ordens abstratas dos humanos (como ir do ponto A para o ponto B em um mapa, ou pegar um objeto) e usam a IA para executar as ordens. Outros robôs realizam autonomamente tarefas que lhes foram atribuídas, sem qualquer intervenção humana. Integrar a IA a um robô o deixa mais inteligente e mais útil na realização de tarefas, mas eles nem sempre precisam da IA para funcionar apropriadamente. A imaginação humana fez os dois se sobreporem, resultado de filmes sci-fi e de ficções.

Este capítulo explora como essa sobreposição aconteceu e faz uma distinção entre a atual realidade dos robôs e como o uso extensivo das soluções de IA poderia transformá-los. Os robôs existem na produção desde os anos 1960. Este capítulo também explora como as pessoas estão empregando cada vez mais os robôs no trabalho industrial, na descoberta científica, nos cuidados médicos e na guerra. Descobertas recentes na IA estão acelerando esse processo, pois solucionam problemas difíceis nos robôs, como reconhecer objetos no mundo, prever o comportamento humano, entender comandos por voz, falar corretamente, aprender a caminhar de forma ereta e, sim, dar salto mortal, como você pode ler neste artigo sobre marcos recentes da robótica: `https://exame.abril.com.br/tecnologia/robo-corre-sobe-escadas-e-da-salto-mortal-em-video/`.

Definindo os Papéis dos Robôs

Os robôs são uma ideia relativamente recente. O termo vem da palavra tcheca *robota*, que significa trabalho forçado. O vocábulo apareceu pela primeira vez em 1920, na peça *Rossum's Universal Robots*, escrita pelo autor tcheco Karel Čapek. No entanto, a humanidade há tempos sonha com seres mecânicos. Os gregos antigos criaram um mito de um homem mecânico de bronze, Tálus, construído pelo deus da metalurgia, Hefesto, a pedido de Zeus, o pai dos deuses. Os mitos gregos também contêm referências a Hefesto construindo outro autômato, além de Tálus. *Autômato* é uma máquina auto-operada que executa sequências de tarefas específicas e predeterminadas (em contraste com os robôs, que possuem a flexibilidade de realizar uma vasta gama de tarefas). Os gregos de fato construíram autômatos hidráulicos que funcionavam da mesma forma que um algoritmo executado no mundo físico. Como os algoritmos, os autômatos incorporam a inteligência de seu criador, dessa forma dando a ilusão de serem máquinas autoconscientes e racionais.

Você encontra exemplos de autômatos na Europa espalhados pela civilização grega, Idade Média, Renascença e pelos tempos modernos. Muitos designs feitos pelo matemático e inventor Al-Jazari aparecem no Oriente Médio (veja mais detalhes em `https://ceticismo.net/ciencia-tecnologia/os-1001-anos-da-esplendorosa-ciencia-islamica/5/`). A China e o Japão possuem suas próprias versões de autômatos. Alguns são complexos designs mecânicos, outros, porém, são farsas totais, como o Turco Mecânico, uma máquina do século XVIII que, diziam, conseguia jogar xadrez, mas que escondia um homem dentro de si.

CUIDADO

Distinguir os autômatos de outras animações semelhantes aos humanos é importante. Por exemplo, o Golem (`https://pt.chabad.org/library/article_cdo/aid/1614702/jewish/Golem.htm`) é uma mistura de argila e mágica. Não há mecanismos envolvidos, então ele não se classifica como o tipo de dispositivo discutido neste capítulo.

Os robôs descritos por Čapek não eram exatamente autômatos mecânicos, mas seres vivos engendrados e montados como se fossem autômatos. Seus robôs tinham uma forma similar à humana e realizavam papéis específicos na sociedade, com o objetivo de substituir trabalhadores humanos. Parecidos com o Frankenstein de Mary Shelley, os robôs de Čapek eram algo que as pessoas veem como *androides* hoje em dia: seres artificias bioengendrados, como descrito na ficção de Philip K. Dick *Androides Sonham com Ovelhas Elétricas?* (livro que serviu de inspiração para o filme *Blade Runner*). Contudo, o nome *robô* também descreve os dispositivos mecânicos autômatos que não foram feitos para surpreender e encantar, mas para produzir bens e serviços. Além disso, os robôs tornaram-se uma ideia central em sci-fi, tanto em livros como em filmes, contribuindo ainda mais para o imaginário coletivo de um robô como uma IA em formato humano, feita para servir os humanos — nada tão diferente da ideia original de Čapek de um servo. Lentamente, a ideia foi passando da arte para a ciência e tecnologia, tornando-se uma inspiração para cientistas e engenheiros.

LEMBRE-SE

Čapek criou tanto a ideia de robôs como a de um apocalipse robótico, como a tomada do poder pelas IAs que você vê em filmes sci-fi e que, considerando o progresso recente da IA, é temido por figuras notáveis como o fundador da Microsoft, Bill Gates, o físico Stephen Hawking e o inventor e empreendedor Elon Musk. No fim da peça, os escravos robóticos de Čapek se rebelam contra os humanos, que os criaram, eliminando quase toda a humanidade.

Superando a visão sci-fi dos robôs

O primeiro robô comercializado, o Unimate (`https://iaexpert.com.br/index.php/2017/05/11/robo-unimate/`), surgiu em 1961. Era um simples braço robótico — um braço mecânico programável feito de ligações e juntas de metal — com uma ponta que conseguia pegar, girar ou soldar objetos manipulados de acordo com as instruções configuradas por operadores humanos. Ele foi vendido para a General Motors para ser usado na produção de automóveis. O Unimate tinha de pegar fundições de moldes da linha de produção e soldá-las, uma tarefa fisicamente perigosa para os trabalhadores humanos. Para ter uma ideia dos recursos de uma máquina assim, confira este vídeo: `https://www.youtube.com/watch?v=hxsWeVtb-JQ` [conteúdo em inglês]. As seções a seguir descrevem as realidades dos robôs hoje em dia.

Considerando as leis da robótica

Antes do surgimento do Unimate e muito antes da introdução de muitos outros braços robóticos empregados na indústria que começaram a trabalhar com os funcionários humanos nas linhas de montagem, as pessoas já sabiam como os robôs deveriam se parecer, agir e até pensar. Isaac Asimov, escritor norte-americano reconhecido por seus trabalhos em ficção científica e ciência popular, produziu uma série de romances nos anos 1950 que sugeriam um conceito completamente diferente sobre os robôs do que aqueles usados nos ambientes industriais.

LEMBRE-SE

Asimov cunhou o termo *robótica* e o usou no mesmo sentido que as pessoas usam o termo *mecânica*. Sua imaginação poderosa ainda dita o padrão atualmente para as expectativas que as pessoas têm dos robôs. Asimov criou robôs, em uma época de exploração espacial, que usavam seus cérebros positrônicos para ajudar os humanos diariamente a realizar tarefas simples e extraordinárias. Um *cérebro positrônico* é um dispositivo ficcional que faz com que os robôs nos romances de Asimov ajam autonomamente e sejam capazes de auxiliar ou substituir os humanos em muitas tarefas. Além de oferecer recursos similares aos humanos na compreensão e ação (IA forte), o cérebro positrônico funciona sob as três leis da robótica como parte do hardware, controlando o comportamento dos robôs de uma forma moral:

1. Um robô não pode machucar um ser humano ou, através da inação, permitir que um humano venha a se machucar.
2. Um robô deve obedecer às ordens dadas a ele por seres humanos, exceto quando tais ordens entrem em conflito com a Primeira Lei.
3. Um robô deve proteger sua própria existência, desde que tal proteção não entre em conflito com a Primeira ou Segunda Lei.

Posteriormente, o autor adicionou uma regra zero, com maior prioridade sobre as outras, de modo a garantir que um robô agisse para favorecer a segurança de todos:

0. **Um robô não pode prejudicar a humanidade ou, por inação, permitir que a humanidade venha a ser prejudicada.**

Centrais às histórias de Asimov sobre robôs, as três leis permitem que os robôs trabalhem com os humanos sem qualquer risco de rebelião ou de um apocalipse da IA. Impossíveis de serem burladas ou modificadas, as três leis são executadas em ordem de prioridade e aparecem como formulações matemáticas nas funções do cérebro positrônico. Infelizmente, as leis têm problemas de brechas e ambiguidades, das quais surgem as tramas da maioria de seus romances. As três leis vieram de um livro ficcional *Manual de Robótica*, 56ª Edição, 2058 d.C., e se baseiam nos princípios de não violência, obediência e autossobrevivência.

Asimov imaginou um universo no qual você pode reduzir o mundo moral em uns poucos princípios, com alguns riscos que conduzem muitas das tramas de suas histórias. Na realidade, Asimov acreditava que os robôs são ferramentas e que as três leis poderiam funcionar mesmo no mundo real para controlar seu uso (para obter mais detalhes, leia esta entrevista concedida em 1981 para a revista *Compute!*: `https://archive.org/stream/1981-11-compute-magazine/Compute_Issue_018_1981_Nov#page/n19/mode/2up` [conteúdo em inglês]). No entanto, em afronta à visão otimista de Asimov, os robôs atuais não têm a capacidade de:

- Entender as três leis da robótica.
- Selecionar ações de acordo com as três leis.
- Perceber e reconhecer uma possível violação das três leis.

Algumas pessoas podem achar que os robôs atuais realmente não são muito inteligentes porque não têm essas capacidades, e elas estão certas. No entanto, o Engineering and Physical Sciences Research Council [Conselho de Pesquisas de Engenharia e Ciências Físicas] (EPSRC), a principal agência do Reino Unido em termos de financiamento de pesquisa em engenharia e ciências físicas, promoveu uma revisitação das leis de robótica de Asimov em 2010 para o uso com robôs reais, considerando a tecnologia atual. O resultado é muito diferente das declarações originais de Asimov (veja: `https://www.epsrc.ac.uk/research/ourportfolio/themes/engineering/activities/principlesofrobotics/`[conteúdo em inglês]). Esses princípios revisados admitem que os robôs podem até matar (por motivos de segurança nacional), porque são uma ferramenta. Assim como todas as outras ferramentas, obedecer à lei e aos códigos morais existentes depende do usuário humano, não da máquina, com o robô sendo percebido como um executor. Além disso, alguém (um ser humano) deveria sempre ser considerado responsável pelos resultados das ações dos robôs.

DICA

Os princípios da EPSRC oferecem um ponto de vista mais realístico sobre os robôs e sobre a moralidade, considerando a tecnologia de IA fraca em uso no momento, mas eles também poderiam oferecer uma solução parcial em cenários de tecnologia avançada. O Capítulo 14 discute os problemas relacionados a usar carros autodirigidos, um tipo de um robô móvel que dirige para você. Por exemplo, na exploração do *dilema do bonde*, naquele capítulo, você enfrenta problemas morais possíveis, porém improváveis, que desafiam a confiança em máquinas automatizadas quando é a vez de elas tomarem certas decisões.

Definindo os recursos reais dos robôs

Os recursos dos robôs existentes não apenas estão longe dos robôs humanoides encontrados nas obras de Asimov, mas também são de categorias diferentes. O tipo de robô bípede imaginado por Asimov é, atualmente, o mais raro e o menos avançado.

A categoria mais frequente de robôs é a dos braços robóticos, como o Unimate, mencionado anteriormente. Eles também são chamados de *manipuladores*. Você pode encontrá-los em fábricas, trabalhando como robôs industriais, onde montam e soldam com velocidade e precisão que não podem ser igualadas pelos trabalhadores humanos. Alguns manipuladores também aparecem em hospitais para auxiliar em cirurgias. Os manipuladores têm uma limitação de movimento, porque são fixos a uma estrutura (podem até conseguir se movimentar um pouco, mas não muito, pois não têm motores potentes ou precisam de conexão à rede elétrica), então é necessária a ajuda de técnicos especializados para movê-los para um novo local. Além disso, os manipuladores usados para a produção tendem a ser completamente automatizados (em contraste aos dispositivos cirúrgicos, que são controlados remotamente, dependendo do cirurgião para tomar as decisões). Existem mais de um milhão de manipuladores ao redor do mundo, metade deles no Japão.

A segunda maior categoria de robôs, e em crescimento, é a de *robôs móveis*. Sua especialidade, diferente da dos manipuladores, é a movimentação usando rodas, rotores, asas ou até mesmo pernas. Nessa grande categoria, você pode encontrar robôs que entregam comida (`https://oglobo.globo.com/economia/negocios/dominos-comecara-usar-robos-para-entregar-pizzas-na-europa-21131931`) ou livros (`https://tecnoblog.net/188674/amazon-prime-air-novo-drone/`) para empreendimentos comerciais e até na exploração de Marte (`https://oglobo.globo.com/sociedade/ciencia/robo-enviado-pela-nasa-marte-comemora-dois-anos-de-missao-13511322`). Na maioria das vezes, os robôs móveis não são tripulados (ninguém viaja com eles) e são controlados remotamente, mas a autonomia está crescendo, e você pode esperar ver mais robôs independentes nessa categoria. Dois tipos especiais de robôs móveis são os que voam, *os drones* (Capítulo 13), e os carros autodirigidos (Capítulo 14).

O último tipo de robôs é o *manipulador móvel*, que pode se mover (como os robôs móveis) e manipular (como os braços robóticos). O ápice dessa categoria não é feito apenas de um robô que se move e que tem um braço mecânico, mas que também imita a forma e o comportamento humano. O *robô humanoide* é um bípede (tem duas pernas) que tem um torso humano e se comunica por meio de voz e expressões. Esse tipo de robô é aquele sonhado pela ficção científica, mas não é fácil de ser desenvolvido.

Descobrindo por que é difícil ser um humanoide

Os robôs parecidos com humanos são difíceis de ser desenvolvidos, e os cientistas ainda estão trabalhando neles. Um robô humanoide não apenas exige recursos avançados de IA para torná-lo autônomo, mas também precisa se movimentar como uma pessoa. No entanto, o maior obstáculo é fazer com que os humanos aceitem uma máquina que se pareça com eles. As seções a seguir analisam vários aspectos a respeito da criação de um robô humanoide.

Criando um robô que caminha

Considere o problema de haver um robô que caminhe sobre duas pernas (um *robô bípede*). Isso é algo que os humanos aprendem a fazer com habilidade e sem um pensamento consciente, mas é muito problemático para um robô. Os robôs de quatro pernas se equilibram com facilidade e não consomem muita energia ao fazê-lo. Os humanos, por outro lado, consomem energia ao simplesmente ficar em pé, assim como ao se equilibrar e caminhar. Os robôs humanoides, como os humanos, precisam se equilibrar constantemente e fazem isso de maneira eficaz e econômica. De outro modo, o robô precisaria de baterias enormes, o que seria pesado e incômodo, dificultando ainda mais o problema do equilíbrio.

Um vídeo fornecido pelo IEEE Spectrum lhe dá uma ideia melhor do grau de desafio que o simples ato de caminhar pode gerar. O vídeo mostra os robôs envolvidos no DARPA Robotics Challenge (DRC) [Desafio de Robótica DARPA], um desafio promovido pela Agência de Projetos de Pesquisa Avançada do Departamento de Defesa dos EUA de 2012 a 2015: `https://www.youtube.com/watch?v=g0TaYhjpOfo`. O propósito do DRC é explorar os avanços robóticos que poderiam melhorar as operações em desastres e de ajuda humanitária em ambientes perigosos aos humanos (`https://www.darpa.mil/program/darpa-robotics-challenge` [conteúdo em inglês]). Por esse motivo, você pode observar robôs caminhando em tipos diferentes de terrenos, abrindo portas, pegando ferramentas como uma furadeira ou tentando girar válvulas. Um robô recentemente desenvolvido, o Atlas, do Boston Dynamics, é promissor, como descreve o artigo `https://tecnoblog.net/192054/nova-versao-robo-atlas/`. O robô Atlas é verdadeiramente excepcional, mas ainda tem um longo percurso à frente.

LEMBRE-SE

Um robô com rodas pode se mover facilmente em estradas, mas em certas situações, é necessário um robô com forma humana para atender a necessidades específicas. A maioria das infraestruturas do mundo e feita para ser percorrida por pessoas. A presença de obstáculos, como o tamanho da passagem ou a presença de portas e escadas, dificulta o uso de robôs com formatos diferentes. Por exemplo, durante uma emergência, um robô pode precisar entrar em uma estação de energia nuclear e fechar uma válvula. O formato humano permite que o robô caminhe pelo local, desça escadas e gire a válvula.

Superando a relutância humana: O vale da estranheza

Os humanos têm um problema com os robôs humanoides que parecem humanos demais. Em 1970, um professor do Instituto de Tecnologia em Tokyo, Masahiro Mori, estudou o impacto dos robôs na sociedade japonesa. Ele cunhou o termo *Bukimi no Tani Genshō*, que significa *o vale da estranheza*. Mori percebeu que, quanto mais realistas são os robôs, mais afinidade os humanos têm com eles. O aumento de afinidade permanece até que o robô alcance um certo grau de realismo, sendo que, nessa altura, começamos a desgostar deles tremendamente (e até sentir repulsa). A repulsa aumenta até que o robô alcance o nível de realismo que o torna uma cópia de um ser humano. Você pode ver essa progressão retratada na Figura 12-1 e descrita no artigo original de Mori em: `https://spectrum.ieee.org/automaton/robotics/humanoids/the-uncanny-valley` [conteúdo em inglês].

Várias hipóteses foram formuladas sobre os motivos para a repulsa que os humanos sentem ao lidar com um robô que é quase, mas não completamente, humano. Os sinais que os humanos usam para detectar robôs são o tom da voz robótica, a rigidez de movimentos e a textura artificial da pele. Alguns cientistas atribuem o vale da estranheza a motivos culturais, outros, a questões psicológicas ou biológicas. Um experimento recente realizado com macacos descobriu que os primatas podem passar por uma experiência semelhante quando são expostos a fotos processadas mais ou menos realistas de macacos feitas em tecnologia 3D: `https://www.wired.com/2009/10/uncanny-monkey/` [conteúdo em inglês]). Os macacos que participaram do experimento demonstraram uma leve aversão às fotos realistas, sugerindo um motivo biológico comum para o vale da estranheza. Uma explicação poderia, portanto, relacionar a reação de autoproteção contra seres negativamente percebidos com uma aparência não natural porque estão doentes ou até possivelmente mortos.

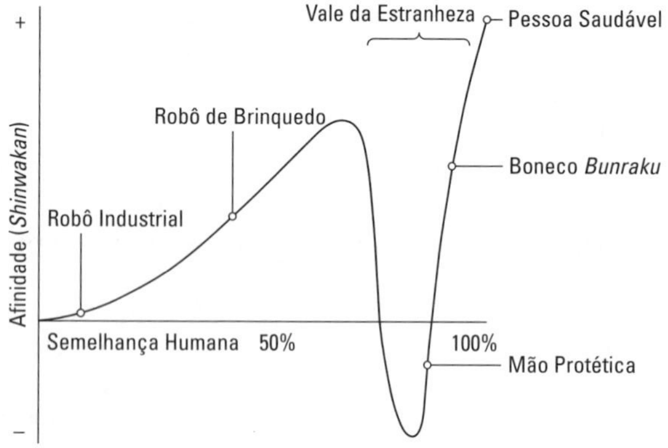

FIGURA 12-1: O vale da estranheza.

A questão interessante no vale da estranheza é que, se precisamos de robôs humanoides porque queremos que eles auxiliem os humanos, também devemos considerar seu nível de realismo e detalhes estéticos essenciais para alcançarmos uma reação emocional positiva que permitirá aos usuários aceitar a ajuda robótica. Observações recentes mostram que até os robôs com pouca semelhança humana geram um apego e criam laços por parte de seus usuários. Por exemplo, muitos soldados norte-americanos relatam um sentimento de perda quando seus pequenos robôs táticos de detecção e manipulação de explosivos são destruídos em ação. (Você pode ler um artigo sobre isso no MIT Technological Review: `https://www.technologyreview.com/s/609074/how-we-feel-about-robots-that-feel/`[conteúdo em inglês].)

Trabalhando com robôs

Tipos diferentes de robôs possuem aplicações diferentes. Conforme os humanos desenvolveram e melhoraram as três classes de robôs (manipulador, móvel e humanoide), novos campos de aplicação se abriram à robótica. Agora é impossível enumerar de forma abrangente todos os usos existentes para os robôs, mas as seções a seguir cobrem alguns dos usos mais promissores e revolucionários.

Enriquecendo a saída econômica

Os manipuladores, ou robôs industriais, ainda representam a maior porcentagem de robôs em operação no mundo. De acordo com o *World Robotics 2017*, um estudo compilado pela Federação Internacional de Robótica, no fim de 2016, mais de 1,8 milhões de robôs estavam em operação na indústria. (Leia um resumo do estudo aqui: `https://ifr.org/downloads/press/Executive_Summary_WR_2017_Industrial_Robots.pdf`. [conteúdo em inglês]) Os robôs industriais possivelmente atingirão a soma de 3 milhões até 2020 como resultado da grande expansão da automação na manufatura. Na verdade, as fábricas (como uma entidade) usarão os robôs para se tornar mais inteligentes, um conceito apelidado de *Indústria 4.0*. Graças ao uso difundido da internet, sensores, dados e robôs, as soluções da Indústria 4.0 permitem customizações mais fáceis e uma qualidade mais alta dos produtos em menos tempo do que elas conseguem realizar sem os robôs. De qualquer jeito, os robôs já operam em ambientes perigosos e em tarefas como solda, montagem, pintura e empacotamento, de forma mais rápida, com maior precisão e a custos menores do que é possível com os humanos.

Cuidando de você

Desde 1983, os robôs têm auxiliado os cirurgiões em operações difíceis ao realizar cortes precisos e exatos que apenas braços robóticos conseguem fazer. Além de oferecer um controle remoto das operações (deixando o cirurgião fora da sala de cirurgia para criar um ambiente mais estéril), o aumento nas cirurgias automatizadas está continuamente abrindo a possibilidade de operações cirúrgicas completamente automatizadas em um futuro próximo, como especulado neste artigo: `http://www.sabbatini.com/renato/papers/checkup-07.htm`.

Oferecendo serviços

Os robôs oferecem outros serviços de cuidado, em ambientes públicos e privados. O mais famoso deles, que trabalha em recintos fechados, é o aspirador Roomba, que limpa sua casa sozinho (é um campeão de vendas da robótica, com mais de 3 milhões de unidades vendidas), mas há outros robôs de serviço a serem considerados também:

- » **Entregas:** Um exemplo é o robô que faz entregas para a Domino's Pizza (`https://revistapegn.globo.com/Tecnologia/noticia/2017/03/dominos-usa-robo-para-entregar-pizzas-aos-clientes.html`).
- » **Cortar grama:** Há uma variedade incrível de robôs que cortam grama; você pode encontrar algum em sua loja local de jardinagem.

- **Informação e entretenimento:** Um exemplo é o Pepper, que pode ser encontrado em todas as lojas SoftBank no Japan (`https://tecnoblog.net/180170/robo-pepper-japao/`).
- **Cuidado de idosos:** Um exemplo de um robô que atende idosos é o Hector, financiado pela União Europeia (`http://www.ijn.com.br/noticias/ijn_20120819_robo-hector-scitos-g3-robot-metralabs-companionable-smart-homes-eu-european-union-uniao-europeia-aal-forum-2012-holanda-netherlands.php`).

Os robôs de apoio aos idosos estão longe de oferecer um auxílio geral da mesma forma que um enfermeiro. Eles se concentram nas tarefas cruciais, como lembretes de medicações, ajudar os pacientes a se locomover da cama para uma cadeira de rodas, checar as condições físicas do paciente, tocar um alarme quando algo estiver errado ou simplesmente fazer companhia. Por exemplo, o robô terapeuta Paro fornece uma terapia animal para idosos debilitados, como você pode ler neste artigo disponível em `https://www.bbc.com/portuguese/internacional-38182733`.

Aventurando-se em ambientes perigosos

Os robôs vão aonde as pessoas não podem ir ou a lugares que oferecem riscos a elas. Alguns têm sido enviados ao espaço (tendo como tentativas mais notáveis os veículos que foram à Marte, Opportunity e Curiosity, da NASA), e outros darão suporte à futuras explorações espaciais. (O Capítulo 16 discute sobre os robôs no espaço.) Muitos outros robôs permanecem na terra e são empregados em tarefas subterrâneas, como no transporte de minério em minas ou na geração de mapas de túneis em cavernas. Há, ainda, robôs subterrâneos que exploram sistemas de esgoto, como Luigi (nome inspirado no irmão de um famoso encanador dos videogames). O Luigi é um robô de vasculhamento de esgotos desenvolvido pelo Laboratório Senseable City do MIT para investigar a saúde pública em lugares a que pessoas não conseguem ir sem danos, por causa das altas concentrações de substâncias químicas, bactérias e vírus (confira `https://www.tecmundo.com.br/ciencia/111404-robo-chamado-luigi-entra-cano-coleta-esgoto-nome-ciencia.htm`).

Os robôs são até mesmo empregados em áreas em que os humanos certamente morreriam, por exemplo, em desastres nucleares como Three Mile Island, Chernobyl e Fukushima. Esses robôs removem materiais radioativos e deixam a área mais segura. A alta dose de radiação afeta até mesmo os robôs, porque a radiação causa ruído eletrônico e picos de sinal que prejudicam os circuitos com o tempo. Apenas os *componentes eletrônicos temperados por radiação* permitem que os robôs resistam aos efeitos da radiação o suficiente para realizar seu trabalho, como o Little Sunfish, um robô subaquático que opera em um dos reatores inundados de Fukushima (`https://revistagalileu.globo.com/Ciencia/noticia/2017/07/robo-encontra-combustivel-derretido-em-reator-de-fukushima.html`).

Além do mais, guerras e cenas criminais representam situações de risco à vida nas quais os robôs são muito usados para transportar armas ou desarmar bombas. Esses robôs também conseguem investigar pacotes que poderiam incluir muitas outras coisas perigosas, além de bombas. Modelos de robô como o PackBot da iRobot (da mesma empresa que fabrica o Rumba, o limpador da casa) ou o Talon da QinetiQ North America lidam com explosivos perigosos por controle remoto, o que significa que um especialista em explosivos controla suas ações a distância. Alguns robôs podem até agir no lugar de soldados ou da polícia em tarefas de reconhecimento ou intervenções diretas (por exemplo, a polícia de Dallas usou um robô para abater um atirador `http://g1.globo.com/mundo/noticia/2016/07/suspeito-de-ataque-em-dallas-diz-que-queria-matar-gente-branca.html`).

LEMBRE-SE

As pessoas esperam que os militares usem cada vez mais robôs no futuro. Além das considerações éticas dessas novas armas, é uma questão do velho modelo de armas x manteiga (`https://pt.talkingofmoney.com/what-does-guns-and-butter-refer-to`), o que significa que uma nação pode trocar o poder econômico pelo militar. Os robôs parecem cair como uma luva nesse modelo, mais ainda do que os armamentos tradicionais, que requerem pessoal treinado para operá-los. Usar os robôs significa que um país pode transformar sua capacidade produtiva imediatamente em um exército de robôs eficaz a qualquer momento, algo que a saga *Star Wars* demonstra bem demais.

Entendendo o papel dos robôs especialistas

Os robôs especialistas incluem os drones e os carros autodirigidos. Os drones são controversos por causa de seu uso na guerra, mas os veículos aéreos não tripulados (UAVs) também são utilizados para monitoramento, na agricultura e em muitas atividades menos ameaçadoras, como discutido no Capítulo 13.

As pessoas há tempos fantasiam sobre carros que dirigem sozinhos. Esses carros estão rapidamente se tornando realidade após as conquistas apresentadas no DARPA Grand Challenge. A maioria dos fabricantes de carros percebeu que conseguir produzir e comercializar carros autônomos poderia mudar o real equilíbrio econômico no mundo (daí a pressa para se chegar o mais rápido possível a um modelo de veículo que funcione: `https://tecnoblog.net/199867/uber-volvo-carros-autonomos/`). O Capítulo 14 analisa com mais detalhes os carros autônomos, sua tecnologia e suas implicações.

Montando um Robô Básico

Um panorama geral sobre os robôs não estará completo sem que se fale sobre como construir um, considerando a tecnologia atual e como a IA pode melhorar seu funcionamento. As seções a seguir discutem o básico sobre os robôs.

Considerando os componentes

O propósito de um robô é agir no mundo, então ele precisa de *efetores*, que são as pernas móveis ou as rodas, que fornecem o *recurso de locomoção*. Ele também precisa de braços e pinças para pegar, rotacionar, transformar (modificar a orientação fora de rotação) e, assim, oferecer *recursos de manipulação*. Ao falar sobre os recursos do robô para fazer algo, você também pode ouvir o termo *atuador*, usado de forma intercambiável com efetor. Um atuador é um dos mecanismos que compõem os efetores, permitindo um único movimento. Dessa forma, uma perna robótica tem atuadores diferentes, como os motores elétricos ou os cilindros hidráulicos que realizam os movimentos, como a orientação do pé ou dobrar o joelho.

Agir no mundo requer determinar sua composição e compreender qual o lugar do robô nele. Os sensores oferecem uma entrada que relata o que está acontecendo fora do robô. Dispositivos como câmeras, lasers, sonares e sensores de pressão medem o ambiente e reportam ao robô o que está acontecendo, bem como sugerem sua localização. Portanto, o robô consiste, principalmente, em um punhado de sensores e efetores. Tudo é planejado para funcionar junto usando uma arquitetura, que é exatamente o que compõe um robô. (Os sensores e efetores, na verdade, são peças mecânicas e eletrônicas que você pode usar como componentes individuais em aplicações diferentes.)

A arquitetura interna comum é feita de processos paralelos agrupados em camadas que se especializam em resolver um tipo de problema. O paralelismo é importante. Como seres humanos, percebemos um único fluxo de consciência e atenção; não precisamos pensar sobre funções básicas como a respiração, as batidas do coração e a digestão, pois esses processos acontecem por si mesmos em paralelo ao pensamento consciente. Com frequência podemos até realizar uma ação, como caminhar ou dirigir, enquanto falamos ou fazemos outra coisa (embora isso possa ser perigoso em algumas situações). O mesmo acontece com os robôs. Por exemplo, na arquitetura de três camadas, um robô tem muitos processos agrupados em três camadas, cada uma caracterizada por um tempo de reação diferente e uma complexidade de resposta:

- **Reativa:** Pega dados imediatos dos sensores, os canais de percepção do mundo, e reage imediatamente a problemas repentinos (por exemplo, virar logo após uma esquina porque o robô baterá em uma parede).
- **Executiva:** Processa os dados de entrada dos sensores, determina se o robô está no mundo (uma função importante chamada de localização) e decide qual ação executar, considerando as exigências da camada anterior, a reativa, e da seguinte, a deliberativa.
- **Deliberativa:** Faz planos sobre como realizar tarefas tais quais o planejamento de como ir de um ponto a outro e decidir qual sequência de ações realizar para pegar um objeto. Esta camada se transforma em uma série de exigências para o robô que a camada executiva realiza.

Outra arquitetura popular é a de pipeline, geralmente encontrada em carros autodirigidos, que simplesmente divide os processos paralelos do robô em fases separadas como a detecção, a percepção (que sugere a compreensão do que você detecta), o planejamento e o controle.

Detectando o mundo

O Capítulo 14 discute com mais detalhes sobre os sensores e apresenta aplicações práticas para ajudar a explicar os carros autônomos. Há muitos tipos de sensores, com alguns focando o mundo exterior, e outros, o próprio robô. Por exemplo, um braço robótico precisa saber quanto de seu braço está estendido ou se ele alcançou o limite de sua extensão. Além do mais, alguns sensores são ativos (buscam ativamente informações com base em uma decisão do robô), enquanto outros são passivos (eles recebem as informações constantemente). Cada sensor apresenta uma entrada eletrônica que o robô pode usar ou processar de imediato para obter percepção.

A *percepção* envolve a construção de um mapa local de objetos do mundo real e a determinação da localização do robô em uma mapa mais geral do mundo conhecido. A combinação dos dados de todos os sensores, um processo chamado de *fusão de sensores*, cria uma lista de fatos básicos para que o robô utilize. O aprendizado de máquina ajuda neste caso ao fornecer algoritmos de visão usando o aprendizado profundo para reconhecer objetos e imagens segmentadas (como discutido no Capítulo 11). Ele também une todos os dados em uma representação significativa ao usar algoritmos de aprendizado de máquina não supervisionado. Essa é uma tarefa chamada de *incorporação de baixa dimensão*, que significa traduzir dados complexos de todos os sensores em um único mapa plano ou em outras representações. Determinar a localização de um robô é chamado de *mapeamento e localização simultânea (Simultaneous Localization and Mapping — SLAM)* e é exatamente igual a quando você vê um mapa para entender em qual parte da cidade está.

Controlando um robô

Após a detecção providenciar todas as informações necessárias, o planejamento oferece ao robô uma lista das ações certas a serem tomadas para que alcance seus objetivos. O planejamento é feito programaticamente (usando-se um sistema especialista, por exemplo, como descrito no Capítulo 3) ou pelo uso de um algoritmo de aprendizado de máquina, como as redes Bayesianas, como descrito no Capítulo 10. Os desenvolvedores estão testando o uso de aprendizado por reforço (o aprendizado de máquina com base na tentativa e erro), mas um robô não é uma criancinha (que também usa a tentativa e erro para aprender a andar). Os testes podem se mostrar um desperdício de tempo, frustrantes e caros na criação automática de um plano, porque o robô pode ser danificado no processo.

Finalmente, o planejamento não é uma simples questão de algoritmos inteligentes, pois, quando ele é executado, as coisas nem sempre são como planejadas. Pense nessa questão a partir de uma perspectiva humana. Quando você tem seus olhos vendados, mesmo que queira caminhar em linha reta, não conseguirá, a menos que tenha uma fonte constante de correções. O resultado é que você começa a caminhar em círculos. Suas pernas, que são os atuadores, nem sempre executam as instruções perfeitamente. Os robôs enfrentam o mesmo problema. Além disso, eles enfrentam questões como atrasos no sistema (tecnicamente denominado *latência*) ou não executam as instruções no momento exato, desta forma bagunçando as coisas. No entanto, com mais frequência, a questão é um problema com o ambiente do robô, em uma das seguintes maneiras:

- **Incerteza:** O robô não está seguro de onde está, ou ele pode observar a situação parcialmente, mas não consegue entendê-la com exatidão. Por causa da incerteza, os desenvolvedores dizem que o robô opera em um *ambiente estocástico*.
- **Situações adversárias:** Pessoas ou objetos móveis estão no caminho. Em algumas situações, esses objetos se tornam até hostis (veja `http://www.businessinsider.com/kids-attack-bully-robot-japanese-mall-danger-avoidance-ai-2015-8` [conteúdo em inglês]). Este é o *problema multiagente*.

LEMBRE-SE

Os robôs precisam operar em ambientes parcialmente desconhecidos, alteráveis, quase sempre imprevisíveis e em um fluxo constante, o que significa que todas as ações estão encadeadas e que o robô precisa gerenciar de maneira contínua o fluxo de informações e ações em tempo real. Conseguir se ajustar a esse tipo de ambiente não pode ser totalmente previsto ou programado, e tal ajuste exige recursos de aprendizado, que os algoritmos de IA fornecem cada vez mais aos robôs.

» Diferenciando drones militares e civis

» Descobrindo os possíveis usos dos drones

» Determinando o que a IA pode oferecer aos drones

» Reconhecendo regulações e limitações da operabilidade de drones

Capítulo **13**

Voando com Drones

Os drones são robôs móveis que se movimentam voando por aí. Inicialmente relacionado à guerra, eles se tornaram uma inovação poderosa para o lazer, a exploração, as entregas comerciais e muito mais. No entanto, a pesquisa militar ainda está por trás dos desenvolvimentos e causa preocupação por parte de muitos especialistas em IA e de figuras públicas, que preveem os drones como possíveis máquinas incontroláveis de matança.

Voar é algo que as pessoas têm feito desde que os irmãos Wright voaram pela primeira vez no dia 17 de dezembro de 1903 (confira `https://www.ebiografia.com/irmaos_wright/`). No entanto, os humanos sempre quiseram voar, e pensadores lendários como Leonardo da Vinci, um gênio Renascentista (você pode explorar mais esse assunto com a leitura deste artigo: `https://www.wdl.org/pt/item/19477/`), mergulharam de cabeça na tarefa. A tecnologia de voo é avançada, então os drones são mais maduros que outros robôs móveis, porque a tecnologia essencial para construí-los é bem compreendida. O desafio agora é incorporar a IA aos drones. Movimentar-se pelo voo apresenta alguns limites importantes a respeito do que pode ser alcançado pelos drones, como o peso que podem carregar ou as ações que podem praticar ao chegar em um destino.

Este capítulo discute o estado atual dos drones: para uso doméstico, comercial e militar. Ele também explora o papel que os drones podem assumir no futuro. Esses papéis dependem parcialmente da integração com soluções de IA, que hes concederão mais autonomia e recursos estendidos em termos de movimentação e operação.

Reconhecendo a Tecnologia de Ponta

Os drones são robôs móveis que voam e existem há um longo tempo, especialmente para usos militares (de onde surgiu a tecnologia). O nome militar oficial para essas máquinas voadoras é Sistema de Aeronave Não Tripulada (UAS — Unmanned Aircraft System). Com mais frequência, o público conhece mais esses robôs móveis como "drones" [zangão, em inglês], porque seu barulho se parece com o de um zangão, mas você não verá esse termo em artigos oficiais, porque eles preferem termos como UAS, ou Veículos Não Tripulados de Combate Aéreo (UACV — Unmanned Aerial Combat Vehicles), Veículos Aéreos Não Tripulados (UAV — Unmanned Aerial Vehicles) ou até RPA (Remotely Piloted Aircraft ou Aeronave Pilotada Remotamente).,

DICA

Um nome carrega muita coisa. Este artigo da ABC News pode ajudá-lo a entender acrônimos e nomes oficiais comuns reservados para os drones: `http://www.abc.net.au/news/2013-03-01/drone-wars-the-definition-dogfight/4546598` [conteúdo em inglês]. Confira também este artigo em português: `https://www.molrc.com/terminologia-dos-drones/`.

Voando sem tripulação para missões

Com a aparência de um avião normal (mas geralmente menor), os drones militares são asas voadoras, isto é, eles têm asas e uma ou mais hélices (ou motores a jato), sendo, até certo ponto, muito diferentes dos aviões que os civis usam para viajar. As versões militares dos drones estão agora em sua sexta geração, como descrito em `https://br.sputniknews.com/defesa/2018072011767087-russia-caca-sexta-geracao-okhotnik-drone/`. Os operadores de drones militares recebem as informações de telemetria e visão transmitidas a partir dos drones que controlam, e eles podem usar essa informação para operar a máquina através de comandos específicos. Alguns drones militares realizam tarefas de monitoramento e reconhecimento, sendo assim, apenas carregam câmeras e outros dispositivos para obter as informações. Outros são equipados com armas e podem conduzir ataques mortais contra seus alvos. Algumas dessas aeronaves mais mortais se equiparam aos recursos das aeronaves tripuladas (veja `https://www.military.com/defensetech/2014/11/20/navy-plans-for-fighter-to-replace-the-fa-18-hornet-in-2030s` [conteúdo em inglês]) e podem viajar a qualquer lugar — até mesmo a lugares aonde um piloto teria dificuldades para ir (`https://canaltech.com.br/seguranca/Robos-voadores-conheca-um-pouco-sobre-a-tecnologia-dos-drones-miliares/`).

Os drones militares têm uma longa história. Quando exatamente foi seu início é motivo de muitos debates, mas a Marinha Real começou a usar aviões parecidos com os drones para prática de alvos nos anos 1930 (para obter mais detalhes, acesse `https://dronewars.net/2014/10/06/rise-of-the-reapers-a-brief-history-of-drones/`[conteúdo em inglês]). Os EUA usam drones reais regularmente desde 1945 como alvos (para mais detalhes, acesse `http://www.designation-systems.net/dusrm/m-33.html` [conteúdo em inglês]). Começando em 1971, os pesquisadores passaram a usar os drones de colecionadores amadores para propósitos militares. John Stuart Foster Jr., físico nuclear que trabalhou para o governo dos EUA, tinha uma paixão por aeromodelismo e teve a ideia de acrescentar armas neles. Isso levou ao desenvolvimento de dois protótipos feitos pela Agência de Projetos de Pesquisa Avançada da Defesa dos EUA (Defense Advanced Research Projetcs Agency — DARPA) em 1973, mas o uso de drones similares por Israel na última década nos conflitos no Oriente Médio foi o que despertou interesse no desenvolvimento avançado de drones militares. O interessante é que 1973 foi o ano em que os militares derrubaram um drone pela primeira vez, usando laser, entre todas as possibilidades (veja o artigo da Popular Science article em `https://www.popsci.com/laser-guns-are-targeting-uavs-but-drones-are-fighting-back` e da Popular Mechanics article at `http://www.popularmechanics.com/military/research/a22627/drone-laser-shot-down-1973/`para mais detalhes [ambos com conteúdo em inglês]). A primeira morte causada por drones ocorreu em 2001 no Afeganistão (confira `https://www.theatlantic.com/international/archive/2015/05/america-first-drone-strike-afghanistan/394463/`[conteúdo em inglês]). Obviamente, havia um operador humano do outro lado do gatilho.

As pessoas discutem se os drones militares deveriam ou não receber os recursos da IA. Algumas acham que isso significaria que os drones poderiam trazer destruição e matar pessoas usando seu próprio sistema de tomada de decisões. No entanto, os recursos da IA também poderiam habilitar os drones a evitar a destruição mais facilmente ou realizar outras tarefas não destrutivas, da mesma forma que a IA guia os carros hoje em dia. Ela poderia até estabilizar os movimentos do piloto em climas adversos, como o sistema da Vinci funciona com os médicos (veja a seção "Auxiliando um cirurgião" no Capítulo 7 para obter mais detalhes). No momento, os drones militares com poder de matar também são controversos, porque a IA poderia tornar o ato da guerra abstrato e desumanizá-la ainda mais, reduzindo-a a imagens transmitidas pelos drones aos seus operadores e aos comandos emitidos remotamente. Sim, o operador ainda tomaria a decisão de matar, mas o drone realizaria o ato em si, distanciando o operador da responsabilidade do ato.

DICA

As discussões a respeito dos drones militares são essenciais neste capítulo, pois elas se interconectam com o desenvolvimento de drones civis e influenciam muito da discussão atual sobre essa tecnologia junto à opinião pública. Além disso, conceder uma autonomia total aos drones militares inspira histórias sobre um apocalipse da IA que surgiram fora do campo da ficção científica e se tornaram uma preocupação para o público. Para um panorama geral mais técnico sobre os modelos e recursos, veja este artigo da Deutsche Welle: `http://www.dw.com/en/a-guide-to-military-drones/a-39441185` [conteúdo em inglês].

Conhecendo o quadricóptero

Muitas pessoas ouviram primeiro sobre os drones quadricópteros para consumidores e colecionadores amadores, depois sobre os drones quadricópteros comerciais (como aquele empregado pela Amazon em seu serviço de entregas por drones, Prime Air) por causa da revolução dos telefones móveis. Atualmente, a maioria dos drones militares não e do tipo cópteros, mas você pode encontrar alguns, como o TIKAD da Universidade Duke, descrito e demonstrado em `https://www.pilotopolicial.com.br/duke-robotics-fabrica-o-drone-tikad-chamado-de-soldado-do-futuro/`. Os drones cópteros, na verdade, começaram como protótipos de colecionadores amadores.

Porém, os telefones móveis foram fundamentais para a realização de todo esse trabalho. Conforme eles foram diminuindo, suas baterias também se tornaram menores e mais leves. Eles também portam câmeras miniaturizadas e conexões sem fio — todos recursos necessários em um drone contemporâneo. Algumas décadas atrás, os drones pequenos tinham inúmeras limitações:

» Eram controlados por rádio, e os controles eram enormes.

» Precisavam de uma linha de visada (ou teriam que voar às cegas).

» Eram pequenos aviões com asas fixas (sem a capacidade de pairar).

» Funcionavam com motores barulhentos que rodavam a óleo ou diesel (limitando seu alcance e facilidade de uso).

Recentemente, as baterias leves de polímero de lítio têm permitido aos drones:

» Funcionar com motores elétricos mais confiáveis, silenciosos e menores.

» Ser controlados por controles remotos sem fio.

» Usar sinais de feedback de vídeo a partir dos drones (sem a necessidade da linha de visada).

Os drones agora também possuem GPS, acelerômetros e giroscópios — todos surgidos como parte de telefones móveis de consumo. Essas funções ajudam a controlar a posição, o nível e a orientação, algo que pode ser útil para os aplicativos de celular, mas também são essenciais para os drones voadores.

Graças a todas essas melhorias, os drones deixaram de ter asas fixas, parecidos com modelos de avião, e passaram a se assemelhar aos helicópteros, porém usando rotores múltiplos para erguerem-se no ar e tomar alguma direção. O uso de vários rotores cria uma vantagem. Diferentemente dos helicópteros, os drones não precisam de rotores com pitch variável. Os rotores com pitch variável custam mais e são mais difíceis de controlar. Os drones, por sua vez, usam hélices de pitch fixo, que podem imitar, como um conjunto, as mesmas funções dos rotores de pitch variável. Como consequência, agora vemos drones com multirrotores: tricópteros, quadricópteros, hexacópteros e octacópteros, respectivamente tendo 3, 4, 6 ou 8 rotores para uso. Entre as possíveis configurações diferentes, o quadricóptero saiu na dianteira e tornou-se a configuração de drone mais popular para uso comercial e civil. Com base em quatro rotores (pequenos), cada um orientado para uma direção, um operador consegue fazer o drone se movimentar e virar facilmente, ao aplicar rotações e velocidades diferentes em cada rotor, como apresentado na Figura 13-1.

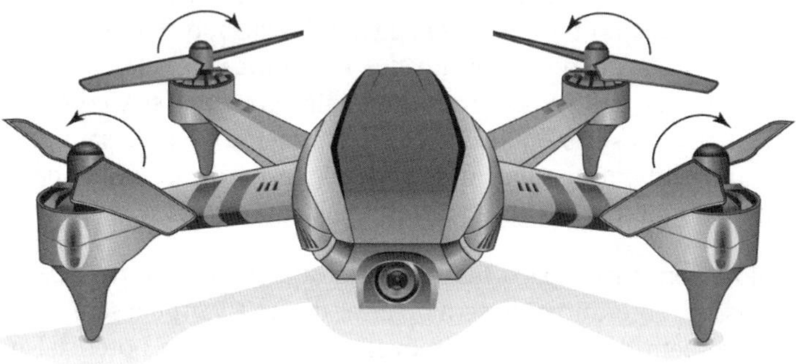

FIGURA 13-1: Um quadricóptero voa ao girar seus rotores nas direções certas.

Definindo os Usos para os Drones

Cada tipo de drone tem suas aplicações atuais e futuras, tendo, como consequência, oportunidades diferentes para empregar a IA. Os drones militares grandes e pequenos já têm seu desenvolvimento paralelo em termos de tecnologia, e esses drones possivelmente terão mais usos para vigilância, monitoramento e ações militares no campo. Os especialistas preveem que os usos militares serão possivelmente ampliados para os drones pessoais e comerciais, que em geral usam uma tecnologia diferente do que os drones militares. (Há algumas similaridades, como o TIKAD da Universidade Duke, nascido no mundo dos colecionadores amadores.)

À exceção de usos nocivos de drones customizáveis pequenos e baratos por insurgentes e grupos terroristas, veja `https://www.tecmundo.com.br/drones/110479-estado-islamico-usa-drone-explosivo-eliminar-`

-soldados-curdos.htm), os governos estão aumentando o interesse pelos drones menores para o combate urbano e em ambientes fechados. Lugares fechados, como corredores ou cômodos, impõem limites aos recursos de intervenção dos drones militares com tamanho de aeronaves, como o Predator e o Reaper (a não ser que você queira derrubar o prédio inteiro). O mesmo se dá para drones exploradores, como o Raven e o Puma, pois eles são feitos para as operações em campos abertos de batalha, e não para o combate em lugares fechados. (Você pode ler uma análise detalhada dessa possível revolução militar de drones de consumo até então inofensivos neste artigo da revista *Wired:* https://www.wired.com/2017/01/military-may-soon-buy-drones-home/[conteúdo em inglês].)

Falta muito para os drones comerciais poderem sair das prateleiras das lojas e ser empregados imediatamente no campo de batalha, embora eles ofereçam a plataforma certa para que os militares desenvolvam várias tecnologias com seu uso. Uma razão importante para que os militares usem drones comerciais é que os produtos disponíveis nas lojas são, em sua maioria, baratos, quando comparados aos armamentos padrão, tornando-os, ao mesmo tempo, fáceis de ser descartados e empregados em grupos grandes. Fáceis de ser pirateados e modificados, eles exigem mais proteção do que as versões militares mais robustas (sua comunicação e controle podem ser bloqueados eletronicamente), e precisam da integração de algum software essencial com peças de hardware antes de ser usados de maneira efetiva em qualquer missão.

Pilotar em um espaço fechado exige habilidades aprimoradas, para evitar colisões, obter direções sem precisar de um GPS (pois seus sinais não pegam muito bem dentro de um imóvel) e enfrentar um potencial inimigo. Além disso, os drones precisariam de habilidades de mira para reconhecimento (identificar emboscadas e ameaças) e para eliminar alvos por si sós. Características tão avançadas assim não estão presentes na atual tecnologia comercial, e elas precisariam de uma solução de IA desenvolvida especificamente para esse propósito. Pesquisadores militares estão ativamente desenvolvendo essas adições necessárias para obter vantagem militar. Desenvolvimentos recentes em redes inteligentes de aprendizado profundo instaladas em telefones móveis comuns, como a YOLO (https://pjreddie.com/darknet/yolo/) ou a MobileNets do Google (https://research.googleblog.com/2017/06/mobilenets-open-source-models-for.html [ambos os links com conteúdo em inglês]), mostram a possibilidade de incluir uma IA avançada em um drone pequeno com base nos atuais avanços da tecnologia.

Vendo os drones em funções não militares

Atualmente, os drones comerciais não têm muito a oferecer em termos da funcionalidade avançada presente nos modelos militares. Um drone comercial poderia tirar uma foto de você e de seus arredores de uma perspectiva aérea. No entanto, mesmo com os drones comerciais, alguns usos inovadores se tornarão muito comuns no futuro próximo:

- » Entregar bens dentro do prazo, independentemente do trânsito (sendo desenvolvido por Google X, Amazon e muitas startups).
- » Realizar monitoramento de manutenção e gerência de projeto.
- » Avaliar vários tipos de prejuízos para seguros.
- » Criar mapas de campos e contar rebanhos para fazendeiros.
- » Auxiliar em operações de busca e regate.
- » Fornecer acesso à internet em áreas remotas e sem conexão (uma ideia sendo desenvolvida pelo Facebook).
- » Gerar eletricidade a partir de ventos em altitudes elevadas.
- » Transportar pessoas de um lugar para outro.

A entrega dos produtos feitas por um drone é algo que chegou logo cedo à atenção do público, graças à promoção feita por grandes empresas. Uma das primeiras e mais reconhecidas a inovar é a Amazon (que promete que o serviço de entrega por drones, o Amazon Prime Air, estará funcionando em breve). O Google promete um serviço similar com seu Project Wing (`https://tecnoblog.net/187382/google-project-wing-entrega-drones/`). Porém, podemos ainda estar a anos de distância de termos um sistema de entregas viável e com escalabilidade baseado em drones.

LEMBRE-SE

Mesmo que a ideia fosse cortar intermediários na cadeia logística de uma forma lucrativa, muitos problemas técnicos e ambiguidades regulatórias ainda precisam ser resolvidos. Por trás da ideia do sensacionalismo da mídia, mostrando drones entregando pequenos pacotes e outros itens, como pizzas ou lanches, em alguns locais específicos de modo experimental (`https://www1.folha.uol.com.br/mercado/2014/08/1507826-google-testa-entregas-por-drones-na-australia.shtml`), a verdade é que os drones não podem voar para muito longe, nem carregar muito peso. O maior problema evolve a regulação dos voos de muitos drones ao mesmo tempo, todos precisando levar alguma coisa de um ponto ao outro. Há questões óbvias, tais qual evitar obstáculos como linhas elétricas, prédios e outros drones, enfrentar clima ruim e encontrar um local apropriado para pousar perto de você. Os drones também precisariam evitar o espaço aéreo sensível e cumprir com todos os requerimentos regulatórios necessários. A IA será a chave para solucionar muitos desses problemas, mas nem todos. Por enquanto, os drones de entregas parecem funcionar bem em uma escala pequena para entregas mais cruciais do que receber um lanche fresquinho em sua casa: `http://g1.globo.com/mundo/noticia/2016/10/drones-vao-transportar-sangue-para-salvar-vidas-em-ruanda.html`.

Os drones podem se tornar seus olhos, oferecendo visão em situações em que é muito caro, perigoso ou difícil ver com seus próprios olhos. Controlados remotamente ou de forma semiautônoma (usando soluções de IA para a detecção de imagens ou o processamento de dados de sensores), os drones conseguem monitorar, manter, vigiar ou fazer buscas e regaste porque conseguem ver uma infraestrutura de cima e acompanhar e apoiar operadores humanos em suas atividade sob demanda. Por exemplo, os drones já inspecionaram linhas de alta tensão, tubulações (`http://www.pasa.com.br/2016/rpas_espacos_abertos.asp`) e infraestruturas de linhas de trem (`http://observatoriometroferro.ufsc.br/2017/03/27/uso-de-drones-no-setor-ferroviario-reduz-custos-em-ate-22/`), permitindo o monitoramento mais frequente e com menos custos de infraestruturais vitais, porém sem acesso fácil. Até mesmo as corretoras de seguro consideram os drones úteis para avaliações de danos (`https://www.revistaapolice.com.br/2017/09/drones-gerenciamento-risco-brasil/`).

Forças policiais e socorristas ao redor do mundo perceberam a utilidade dos drones para uma variedade de atividades, de operações de busca e resgate até a detecção de fogo nas florestas e localização, de missões de controle de fronteira até o monitoramento de multidões. A polícia está encontrando novas maneiras de usar os drones (`https://www.pilotopolicial.com.br/drones-entram-de-vez-na-atuacao-dos-policiais/`), incluindo descobrir infratores de trânsito (veja o artigo disponível em `https://quatrorodas.abril.com.br/noticias/drones-vao-gerar-multas-para-motoristas-infratores/`).

A agricultura é outra área importante na qual os drones estão revolucionando o trabalho. Além de monitorar plantações, relatar o progresso e identificar problemas, eles também aplicam pesticidas ou fertilizantes apenas onde e quando necessário, como descrito pela revista *MIT Technology Review* (`https://www.technologyreview.com/s/526491/agricultural-drones/`[conteúdo em inglês]). Os drones oferecem imagens mais detalhadas e menos caras do que aquelas de um satélite orbital, e podem ser empregados rotineiramente para:

- Analisar o solo e mapear o resultado com o uso de análise de imagem e escâneres 3D a laser para tornar a semeadura e o plantio mais eficazes.
- Controlar o plantio ao controlar os movimentos dos tratores.
- Monitorar o crescimento da plantação em tempo real.
- Lançar químicos quando e onde necessários.
- Irrigar quando e onde necessário.
- Avaliar a saúde da plantação através de visão infravermelha, algo impossível ao fazendeiro.

A *agricultura de precisão* usa os recursos da IA para movimentação, localização, visão e detecção, e poderia aumentar a produtividade agrícola (plantações mais saudáveis e mais comida para todos) enquanto diminui os custos de intervenção (não é necessário lançar os pesticidas em todos os lugares).

Os drones podem realizar feitos ainda mais incríveis. A ideia é mover as infraestruturas existentes para o céu com o uso de drones. Por exemplo, o Facebook pretende oferecer conexões à internet (`http://g1.globo.com/tecnologia/noticia/2015/03/facebook-desenvolve-drones-para-levar-internet-lugares-sem-conexao.html`), onde os cabos de comunicação ainda não chegaram ou estão estragados, por meio de drones especiais do tipo Aquila (`https://tecnoblog.net/182684/facebook-drone-aquila/`). Também há planos de usar os drones para transportar pessoas, substituindo os meios comuns de transporte, como o carro (`https://oglobo.globo.com/economia/dubai-inicia-testes-de-servico-de-taxi-com-drones-voadores-autonomos-21867967`). Outra possibilidade é produzir eletricidade em altitudes elevadíssimas, onde os ventos são mais fortes e ninguém protestaria contra o barulho do rotor (`https://economia.uol.com.br/noticias/bloomberg/2017/04/11/drones-voadores-que-geram-energia-com-vento-recebem-apoio-da-eon.htm`).

Incrementando os drones com a IA

Com respeito a todas as aplicações dos drones, sejam relacionadas aos consumidores, aos negócios ou aos militares, a IA não apenas permite esse cenário, mas também é seu divisor de águas. Ela permite que muitas aplicações sejam possíveis ou executadas melhor pela autonomia otimizada e pelos recursos de coordenação. Raffaello D'Andrea, engenheiro canadense/italiano/suíço, professor de sistemas dinâmicos e controle no Instituto Federal de Tecnologia de Zurique, o ETH Zurich, além de ser inventor de drones, demonstra os avanços dessa tecnologia neste vídeo: `https://www.youtube.com/watch?v=RCXGpEmFbOw`. Esse vídeo demonstra como os drones podem se tornar mais autônomos ao usar algoritmos de IA. A *autonomia* afeta o modo como um drone voa, reduzindo o papel dos humanos de enviar comandos a ele ao lidar automaticamente com a detecção de obstáculos e permitindo uma navegação em áreas complicadas. A *coordenação* sugere a habilidade dos drones de trabalhar juntos sem uma unidade central à qual se reportar e da qual obter instruções, tornando-os capazes de trocar informações e cooperar em tempo real para completar qualquer tarefa.

Levada a seu extremo, a autonomia pode até excluir totalmente os humanos da condução dos drones para que a máquina voadora possa determinar a rota a ser tomada e executar tarefas específicas por conta. (Os humanos dão apenas ordens de alto nível.) Quando não são conduzidos por um piloto, os drones usam GPS para estabelecer os melhores caminhos a seu destino, mas isso é possível apenas em espaços abertos, e nem sempre é preciso. O uso em locais fechados cria um aumento na necessidade pela precisão de voo, o que exige um uso aumentado de outras entradas de sensores que ajudam o drone a entender a *proximidade ao redor* (os elementos de um prédio, como a protusão de uma parede, que poderia causar sua queda). Os sensores mais baratos e leves desse tipo são as câmeras que a maioria dos drones comerciais já tem instalada como um aparelho padrão. Porém, ter uma câmera não é suficiente, pois é necessário ter proficiência no processamento de imagens através do uso de técnicas de visão de computador e de aprendizado profundo (discutidos neste livro, por exemplo, no Capítulo 11, ao falarmos sobre as redes convolucionais).

As empresas esperam pela execução autônoma de tarefas realizadas pelos drones, por exemplo, habilitando-os a entregar uma encomenda de um depósito até o consumidor, lidando com qualquer problema que apareça no caminho. (Assim como os robôs, algo sempre dá errado, de modo que o dispositivo deve resolver usando a IA na hora.) Os pesquisadores no Laboratório de Propulsão a Jato da Nasa em Pasadena, Califórnia, fizeram testes recentes comparando o voo automatizado de drones com o de um piloto de drones altamente qualificado (veja mais detalhes em `https://www.nasa.gov/feature/jpl/drone-race-human-versus-artificial-intelligence` [conteúdo em inglês]). O interessante é que o piloto humano levou a melhor nesse teste, até que ficou cansado, momento em que os drones mais lentos, mais estáveis e menos passíveis ao erro o alcançaram. No futuro, você pode esperar o mesmo que ocorreu com o xadrez e os jogos Go: drones automatizados superarão os humanos como pilotos de drones tanto em termos de habilidades de voo como de resistência.

Poderíamos levar a coordenação aos extremos também, permitindo centenas, se não milhares, de drones voando juntos. Tal recurso poderia fazer sentido para os drones comerciais e de consumo quando eles estiverem enchendo os céus. Usar a coordenação seria benéfico em termos de evitar colisões, compartilhamento de informações sobre obstáculos e análise de tráfego de uma maneira parecida com a que é usada por carros interconectados e automatizados parcial ou totalmente (o Capítulo 14 fala sobre os carros conduzidos pela IA).

Repensar os algoritmos existentes de drones já é algo que está acontecendo, e algumas soluções para a coordenação das atividades dos drones já existem. Por exemplo, o MIT desenvolveu recentemente um algoritmo de coordenação descentralizada para os drones (acesse `https://www.techtudo.com.br/noticias/noticia/2016/04/nova-tecnica-permite-controlar-varios-drones-ao-mesmo-tempo-conheca.html`). A maior parte das pesquisas, no entanto, está acontecendo sem ser noticiada, porque um dos usos possíveis da coordenação dos drones tem natureza militar. Os enxames de drones podem ser mais eficazes para penetrar defesas inimigas sem serem percebidos e realizar ações de ataque difíceis de serem combatidas. O inimigo não terá mais apenas um único drone grande no qual mirar, mas centenas de dronezinhos voando por aí. Há soluções para acabar com ameaças desse tipo (veja http://www.popularmechanics.com/military/weapons/a23881/the-army-is-testing-a-real-life-phaser-weapon/[conteúdo em inglês]). Um teste recente com um enxame de 100 drones (modelo Perdix, customizado para o Departamento de Defesa dos EUA) lançados de um F/A-18 Super Hornets e executando missões de reconhecimento e interceptação foi tornado público, (https://www.technologyreview.com/s/603337/a-100-drone-swarm-dropped-from-jets-plans-its-own-moves/[conteúdo em inglês]), mas outros países também estão envolvidos nessa nova corrida armamentista.

ENTENDENDO A ORIENTAÇÃO DE ENSINO

Uma grande parte deste livro fala sobre a criação de um ambiente e do fornecimento de dados para que a IA possa aprender. Além disso, você passa um bom tempo considerando o que é ou não possível usando uma IA a partir de uma perspectiva puramente de ensino. Algumas partes do livro até consideram como a moralidade e a ética se aplicam à IA e a seus usuários humanos. No entanto, a orientação do ensino oferecido a uma IA também é importante.

No filme *Jogos de Guerra*, o computador WOPR (Plano de Reação em Operação de Guerra) contém uma IA forte capaz de determinar as melhores ações ao reagir contra uma ameaça. Durante a parte inicial do filme, o WOPR deixa de ser um mero conselheiro e passa a ser o executor da ordem. Então aparece um hacker que propõe um jogo: uma guerra termonuclear. Infelizmente, o WOPR pressupõe que todos os jogos são reais e de fato começa a criar um plano para se engajar em uma guerra termonuclear com a União Soviética. O filme parece estar prestes a confirmar os piores medos que poderiam existir a respeito da IA e da guerra.

A parte esquisita desse filme é que o hacker, que foi descoberto e agora está trabalhando para o lado bom, inventa um método para ensinar a IA o exercício de futilidade. Isto é, a IA entra em um ambiente no qual ela aprende que ganhar alguns jogos — jogo da velha, neste caso — não é possível. Não importa quão bom você seja, o jogo sempre acaba em empate. Então, a IA testará seu novo aprendizado sobre guerra termonuclear. No fim, ela conclui que a única forma de vencer é não jogar.

A maioria das histórias que você ouve na mídia, das ficções científicas que você lê e dos filmes que assiste nunca considera o ambiente de aprendizado. Contudo, ele é uma parte essencial da equação, porque como você configura o ambiente determina o que a IA aprenderá. Ao lidar com equipamentos militares, provavelmente será uma boa ideia ensinar a IA a vencer, mas também mostrá-la que em alguns cenários simplesmente não dá para ganhar, então a melhor jogada será nem jogar.

LEMBRE-SE

Quando o empreendedor Elon Musk, o cofundador da Apple, Steve Wozniak, o físico Stephen Hawking e muitos outras figuras públicas notáveis e pesquisadores de IA acionaram os alarmes a respeito dos desenvolvimentos recentes dos armamentos com IA, eles não estavam pensando em robôs como aqueles apresentados em filmes como *O Exterminador do Futuro*, ou *Eu, Robô*, mas em drones voadores armados e outras armas automatizadas. As armas autônomas poderiam começar uma corrida armamentista e mudar para sempre o cenário das operações militares. Você pode descobrir mais sobre esse assunto em `https://tecnoblog.net/221701/elon-musk-ia-robos-guerra/`.

Compreendendo as questões regulatórias

Os drones não são as primeiras e únicas coisas que voam sobre as nuvens, obviamente. Décadas de voos militares e comerciais fizeram os céus ficarem cheios, exigindo tanto uma regulação estrita como um controle do monitoramento feito pelos humanos para garantir a segurança. Nos EUA, a Administração da Aviação Federal (FAA — Federal Aviation Administration) é a organização com a autoridade de regular toda a viação civil, tomando decisões sobre aeroportos e sobre o gerenciamento do tráfego aéreo nos Estados Unidos. A FAA emitiu uma série de regras para os UAS (drones), e você pode ler a respeito delas em `https://www.faa.gov/uas/resources/uas_regulations_policy/`[conteúdo em inglês]. No Brasil, a ANAC é a agência responsável pelo espaço aéreo, e até abril de 2018, já havia cadastrado mais de 41 mil aeronaves não tripuladas. Veja mais sobre o regulamento brasileiro em `http://www.anac.gov.br/noticias/2018/regulamentacao-da-anac-sobre-drones-completa-um-ano-em-vigor`

A FAA emitiu um conjunto de regras conhecido como *Part 107* em agosto de 2016. Essas regras delineiam o uso de drones comerciais durante as horas do dia. A lista completa de regras está disponível em `https://www.faa.gov/news/fact_sheets/news_story.cfm?newsId=20516` [conteúdo em inglês]. Elas podem ser resumidas nestas sete regras simples e diretas:

- » Voe abaixo de 400 pés (120 metros) de altitude.
- » Voe em velocidade inferior a 160km/h.
- » Mantenha a aeronave não tripulada visível o tempo todo.
- » O operador deve ter uma licença apropriada.
- » Nunca voe perto de aeronaves tripuladas, especialmente perto de aeroportos.
- » Nunca voe acima de grupos de pessoas, estádios ou eventos esportivos.
- » Nunca voe perto de operações de resposta a emergências.

Em breve a FAA publicará as regras para os voos noturnos de drones referentes a quanto ele pode sair do campo de visão e em ambientes urbanos, mesmo que atualmente seja possível obter permissões especiais da FAA. O propósito de um sistema regulatório assim é proteger a segurança pública, uma vez que o impacto dos drones em nossa vida ainda não está claro. Essas regras também permitem que a inovação e o crescimento econômico surjam dessa tecnologia.

LEMBRE-SE

Cada país no mundo está tentando regular os drones nesse momento. Essas regulações garantem a segurança e potencializam o uso de drones para propósitos econômicos. Por exemplo, na França, a lei permite o uso de drones em aplicações agrícolas, com poucas restrições, posicionando o país como um dos pioneiros nesses usos.

Hoje em dia, a falta de IA significa que os drones podem perder sua conexão facilmente e se comportar erraticamente, às vezes causando danos (veja mais detalhes em `https://www.theatlantic.com/technology/archive/2017/03/drones-invisible-fence-president/518361/`[conteúdo em inglês]). Mesmo que alguns deles tenham medidas de segurança em caso de perda de conexão com o controlador, como fazê-los retornar automaticamente ao ponto exato de onde decolaram, a FAA restringe seu uso de modo que permaneçam dentro do campo de visão de seu controlador.

Outra importante medida de segurança é chamada de *geofencing*, a cerca virtual. Os drones que usam o serviço de GPS para localização possuem um software que limita seu acesso a perímetros predeterminados descritos pelas coordenadas do GPS, como aeroportos, áreas militares e outras áreas de interesse nacional. Você pode obter a lista dos parâmetros em `http://tfr.faa.gov/tfr2/list.html` [conteúdo em inglês] ou ler mais a respeito deste assunto em `https://www.defesaaereanaval.com.br/naval/campo-de-forca-contra-drones`.

Os algoritmos e a IA estão vindo ao resgate preparando uma configuração tecnológica adequada ao uso seguro de inúmeros drones que entregam produtos nas cidades. O Centro de Pesquisa Ames, da NASA, está trabalhando em um sistema chamado Gerenciamento de Tráfego de Sistemas Aéreos Não Tripulados (UTM) que desempenhará a mesma função da torre de controle de tráfego aéreo de aviões tripulados, só que para os drones. No entanto, esse sistema é completamente automatizado; ele conta com os recursos dos drones para se comunicar uns com os outros. O UTM ajudará a identificar os drones no céu (cada um terá um código identificador diferente, assim como as placas de carros) e estabelecerá uma rota e uma altitude de cruzeiro para cada um, dessa forma evitando possíveis colisões, comportamentos inadequados ou danos potenciais aos cidadãos. O UTM deve ser entregue à FAA para uma possível apresentação ou desenvolvimentos posteriores em 2019 ou depois. O site da NASA traz mais informações sobre esse revolucionário sistema de controle de drones, que poderia tornar o uso deles algo viável e seguro: `https://utm.arc.nasa.gov/`[conteúdo em inglês].

LEMBRE-SE

Quando as restrições não são suficientes e drones clandestinos representam uma ameaça, as forças policiais e militares encontraram algumas contramedidas eficazes: abater o drone com metralhadora, capturá-lo lançando uma rede, interromper seus controles, abatê-lo com laser ou micro-ondas e até lançar mísseis guiados contra ele.

» Enxergando o caminho rumo à autonomia do carro autodirigido

» Imaginando o futuro em um mundo de carros autônomos

» Entendendo o ciclo perceba, planeje e aja

» Descobrindo, usando e combinando sensores diferentes

Capítulo 14

Utilizando o Carro Conduzido pela IA

Um carro autodirigido (carro AD) é um *veículo autônomo*, ou seja, que pode conduzir-se sozinho de um ponto de partida até um destino, sem a intervenção humana. A autonomia significa não apenas ter algumas tarefas automatizadas (como a função de estacionar sozinho, Active Park Assist, demonstrada em `https://www.youtube.com/watch?v=IzVjq5lpqiU`), mas conseguir realizar os passos certos para alcançar objetivos de forma independente. Um carro AD realiza todas as tarefas necessárias sozinho, com um humano junto para observar (e não fazer nada mais). Como os carros AD já fazem parte da história há mais de 100 anos (sim, por mais incrível que isso possa parecer), este capítulo começa com uma breve história desses veículos.

LEMBRE-SE

Para que uma tecnologia seja bem-sucedida, ela deve apresentar um benefício que as pessoas vejam como necessário e que não seja fácil de ser obtido por meio de outros métodos. É por isso que os carros AD animam tanto. Eles oferecem muitas coisas de valor, além de apenas dirigir. A próxima seção do capítulo mostra como os carros AD mudarão a mobilidade de formas significativas, além de ajudá-lo a entender por que essa é uma tecnologia convincente.

Ainda que os carros AD se tornem mais comuns e o mundo passe a aceitá-los como parte do cotidiano, eles continuarão a afetar a sociedade. A próxima parte do capítulo ajuda você a entender essas questões e por que são importantes. Ela responde a pergunta sobre como será entrar em um carro AD e presumir que ele o levará de um lugar a outro, sem problemas.

Finalmente, os carros AD precisam de muitos tipos de sensores para realizar sua tarefa. Sim, em alguns aspectos, seria possível agrupar esses sensores como do tipo que veem, ouvem e tocam, mas isso seria uma simplificação exagerada. A seção final do capítulo o ajuda a entender como os vários sensores do carro AD funcionam e qual a contribuição deles para o carro AD como um todo.

Uma Breve História

O desenvolvimento de carros autodirigidos há tempos integra a visão futurística que a narrativa da ficção científica e dos filmes nos dão, desde os primeiros experimentos nos anos 1920 com os carros operados via rádio. Você pode ler mais sobre essa longa e fascinante história dos carros autônomos neste artigo disponível em `http://autoetecnica.band.uol.com.br/em-1925-ja-se-falava-em-carro-autonomo/`. O problema com esses primeiros veículos é que não eram práticos; alguém tinha de ir atrás deles para guiá-los com um controle via rádio. Assim, mesmo que o sonho sobre os carros AD tenha sido cultivado por tanto tempo, os projetos atuais têm pouco a compartilhar com o passado, a não ser a visão sobre a autonomia.

Os carros AD modernos estão profundamente arraigados a projetos que começaram nos anos 1980 (`http://autoetecnica.band.uol.com.br/primeiro-carro-autonomo-surgiu-ha-30-anos/`). Esses esforços mais recentes impulsionaram a IA para remover a necessidade do controle via rádio presente nos projetos anteriores. Muitas universidades e os militares (especialmente do Exército dos EUA) financiaram esses esforços. Em um momento, o objetivo era vencer a DARPA Grand Challenge (`https://epocanegocios.globo.com/Tecnologia/noticia/2018/07/o-caminho-a-te-o-carro-do-futuro.html`), que terminou em 2007. Porém, agora os militares e os interesses comerciais oferecem grandes incentivos aos engenheiros e desenvolvedores para que continuem indo em frente.

O ponto da virada no desafio foi a criação de Stanley, projetado por cientistas e pelo empreendedor Sebastian Thrun e sua equipe. Eles venceram o DARPA Grand Challenge de 2005 (veja o vídeo em `https://www.youtube.com/watch?v=LZ3bbHTsOL4` [conteúdo em inglês]). Após a vitória, Thrun começou o desenvolvimento de carros AD no Google. Hoje é possível ver o Stanley em exibição no Museu Nacional de História Norte-americana, do Instituto Smithsonian.

LEMBRE-SE

Os militares não são os únicos a fazer pressão a favor dos veículos autônomos. Por um longo tempo, a indústria automotiva sofreu por causa da superprodução, pois ela consegue produzir mais carros do que a demanda de mercado pode dar conta. A demanda de mercado fica em baixa devido a todos os tipos de pressões, como a longevidade dos carros. Nos anos 1930, a longevidade média dos carros era de 6,75 anos, mas hoje os carros duram, em média, 10,8 anos ou mais, e podem ser conduzidos por 400 mil quilômetros ou mais. A diminuição nas vendas levou alguns fabricantes a abandonar a indústria ou a fazer fusões e formar empresas maiores. Os carros AD são a bala de prata para a indústria, oferecendo uma forma de remodelar a demanda do mercado favoravelmente e convencer os consumidores a se modernizar. Essa tecnologia necessária resultará em um aumento na produção de um grande número de novos veículos.

Compreendendo o Futuro da Mobilidade

Os carros AD são uma invenção disruptiva não apenas porque mudarão radicalmente o conceito das pessoas sobre os carros, mas também porque sua apresentação terá um impacto significativo na sociedade, na economia e na urbanização. No momento, ainda não há carros AD na estrada — apenas protótipos. (Talvez você pense que os carros AD já são uma realidade comercial, mas a verdade é que são todos protótipos. Leia, por exemplo, o artigo disponível em `https://www1.folha.uol.com.br/mercado/2016/09/1813235-uber-lanca-programa-piloto-de-servico-de-carro-sem-motorista-nos-eua.shtml` e verá o uso de expressões como *projetos-piloto*, que você deve entender como protótipos que não estão prontos para o mercado.) Muitas pessoas acreditam que a introdução dos carros AD levará pelo menos outra década, e substituir todo o estoque dos carros existentes pelos carros AD levará um tempo ainda maior. No entanto, mesmo que os carros AD ainda sejam algo para o futuro, você pode claramente esperar ótimas coisas, como descritas nas seções a seguir.

Subindo os cinco níveis da autonomia

Não é possível prever o formato das coisas que estão por vir, mas muitas pessoas já especularam, pelo menos, sobre as características dos carros autodirigidos. Para esclarecimentos, a SAE International (`http://www.sae.org/`[conteúdo em inglês]), uma agência de padronização automotiva, publicou uma classificação de padrão para os carros autônomos (confira o padrão J3016 em `https://www.smmt.co.uk/wp-content/uploads/sites/2/automated_driving.pdf` [conteúdo em inglês]). O fato de haver um padrão cria marcos na automação de carros. Veja a seguir os cinco níveis de autonomia especificados pelo padrão da SAE:

- **Nível 1 – assistência ao condutor:** O controle ainda está nas mãos do condutor, contudo, o carro pode realizar atividades simples de suporte, como o controle de velocidade. Este nível de automação inclui o piloto automático, quando você estabelece uma certa velocidade para o carro, o controle de estabilidade e freios semiautomáticos.
- **Nível 2 – automação parcial:** O carro pode agir com mais frequência no lugar do condutor, cuidando da aceleração, dos freios e do controle da direção, caso necessário. A responsabilidade do condutor é permanecer alerta e manter o controle do carro. Um exemplo de automação parcial são os freios automáticos que certos carros usam caso identifiquem uma possibilidade de colisão à frente (um pedestre cruzando a estrada ou outro carro que para de repente). Outros exemplos são o piloto automático adaptativo (que não controla apenas a velocidade do carro, mas também a adapta conforme a situação exige, como quando há um carro à sua frente), e a centralização de faixa. Este nível está disponível em carros comerciais desde 2013.
- **Nível 3 – automação condicional:** No momento em que escrevo este livro, a maioria das fabricantes de carros está trabalhando neste nível. A *automação condicional* significa que um carro pode se autodirigir em certos contextos (por exemplo, apenas em rodovias ou em estradas de mão única), dentro de alguns limites de velocidade e sob atento controle humano. A automação poderia solicitar ao humano que retome o controle da direção. Um exemplo deste nível de automação são os modelos recentes de carros que dirigem sozinhos em rodovias e freiam automaticamente quando o tráfego fica mais lento por causa de congestionamentos.
- **Nível 4 – alta automação:** O carro realiza todas as tarefas de condução (volante, acelerador e freio) e monitora quaisquer mudanças nas condições da estrada, do local de partida até o destino final. Este nível de automação não exige a intervenção humana para que possa operar, porém, ele está disponível apenas em certos locais e situações, então o condutor deve estar disponível para assumir, conforme necessário. Os fornecedores esperam apresentar este nível de automação por volta de 2020.
- **Nível 5 – automação total:** O carro consegue se autoconduzir da partida ao destino sem a intervenção humana, com um nível de habilidade que pode ser comparada ao condutor humano, ou até ser superior. Os carros com nível 5 de automação não terão volante. Este nível de automação está esperado para 2025.

Mesmo quando os carros AD atingirem o nível 5 de autonomia, você não os verá perambulando por todas as estradas. Esses carros ainda estão distantes no futuro, e ainda enfrentarão obstáculos. A seção "Superando a Incerteza das Percepções", adiante neste capítulo, discute alguns dos obstáculos que a IA encontrará ao conduzir um carro. O carro AD não acontecerá da noite para o dia; ele provavelmente surgirá por meio de uma mutação progressiva, começando com a introdução gradual de modelos de carros cada vez mais automáticos. Os humanos continuarão atrás do volante por um bom tempo. O que você pode esperar ver é uma IA que auxilia tanto na condução comum como em condições perigosas, de modo a deixar a experiência da condução mais segura. Mesmo quando os fornecedores comercializarem os carros AD, substituir o estoque atual pode levar anos. O processo de revolucionar o uso das estradas em condições urbanas com os carros AD pode levar 30 anos.

CUIDADO

Esta seção contém muitas datas, e algumas pessoas têm a tendência de achar que qualquer data que aparece em um livro deve estar precisa. Muitos tipos de coisas poderiam acontecer para acelerar ou retardar a adoção de carros AD. Por exemplo, a área de seguros, no momento, tem ressalvas quanto aos carros AD pelo medo de que a essência de seu negócio será prejudicada, uma vez que o risco de acidentes diminuirá muito. (A empresa de consultoria McKinsey prevê que os acidentes serão reduzidos em 90%: `https://epocanegocios.globo.com/Tecnologia/noticia/2018/06/mais-de-30-areas-serao-atingidas-com-popularizacao-do-carro-autonomo.html`.) O lobby feito pelas seguradoras poderia retardar a aceitação dos carros AD. Por outro lado, as pessoas que sofreram a perda de um ente querido em um acidente provavelmente apoiarão qualquer coisa que reduza os acidentes de carros. Elas podem, do mesmo modo, conseguir acelerar a aceitação dos carros AD. Assim, considerando as inúmeras maneiras pelas quais as pressões sociais mudam a história, prever uma data precisa para a aceitação dos carros AD não é possível.

Repensando o papel dos carros em nossa vida

A mobilidade está intimamente ligada à civilização. Não é apenas o transporte de pessoas e produtos, mas também de ideias fluindo a lugares distantes. Na primeira vez que os carros chegaram às estradas, poucos acreditavam que logo substituiriam os cavalos e as carruagens. Contudo, os carros possuem muitas vantagens sobre os cavalos: são mais práticos de se manter, oferecem velocidades maiores e chegam a lugares mais distantes. Os carros também exigem mais controle e atenção dos humanos, pois os cavalos estão conscientes da estrada e reagem quando obstáculos ou possíveis colisões surgem, mas os humanos aceitam essa exigência, de modo a obter uma mobilidade maior.

Hoje, o uso de carros modela tanto o tecido urbano como a vida econômica. Os carros permitem às pessoas que percorram longas distâncias de casa ao trabalho diariamente (possibilitando o desenvolvimento da construção de casas nas áreas suburbanas). As empresas enviam seus produtos a distâncias maiores com facilidade, os carros criam novos negócios e trabalhos, e os funcionários da indústria automobilística há muito tempo se tornaram os atores principais em uma nova distribuição de riquezas. O carro é o primeiro produto real do mercado de massa, feito por trabalhadores para outros trabalhadores. Quando as empresas automobilísticas prosperam, o mesmo ocorre com as comunidades que as apoiam; quando elas perecem, a catástrofe pode acontecer. Os trens e aviões estão presos a jornadas predeterminadas, enquanto os carros não. Eles abriram e libertaram a mobilidade em uma larga escala, revolucionando, mais do que outros transportes de longo alcance, a vida diária das pessoas. Como disse Henry Ford, o fundador da Ford Motor Company, "os carros libertaram as pessoas comuns das limitações de sua geografia".

Assim como quando os carros surgiram, a civilização está no limiar de uma nova revolução causada pelos carros AD. Quando os fornecedores apresentarem os carros AD no nível 5 de condução autônoma, você poderá esperar uma nova ênfase significativa a respeito de como os humanos planejam as cidades e os subúrbios, na economia e no estilo de vida de todo o mundo. Há formas mais e menos óbvias pelas quais os carros AD mudarão a vida. As mais óbvias, e as que são geralmente mais comentadas, são as seguintes:

- **Menos acidentes:** Menos acidentes ocorrerão porque a IA respeitará as leis e condições de trânsito; ela é um condutor mais inteligente do que os humanos. A redução de acidentes afetará profundamente a forma como os fornecedores fazem os carros, que são mais seguros agora do que no passado por causa de proteções passivas na estrutura. No futuro, considerando-se sua segurança absoluta, os carros AD poderiam ser mais leves por terem menos proteções do que hoje em dia. Eles poderão até ser feitos de plástico. Consequentemente, os carros consumirão menos recursos do que hoje. Além disso, a taxa reduzida de acidentes significará menos custos com seguro, criando um grande impacto na área das seguradoras, que lidam com a questão econômica dos acidentes.
- **Menos trabalhos de motoristas:** Muitos trabalhos de motorista desaparecerão ou demandarão menos mão de obra. Isso diminuirá os custos empregatícios no ramo de transportes, dessa forma tornando o transporte de produtos e de pessoas mais acessíveis do que no momento. Também aumentarão os problemas de realocação dessas pessoas no mercado de trabalho. (Nos Estados Unidos apenas, estima-se que 3 milhões trabalham no ramo de transportes.)
- **Mais tempo:** Os carros AD ajudarão os humanos a obter mais das coisas mais preciosas da vida, como tempo. Os carros AD não ajudarão as pessoas a irem mais longe, mas farão com que elas possam usar o tempo gasto na direção de outras maneiras (pois a IA fará a condução). Além do mais, mesmo que o tráfego aumente (por causa dos custos menores de transporte e por outros fatores), ele será mais tranquilo, com pouco ou nenhum congestionamento. Para acrescentar, a capacidade de transporte

das estradas existentes aumentará. Pode parecer um paradoxo, mas esse é o poder de uma IA quando os humanos saem de cena, como ilustrado neste vídeo: https://www.youtube.com/watch?v=iHzzSao6ypE.

OS CARROS AD E O DILEMA DO BONDE

Alguns dizem que responsabilização pelos seguros e o dilema do bonde causarão sérias dificuldades para o uso dos carros AD. O problema do seguro envolve a questão de quem leva a culpa quando algo dá errado. Os acidentes acontecem no momento, e os carros AD deverão causar menos acidentes do que os humanos, então o problema parece ser facilmente resolvido pelas fabricantes caso as seguradoras não ofereçam seguros para os carros AD. (As seguradoras estão com um pé atrás quanto aos carros AD, pois eles poderia prejudicar seu negócio principal.) Fabricantes de carros AD como Audi, Volvo, Google e Mercedes-Benz já prometeram aceitar a responsabilidade caso seus veículos causem acidentes (confira https://blog.cristianosobral.com.br/carros-autonomos-e-responsabilidade-civil/). Isso significa que as fabricantes se tornarão seguradoras pelo bem maior de introduzir os carros AD no mercado.

O dilema do bonde é um desafio moral apresentado pela filósofa britânica Philippa Foot em 1967 (mas esse é um dilema antigo). Neste problema, um bonde descontrolado está prestes a matar várias pessoas que estão nos trilhos, mas você pode salvá-las ao desviar o bonde para outra linha, onde, infelizmente, outra pessoa será morta no lugar das outras. Obviamente, você precisa escolher qual trilho usar, sabendo que alguém morrerá. Há diversas variantes do dilema do bonde, e até mesmo existe um site do Instituto de Tecnologia de Massachusetts (MIT) website http://moralmachine.mit.edu/que propõe situações alternativas mais adequadas àquelas que um carro AD pode experimentar.

A questão é que surgem situações nas quais alguém morrerá, não importa quão habilidosa seja a IA conduzindo o veículo. Em alguns casos, a escolha não é entre duas pessoas desconhecidas, mas entre o condutor e alguém na estrada. Tais situações acontecem mesmo agora, e os humanos as resolvem ao deixar a escolha moral para o humano atrás do volante. Algumas pessoas salvam a si mesmas, algumas se sacrificam por outras, e algumas escolhem o que consideram como o menor dos males ou o bem maior. Na maioria das vezes, é uma questão de reação instintiva realizada sob a pressão de risco à vida e medo. A Mercedes-Benz, fabricante automobilística mais antiga do mundo, declarou que dará prioridade à vida dos passageiros (veja https://olhardigital.com.br/carros-e-tecnologia/noticia/em-caso-de-acidente-carro-autonomo-da-mercedes-ja-sabe-a-quem-sacrificar/63063). As fabricantes de carros talvez considerem que um tipo de situação catastrófica como o dilema do bonde já é tão rara — e os carros AD a tornarão ainda mais rara — e que a autoproteção é algo tão natural em nós, que a maioria dos compradores de carros AD concordarão com essa escolha.

Além desses efeitos imediatos, há as sutis implicações que ninguém pode determinar imediatamente, mas que podem se tornar evidentes após uma reflexão. Benedict Evans aponta algumas delas em seu blog, com o post "Cars and second order consequences" [Carros e consequências de segunda ordem, em tradução livre] (`http://ben-evans.com/benedictevans/2017/3/20/cars-and-second-order-consequences` [conteúdo em inglês]). Esse artigo inspirador analisa mais profundamente as consequências da introdução de carros elétricos e de carros AD de autonomia nível 5 no mercado. Um dos exemplos é o de que os carros AD poderiam tornar o distópico conceito panóptico uma realidade (veja `https://observador.pt/opiniao/o-panotico-e-a-novilingua-na-era-digital-uma-nova-servidao-voluntaria/`). Panóptico é o prédio institucional teorizado pelo filósofo inglês Jeremy Bentham no início do século XVIII, onde todo mundo está sendo vigiado, mas sem saber. Quando os carros AD estiverem em grande número pelas ruas, as câmeras dos carros estarão em todos os lugares, observando e possivelmente reportando tudo que vierem a testemunhar. Seu carro poderá espiar você e outras pessoas quando você menos esperar.

Não é fácil pensar no futuro porque não é uma simples questão de causa e efeito. Mesmo uma análise em ordens mais remotas de efeitos poderia se mostrar ineficiente quando o contexto que se esperava muda. Por exemplo, um futuro panóptico pode nunca acontecer porque o sistema legal poderia forçar os carros AD a não transmitir as imagens capturadas. Por esse motivo, aqueles que fazem as previsões se baseiam em cenários que são descrições aproximadas de um futuro possível, mas esses cenários podem ou não ocorrer, dependendo de circunstâncias diferentes. Os especialistas especulam que um carro com recursos incorporados de condução autônoma poderia se envolver em quatro cenários diferentes, cada um redefinindo como os humanos usam ou compram um carro:

» **Condução autônoma em viagens longas na rodovia:** Quando for possível que os condutores voluntariamente permitam que a IA faça a condução e os leve a seu destino, o condutor poderá dar atenção a outras atividades. Muitos consideram este primeiro cenário como uma introdução possível aos carros autônomos. No entanto, considerando-se as altas velocidades nas rodovias, abrir mão do controle para que uma IA assuma não está totalmente livre de riscos, porque os outros carros, guiados por humanos, poderiam causar um acidente. As pessoas têm de considerar consequências como as leis atuais de trânsito sobre falta de atenção ao conduzir, presentes na maioria dos lugares. A questão é se o sistema legal consideraria falta de atenção um condutor usando uma IA. Este é claramente um cenário de automação nível 3.

» **Atuar como manobrista para estacionar:** Neste cenário, a IA intervém quando os passageiros saíram do carro, livrando-os da preocupação de encontrar um lugar para estacionar. O carro AD oferece um serviço que economiza tempo a seus ocupantes, pois abre a possibilidade tanto da otimização de estacionamento (o carro AD saberá o melhor lugar para estacionar) e o compartilhamento do carro. (Após sair do veículo, outra pessoa pode utilizá-lo; mais tarde, você chama outro carro que foi deixado no estacionamento mais próximo.) Dadas as limitações da condução autônoma usada apenas por ser atrativa, este cenário envolve uma transição de autonomia de nível 3 para nível 4.

- **Atuar como motorista para qualquer jornada, exceto nos locais onde os carros AD são considerados ilegais:** Este cenário avançado permite que a IA conduza em qualquer área, menos nos locais proibidos por motivos de segurança (como novas infraestruturas de estradas que ainda não foram mapeadas pelo sistema do carro). Este cenário leva os carros AD mais perto da maturidade (nível 4 de autonomia).
- **Atuar como motorista de táxi sob demanda:** É uma extensão do cenário 2, quando os carros AD tiverem um nível de maturidade suficiente para dirigirem sozinhos o tempo todo (autonomia nível 5), com passageiros ou não, oferecendo um serviço de transporte para qualquer um que solicitar. Tal cenário utilizará totalmente os carros (hoje, os carros ficam parados 95% do tempo; veja `https://exame.abril.com.br/blog/oportunidades-disfarcadas/seu-carro-passa-95-do-tempo-parado/`) e revolucionará a ideia de ter um carro, pois você não precisará ter um só seu.

Entrando em um Carro Autodirigido

Ao contrário do que as pessoas imaginam, criar um carro AD consiste em colocar um robô no banco da frente e deixá-lo conduzir o carro. Os humanos realizam miríades de tarefas para conduzir um veículo que um robô não saberia como fazer. Criar uma inteligência similar à humana exige muitos sistemas conectados uns aos outros e funcionando harmoniosamente juntos para definir um ambiente de condução apropriado e seguro. Alguns esforços estão a caminho para se obter uma solução de ponta a ponta (end-to-end), em vez de usar soluções separadas de IA para cada necessidade. O problema de desenvolver um carro AD requer a solução de muitos problemas individuais e que se faça com que as soluções individuais funcionem de forma eficaz juntas. Por exemplo, reconhecer as placas de trânsito e mudar de faixas requer sistemas separados.

LEMBRE-SE

Uma *solução de ponta a ponta (end-to-end)* é algo rotineiramente mencionado na discussão do papel do aprendizado profundo na IA. Dado o poder de aprender por meio de exemplos, muitos problemas não necessitam de soluções separadas, que são, em essência, uma combinação de muitos problemas menores, cada um resolvido por uma solução diferente de IA. O aprendizado profundo pode solucionar o problema como um todo ao resolver os exemplos e fornecer uma única solução que abranja todos os problemas que requeriam soluções separadas de IA no passado. O problema é que o aprendizado profundo é limitado em sua capacidade de realizar essa tarefa atualmente. Uma única solução de aprendizado profundo pode funcionar para alguns problemas, mas outros exigirão que você combine menos soluções de IA, caso queira obter uma solução confiável e completa.

A NVidia, fabricante da GPU de aprendizado profundo, está trabalhando em soluções de ponta a ponta. Confira o vídeo disponível em `https://www.youtube.com/watch?v=-96BEoXJMs0` [conteúdo em inglês], que mostra a eficácia da solução como exemplo. Contudo, como se verifica com qualquer aplicação de aprendizado profundo, o grau de qualidade da solução depende imensamente da abrangência e do número de exemplos usados. Ter um carro AD funcionando como uma solução de aprendizado profundo de ponta a ponta requer um conjunto de dados que o ensine a conduzir em um número enorme de contextos e situações, que não estão disponíveis ainda, mas que, no futuro, poderiam estar.

PAPO DE ESPECIALISTA

Todavia, há esperanças de que soluções de ponta a ponta simplificarão a estrutura dos carros autodirigidos. O artigo disponível em `https://devblogs.nvidia.com/parallelforall/explaining-deep-learning-self-driving-car/`[este link e o próximo apresentam conteúdo em inglês] explica como o processo de aprendizado profundo funciona. Talvez você também queira ler o artigo original da NVidia sobre como o aprendizado de ponta a ponta ajuda a dirigir um carro, em `https://arxiv.org/pdf/1704.07911.pdf`.

Juntando todas as tecnologias

Por dentro de carros AD há sistemas funcionando juntos de acordo com o paradigma robótico de perceber, planejar e agir. Tudo começa no nível de percepção, com muitos sensores diferentes passando informações diferentes ao carro:

- » O GPS informa onde o carro está no mundo (com a ajuda de um sistema de mapas), que se traduz em coordenadas de latitude, longitude e altitude.
- » Os dispositivos lidar [light detection and ranging], de ultrassom e de radar identificam objetos e fornecem dados sobre sua localização e movimentos em termos de mudança de coordenadas no espaço.
- » As câmeras informam ao carro sobre seus arredores ao fornecer imagens em formato digital.

DICA

Muitos sensores especializados aparecem em um carro AD. A seção "Superando a Incerteza das Percepções", adiante neste capítulo, descreve em detalhes os sensores e demonstra como o sistema combina suas saídas. O sistema deve combinar e processar os dados dos sensores antes que as percepções, necessárias para um carro operar, tornem-se úteis. Combinar os dados dos sensores, portanto, define perspectivas diferentes do mundo ao redor do carro.

A *localização* significa saber onde o carro está no mundo, tarefa realizada sobretudo pelo processamento de dados do aparelho de GPS. O GPS é um sistema de navegação via satélite espacial originalmente criado com propósitos militares. Quando ele é usado para propósitos civis, há uma certa imprecisão incorporada (de modo que apenas pessoas autorizadas possam usá-lo com sua precisão máxima). As mesmas imprecisões também aparecem em outros sistemas, como o GLONASS (o sistema russo de navegação), o GALILEO (ou GNSS, o sistema europeu), ou o BeiDou (ou BDS, o sistema chinês). Como resultado, não importa qual constelação de satélites você use, o carro consegue dizer que está em determinada estrada, mas ele pode se perder na faixa que está usando (ou até acabar em uma estrada paralela). Além da localização aproximada fornecida pelo GPS, o sistema processa os dados do GPS com dados de sensores lidar para determinar a posição exata com base nos detalhes dos arredores.

O *sistema de detecção* determina o que está ao redor do carro. Esse sistema requer muitos subsistemas, cada um realizando um propósito específico ao usar uma mistura única de dados de sensores e análise de processamento:

- A detecção de faixas é obtida pelo processamento de imagens da câmera usando análise de dados das imagens, ou redes especializadas de aprendizado profundo para a ***segmentação de imagem***, na qual uma imagem é repartida em áreas separadas identificadas por tipo (ou seja, estrada, carros e pedestres).
- A detecção de placas de trânsito e de semáforos e a classificação são realizadas pelo processamento de imagens das câmeras usando redes de aprendizado profundo que primeiro identificam a área da imagem que contém a placa ou o semáforo e depois identificando-as com o tipo certo (o tipo de placa ou a cor do semáforo). Este artigo da NVidia o ajuda a entender como um carro AD enxerga: `https://www.nvidia.com.br/object/prbr_010516.html`.
- Dados combinados do radar, lidar, ultrassom e câmeras ajudam a localizar objetos externos e acompanhar seus movimentos quanto à direção, velocidade e aceleração.
- Os dados do lidar são usados principalmente para detectar espaços livres na estrada (uma faixa não obstruída ou um local para estacionar).

Deixando a IA entrar em cena

Após a fase de percepção, que envolve ajudar o carro AD a determinar onde está e o que está acontecendo ao seu redor, inicia-se a fase de planejamento. A IA entra totalmente em cena nesta altura. O planejamento para os carros AD se resume a resolver as seguintes tarefas específicas de planejamento:

- **Rota:** Determina o caminho que o carro deve tomar. Como você está no carro para ir a um lugar específico (bem, não é sempre assim, mas esta é uma suposição que vale para quase todas as vezes), você espera chegar a seu destino da forma mais rápida e segura. Em alguns casos, também deve considerar os custos. Os algoritmos de rotas, que são algoritmos clássicos, estão aí para ajudar.
- **Previsão do ambiente:** Ajuda o carro a se autoprojetar ao futuro, pois ele leva um tempo para perceber uma situação, decidir sobre uma manobra e completá-la. Durante o tempo necessário para a manobra ser feita, outros carros poderiam decidir mudar sua posição ou iniciar suas próprias manobras também. Ao dirigir, você também deve determinar o que os outros condutores pretendem fazer e evitar possíveis colisões. Um carro AD faz a mesma coisa usando a predição de aprendizado de máquina para estimar o que acontecerá em seguida e levar o futuro em consideração.
- **Planejamento de comportamento:** Fornece a inteligência central do carro. Este planejamento incorpora as práticas necessárias para permanecer na estrada: permanecer na faixa; mudar de faixa; passar por entroncamentos ou entrar em uma estrada; manter distância; lidar com semáforos, placas de pare e dê a preferência; evitar obstáculos; e muito mais. Todas essas tarefas são realizadas usando a IA, tal qual um sistema especialista que incorpora a expertise de muitos condutores, ou um modelo probabilístico, como a rede bayesiana, ou até mesmo um modelo mais simples de aprendizado de máquina.
- **Planejamento de trajetória:** Determina como o carro vai, de fato, realizar as tarefas necessárias, considerando que geralmente há mais de uma forma de atingir um objetivo. Por exemplo, quando o carro decide mudar de faixa, será preferível realizar a manobra sem uma aceleração brusca nem chegar perto demais de outros carros, mas se mover de modo aceitável, seguro e agradável.

Compreendendo que não é só a IA

Após perceber e planejar, chega a hora de o carro AD agir. A percepção, o planejamento e a ação são parte de um ciclo que se repete até que o carro chegue ao destino e pare após estacionar. A ação envolve as decisões centrais de aceleração, frenagem e direção. As instruções são decididas durante a fase de planejamento, e o carro simplesmente executa as ações com o auxílio do sistema controlador, como o controlador Proporcional Integral Derivativo (PID) ou o Modelo de Controle Preditivo (MPC), que são algoritmos que verificam se as ações prescritas são executadas da maneira correta e, caso não sejam, imediatamente prescreve contramedidas adequadas.

Pode parecer um pouquinho complicado, mas são apenas três sistemas atuando, um após o outro, do início ao fim, no destino. Cada sistema contém subsistemas que resolvem um único problema da condução, como demonstrado na Figura 14-1, usando os algoritmos mais rápidos e confiáveis.

No momento em que escrevo este livro, essa estrutura é o que há de mais avançado. Os carros AD possivelmente continuarão sendo um conjunto de sistemas de sotfware e hardware acomodando funções e operações diferentes. Em alguns casos, os sistemas apresentarão funcionalidades redundantes, como o uso de múltiplos sensores para acompanhar o mesmo objeto externo, ou usar sistemas múltiplos de processamento de percepção para garantir que você está na faixa correta. A redundância ajuda a garantir que não haja erros e, portanto, reduz as fatalidades. Por exemplo, mesmo quando um sistema de aprendizado profundo para a detecção de placas de trânsito não funciona ou é enganado (confira `https://olhardigital.com.br/noticia/sistema-de-reconhecimento-de-imagem-dos-carros-autonomos-e-falho-diz-estudo/70232`), outros sistemas podem apoiá-lo e minimizar ou anular as consequências para o carro.

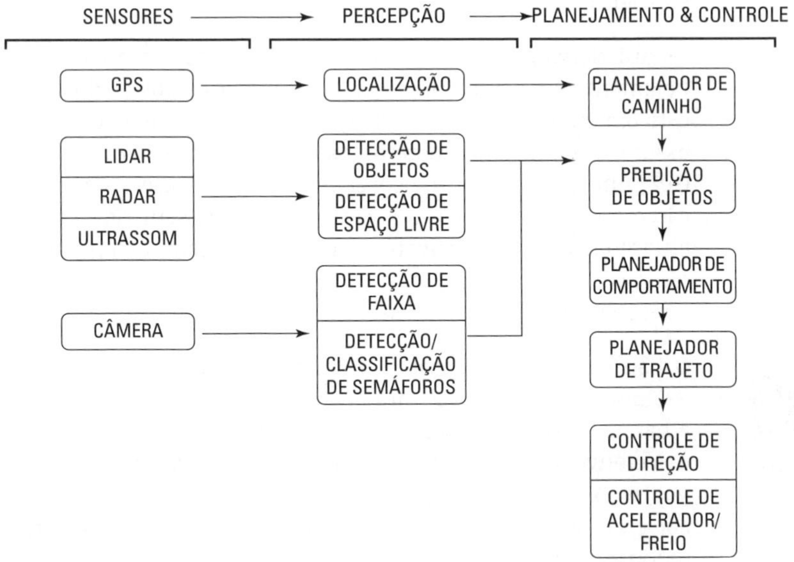

FIGURA 14-1: Uma visão esquemática geral dos sistemas funcionando em um carro AD.

Superando a Incerteza das Percepções

Steven Pinker, professor no Departamento de Psicologia da universidade de Harvard, diz em seu livro *O Instinto da Linguagem: Como a mente cria a linguagem* que "em robótica, os problemas fáceis são difíceis e os problemas difíceis são fáceis". Na verdade, uma IA jogando xadrez contra um mestre do jogo é incrivelmente bem-sucedida, porém, atividades mais corriqueiras como pegar um objeto de uma mesa, evitar a colisão com um pedestre, reconhecer um rosto ou responder apropriadamente a uma pergunta ao telefone podem se mostrar muito difíceis para uma IA.

LEMBRE-SE

O *paradoxo de Moravec* diz que o que é fácil para os humanos é difícil para a IA (e vice-versa), como foi explicado nos anos 1980 pelos cientistas cognitivos e de robótica Hans Moravec, Rodney Brooks e Marvin Minsk. Os humanos tiveram um longo tempo para desenvolver habilidades como caminhar, correr, pegar um objeto, conversar e ver; essas habilidades se desenvolveram através da evolução e da seleção natural ao longo de milhões de anos. Para sobreviver neste mundo, os humanos fazem o que todos os seres vivos têm feito desde que a vida passou a existir na Terra. Em contrapartida, altas abstrações e a matemática são uma nova descoberta para os humanos, e não estamos naturalmente adaptados a elas.

Os carros apresentam algumas vantagens em relação aos robôs, que precisam abrir caminho em prédios e em áreas externas. Os carros operam em estradas especificamente criadas para eles, em geral bem mapeadas, e eles já possuem as soluções mecânicas funcionando para se mover nessas superfícies.

Os atuadores não são os principais problemas para os carros AD. O planejamento e a percepção é que causam sérios obstáculos. O planejamento está em um nível superior (no qual a IA é geralmente excelente). Quando o assunto é planejamento geral, os carros AD já podem usar navegadores de GPS, um tipo de uma IA especializada em fornecer orientações. A percepção é o real gargalo para os carros AD, pois, sem ela, o planejamento e a atuação não serão possíveis. Os condutores têm uma percepção da estrada o tempo todo para manter o carro na faixa, prestar atenção em obstáculos e respeitar as regras necessárias.

LEMBRE-SE

O hardware de percepção é atualizado constantemente neste estágio de evolução dos carros AD para encontrar soluções mais confiáveis, precisas e baratas. Por outro lado, os dados dos sensores de processamento e seu uso efetivo usam algoritmos robustos, como o *filtro de Kalman* (veja `http://www.bzarg.com/p/how-a-kalman-filter-works-in-pictures/` e `https://home.wlu.edu/~levys/kalman_tutorial/` [os dois links apresentam conteúdo em inglês]), que já existe há algumas décadas.

Apresentando os sentidos dos carros

Os sensores são os componentes-chave para perceber o ambiente, e um carro AD pode percebê-lo em duas direções, interna e externa:

- **Sensores proprioceptivos:** Responsáveis por captar o estado do veículo, como o status do sistema (motor, transmissão, freios e direção), a posição do veículo no mundo, ao usar a localização por GPS, a rotação das rodas, a velocidade do veículo e sua aceleração.
- **Sensores exteroceptivos:** Responsáveis por captar o ambiente ao redor, usando sensores como câmera, lidar, radar e ultrassônicos.

Tanto o sensor proprioceptivo quanto o exteroceptivo contribuem para a autonomia do carro AD. A localização por GPA, em particular, fornece um palpite (possivelmente vista como uma estimativa) sobre a localização do carro AD, algo útil em um alto nível de planejamento das direções e ações voltadas a levá-lo a seu destino com sucesso. O GPS ajuda um carro AD da mesma forma que ele ajuda qualquer condutor humano: fornecendo as direções certas.

Os sensores exteroceptivos (mostrados na Figura 14-2) ajudam o carro especificamente na condução. Eles substituem ou potencializam os sentidos humanos em determinada situação. Cada um deles oferece uma perspectiva diferente do ambiente, cada um sofre limitações específicas, e cada um é excelente com recursos diferentes.

As limitações aparecem de inúmeras formas. Ao explorar o que os sensores fazem por um carro AD, você deve considerar o custo, a sensibilidade à luz, ao clima, registros barulhentos (o que significa que a sensibilidade do sensor muda, afetando a precisão), alcance e resolução. Por outro lado, os recursos envolvem a capacidade de monitorar a velocidade, a posição, a altura e a distância de objetos precisamente, assim como a habilidade de detectar quais são esses objetos e como classificá-los.

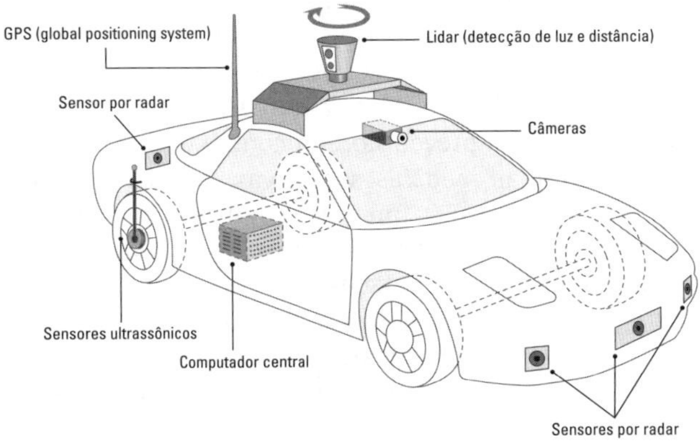

FIGURA 14-2 Uma representação esquemática dos sensores exteroceptivos em um carro AD.

Câmera

As câmeras são sensores passivos baseados em visão, e elas podem fornecer visão mono ou estérea. Como seu custo é baixo, podemos usar várias no para-brisa dianteiro, como também na grade dianteira, nos retrovisores laterais, na porta traseira e no vidro traseiro. Geralmente, as câmeras de visão estérea imitam a percepção humana e extraem informações sobre a estrada e os veículos próximos, sendo que as câmeras de visão mono são geralmente especializadas na detecção de placas de trânsito e semáforos. Os dados que elas capturam são processados por algoritmos de processamento de imagens ou por redes neurais de aprendizado profundo para fornecer a informação de detecção e classificação (por exemplo, identificar um sinal vermelho ou uma placa de limite de velocidade). As câmeras podem ter alta resolução (elas conseguem captar pequenos detalhes), mas são sensíveis à luz e às condições climáticas (noite, neblina ou neve).

Lidar (Light Detection And Ranging — Detecção e Localização por Luz)

Os sensores lidar usam raios infravermelhos (com o comprimento das ondas de cerca de 900 nanômetros, invisíveis aos olhos humanos) que conseguem estimar a distância entre o sensor e o objeto atingido. Eles usam uma conexão giratória para projetar o feixe ao redor e depois devolvem estimativas no formato de uma nuvem de pontos de colisão, que ajudam a estimar as formas e distâncias. Dependendo do preço (sendo que o mais caro geralmente é o melhor), o lidar pode ter uma resolução maior que o radar. No entanto, o lidar é mais frágil e fácil de ficar sujo do que o radar, pois fica exposto no exterior do carro. (O lidar é o dispositivo giratório que você vê em cima do carro do Google nesta reportagem: `https://www.youtube.com/watch?v=xC7REteizRM`.)

Radar (Radio Detection And Ranging — Detecção e Localização por Ondas de Rádio)

Com base nas ondas de rádio que atingem um alvo e retornam, sendo que o tempo de voo define a distância e a velocidade, o radar pode ser localizado no para-choque dianteiro e traseiro. Os fornecedores o utilizam há anos nos carros para fornecer um piloto automático adaptativo, aviso de ponto cego, aviso de colisão e prevenção. Em contraste com outros sensores que precisam de múltiplas medidas sucessivas, o radar consegue detectar a velocidade de um objeto após um único sinal devido ao efeito Doppler (veja `https://brasilescola.uol.com.br/o-que-e/fisica/o-que-e-efeito-doppler.htm`). O radar possui versões de curto e longo alcance e pode ser usado tanto para criar um diagrama das redondezas como ser usado para localizações. O radar é o menos afetado pelas condições climáticas, ao ser comparado com outros tipos de detecção, especialmente pela chuva ou neblina, e tem 150° de visão e um alcance de 30 a 200 metros. Sua principal fraqueza é a falta de resolução (o radar não oferece muitos detalhes) e a falta de habilidade para detectar objetos estáticos adequadamente.

Sensores ultrassônicos

Os sensores ultrassônicos são semelhantes ao radar, mas usam sons de alta frequência (ultrassons, inaudíveis aos humanos, mas audíveis a certos animais), em vez de micro-ondas. A principal fraqueza de sensores ultrassônicos (usados por fabricantes no lugar dos lidares, mais frágeis e caros) é seu alcance curto.

Juntando o que você percebe

Quando o assunto é perceber o que está ao redor de um carro AD, você pode usar uma infinidade de medidas diferentes, dependendo dos sensores instalados no carro. Contudo, cada sensor tem diferentes resoluções, alcances e sensibilidade ao barulho, resultando em medições diferentes para a mesma situação. Dito de outro modo, nenhum é perfeito, e suas fraquezas sensoriais às vezes impedem a detecção adequada. Os sinais sonares e radares podem ser absorvidos; os raios do lidar podem atravessar sólidos transparentes. Além disso, é possível enganar as câmeras com reflexos ou com uma luz ruim, como descrito por este artigo da revista *MIT Technology Review* disponível em `https://www.technologyreview.com/s/608321/this-image-is-why-self-driving-cars-come-loaded-with-many-types-of-sensors/`[conteúdo em inglês].

Os carros AD estão aí para melhorar nossa mobilidade, ou seja, preservar nossa vida e a dos outros. Não podemos permitir que um carro AD falhe em detectar um pedestre que de repente aparece na frente dele. Por motivos de segurança, os fornecedores fazem um grande esforço para a fusão de sensores, que combina os dados de sensores diferentes para obter uma medição unificada que seja melhor que qualquer mensuração única. A fusão de sensores é, mais comumente, o resultado do uso das variantes do filtro de Kalman (como o Filtro de Kalman Estendido ou até mesmo o Filtro de Kalman sem Cheiro). Rudolf E. Kálmán foi um engenheiro elétrico e inventor húngaro que imigrou para os Estados Unidos durante a Segunda Guerra Mundial. Por causa de sua invenção, que encontrou tantas aplicações para orientação, navegação e controle veicular, de carros a aeronaves e aeronaves espaciais, Kálmán recebeu em 2009 a Medalha Nacional de Ciência do presidente norte-americano Barack Obama.

Um algoritmo de filtro de Kalman funciona ao filtrar medições diferentes tomadas ao longo do tempo em uma única sequência de medições que fornecem uma estimativa real (as medições anteriores eram manifestações inexatas). Ele opera ao primeiramente tomar todas as medições de um objeto detectado e processá-las (a fase de predição de estado) para estimar a posição do objeto atual. Depois, à medida que mais medições entram, ele usa os novos resultados obtidos e atualiza os anteriores para obter uma estimativa mais confiável da posição e velocidade do objeto (a fase de atualização da medição), conforme demonstrado na Figura 14-3.

Dessa forma, um carro AD pode alimentar o algoritmo com as medições do sensor e usá-las para obter uma resultado estimado dos objetos ao redor. A estimativa combina todas as forças de cada sensor e evita suas fraquezas. Isso é possível porque o filtro funciona usando uma versão mais sofisticada de probabilidades e do teorema de Bayes, que são descritos no Capítulo 10.

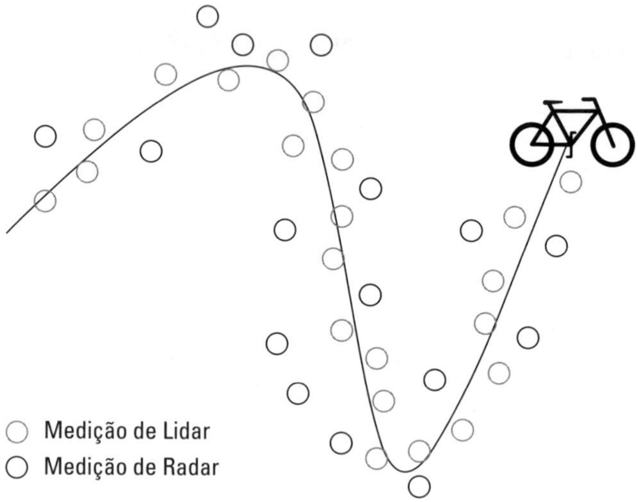

FIGURA 14-3: Um filtro de Kalman estima a trajetória de uma bicicleta ao fundir os dados de radar e lidar.

5 Considerando o Futuro da IA

NESTA PARTE...

Determine quando uma aplicação não funcionará.

Considere o uso da IA no espaço.

Crie novas ocupações humanas.

» Definindo os cenários de uso da IA

» Entendendo o que acontece quando a IA falha

» Desenvolvendo soluções para problemas inexistentes

Capítulo 15

Compreendendo a Aplicação Fadada ao Fracasso

Os capítulos anteriores deste livro exploram o que a IA é e não é, e também quais problemas ela consegue resolver bem e quais estão, aparentemente, fora de seu alcance. Mesmo com todas essas informações, é possível reconhecermos com facilidade uma aplicação em potencial que nunca será viável porque a IA simplesmente não é capaz de atender a essa necessidade em particular. Este capítulo explora a aplicação fadada ao fracasso. Talvez o capítulo devesse ser intitulado "Por que Ainda Precisamos dos Humanos", mas o título atual é mais esclarecedor.

Como parte deste capítulo, você descobre os efeitos de tentar criar aplicações fadadas ao fracasso. O mais preocupante desses efeitos é o inverno da IA. Um *inverno da IA* ocorre sempre que as promessas dos defensores da IA excedem sua capacidade de cumpri-las, resultando em perda de investimento dos empreendedores.

A IA também pode cair na armadilha de desenvolver soluções para problemas que, na realidade, não existem. Sim, as maravilhas da solução realmente parecem ser bem sofisticadas, mas, a menos que a solução atenda a uma necessidade real, ninguém a comprará. As tecnologias prosperam apenas quando elas atendem às necessidades nas quais os usuários estão dispostos a gastar dinheiro para obter. Este capítulo termina com uma análise a respeito de soluções para problemas que não existem.

Usando a IA onde Ela Não Funciona

A Tabela 1-1 no Capítulo 1 lista os sete tipos de inteligência. Uma sociedade totalmente funcional abarca todos os sete tipos, e pessoas diferentes se sobressaem em tipos diferentes de inteligência. Ao combinarmos os esforços de todas as pessoas, é possível abordar todos os sete tipos de inteligência de uma maneira que satisfaça as necessidades da sociedade.

LEMBRE-SE

Você perceberá rapidamente ao observar a Tabela 1-1 que a IA não tem nada de dois tipos de inteligência, e tem apenas recursos modestos de outras três. A IA se sobressai quando o assunto é inteligência matemática, lógica e cinestésica, limitando sua habilidade de resolução de vários tipos de problemas com que uma sociedade totalmente funcional precisar lidar. As seções a seguir descrevem situações nas quais a IA simplesmente não consegue operar, pois ela é uma tecnologia — não uma pessoa.

Definindo os limites da IA

Ao conversar com a Alexa, você pode até se esquecer de que está falando com uma máquina. Ela não faz ideia do que você está dizendo, não o entende como pessoa e não tem um desejo real de interagir com você. Ela apenas age conforme determinado pelos algoritmos criados para ela e pelos dados que você fornece. Mesmo assim, os resultados são fantásticos. É fácil antropomorfizar a IA sem perceber e enxergá-la como uma extensão de uma entidade humana. No entanto, uma IA não tem os aspectos essenciais descritos nas seções a seguir.

Criatividade

Podemos encontrar uma infinidade de artigos, sites, músicas, arte, escritos e todos os tipos de saídas supostamente criativas a partir de uma IA. O problema com a IA é que ela não consegue criar nada. Ao pensarmos em criatividade, devemos pensar nos padrões de pensamento. Por exemplo, Beethoven tinha uma forma distinta de pensar sobre música. Você pode reconhecer uma composição clássica de Beethoven mesmo se não estiver familiarizado com todas as suas peças, pois sua música tem um padrão especial formado de acordo com a maneira que ele pensava.

A IA consegue criar uma composição de Beethoven analisando o processo de pensamento de forma matemática, o que ela faz ao aprender com os exemplos das músicas do compositor. A base que se resulta para criar uma nova composição de Beethoven é de natureza matemática. Na verdade, por causa da matemática dos padrões, você pode ouvir uma IA tocar Beethoven sob a perspectiva de um dos Beatles `http://blog.brasilacademico.com/2016/04/ia-tocando-beethoven-no-estilo-dos.html`.

LEMBRE-SE

O problema de igualar a criatividade à matemática é que esta não é criativa. Ser criativo significa desenvolver um novo padrão de pensamento — algo que ninguém havia visto antes (veja `https://www.csun.edu/~vcpsy00h/creativity/define.htm` [conteúdo em inglês]). A criatividade não é apenas o ato de pensar fora da caixa, é o ato de definir uma nova caixa.

A criatividade também pressupõe o desenvolvimento de uma perspectiva diferente, que, em essência, é a definição de um outro tipo de conjunto de dados (caso insista em manter o ponto de vista matemático). Uma IA fica limitada aos dados que você fornece. Ela não é capaz de criar seus próprios dados, apenas consegue criar variações de dados existentes — os dados a partir dos quais aprendeu. O box "Entendendo a orientação de ensino", no Capítulo 13, expõe essa ideia de perspectiva. Para ensinar algo novo à IA, algo diferente ou fantástico, um humano deve decidir fornecer uma orientação de dados apropriada.

Imaginação

Criar é definir algo real, seja música, arte, escrita ou qualquer outra atividade que resulte em algo que os outros possam ver, ouvir, tocar ou com que possam interagir de outras formas. A imaginação é a abstração de uma criação e, portanto, está ainda mais distante do alcance dos recursos da IA. Alguém pode imaginar coisas que não são reais e que nunca poderão ser. A imaginação é a mente passeando por um campo de possibilidades, brincando de adivinhar o que aconteceria se as regras não interferissem. A criatividade verdadeira é geralmente o resultado de uma imaginação produtiva.

De uma perspectiva puramente humana, todo mundo consegue imaginar alguma coisa. A imaginação nos separa de todo o resto e geralmente nos coloca em situações que não são reais. O artigo do *Huffington Post* disponível em `https://www.huffingtonpost.com/lamisha-serfwalls/5-reasons-imagination-is-_b_6096368.html` [conteúdo em inglês] apresenta cinco razões pelas quais a imaginação é crucial na superação dos limites da realidade.

Assim como uma IA não consegue criar novos padrões de pensamento ou desenvolver novos dados sem usar fontes existentes, ela também deve existir dentro dos limites da realidade. Consequentemente, é improvável que alguém chegue a desenvolver uma IA com imaginação. A imaginação não requer apenas inteligência criativa, mas também inteligência intrapessoal, e a IA não tem qualquer uma delas.

DICA

A imaginação, como muitos traços humanos, é emocional. A IA não tem emoções. De fato, ao observar o que uma IA consegue fazer em comparação com o que um humano consegue fazer, é sempre uma boa ideia fazer a simples pergunta sobre se a tarefa requer emoção.

Ideias originais

Imaginar algo, criar uma coisa real do que foi imaginado e depois usar esse exemplo de algo do mundo real que nunca existiu no passado é desenvolver uma ideia. Para criar uma ideia com sucesso, um humano precisa de uma boa inteligência criativa, intrapessoal e interpessoal. Criar algo novo é ótimo para definir versões únicas de algo ou para se entreter. No entanto, para transformar isso em uma ideia, você também deve compartilhar com os outros de uma forma que permita que eles vejam isso também.

Deficiências de dados

A seção "Considerando as Cinco Inverdades nos Dados", no Capítulo 2, fala sobre problemas com os dados que uma IA deve superar para realizar as tarefas que foi projetada para fazer. O único problema é que uma IA tipicamente não consegue reconhecer inverdades nos dados com facilidade, a menos que haja uma abundância de exemplos de dados que não contenham essas inverdades, algo que pode ser mais difícil de conseguir do que parece. Os humanos, por outro lado, frequentemente conseguem identificar inverdades com relativa facilidade. Como já viu mais exemplos do que qualquer IA jamais verá, um humano consegue identificar as inverdades tanto pela imaginação quanto pela criatividade. Um humano pode retratar a inverdade de uma forma que a IA não consegue, pois ela está presa à realidade.

LEMBRE-SE

As inverdades são adicionadas aos dados de tantas formas, que listá-las todas não é humanamente possível. Os humanos com frequência adicionam essas inverdades sem pensar sobre elas. Na verdade, evitá-las pode ser impossível, porque às vezes elas são causadas pela perspectiva, parcialidade e quadro de referência. Como a IA não consegue identificar todas as inverdades, os dados usados para tomar as decisões sempre terão algum nível de deficiência. Se essa deficiência afetará os recursos da IA para produzir saídas úteis, dependerá do tipo e do nível de deficiência, além dos recursos dos algoritmos.

Porém, a história mais estranha sobre a deficiência de dados para considerarmos é quando um humano de fato quer uma inverdade como saída. Essa situação ocorre com mais frequência do que as pessoas possam pensar, e a única forma de superar essa questão humana particular é através da comunicação sutil realizada por meio da inteligência interpessoal, que a IA não tem. Por exemplo, alguém compra roupas novas. Elas são feias demais — para você, pelos menos (e as roupas podem ser incrivelmente subjetivas). Porém, se você for inteligente, dirá que as roupas são lindas. A pessoa não está querendo sua opinião imparcial — quer seu apoio e aprovação. A pergunta, então, não é mais "O que achou das roupas?", que é como a IA ouviria, mas "Você me aprova?" ou "Você apoiará minha decisão de comprar essas roupas?" Você consegue superar parcialmente o problema ao sugerir acessórios que complementem as roupas, ou de outras maneiras, como sutilmente fazendo a pessoa entender que talvez ela nem possa usar aquelas roupas em público.

Também há a questão de falar uma verdade dolorosa com que uma IA nunca conseguirá lidar, pois ela não tem emoção. Uma *verdade dolorosa* é aquela na qual quem a ouve não obtém qualquer benefício, pelo contrário, recebe informações que lhe causam dor — seja emocional, física ou intelectual. Por exemplo, uma criança pode não saber que seu pai ou sua mãe estava sendo infiel com o outro. Como os dois já faleceram, a informação não é mais pertinente, e seria melhor permitir à criança que permanecesse em um estado de felicidade. Porém, alguém aparece e faz questão de prejudicar as memórias da criança, discutindo a traição em detalhes. A criança não ganha nada com isso e certamente ficará devastada. Uma IA conseguiria causar o mesmo tipo de dor ao rever informações familiares de formas que a criança nunca consideraria. Ao descobrir a traição por meio de uma combinação de boletins de ocorrência, registros em motéis, recibos de lojas e outras fontes, a IA revela à criança a infidelidade e, de novo, causa dor ao usar a verdade. No entanto, no caso da IA, a verdade é apresentada por falta de uma inteligência emocional (empatia); a IA não consegue entender a necessidade da criança em permanecer em um estado de felicidade a respeito da fidelidade dos pais. Infelizmente, mesmo quando um conjunto de dados contém informações corretas e verdadeiras em número suficiente para que uma IA produza um resultado útil, ele pode ser mais doloroso do que benéfico.

Aplicando a IA incorretamente

Os limites da IA definem a dimensão da possibilidade para aplicar a IA corretamente. Contudo, mesmo dentro dessa dimensão, você pode obter uma saída inesperada ou inútil. Por exemplo, você poderia fornecer várias entradas à IA e pedir uma probabilidade de certos eventos ocorrerem com base nas entradas. Quando há dados suficientes disponíveis, a IA consegue produzir um resultado que corresponda à base matemática dos dados de entrada. Só que a IA não é capaz de produzir dados novos, criar soluções baseadas nessas dados, imaginar novas formas de trabalhar com eles e nem fornecer ideias para implementar uma solução. Todas essas atividades residem dentro da dimensão humana. Tudo que você pode esperar é uma previsão de probabilidade.

LEMBRE-SE

Muitos dos resultados da IA são baseados na probabilidade ou na estatística. Infelizmente, nenhum desses métodos matemáticos se aplica a indivíduos; eles funcionam apenas com grupos. Na verdade, usar a estatística cria infinitos problemas para praticamente qualquer propósito que não seja uma saída concreta, como conduzir um carro. O artigo disponível em http://public.wsu.edu/~taflinge/evistats.html [conteúdo em inglês] analisa os problemas com o uso da estatística. Quando sua aplicação de IA afeta os indivíduos, você deve estar preparado para o inesperado, inclusive o fracasso total em alcançar qualquer um dos objetivos que havia determinado alcançar.

Outra questão é se o conjunto de dados contém qualquer tipo de opinião, algo muito mais prevalente do que você possa pensar. Uma opinião difere de um fato no sentido de que este é completamente possível de ser provado e todos concordam que ele é verdadeiro (pelo menos, todos com uma mente aberta). As opiniões ocorrem quando você não tem fatos científicos suficientes para dar suporte aos dados. Além disso, elas ocorrem quando há emoção envolvida. Mesmo quando confrontados com algumas evidências conclusivas do contrário, alguns humanos ainda se apegam à opinião, em vez de ao fato. A opinião nos faz sentir confortáveis, o fato não. A IA quase sempre falhará quando a opinião está envolvida. Mesmo com o melhor algoritmo disponível, alguém ficará insatisfeito com a saída.

Entrando em um mundo de expectativas irreais

As seções anteriores deste capítulo analisam como esperar que a IA realize certas tarefas ou aplicá-la em situações que não sejam totalmente concretas causará problemas. Infelizmente, parece que os humanos não entendem a ideia de que o tipo de tarefas que muitos de nós acham que a IA consegue realizar nunca se tornará realidade. Essas expectativas ilusórias têm muitas fontes, incluindo:

» **Mídia:** Livros, filmes e outras formas de mídia tentam obter uma reação emocional de nós. No entanto, essa reação emocional é a própria fonte de expectativas irreais. Imaginamos que a IA possa fazer algo, mas, na verdade, ela não consegue fazer essas coisas no mundo real.

» **Antropomorfização:** Junto das emoções que a mídia gera, os humanos também tendem a criar apego a tudo. Com frequência, as pessoas dão nomes aos seus carros, conversam com eles e se perguntam se estão se sentindo mal quando quebram. Uma IA não consegue sentir, entender, comunicar-se (realmente), ela não consegue fazer qualquer outra coisa além de cálculos numéricos — com muitos e muitos números. Quando a expectativa é a de que a IA de repente desenvolverá sentimentos e agirá como os humanos, o resultado está fadado ao fracasso.

» **Problema indefinido:** Uma IA consegue resolver um problema definido, mas não um indefinido. Você pode apresentar a um humano um conjunto de potenciais entradas e esperar que ele crie uma pergunta equivalente, com base na extrapolação. Digamos que uma série de testes permanece falhando na maioria das vezes, mas alguns sujeitos do teste alcançam o objetivo desejado. Uma IA pode tentar melhorar os resultados por meio da interpolação ao localizar novos sujeitos do teste, com características que combinem com aqueles que passaram no teste. No entanto, um humano pode melhorar os resultados do teste através da extrapolação ao questionar por que alguns sujeitos tiveram sucesso e descobrir a causa, seja ela baseada nas características do sujeito do teste ou não (talvez as condições ambientais tenham mudado ou o sujeito do teste tenha uma atitude diferente). Para que uma IA resolva o problema, no entanto, um humano deve conseguir expressar esse problema de forma que a IA entenda. Problemas indefinidos, aqueles que representam algo fora da experiência humana, simplesmente não podem ser solucionados usando-se uma IA.

» **Tecnologia deficiente:** Em várias partes deste livro, você pode ver que um problema não era possível de ser solucionado em determinada época devido à falta de tecnologia. Não é realístico pedir a uma IA que resolva um problema quando a tecnologia é insuficiente. Por exemplo, a falta de sensores e de capacidade de processamento tornaria impossível criar um carro autônomo nos anos 1960, contudo, os avanços na tecnologia possibilitaram tal empreendimento.

Considerando os Efeitos dos Invernos da IA

Os invernos da IA ocorrem quando os cientistas e outras pessoas prometem coisas sobre os benefícios da IA que não viram realidade dentro de um determinado período de tempo, fazendo com que a fonte de investimentos seque e a pesquisa continue a passos de tartaruga. Desde 1956, o mundo experimentou dois invernos. (Agora o mundo está no terceiro verão da IA.) As próximas seções discutem com mais detalhes as causas, os efeitos e os resultados do inverno da IA.

Compreendendo o inverno da IA

É difícil dizer com precisão quando a IA começou. Afinal, mesmo os antigos gregos sonhavam em criar um homem mecânico, como aqueles apresentados nos mitos gregos de Hefesto e de Pigmalião e Galateia, e podemos presumir que esses homens mecânicos teriam algum tipo de inteligência. Assim, alguém poderia argumentar que o primeiro inverno da IA de fato ocorreu em algum ponto entre a queda do Império Romano e a época na Idade Média em que as pessoas sonhavam com uma forma alquímica de criar uma mente na matéria, como o Takwim de Jābir ibn Hayyān, o Homúnculo de Paracelso e o Golem do Rabino Judah Loew. Porém, esses esforços são histórias infundadas, e não do tipo científico que apareceria posteriormente em 1956 com o início da pesquisa patrocinada pelo governo sobre inteligência artificial na Faculdade Dartmouth.

LEMBRE-SE

Um inverno da IA ocorre, então, quando os financiamentos para a IA diminuem. O uso da palavra *inverno* é apropriado, pois, como uma árvore no inverno, a IA não parou totalmente de crescer. Ao observar os anéis de crescimento de uma árvore, é possível verificar que a árvore continua a crescer no inverno — apenas mais lentamente. Da mesma forma, durante os invernos da IA de 1974 até 1980 e depois, de 1987 até 1993, a IA continuou a crescer, mas a passos de tartaruga.

Definindo as causas do inverno da IA

A causa de um inverno da IA pode ser facilmente resumida como o resultado de promessas absurdas que são impossíveis de serem mantidas. No início dos esforços na Faculdade Dartmouth em 1956, aqueles que em breve seriam os líderes da pesquisa de IA previram que um computador tão inteligente quanto um humano existiria dentro de, no máximo, uma geração. Sessenta e tantos anos depois, os computadores nem de longe são tão inteligentes quanto os humanos. Na verdade, caso tenha lido os capítulos anteriores, sabe que eles provavelmente nunca atingirão esse grau de inteligência, pelo menos não em todos os tipos de inteligência (e, até agora, são melhores que os humanos em apenas alguns tipos de recursos).

LEMBRE-SE

Parte do problema com a promessa exagerada de recursos é que os primeiros defensores da IA acreditavam que todo o pensamento humano poderia ser formalizado como algoritmos. De fato, essa ideia remonta aos filósofos chineses, indianos e gregos. Porém, como mostrado na Tabela 1-1 do Capítulo 1, apenas alguns componentes da inteligência humana podem ser formalizados. Na verdade, o melhor resultado possível é que o raciocínio matemático e lógico humano pudesse ser mecanizado. Mesmo assim, nos anos 1920 e 1930, David Hilbert desafiou os matemáticos a provar que todo o raciocínio matemático poderia ser formalizado. A resposta a esse desafio veio da prova de incompletude de Gödel, da máquina de Turing e do cálculo Lambda de Church. Dois resultados surgiram: formalizar *todo* o raciocínio matemático não é possível, e nas áreas em que a formalização é possível, você também pode mecanizar o raciocínio, que é a base da IA.

Outra parte do problema da promessa exagerada é o otimismo excessivo. Durante os primeiros anos da IA, os computadores resolviam problemas de álgebra, demonstravam teoremas em geometria e aprendiam a falar inglês. As duas primeiras saídas são racionais ao considerarmos que o computador está apenas processando entradas e as colocando de uma forma que ele possa manipular. O problema é com a terceira dessas entradas. O computador não estava, de fato, falando inglês. Pelo contrário, ele estava convertendo dados textuais em padrões digitais, que eram, por sua vez, convertidos para analógicos e eram uma saída que se parecia com uma fala, quando não era. O computador não entendia nada de inglês, ou de qualquer outro idioma, por falar nisso. Sim, os cientistas de fato ouviam a resposta em inglês, mas o computador apenas via os números 0 e 1 em um padrão específico que ele de modo algum via como um idioma.

CUIDADO

Até mesmo os pesquisadores eram frequentemente levados a achar que o computador estava fazendo mais do que na realidade fazia. Por exemplo, o ELIZA de Joseph Weizenbaum parecia ouvir entradas e responder de uma maneira inteligente. Infelizmente, as respostas eram todas predeterminadas, e a aplicação não estava ouvindo, entendendo nem dizendo nada. Contudo, ELIZA foi o primeiro robô falante e representou um passo à frente, apesar de ser um passo incrivelmente pequeno. O alvoroço era apenas significativamente maior do que a tecnologia real — um problema que a IA enfrenta hoje. As pessoas se sentem desapontadas ao perceberem que o alvoroço não é a realidade, então os cientistas e os patrocinadores continuam caminhando rumo ao fracasso ao apresentarem maravilhas impossíveis, em vez de tecnologia real. O primeiro inverno da IA foi provocado por previsões como estas:

- **H.A. Simon:** "Dentro de 10 anos, um computador digital será o campeão mundial de xadrez" (1958) e "as máquinas serão capazes, dentro de 20 anos, de fazer qualquer trabalho que uma pessoa possa fazer." (1965)
- **Allen Newell:** "Dentro de dez anos, um computador digital descobrirá e provará um novo e importante teorema matemático." (1958)
- **Marvin Minsky:** "Dentro de uma geração... o problema da criação de uma 'inteligência artificial' terá sido substancialmente resolvido" (1967) e "Em três a oito anos, teremos uma máquina com a inteligência geral de um ser humano médio." (1970)

Ao observarmos essas afirmações estranhas hoje, fica fácil entendermos por que os governos retiraram seus financiamentos. A seção "Considerando o argumento do Quarto Chinês", no Capítulo 5, delineia apenas um dentre vários contra-argumentos que mesmo as pessoas dentro da comunidade da IA levantaram contra essas previsões.

O segundo inverno da IA veio como resultado das mesmas questões que criaram o primeiro inverno da IA — promessas e animação exageradas e um otimismo excessivo. Nesse caso, o boom começou com o sistema especialista, um tipo de programa de IA que soluciona problemas usando regras lógicas. Além disso, os japoneses entraram no páreo com seu projeto de Computador de Quinta Geração, um sistema de computador que oferecia um processamento paralelo massivo. A ideia era criar um computador que conseguisse realizar muitas tarefas em paralelo, similar ao cérebro humano. Finalmente, John Hopfield e David Rumelhart ressuscitaram o conexionismo, uma estratégia que modela os processos mentais como redes interconectadas de unidades simples.

O fim veio como um tipo de bolha econômica. Os sistemas especialistas se mostraram instáveis, mesmo quando rodados em sistemas de computadores especializados. Os sistemas de computadores especializados acabaram sendo um buraco na economia que sistemas de computadores comuns conseguiam substituir facilmente com um custo significativamente reduzido. Na verdade, o projeto do Computador de Quinta Geração japonês também era uma fatalidade dessa bolha econômica. Ele se mostrou extremamente caro para ser construído e mantido.

Reconstruindo as expectativas com novos objetivos

Um inverno da IA não é necessariamente devastador. É bem o contrário: essas épocas podem ser vistas como uma oportunidade de dar um passo atrás e pensar sobre as várias questões que surgiram durante a adrenalina de desenvolver algo incrível. As duas principais áreas de pensamento que foram beneficiadas durante o primeiro inverno da IA (juntamente com benefícios menores a outras áreas do pensamento) são:

» **Programação lógica:** Esta área de pensamento envolve a apresentação de um conjunto de frases de forma lógica (executadas como uma aplicação) que expressa fatos e regras sobre o domínio de um problema específico. Exemplos de linguagens de programação que usam esse paradigma em particular são Prolog, Answer Set Programming (ASP) e Datalog. Esta é uma forma de programação baseada em regras, que é a tecnologia subjacente usada pelos sistemas especialistas.

» **Raciocínio de senso comum:** Esta área de pensamento usa um método de simular a habilidade humana de prever o resultado de uma sequência de eventos com base nas propriedades, propósitos, intenções e comportamentos de um objeto em particular. O raciocínio de senso comum é um componente essencial da IA, pois ele afeta uma vasta gama de disciplinas, incluindo a visão computacional, a manipulação robótica, o raciocínio taxonômico, a ação e mudança, o raciocínio temporal e o raciocínio qualitativo.

O segundo inverno da IA trouxe mudanças adicionais que serviram para trazer a IA à ênfase que tem hoje. Essas mudanças incluíram:

» **Usar hardware comum:** A certa altura, os sistemas especialistas e outros usos da IA usavam hardware especializado. O motivo é que o hardware comum não fornecia a capacidade de processamento e a memória necessárias. No entanto, esses sistemas customizados se mostraram caros para ser mantidos, difíceis para ser programados e extremamente instáveis perante situações incomuns. O hardware comum é, por natureza, voltado a propósitos gerais e é menos propenso a problemas que envolvam uma solução à procura de um problema (para mais detalhes, veja a seção "Criando Soluções na Busca de um Problema" adiante neste capítulo).

» **Ver uma necessidade de aprender:** Os sistemas especialistas e outras formas iniciais da IA exigiam uma programação especial para atender cada necessidade, dessa forma tornando-os extremamente inflexíveis. Isso tornou evidente o fato de que os computadores precisariam conseguir aprender a partir do ambiente, dos sensores e dos dados fornecidos.

» **Criar um ambiente flexível:** Os sistemas que chegaram a realizar um trabalho útil entre o primeiro e segundo invernos da IA o fizeram de uma forma rígida. Quando as entradas não batiam muito bem com as expectativas, esses sistemas conseguiam produzir erros grotescos na saída. Ficou óbvio que qualquer sistema novo precisaria saber como reagir a dados do mundo real, que são cheios de erros, incompletos e, em geral, formatados incorretamente.

» **Usar novas estratégias:** Imagine que você trabalha para o governo e prometeu todos os tipos de coisas incríveis com base na IA, só que nenhuma delas parecia se tornar realidade. Este é o problema do segundo inverno da IA: vários governos tentaram várias formas de transformar as promessas da IA em realidade. Quando as estratégias atuais obviamente não estavam dando certo, esses mesmos governos começaram a buscar novas formas de avançar o processamento computacional, algumas das quais produziram resultados interessantes, como avanços na robótica.

A questão é que os invernos da IA não foram necessariamente ruins para ela. Na verdade, essas ocasiões de dar um passo atrás e observar o progresso (ou a falta dele) das estratégias atuais são importantes. Tirar um tempo para esses momentos inspiradores é difícil quando as pessoas estão mergulhando de cabeça na próxima realização promissora.

LEMBRE-SE

Ao considerarmos os invernos da IA e a renovação que resultou em ideias e objetivos renovados, vale a pena nos lembrarmos de um ditado (também conhecido como a lei de Amara) criado pelo cientista e futurista norte-americano Roy Charles Amara: "Temos a tendência de superestimar o efeito de uma tecnologia em curto prazo e de subestimar o efeito em longo prazo." Após todo o sensacionalismo e desilusão, há sempre um momento em que as pessoas não conseguem perceber claramente o impacto de longo prazo de uma nova tecnologia e entender as revoluções que ela traz consigo. Como uma tecnologia, a IA veio para ficar e mudará nosso mundo, seja para melhor ou para pior, não importa quantos invernos ela ainda tenha de enfrentar.

Criando Soluções na Busca de um Problema

Duas pessoas estão olhando para um monte de fios, rodas, partes de metal e itens esquisitos e variados que parecem ser sucata. A primeira pessoa pergunta à segunda: "O que isso faz?" A segunda responde: "O que isso não faz?" Contudo, a invenção que aparentemente faz tudo acaba não fazendo nada. A mídia está repleta de exemplos de soluções em busca de um problema. Damos risada porque todo mundo já encontrou uma solução que está à espera de um problema. Essas soluções acabam em um monte de lixo, mesmo quando chegam a funcionar, pois não conseguem atender a uma necessidade urgente. As seções a seguir analisam com mais detalhes a solução da IA que está em busca de um problema.

Definindo uma engenhoca

Quando o assunto é a IA, o mundo está cheio de engenhocas. Algumas são realmente úteis, mas muitas não, e algumas ficam entre esses dois extremos. Por exemplo, a Alexa tem muitos recursos úteis, mas também vem cheia de engenhocas que farão você coçar a cabeça ao tentar usá-las. Este artigo de John Dvorak pode parecer pessimista demais, porém nos dá o que pensar sobre os tipos de recursos que a Alexa oferece: `https://www.pcmag.com/commentary/354629/just-say-no-to-amazons-echo-show` [conteúdo em inglês].

Uma engenhoca de IA é qualquer aplicação que à primeira vista parece fazer algo interessante, mas que, no fim, mostra-se incapaz de realizar tarefas úteis. Aqui estão alguns dos aspectos comuns a serem observados quando determinamos que algo é uma engenhoca. (A primeira letra de cada tópico na lista forma o acrônimo CREEP, assustador em inglês, com o significado de "não crie uma aplicação medonha de IA"):

- **Custo baixo:** Antes que qualquer pessoa decida acreditar em uma aplicação de IA, ela deve apresentar um custo igual ou menor do que o preço de soluções existentes. Todo mundo está querendo um bom negócio. Pagar mais por um benefício similar simplesmente não chamará a atenção.
- **Reproduzível:** Os resultados de uma aplicação de IA devem ser reproduzíveis, mesmo quando as circunstâncias da realização da tarefa mudam. Em contraste com as soluções processuais a um problema, as pessoas esperam que uma IA se adapte — que aprenda fazendo, o que significa que o nível da apresentação de resultados reproduzíveis foi aumentado.
- **Eficiente:** Quando uma solução de IA de repente passa a consumir quantidades enormes de recursos de todos os tipos, os usuários partem

para outra. Os negócios, em especial, se tornaram extremamente focados na realização de tarefas com os recursos mínimos possíveis.

» **Eficaz:** Apenas apresentar um benefício prático que tenha eficiência e eficácia de custo não é o suficiente; uma IA também deve fornecer uma solução que atenda totalmente a uma necessidade. As soluções eficazes possibilitam que alguém deixe a automação realizar a tarefa sem ter de ficar verificando os resultados novamente ou dando suporte à automação a todo momento.

» **Prática:** Uma aplicação útil deve apresentar um benefício prático. O benefício deve ser algo de que o usuário final necessite, como o acesso a um mapa de estradas ou lembretes para tomar seus remédios.

Evitando o infomercial

Deslumbrar possíveis usuários com sua aplicação de IA é um sinal claro de que ela não terá sucesso. Por mais estranho que pareça, as aplicações que dão certo com mais facilidade são aquelas cujos propósito e intenção são óbvios desde o princípio. Uma aplicação de reconhecimento de voz é óbvia: você fala e o computador faz algo útil em retorno. Você não precisa vender para ninguém a ideia de que o software de reconhecimento de voz é útil. Este livro está repleto de aplicações realmente úteis, e nenhuma delas precisa daquele tipo de infomercial de venda agressiva. Quando as pessoas começam a perguntar o que algum produto faz, chegou a hora de repensar o projeto.

Entendendo quando os humanos são melhores na função

Este capítulo se concentra o tempo todo em manter os humanos envolvidos ao fazerem uso da IA. Você viu algumas seções sobre coisas nas quais somos melhores que a IA, coisas que a IA não consegue dominar de jeito algum. É melhor deixar com os humanos qualquer coisa que necessite de imaginação, criatividade, discernimento da verdade, lidar com opiniões ou a criação de uma ideia. Por mais estranho que pareça, os limites da IA deixam muito espaço que os humanos podem ocupar, muitos dos quais não são nem possíveis no momento porque eles estão engajados em tarefas repetitivas e chatas que a IA conseguiria fazer facilmente.

Espere por um futuro em que a IA atua como assistente aos humanos. Na verdade, você verá cada vez mais esse uso da IA conforme o tempo passa. As melhores aplicações de IA serão aquelas que buscam auxiliar, e não substituir os humanos. Sim, é verdade que os robôs substituirão os humanos em condições de risco, mas os humanos ainda terão de tomar as decisões sobre como evitar piorar essas situações, o que significa haver um humano em um local seguro para controlar o robô. É um tipo de colaboração em que a tecnologia e os humanos andam de mãos dadas.

Buscando a solução simples

O princípio KISS (Keep It Simple, Stupid) [Simplifique, Idiota] é a melhor ideia para ser relembrada em termos de desenvolver aplicações de IA. Você pode ler mais sobre esse princípio em `http://www.informant.com.br/blog/2014/04/09/conheca-o-principio-kiss-para-afastar-a-complicacao-do-seu-software/`, mas a ideia básica é garantir que qualquer solução seja a mais simples que puder encontrar. Há todos os tipos de precedentes para usar as soluções simples. No entanto, dentre todos, a Navalha de Occam é provavelmente o mais famoso (`https://revolucao.etc.br/archives/simplicidade-no-design-navalha-de-occam-ockhams-razor/`).

É claro que surge a pergunta sobre por que o KISS é tão importante. A resposta mais fácil é que a complexidade leva ao fracasso: quanto mais partes algo tem, mais chances há de não funcionar. O princípio tem suas raízes na matemática e é fácil de ser provado.

LEMBRE-SE

Em termos de aplicações, no entanto, outros princípios entram em cena. Para a maioria das pessoas, uma aplicação é um meio para um fim. Elas estão interessadas no fim e, na verdade, não estão nem aí para a aplicação. Caso ela ficasse invisível, o usuário ficaria bem feliz, porque, assim, apenas o resultado final estaria visível. Algumas aplicações são fáceis de ser usadas, tendem a ficar invisíveis e não exigem qualquer instrução complicada. Na verdade, as melhores aplicações são óbvias. Quando sua solução de IA depender de todos os tipos de interações complexas para ser usada, você precisará considerar se não está na hora de voltar à mesa de trabalho e criar algo melhor.

CONSIDERANDO A REVOLUÇÃO INDUSTRIAL

A colaboração entre os humanos e a IA não acontecerá de uma vez só. Além disso, os novos tipos de trabalho que os humanos conseguirão realizar não entrarão em cena imediatamente. No entanto, a visão de humanos sentados por aí apenas esperando serem servidos por uma máquina é improvável e, é claro, insustentável. Os humanos continuarão a realizar várias tarefas. Obviamente, as mesmas afirmações sobre as máquinas tomando conta de tudo estiveram presentes nas principais revoluções humanas no passado, sendo a revolução industrial a mais recente e violenta de todas (veja `http://www.miniweb.com.br/Historia/Artigos/i_contemporanea/rev_indu_consequencias.html`). Os humanos sempre farão certas coisas melhor do que uma IA, e você pode ficar seguro de que continuaremos a abrir espaço para nós mesmos na sociedade. Apenas precisamos ter esperanças de que essa revolução seja menos violenta do que a revolução industrial.

» Investigando o universo

» Construindo minas espaciais

» Buscando novos lugares para explorar

» Desenvolvendo estruturas no espaço

Capítulo 16

Observando a IA no Espaço

As pessoas observam os céus desde as brumas do tempo. Muitos dos nomes das constelações e estrelas vieram dos gregos ou de outros povos antigos (dependendo de onde você vive). A Ursa Maior, por exemplo, tem muitos nomes diferentes e pode ser vista como um urso, quando agrupada com outras estrelas (veja mais detalhes em http://obaudahistoria.blogspot.com/2010/10/ursa-maior.html). As pessoas amam observar as estrelas e pensar nelas, motivo pelo qual muitas culturas pensaram em descobrir, de fato, como são as estrelas. Conforme a viagem espacial se tornou possível, o universo, como um todo, adquiriu um novo significado, como você verá neste capítulo. E a IA permite às pessoas que vejam o universo mais claramente e de novas maneiras.

Com o passar dos anos, os humanos começaram a habitar o espaço (como na Estação Espacial Internacional, https://canaltech.com.br/ciencia/Tudo-sobre-a-Estacao-Espacial-Internacional/) e a visitar outros lugares, como a Lua. Os humanos também começaram a trabalhar no espaço. Obviamente, vários experimentos produziram materiais que só podem ser obtidos no espaço. Uma empresa, Made In Space (http://madeinspace.us/[conteúdo em inglês]), na verdade é especialista nessa atividade. Fora dessas atividades, o uso de robôs e de IA especializada permite a mineração de todos os tipos de materiais no espaço. De fato, o Congresso dos EUA aprovou leis em 2015 viabilizando financeiramente essas atividades (https://epocanegocios.globo.com/Mundo/noticia/2018/07/quem-e-dono-do-que-no-espaco.html) ao conceder às empresas o direito de vender o que mineram. Este capítulo também analisa o papel da IA na mineração espacial.

O universo possui segredos praticamente infinitos, e um desses segredos descobertos há pouco tempo é a existência de exoplanetas, aqueles que existem fora do nosso sistema solar (veja mais detalhes em https://revistagalileu.globo.com/Ciencia/Espaco/noticia/2018/12/astronomos-descobrem-mais-de-100-exoplanetas-em-tres-meses.html). A existência de exoplanetas significa que os humanos podem chegar a descobrir vida em outros planetas, porém, mesmo a descoberta de exoplanetas necessita da IA. As formas pelas quais a IA viabilizará todas essas possibilidades é verdadeiramente incrível.

Viver e trabalhar no espaço é uma coisa, mas tirar férias lá é outra bem diferente. A partir de 2011, as pessoas começaram a falar sobre a possibilidade de criar um hotel na órbita próxima à Terra (http://exameinformatica.sapo.pt/noticias/internet/2011-08-18-hotel-espacial-pronto-em-2016) ou na Lua. Apesar de agora a construção de um hotel na órbita próxima à Terra parecer viável (https://www.inovacaotecnologica.com.br/noticias/noticia.php?artigo=hotel-espacial-inflavel&id=010130160411), o hotel lunar parece ser o assunto da vez (https://super.abril.com.br/tecnologia/quem-e-o-dono-da-lua/). A questão é que a IA permitirá às pessoas que vivam, trabalhem e até passem férias no espaço por meio do uso de estruturas como as descritas neste capítulo.

Observando o Universo

Um fabricante de óculos holandês chamado Hans Lippershey é considerado o inventor do telescópio (que, naquela época, por vota de 1600, foi chamado de *luneta holandesa*). (Na verdade, a autoria da invenção do telescópio é motivo de um debate significativo; confira https://www.tricurioso.com/2018/09/08/quem-inventou-o-telescopio/.) Cientistas como o astrônomo italiano Galileu Galilei começaram imediatamente a estudar os céus com algo além de seus olhos. Sim, os telescópios existem há bastante tempo, e ao longo dos anos se tornaram maiores, mais complexos e passaram até a habitar o espaço.

LEMBRE-SE

O motivo para enviar telescópios ao espaço é a atmosfera da Terra impossibilitar a obtenção de imagens claras de qualquer coisa que esteja muito distante. O telescópio Hubble é um dos primeiros e mais famosos a terem sua base no espaço (veja https://super.abril.com.br/mundo-estranho/

como-funciona-o-telescopio-espacial-hubble/). Como descrito nas seções a seguir, o uso de telescópios modernos requer a IA de várias formas, como o agendamento de horários para usar o Hubble (veja http://ieeexplore.ieee.org/document/63800/?reload=true [conteúdo em inglês]).

Vendo claramente pela primeira vez

Uma forma de evitar a atmosfera terrestre é colocar o telescópio no espaço. No entanto, essa abordagem é um tanto quanto cara, e a manutenção pode virar um pesadelo. A maioria das pessoas que observa os céus precisa de uma alternativa, como um telescópio que possa compensar o embaçamento causado pela atmosfera da Terra no ajuste de seu espelho (veja https://www.tecmundo.com.br/astronomia/41663-telescopio-usa-raio-laser-para-captar-imagens-incriveis-do-universo.htm).

PAPO DE ESPECIALISTA

Imagine ter de calcular o efeito de embaçamento da atmosfera da Terra com base na luz de algo como um laser, milhares de vezes por segundo. A única forma de realizar cálculos com números tão gigantescos e depois aplicar nos atuadores dos espelhos de forma precisa é usar uma IA que seja especialmente hábil para realizar o tipo de cálculo matemático necessário para possibilitar a ótica adaptativa. O artigo disponível em https://www.spiedigitallibrary.org/conference-proceedings-of-spie/2201/1/Artificial-intelligence-system-and-optimized-modal-control-for-the-ADONIS/10.1117/12.176120.short?SSO=1 [conteúdo em inglês] fornece um exemplo do uso da IA em óptica adaptativa. O site https://www.helsinki.fi/en/news/data-science/neural-networks-and-temporal-control-in-adaptive-optics [conteúdo em inglês] apresenta recursos adicionais para você descobrir como as redes neurais são usadas nos sistemas óticos adaptativos.

Para oferecer uma ótica ainda melhor, os futuros telescópios apresentarão correção em 3D dos efeitos de embaçamento usando ótica adaptativa multiconjugada (http://leigui.blogspot.com/2015/08/em-breve.html). Essa tecnologia nova corrigirá o estreitamento do campo de visão sofrido pelos telescópios atuais, mas exigirá um controle ainda maior (e mais preciso) dos múltiplos níveis dos atuadores através de espelhos múltiplos. Os novos telescópios, como o Telescópio Gigante de Magalhães, o Telescópio de Trinta Metros e o Telescópio Europeu Extremamente Grande (veja https://epocanegocios.globo.com/Tecnologia/noticia/2017/05/comeca-no-chile-construcao-do-maior-telescopio-ja-projetado.html), usarão essa nova tecnologia para fazer o investimento de mais de US$1 bilhão valer a pena.

Descobrindo novos lugares aonde ir

Antes do século XVIII, as pessoas estavam presas à superfície da Terra, mas ainda observavam os céus e sonhavam. Os humanos fizeram todos os tipos de experimentos estranhos, como saltar de torres (veja https://

www.saopauloparaquedismo.com.br/sao-paulo-paraquedismo/historia-do-paraquedismo), porém, antes dos balões de ar quente, qualquer tipo de voo de verdade parecia fora do alcance. Ainda assim, exploramos as possibilidades e até hoje continuamos a explorar, buscando novos lugares aonde ir.

LEMBRE-SE

A ideia de ter lugares aonde ir não se tornou muito viável, na verdade, antes da primeira aterrissagem na Lua no dia 20 de julho de 1969 (veja https://exame.abril.com.br/ciencia/38-fotos-que-contam-a-historia-do-homem-na-lua/). Podíamos olhar, mas não podíamos tocar. Mesmo assim, desde aquela época as pessoas buscam por novos lugares aonde ir, e chegaram em alguns deles, como em Marte (https://brasil.elpais.com/brasil/2016/07/19/ciencia/1468951806_259743.html) e no cometa Rosetta (veja https://veja.abril.com.br/ciencia/missao-rosetta-por-que-o-pouso-em-um-cometa-e-tao-importante-para-a-ciencia/). Cada uma dessas explorações serve para estimular o desejo humano de conhecer novos lugares, e o mais importante é que nenhuma delas teria acontecido sem a matemática complexa realizada pela IA.

Descobrir as coisas costumava depender dos telescópios. No entanto, cada vez mais a NASA e outras organizações usam outras abordagens, como a IA, conforme descrito em https://www.correiodopovo.com.br/not%C3%ADcias/geral/nasa-descobre-sistema-solar-com-oito-planetas-usando-intelig%C3%AAncia-artificial-1.249479. Nesse caso, o aprendizado de máquina possibilitou a localização de oito planetas ao redor de Kepler 90. É claro, o problema de encontrar tantos lugares aonde ir é determinar se de fato conseguimos chegar a alguns dos lugares mais exóticos. A Voyager 1, a sonda mais distante da Terra, apenas recentemente chegou ao espaço interestelar (http://dc.clicrbs.com.br/sc/noticias/noticia/2018/12/sonda-lancada-ha-41-anos-chega-ao-espaco-interestelar-10660847.html). Seus motores estão avariados, mas ainda podem ser usados (https://revistagalileu.globo.com/Ciencia/noticia/2017/12/nasa-ativa-motor-de-espaconave-20-bilhoes-de-quilometros-da-terra.html). Porém, a 21 bilhões de quilômetros, a Voyager está apenas a 0,0022 anos-luz de distância, e levou 40 anos para chegar lá. A estrela Kepler 90 está a 2.545 anos-luz de distância, então alcançá-la parece ser impossível sem um nova tecnologia significativa — possivelmente criada com a ajuda da IA em algum momento do futuro.

DICA

Felizmente, nosso próprio sistema solar contém todos os tipos de lugares que podem ser alcançados. Por exemplo a *Encyclopaedia Britannica* recomenda a visita a lugares como a Bacia Caloris, em Mercúrio (veja https://www.britannica.com/list/10-places-to-visit-in-the-solar-system [conteúdo em inglês]). Talvez você também queira dar uma olhada no site TravelTips4Life (http://www.traveltips4life.com/15-places-we-want-to-visit-in-outer-space/[conteúdo em inglês]), que recomenda a Estação Espacial Internacional como a primeira parada.

Considerando a evolução do universo

Os humanos observam o universo há um bom tempo e ainda não têm uma ideia real do que ele seja, a não ser o fato de saber que é nosso lar. É claro, as observações continuam, mas a essência do universo ainda é um grande ponto de interrogação. Recentemente, os cientistas começaram a usar a IA para traçar os movimentos de várias partes do universo na tentativa de descobrir como ele funciona (veja `http://vintage.portaldoastronomo.org/noticia.php?id=826`). Usar o modelo Lambda da Matéria Escura Fria (LCDM — Lambda Cold Dark Matter) para o cosmos ajudará os humanos a entenderem um pouco melhor como o universo funciona. No entanto, ele provavelmente não será capaz de sequer começar a responder a todas nossas dúvidas.

Criando novos princípios científicos

No fim das contas, pesquisas para conhecer mais o espaço, o sistema solar local, a galáxia e o universo devem trazer alguns benefícios. De outro modo, ninguém teria interesse em continuar investindo nelas. Os invernos da IA, discutidos no Capítulo 15, são um exemplo do que acontece com uma tecnologia, não importa quão promissora seja, quando não cumpre o esperado. Como resultado, considerando a longa história da exploração espacial, as pessoas devem estar obtendo alguns benefícios. Na maioria dos casos, esses benefícios vêm na forma de novos princípios científicos — um aumento na compreensão de como as coisas funcionam. Ao aplicar as lições aprendidas com a exploração e viagem espaciais, as pessoas podem deixar a vida aqui na Terra melhor. Além disso, as tecnologias baseadas no espaço geralmente acabam aparecendo em produtos que as pessoas usam diariamente.

Considere apenas uma exploração: o pouso na Lua da Apollo 11. As pessoas ainda sentem os efeitos da explosão tecnológica ocorrida durante os preparativos para aquela missão. Por exemplo, a necessidade de aproveitar o espaço levou o governo a gastar pilhas de dinheiro com tecnologias como os circuitos integrados (CIs), aos quais praticamente nem damos bola hoje em dia (veja `http://g1.globo.com/Sites/Especiais/Noticias/0,,MUL1235196-17082,00-ERA+ESPACIAL+TROUXE+AVANCOS+PRATICOS+A+VIDA+NA+TERRA.html`). Dependendo da fonte que você lê, cada dólar investido em pesquisa pelo governo na NASA rende entre US$7 e US$8 aos norte-americanos em bens e serviços hoje.

Porém, a corrida espacial gerou uma nova tecnologia que vai além da criação de cápsulas reais e seus componentes associados. Por exemplo, o filme *Estrelas Além do Tempo* apresenta uma visão da NASA que muita gente nunca havia imaginado: todos aqueles cálculos exigem muita capacidade de processamento. No filme, você vê a evolução da matemática da NASA partindo dos "computadores humanos" até os eletrônicos. Porém, assista ao filme atentamente e verá que o computador acaba trabalhando junto com os humanos, de modo muito parecido a como a IA trabalhará à medida que nosso conhecimento do universo aumentar.

LEMBRE-SE

Atualmente temos dados sobre o espaço vindo de todos os lugares. Esses dados estão nos ajudando a criar novos princípios científicos sobre as coisas que não podemos ver, como a *matéria escura* (uma área do espaço que possui massa, porém sem presença visual) e a *energia escura* (um forma de energia desconhecida e não identificada que anula os efeitos da gravidade entre corpos no espaço). Ao compreendermos essas entidades invisíveis, construímos novos conhecimentos a respeito de como as forças funcionam em nosso próprio planeta. No entanto, os pesquisadores estão tão atolados em dados, que precisam usar a IA apenas para conseguir entender uma pequena parte disso tudo (veja `https://revistagalileu.globo.com/Ciencia/noticia/2018/06/lancada-com-sucesso-primeira-inteligencia-artificial-para-o-espaco.html`). A questão é que o futuro do espaço e nosso uso da tecnologia criada para ele depende da utilização de todos os dados que estamos coletando, algo que exige uma IA.

Realizando a Mineração Espacial

A mineração espacial recebeu uma atenção muito grande da mídia e da comunidade científica também. Filmes como *Alien* apresentam uma possibilidade de como pode ser uma nave de mineração. (Com sorte, a mineração espacial não envolverá alienígenas hostis.) As visões que se mostram mais práticas vêm de artigos como `https://istoe.com.br/202536_MINERACAO+ESPACIAL/`. Na verdade, empresas como a mineradora Deep Space Mining (`http://deepspaceindustries.com/mining/`[conteúdo em inglês]) já estão analisando as exigências para realizar a mineração espacial. O surpreendente é que essas mineradoras estão procurando por coisas como água, que na verdade é bem comum aqui na Terra, mas relativamente difícil de se obter no espaço. As seções a seguir apresentam mais ideias a respeito de alguns aspectos interessantes da mineração espacial.

Obtendo água

A água cobre cerca de 71% da Terra. Na verdade, a Terra tem tanta água, que é comum termos dificuldade para retirá-la de lugares onde não a queremos. No entanto, a Terra é uma exceção à regra. O espaço não tem uma superabundância de água. É óbvio, você pode se perguntar por que precisaria de água no espaço, a não ser para manter os astronautas hidratados e potencialmente manter as plantas irrigadas. O fato é que a água é um ótimo combustível para os foguetes. Separar H_2O em seus componentes produz hidrogênio e oxigênio, sendo que hoje em dia ambos são componentes do combustível de foguetes (para obter mais detalhes, acesse `https://www.nasa.gov/topics/technology/hydrogen/hydrogen_fuel_of_choice.html` [conteúdo em inglês]). Consequentemente, aquela bola de gelo grande e suja poderia acabar sendo uma estação de reabastecimento em algum momento.

CONSIDERANDO O CRÍTICO

Poucas pessoas apreciam o papel do crítico na sociedade — você sabe como é, aquela pessoa que vê a metade vazia do copo, os buracos em cada estrada e o lado negativo de tudo. O crítico pode ser aquele velho mal-humorado e rabugento que é retratado como o pior tipo de mal na maioria das mídias. No entanto, o crítico tem, sim, um papel importante a ser desempenhado na IA baseada no espaço. Direcionado adequadamente, o crítico pode adicionar o planejamento de longo prazo que está aparentemente faltando na maioria dos integrantes mais otimistas da equipe. Enquanto todos os outros estão concentrando suas atenções nas soluções criativas para problemas existentes, o crítico enxerga problemas futuros que realmente são importantes em termos de aplicações baseadas na IA, como aquelas usadas para a mineração.

Uma IA baseada no espaço terá de ter mais independência do que qualquer outra IA que permaneça na Terra. Ao observar as muitas sondas que os humanos já lançaram até agora, fica evidente que o planejamento para o inesperado é uma exigência, e não um recurso "legal de ter". Uma IA baseada no espaço precisaria ter funcionalidade para aprender a partir do ambiente na qual está colocada e definir soluções aos problemas sobre os quais os desenvolvedores humanos possam não ter ensinado a respeito, como os efeitos gravitacionais inesperados, as falhas de equipamentos, a falta de peças certas para substituição, e assim por diante. Os equipamentos também precisam enfrentar alguns desafios que não são atualmente enfrentados pela IA baseada no espaço, como hackers tentando roubar cargas. A mente crítica oferece uma entrada ampla sobre essas questões, então ela se torna uma parte essencial de qualquer equipe.

O box "Entendendo a orientação de ensino", no Capítulo 13, também tem lições importantes para a IA baseada no espaço. Uma dessas lições é o exercício de futilidade — isto é, saber quando é impossível vencer. Uma IA baseada no espaço poderia, então, tomar contramedidas para prevenir os danos, em vez de necessariamente tentar resolver um problema que não conseguiria resolver. O espaço terá desconhecidos infinitos, o que significa que uma intervenção humana será necessária, mas essa intervenção poderia estar a meses de acontecer. Uma IA com base no espaço precisa saber como manter o potencial para os recursos operacionais enquanto espera. A discussão em `https://worldbuilding.stackexchange.com/questions/66698/what-issues-would-an-ai-asteroid-mining-stations-have-to-be-prepared-for` [conteúdo em inglês] apresenta apenas uma pequena amostra do número impressionante de problemas que uma IA baseada no espaço enfrentaria.

Obtendo terras-raras e outros metais

A mineração sempre foi suja, mas algumas são muito mais sujas do que outras, e as terras-raras entram nessa categoria. A mineração de terras-raras é tão suja (veja http://www.ihu.unisinos.br/78-noticias/570386-o-lado-sombrio-da-energia-solar-escassez-de-insumos--lixo-e-poluicao e http://noticiasmineracao.mining.com/2018/06/04/terras-raras-grande-potencial-mas-com-mineracao-complicada/), que todas as minas de terras-raras nos EUA foram fechadas até que o governo daquele país viu uma necessidade de reabrir a de Mountain Pass como uma reserva estratégica para os militares, porque os chineses criaram pontos de estrangulamento estratégicos sobre as terras-raras (veja https://www.wired.com/2012/05/rare-earth-mining-rises-again/e http://www.popularmechanics.com/science/a12794/one-american-mine-versus-chinas-rare-earths-dominance-14977835/[conteúdos em inglês]). Uma das piores partes da mineração de terras-raras é que ela emite radiação de tório para todo seu entorno.

USANDO DRONES E ROBÔS PARA MINERAÇÃO

Não é possível determinar o que há em um asteroide até que se chegue realmente perto dele. Além disso, o número de asteroides que precisam ser explorados até que seja possível encontrar qualquer coisa que valha a pena é significativo — muito maior do que os pilotos humanos jamais conseguiriam explorar. Também, chegar perto de qualquer objeto que possa rotacionar de maneira inesperada e que tenha características estranhas envolve perigo. Por todos esses motivos, a maior parte da exploração de asteroides com o objetivo de mineração acontecerá por meio de drones autônomos de vários tipos. Esses drones irão de um asteroide a outro, procurando os materiais necessários. Quando um drone encontra o material, ele emite um alerta para uma estação central com as informações da localização precisa e outras características do asteroide.

Naquela altura, um robô será enviado para fazer algo com o asteroide. A maioria das pessoas acha que a mineração acontecerá no local, mas, na verdade, isso seria muito perigoso e caro. Uma opção é mover o asteroide para um local mais seguro, como a órbita ao redor da Lua, para realizar a mineração necessária. Na verdade, já existem investimentos exatamente para esse projeto (veja mais detalhes em https://www.megacurioso.com.br/exploracao-espacial/36113-nasa-governo-dos-eua-aprova-missao-de-captura-de-asteroide.htm). A questão é que os robôs fariam o deslocamento, e possivelmente outros robôs realizariam a mineração. Os humanos podem se envolver no conserto de robôs e possivelmente no monitoramento das atividades dos drones e dos robôs. Pense nisso como uma mineração mais segura, menos poluente e mais interessante do que a que poderia ocorrer na Terra.

Devido ao custo extremo da mineração de terras-raras nos EUA, tanto ambiental como de trabalho, a continuação da exploração da mina de Mountain Pass está em xeque (veja `https://www.epochtimes.com.br/china-domina-fornecimento-minerais-terras-raras/`). Há, na verdade, uma luta com os chineses para evitar que eles comprem a única mina dos EUA (confira `http://thehill.com/blogs/pundits-blog/economy-budget/339528-Rare-earth-rancor%3A-Feds-must-stop-Chinese-purchase-of-US-mine` e `http://www.breitbart.com/economics/2017/08/30/exclusive-donald-trump-urged-to-nationalize-americas-only-rare-earth-mine/`[conteúdos em inglês]).

O celular que você carrega, o iPad que usa, o carro que dirige, a televisão a que assiste, o painel solar e as turbinas eólicas que fornecem energia para sua casa usam, todos, materiais extremamente perigosos na forma de terras-raras (confira apenas alguns dos exemplos de uso em `https://imadeneodimio.com.br/terrarara/`). A maioria das pessoas nem se dá conta de que esses materiais não são sustentáveis da forma que os usamos atualmente (`https://www.bbc.com/portuguese/vert-fut-38092622`). Considerando o histórico desses minerais, é possível ver que eles representam o melhor motivo para que sejam minerados fora do planeta, onde as toxinas não mais nos afetarão. Na verdade, a mineração deveria ser apenas o primeiro passo; toda a fabricação deveria ser transferida para fora do planeta também (sim, o potencial para a poluição é grande mesmo).

LEMBRE-SE

A IA é essencial para as tentativas de encontrar fontes melhores de terras-raras que não poluirão nosso planeta até virarmos nada. Uma das estranhezas interessantes das terras-raras é que a Lua possui um suprimento significativo delas (confira `https://br.rbth.com/ciencia/2014/10/25/exploracao_da_lua_promete_compensar_escassez_de_metais_de_terras_rara_27997`). Na verdade, muitos políticos agora entendem que a mineração da Lua em busca de terras-raras é uma necessidade estratégica (veja `https://www.epochtimes.com.br/corrida-mineracao-lua/`). O problema é que as tentativas para descobrir exatamente do que a Lua é feita não apresentaram sucesso até agora, e é importante saber o que esperar. O Mapeador de Mineralogia da Lua (`https://noticiaalternativa.com.br/gelo-na-lua/`) é apenas um dos vários esforços para descobrir a composição da Lua. Além disso, para processar bem as terras-raras e transformá-las em produtos úteis, a Lua precisaria de uma fonte de água, algo que aparentemente tem (veja `https://revistagalileu.globo.com/Ciencia/Espaco/noticia/2017/07/existe-muito-mais-agua-na-lua-do-que-se-imaginava.html`). As sondas, os robôs, a análise de dados e todo o planejamento precisarão usar a IA, porque as questões são muito mais complicadas do que você possa imaginar.

Descobrindo novos elementos

A tabela periódica que contém uma lista de todos os elementos disponíveis recebeu várias atualizações ao longo dos anos. Na verdade, quatro novos elementos apareceram na tabela em 2016 (confira em https://brasil.elpais.com/brasil/2016/12/01/ciencia/1480597013_139617.html). Porém, para encontrar esses quatro novos elementos foi necessário o trabalho de um mínimo de centenas de cientistas usando IA avançada (veja https://www.wired.com/2016/01/smashing-new-elements-into-existence-gets-a-lot-harder-from-here/[conteúdo em inglês]), pois esses elementos normalmente duram apenas uma fração de um segundo no ambiente de laboratório. O interessante é que no espaço isso não aconteceria, pois o ambiente é propício para que esses elementos existam naturalmente, o que evita que se dividam em substâncias mais leves porque os prótons no núcleo repelem uns aos outros.

LEMBRE-SE

Como essa história mostra, ainda estamos encontrando novos elementos para adicionar à tabela periódica, e é quase certeza de que o espaço fornecerá ainda mais. As supernovas e outros fenômenos espaciais podem ajudar a replicar os elementos que os cientistas criam ao usar os aceleradores de partículas ou reatores (https://www.bbc.com/portuguese/geral-42654101). Na verdade, os físicos de partículas usam a IA em seu trabalho desde os anos 1980 (veja http://www.sciencemag.org/news/2017/07/ai-changing-how-we-do-science-get-glimpse [conteúdo em inglês]). Talvez você fique surpreso em saber que um elemento, o tecnécio, só foi descoberto no espaço (https://www.forbes.com/sites/ethansiegel/2015/08/01/a-periodic-table-surprise-the-one-element-in-stars-that-isnt-on-earth/#42928c04df74 [conteúdo em inglês]).

Combinar elementos cria novos materiais. A IA também é diretamente responsável por ajudar os químicos a descobrir novas maneiras de combinar elementos para criar novos cristais interessantes (veja https://www.sciencedaily.com/releases/2016/09/160921084705.htm [conteúdo em inglês]). Em um caso, os cientistas descobriram 2 milhões de novos tipos de cristais usando apenas quatro elementos, mas essas descobertas dependeram do uso da IA. Apenas imagine o que acontecerá no futuro quando os cientistas começarem a abrir as portas para a IA e para o aprendizado profundo (que conseguirá determinar se os cristais que surgiram são realmente úteis).

Melhorando a comunicação

Qualquer empreendimento no espaço que seja tão complexo quanto a mineração exige o uso de comunicações avançadas. Mesmo se as sondas e os robôs usados para a mineração incluírem o recurso do aprendizado profundo para lidar com a maioria dos incidentes menores, e alguns dos maiores, ainda assim precisaremos resolver os problemas que a IA não consegue. Esperar durante horas para descobrir que um problema existe, e depois passar mais horas tentando determinar a fonte do problema, significará a ruína da mineração baseada no espaço. As atuais técnicas manuais de comunicação precisam de uma atualização que, por mais estranho que pareça, também inclui a IA (veja https://www.nasa.gov/feature/goddard/2017/nasa-explores-artificial-intelligence-for-space-communications [conteúdo em inglês]).

LEMBRE-SE

O rádio cognitivo (veja http://www.electricalelibrary.com/2017/11/25/o-que-e-radio-cognitivo/) usa a IA para tomar decisões de forma automática sobre a necessidade de melhorar a eficácia do rádio de várias formas. O operador humano não precisa se preocupar sobre como exatamente o sinal vai de um lugar para o outro; isso tão somente acontece da forma mais eficiente possível. Em muitos casos, o rádio cognitivo depende do espectro livre ou pouco usado para alcançar seu objetivo, mas ele pode usar outros métodos também. Dito de outro modo, os métodos atuais para controlar as sondas como aquelas listadas em https://en.wikipedia.org/wiki/List_of_active_Solar_System_probes [conteúdo em inglês] simplesmente não funcionarão no futuro, quando for necessário fazer mais, em menos tempo, com menos espectro (devido à carga aumentada de comunicações).

Explorando Novos Lugares

O espaço é vasto. É provável que os humanos jamais o explorem por completo. Qualquer um que lhe disser que todas as fronteiras foram descobertas, obviamente não observou o céu. Mesmo os autores de ficção científica parecem pensar que o universo continuará a ter lugares a serem explorados pelos humanos. Obviamente, se você gosta da teoria do multiverso (https://www2.uol.com.br/sciam/noticias/domando_o_multiverso_a_ultima_teoria_de_stephen_hawking_sobre_o_big_bang.html), o número de lugares a serem explorados pode chegar ao infinito. O problema não é nem encontrar um lugar para ir, mas decidir aonde ir primeiro. As próximas seções o ajudam a entender o papel da IA em levar as pessoas da Terra para outros planetas e, depois, para as estrelas.

Começando com as sondas

Os humanos já começaram a lançar sondas em todos os lugares para explorar tudo. Na verdade, usá-las é algo mais antigo do que muitos possam achar. Já em 1916, o Dr. Robert H. Goddard, norte-americano pioneiro na área dos foguetes, calculou que um foguete poderia ser enviado à Lua com uma carga de explosivos que poderia ser vista da Terra. Porém, foram E. Burgess e C. A. Cross que trouxeram ao mundo o termo *sonda*, como parte de um artigo que escreveram com o título *The Martian Probe* [A Sonda Marciana, em tradução livre], em 1952. A maioria das pessoas considera a sonda um veículo projetado para sair da Terra e explorar outros locais. A primeira sonda a realizar uma aterrissagem suave na Lua foi a Luna 9, em 1966.

CONSIDERANDO OS ALVOS DE COLONIZAÇÃO EXISTENTES

Dependendo dos artigos que ler, você perceberá que os cientistas já estão considerando possíveis lugares para os humanos colonizarem em algum momento futuro. A colonização será essencial por diversos motivos, mas a população em pleno crescimento no planeta Terra está entre as primeiras da lista. É claro que as fábricas e operações de mineração em potencial em outros planetas também fazem parte das considerações. E mais, ter outro lugar para viver aumenta nossas chances caso outro asteroide devastador atinja a Terra. Com essas ideias em mente, veja a seguir uma lista dos alvos de colonização comumente considerados (a sua lista pode ser diferente):

- Lua
- Marte
- Europa
- Enceladus
- Ceres
- Titã

Todos esses candidatos em potencial apresentam exigências especiais que a IA pode ajudar a resolver. Por exemplo, para colonizar a Lua é necessário usar redomas. Além disso, os colonizadores precisam de uma fonte de água — suficiente para separá-la em oxigênio para a respiração e em hidrogênio para ser usado como fonte de calor. Então as sondas fornecerão algumas informações, mas a modelagem do ambiente de colonização demandará tempo e muita capacidade de processamento aqui na Terra antes que os humanos possam se mudar para outros locais.

Hoje em dia, as sondas não estão tentando apenas chegar a determinados locais. Ao chegarem lá, elas realizam tarefas complexas e depois enviam os resultados via rádio para os cientistas na Terra. Por exemplo, a NASA projetou a sonda Mars Curiosity para determinar se havia algum tipo de vida microbial em Marte. Para realizar essa tarefa, a Curiosity tem um sistema complexo de processamento que consegue realizar muitas tarefas de forma independente. Ter de esperar pelos humanos simplesmente não é uma opção em muitos casos; alguns problemas exigem uma resolução imediata. A Curiosity gera tantas informações, que ela mantém seu próprio blog, podcast e site, que você pode conferir em `https://www.nasa.gov/mission_pages/msl/index.html` [conteúdo em inglês]. Você pode ler mais a respeito da construção e dos recursos da Curiosity em `https://g1.globo.com/ciencia-e-saude/noticia/robo-curiosity-da-nasa-completa-2-mil-dias-caminhando-na-superficie-de-marte.ghtml`.

Não é muito difícil imaginar a vasta quantidade de informações que sondas individuais, como a Curiosity, geram. A simples análise dos dados da Curiosity requer a mesma análise de big data usada por organizações como a Netflix e o Goldman Sachs (veja `https://www.forbes.com/sites/bernardmarr/2016/04/14/amazing-big-data-at-nasa-real-time-analytics-150-million-miles-from-earth/#2f5350d35cc4` [conteúdo em inglês]). A diferença é que os dados vêm de Marte, e não de usuários locais, então qualquer análise de dados deve considerar o tempo necessário para, de fato, receber as informações. Na verdade, o atraso de tempo entre a Terra e Marte chega a 24 minutos. Com isso em mente, a Curiosity e outras sondas devem pensar sozinhas (`https://www.popsci.com/artificial-intelligence-curiosity-rover` [conteúdo em inglês]) mesmo quando precisam realizar certos tipos de análises.

Após os dados chegarem à Terra, os cientistas os armazenam e os analisam. O processo, mesmo com a ajuda da IA, levará anos. Obviamente, alcançar as estrelas demandará paciência e uma capacidade de processamento ainda maior do que aquela que os humanos possuem no momento. Sendo o universo um lugar tão bagunçado, o uso de sondas é essencial, mas elas talvez precisem de mais autonomia apenas para encontrar os lugares certos onde pesquisar.

Utilizando as missões robóticas

É provável que os humanos nunca de fato sejam capazes de visitar um planeta diretamente como um meio de aprender mais sobre ele, mesmo com todas as histórias de ficção científica e dos filmes. É muito mais sensato enviar robôs aos planetas para descobrir até se vale a pena enviar humanos para lá, pois os robôs são mais fáceis e baratos para serem empregados. Os humanos, na realidade, já enviaram robôs para muitos planetas e luas no sistema solar, mas parece que Marte é o destino preferido por vários motivos:

- Uma missão robótica pode partir para Marte a cada 26 meses.
- Marte está localizado na zona habitável do sistema solar, então ele se torna um destino provável para colonização.
- Muitos cientistas acreditam que já existiu vida em Marte.

O caso de amor entre humanos e Marte começou em outubro de 1960, quando a União Soviética lançou as sondas Marsnik 1 e Marsnik 2. Infelizmente, nenhuma delas chegou à órbita da Terra, muito menos a Marte. Em seguida, os EUA fizeram sua tentativa, com as espaçonaves Mariner 3, em 1964, e Mariner 4, em 1965. O sobrevoo da Mariner 4 teve êxito em enviar 12 fotos do planeta vermelho de volta à Terra. Desde então, os humanos enviaram infinitas sondas para Marte e um exército de robôs também, e os robôs estão começando a revelar os segredos daquele planeta. (A taxa de sucesso das viagens a Marte, porém, é menor que 50%, de acordo com https://g1.globo.com/ciencia-e-saude/noticia/2018/11/26/sonda-da-nasa-deve-pousar-nesta-segunda-26-em-marte.ghtml.) Além das sondas projetadas para sobrevoar e observar Marte do espaço, os robôs pousam naquele planeta de duas maneiras:

- **Lander (pousador):** Um dispositivo robótico projetado para se ancorar em algum lugar e realizar tarefas relativamente complexas.
- **Rover (explorador):** Um dispositivo robótico que se movimenta — aumentando a quantidade de terreno explorado.

Você pode ver a lista de landers e rovers enviados a Marte desde 1971 em https://www.space.com/12404-mars-explored-landers-rovers-1971.html [conteúdo em inglês]. Mesmo que a maioria dos landers e rovers sejam dos EUA e da União Soviética, pelo menos um rover é da Inglaterra. Conforme as técnicas para realizar um pouso bem-sucedido vão se tornando mais conhecidas, podemos esperar ver outros países participando da corrida a Marte (mesmo que seja apenas por controle remoto).

LEMBRE-SE

Com o aumento dos recursos dos landers e rovers, aumenta a necessidade da IA. Por exemplo, a Curiosity possui uma IA relativamente complexa que a ajuda na escolha de novos alvos para exploração de forma autônoma, como descrito em https://itmidia.com/mars-rover-da-nasa-usa-inteligencia-artificial-para-estudar-planeta-vermelho/. Porém, não fique pensando que essa IA substitui os cientistas na Terra, pois eles ainda determinam as propriedades das rochas que a IA deve procurar quando for usada. Além disso, um cientista consegue se sobrepor à IA e escolher um alvo diferente. A IA está lá para auxiliar os cientistas, não substituí-los, e esse é um exemplo de como as pessoas e a IA trabalharão juntas no futuro.

Mesmo que todas as viagens robóticas a outros planetas que deram certo até hoje tenham dependido de financiamentos do governo, a mineração e outros empreendimentos comerciais em algum momento precisarão de pousos robóticos comerciais. Por exemplo, o Google lançou a competição Lunar XPRIZE (https://lunar.xprize.org/[conteúdo em inglês]) para o primeiro empreendimento comercial para a Lua, que inclui um prêmio total de US$20 milhões. Para vencer, o empreendimento comercial deve conseguir fazer uma aeronave robótica pousar na Lua, viajar 500 metros e transmitir um vídeo em alta definição de volta à Terra. A competição é importante, pois um empreendimento comercial não se dará ao trabalho de fazer tudo isso apenas pelo prêmio; o pouso seria um precursor para algum outro empreendimento.

Adicionando o elemento humano

Os humanos querem visitar outros lugares além da Terra. Obviamente, o único lugar que já visitamos é a Lua. A primeira visita ocorreu em 20 de julho de 1969, com a missão Apollo 11. Desde então, as pessoas pousaram na Lua outras seis vezes, sendo a última com o voo da Apollo 17 em 7 de dezembro de 1972. A China, a Índia e a Rússia têm planos futuros de pousar na Lua, e o voo russo tripulado está marcado para acontecer por volta de 2030. A NASA tem planos de pousar na Lua no futuro, mas ainda não há datas para esse evento.

A NASA tem, sim, planos para Marte, mas uma visita humana lá provavelmente terá de esperar até 2030 (`http://www2.uol.com.br/sciam/noticias/missao_tripulada_para_marte_pode_ocorrer_em_2030.html`). Como você pode imaginar, a ciência de dados, a IA, o aprendizado de máquina e o aprendizado profundo serão figuras proeminentes em qualquer tentativa de chegar a Marte. Por causa da distância e do ambiente, as pessoas precisarão de muito suporte para possibilitar um pouso em Marte. Além disso, fazer a viagem de volta será consideravelmente mais difícil do que a volta da Lua. Até mesmo a decolagem será mais difícil, por causa da presença de certo grau de atmosfera e da gravidade maior em Marte.

CUIDADO

Em 1968, Arthur C. Clark lançou o livro *2001: Uma Odisseia no Espaço*. O livro deve ter causado uma comoção, porque depois dele vieram um filme e uma série de TV, sem mencionar outros três livros. Nessa obra, você conhece o computador Algorítmico Heuristicamente programado (HAL) 9000, que acabou ficando paranoico devido a um conflito em seus parâmetros de missão. O objetivo principal do computador era ajudar os viajantes espaciais a completar sua missão, mas o objetivo implícito também era evitar que enlouquecessem por causa da solidão. Qualquer esperança que você possa ter de ver um computador como o HAL em qualquer voo espacial está provavelmente fadada ao fracasso. Para começar, qualquer IA programada para o espaço possivelmente não deixará a tripulação no escuro a respeito dos parâmetros de missão de propósito. Os voos espaciais usarão uma IA, não há duvidas disso, mas ela será construída de uma forma mais prática e comum do que o HAL 9000.

Construindo Estruturas no Espaço

Apenas visitar não será o suficiente a certa altura. A realidade da viagem espacial é que tudo fica tão distante de todas as outras coisas, que precisamos de paradas entre os destinos. Mesmo com as paradas, a viagem espacial exigirá um sério esforço. No entanto, mesmo hoje em dia as paradas são importantes. Imagine que as pessoas realmente comecem a minerar a Lua. Será necessário ter um galpão na órbita próxima à Terra devido ao custo imenso de transportar os equipamentos de mineração e outros recursos da superfície da Terra. É claro, a viagem de volta também precisa acontecer para trazer os recursos minerados e os produtos finais do espaço para a Terra. As pessoas também desejarão passar as férias no espaço, e os cientistas já usam várias estruturas para dar continuidade a suas pesquisas. As seções a seguir analisam o uso de várias estruturas de diferentes maneiras para ajudar a humanidade a se locomover do planeta Terra para as estrelas.

Tirando suas primeiras férias espaciais

Há algum tempo as empresas vêm prometendo a possibilidade de férias espaciais. A Orbital Technologies fez uma dessas promessas em 2011, com uma expectativa de ocorrer em 2016 (veja mais detalhes em `https://www.techtudo.com.br/noticias/noticia/2011/08/conceito-de-hotel-no--espaco-estaria-pronto-em-2016.html`). A ideia era chegar lá usando o foguete russo Soyuz e passar cinco dias com outras seis pessoas. Mesmo que isso ainda não seja possível, o vídeo disponível em `https://www.youtube.com/watch?v= 2PEY0VV3ii0` [conteúdo em inglês] fala sobre a tecnologia necessária para viabilizar férias assim. A maioria dos conceitos encontrados nesses sites são possíveis de ser realizados, pelo menos até certa altura, mas, na verdade, ainda não existem. O que você vê no vídeo é um *vaporware* (um produto que foi prometido e ainda não existe, mas que tem um grau de viabilidade suficiente para atrair a atenção), no entanto, é interessante, de qualquer maneira.

DICA

Blue Origin, a empresa criada por Jeff Bezos, na verdade tem um foguete funcional e cabines (`http://revistaepoca.globo.com/Revista/Epoca/0,,EMI60353-15224,00.html`). O foguete já fez cinco viagens até agora sem nenhum passageiro. Essa viagem, na realidade, não levará as pessoas para o espaço, mas para uma órbita próxima à Terra, a 100km de distância. Empresas como a Blue Origin (`https://www.blueorigin.com/`) e a SpaceX (`http://www.spacex.com/`[os dois links apresentam conteúdos em inglês] são as que apresentam as melhores chances de tornar as férias espaciais uma realidade. Na verdade, a SpaceX está fazendo planos para oferecer férias em Marte.

Não importa o que o futuro nos reserve, em algum momento as pessoas acabarão indo ao espaço, por vários motivos, incluindo para passar férias. Mas podemos esperar que os custos serão tão astronômicos quanto a distância a ser percorrida. A viagem espacial não será barata até onde podemos prever. De qualquer modo, as empresas estão trabalhando na viabilização das férias espaciais no momento, mas ainda não é possível desfrutá-las.

Fazendo pesquisas científicas

Já ocorrem muitas pesquisas científicas no espaço, e todas são auxiliadas pela IA de alguma forma. Tudo, desde a Estação Espacial Internacional até o Telescópio Hubble, depende intensamente da IA (http://spacenews.com/beyond-hal-how-artificial-intelligence-is-changing-space-systems/[conteúdo em inglês]). Quanto ao futuro, podemos prever laboratórios inteiros sendo operados no espaço ou viagens de curta duração ao espaço para conduzir experimentos. A empresa Zero Gravity atualmente oferece o que ela chama de *voo parabólico no cometa do vômito* com experiências que fazem você sentir o peso quase nulo (https://www.gozerog.com/[conteúdo em inglês]). Na realidade, o voo ocorre em um avião que faz um mergulho a partir de uma elevada altitude. Essa tendência provavelmente continuará, e em altitudes cada vez mais elevadas.

Industrializando o espaço

Há várias maneiras de tornar as viagens espaciais comercialmente viáveis. Os humanos já aproveitam benefícios consideráveis com as tecnologias desenvolvidas para voos espaciais e que foram adotadas para o uso civil aqui na Terra. (Apenas um de muitos artigos que enfatizam a importância do espaço para a vida aqui na Terra está disponível em https://www.nasa.gov/press-release/spinoff-2016-highlights-space-technologies-used-in-daily-life-on-earth [conteúdo em inglês].) Porém, mesmo com as transferências tecnológicas, o espaço ainda é algo muito caro, e um retorno melhor poderia acorrer pela adaptação do que conhecemos de outras formas, como a criação de fábricas espaciais (https://www.popsci.com/factories-in-space [conteúdo em inglês]).

Na realidade, talvez venhamos a descobrir que as fábricas espaciais fornecem a única maneira de produzir certos materiais e produtos (veja um exemplo em https://www.fastcodesign.com/3066988/mit-invented-the-material-well-need-to-build-in-space [conteúdo em inglês]). Um ambiente com gravidade zero afeta como os materiais reagem e se combinam, ou seja, algumas coisas que são impossíveis aqui na Terra de repente se tornam possíveis no espaço. Além disso, alguns processos são realizados com facilidade apenas no espaço, como produzir uma esfera perfeitamente redonda (https://www.acorn-ind.co.uk/insight/The-Science-Experiment-Which-Took-Off-Like-A-Rocket---Creating-Space-Ball-Bearings/ [conteúdo em inglês]).

Usando o espaço para armazenamento

As pessoas armazenarão algumas coisas no espaço, em algum momento, e faz todo sentido. Conforme as viagens espaciais ficam mais frequentes e os humanos comecem a industrializar o espaço, a necessidade de armazenamento de produtos como combustível e materiais minerados aumentará. Já que as pessoas não saberão como utilizar os materiais minerados (as fábricas espaciais também precisarão de materiais), mantê-los no espaço até que surja uma necessidade deles na Terra será, na verdade, mais barato do que armazená-los na Terra. O posto de gasolina espacial pode vir a existir antes do que você imagina, porque talvez precisemos dele como parte de nossa missão de visitar Marte (`https://www.tecmundo.com.br/robotica/60165-nasa-pretende-criar-posto-gasolina-satelites-espaco.htm`).

Embora não haja planos no momento para a armazenagem de resíduos perigosos no espaço, talvez isso ocorra no futuro, quando os humanos poderiam armazenar descartes desse tipo lá, onde não poluiriam o planeta. Obviamente, surge a pergunta sobre por que armazenaríamos esse tipo de material, em vez de fazer algo como incinerá-los no Sol. Quanto a isso, as mentes mais lógicas podem questionar a necessidade de continuar produzindo resíduos tóxicos como um todo. Porém, enquanto os humanos existirem, continuaremos a produzir esse tipo de lixo. Armazená-lo no espaço nos daria uma chance de descobrirmos formas de reciclá-lo em algo útil, enquanto fica longe de vista.

» **Ganhando dinheiro no espaço**

» **Construindo cidades em novos locais**

» **Potencializando as capacidades humanas**

» **Consertando nosso planeta**

Capítulo **17**

Acrescentando Novas Ocupações Humanas

Quando as pessoas veem notícias sobre robôs e outras automações criadas pelos avanços tecnológicas, como a IA, geralmente veem mais o lado negativo do que o positivo. Por exemplo, o artigo disponível em `https://epocanegocios.globo.com/Economia/noticia/2017/11/robos-podem-roubar-800-milhoes-de-empregos-ate-2030.html` afirma que o uso da automação custará entre 400 milhões e 800 milhões de trabalhos até 2030. Depois, o artigo passa a informar como esses trabalhos desaparecerão. Mesmo que o artigo admita que alguns avanços tecnológicos criam empregos (por exemplo, o computador pessoal criou cerca de 18,5 milhões de empregos), a ênfase é em todos aqueles trabalhos perdidos e o potencial de que a perda se torne algo permanente (como supostamente se tornou no setor industrial). O problema é que a maioria desses artigos é bem categórica quando o assunto é a perda de trabalhos, mas sombria, na melhor das hipóteses, ao falar da criação de empregos. O objetivo geral deste capítulo é substituir todo o sensacionalismo, a desinformação e o alarmismo por notícias melhores.

Este capítulo analisa algumas ocupações humanas novas e interessantes. Mas, primeiro, não presuma que seu trabalho está em risco. (Veja, no Capítulo 18, apenas algumas das ocupações que a IA não poderá roubar.) A menos que você esteja envolvido em algo incrivelmente simples e por demais repetitivo, é provável que a IA não o substituirá. Pelo contrário, talvez você descubra que ela ampliará suas possibilidades, permitindo-lhe curtir ainda mais sua ocupação. Mesmo assim, após ler este capítulo, talvez decida estudar um pouco mais e fazer alguns treinamentos para algum trabalho totalmente novo e incrível.

LEMBRE-SE

Alguns dos trabalhos mencionados neste capítulo também são um pouco perigosos. A IA também acrescentará um mundo de aplicações simples à lista daquelas que você usará em um escritório, ou talvez até em sua casa. Essas são as coisas mais interessantes da lista, e você não deve parar de buscar aquele novo emprego caso uma IA consiga pegar o seu. A questão é que os humanos já passaram por isso inúmeras vezes na história — sendo que a que causou mais mudanças foi a Revolução Industrial — e conseguimos encontrar coisas para fazer. Caso não aproveite nada mais deste capítulo, saiba que todo o alarmismo no mundo se resume a isto: alguém tentando deixar você com medo para que acredite em algo que não é verdade.

Vivendo e Trabalhando no Espaço

A mídia incutiu na cabeça das pessoas a ideia de que, de alguma forma, vamos fazer coisas como explorar o universo ou realizar batalhas épicas no espaço contra alienígenas que vieram dominar nosso planeta. O problema é que a maioria das pessoas não saberia fazer nenhuma dessas coisas. Contudo, você pode conseguir um emprego na SpaceX hoje que envolve algum tipo de tarefa orientada ao espaço (confira em `http://www.spacex.com/careers` [conteúdo em inglês]). A lista de oportunidades é gigante (`https://www.showmetech.com.br/ja-pensou-em-trabalhar-em-uma-agencia-espacial-spacex-abre-vagas/`), e várias delas são estágios em que você pode ganhar experiência antes de entrar de cabeça em uma carreira. Obviamente, algumas dessas oportunidades são bem técnicas, mas procure bem e encontrará um pouco de tudo — incluindo a posição de barista, no momento em que estou escrevendo este capítulo. O fato é que as carreiras voltadas ao espaço incluirão tudo que outras carreiras incluem, e uma delas posteriormente pode ser a oportunidade de ser promovido para outras funções mais interessantes.

DICA

Empresas como a SpaceX também se dedicam a oferecer suas próprias oportunidades educacionais e interagem com outras universidades de fora (`http://www.spacex.com/university` [conteúdo em inglês]). O espaço representa uma empreitada relativamente nova para os humanos, então todo mundo está começando mais ou menos no mesmo nível, pois todos estão aprendendo coisas novas. Uma das partes mais empolgantes de entrar em uma nova área de empreendimento humano é que ainda não fizemos nada do que faremos agora, então há uma curva de aprendizado. Você pode acabar em uma função que dará uma grande contribuição para a raça humana, mas só se estiver disposto a aceitar o desafio de descobrir e assumir os riscos associados a fazer algo diferente.

Atualmente, as oportunidades para de fato viver e trabalhar no espaço são limitadas, mas elas aumentarão com o tempo. O Capítulo 16 analisa vários tipos de coisas que os humanos farão no espaço em algum momento, como a mineração ou a condução de pesquisas. Sim, chegará o dia em que fundaremos cidades no espaço após visitarmos outros planetas. Marte poderia se tornar a próxima Terra, pois muitas pessoas descreveram Marte como potencialmente habitável (veja alguns exemplos em `https://noticias.uol.com.br/ciencia/ultimas-noticias/redacao/2014/05/27/clique-ciencia-da-para-um-humano-viver-em-marte.htm` e `https://www.bbc.com/portuguese/geral-39164794`), com a ressalva de que teremos de recriar a magnetosfera desse planeta.

Algumas das ideias discutidas pelas pessoas a respeito da vida no espaço não parecem viáveis, mas elas são bem convictas dessas ideias, que, em teoria, são possíveis. Por exemplo, após a restauração do campo magnético de Marte, deverá ser possível deixá-lo mais parecido com a Terra, tornando-o habitável. (Há muitos artigos sobre esse assunto; este, disponível em `https://futuroexponencial.com/nasa-plano-oxigenio-marte/`, analisa como seria possível criar um ambiente com oxigênio.) Algumas dessas mudanças aconteceriam automaticamente, outras precisariam de nossa intervenção. Imagine como seria fazer parte de uma equipe que trabalharia para terraformar outro planeta. Porém, para fazer com que empreendimentos assim funcionem, os humanos dependerão profundamente da IA, que consegue ver coisas invisíveis aos humanos e reagir de formas que eles nem podem imaginar ainda. Os humanos e as IAs trabalharão juntos para remodelar lugares como Marte para que atendam às necessidades humanas. O mais importante é que esses esforços precisarão de números enormes de pessoas aqui na Terra, na Lua, no espaço e em Marte. A coordenação será essencial.

Criando Cidades em Ambientes Hostis

No momento em que escrevo este capítulo, a Terra possui 7,6 bilhões de pessoas (`https://news.un.org/pt/story/2017/06/1589091-populacao-mundial-atingiu-76-bilhoes-de-habitantes`), e esse número aumentará. Em um dia, o acréscimo é de 153.030 pessoas. Em 2030, data prevista pela NASA para realizar a primeira viagem a Marte, a Terra terá 8,5 bilhões de pessoas. Resumindo, muitas pessoas vivem na Terra hoje, e haverá mais amanhã. Em algum momento, precisaremos encontrar outros lugares para viver. Em último caso, precisaremos de mais lugares para produzir alimentos. No entanto, as pessoas também querem manter alguns dos lugares selvagens do mundo e separar terras para outros propósitos. Felizmente, a IA pode nos ajudar a localizar lugares adequados para construir, a descobrir formas de fazer com que o processo de construção dê certo e a manter um ambiente adequado após termos um novo local disponível para uso.

Conforme a IA e os humanos se tornam mais capazes, alguns dos lugares mais hostis para se construir se tornam mais acessíveis. Em teoria, podemos até construir habitats em um vulcão, mas com certeza há outros locais mais ideais do que esse para construirmos primeiro. As próximas seções analisam apenas alguns dos lugares mais interessantes que os humanos podem chegar a usar como locais para cidades. Todos esses novos locais apresentam vantagens que os humanos nunca tiveram antes — oportunidade para expandirmos nosso conhecimento e habilidade para vivermos em lugares ainda mais hostis no futuro.

Construindo cidades no oceano

Há inúmeras formas de construir cidades no oceano. No entanto, as duas ideias mais populares são a de construir cidades flutuantes e construir cidades no fundo do oceano. Na verdade, uma cidade flutuante já está na fase de planejamento bem agora, na região costeira do Taiti (https://www.gazetadopovo.com.br/haus/sustentabilidade/primeira-cidade-flutuante-do-mundo-pode-ser-inaugurada-ate-2020/). São muitos os objetivos para as cidades flutuantes, mas veja alguns dos mais plausíveis:

- Proteção contra o aumento do nível do mar.
- Oportunidades para experimentar novos métodos de agricultura.
- Crescimento de novas técnicas de gestão pesqueira.
- Criação de novos tipos de governo.

As pessoas que vivem em cidades flutuantes no oceano são chamadas de *seasteading* (habitantes desses locais que são independentes do governo). As primeiras cidades surgirão em áreas relativamente protegidas. Construir em mar aberto é definitivamente possível, mas caro (as plataformas de petróleo já usam vários tipos de IA para mantê-las estáveis e realizar outras tarefas; veja mais detalhes em https://epocanegocios.globo.com/Tecnologia/noticia/2018/09/laboratorios-criam-ancora-de-poliester-e-robo-submarino-para-setor-de-petroleo.html).

As cidades subaquáticas também são bem viáveis, e já existem vários laboratórios de pesquisa subaquáticos (https://www.bbc.com/portuguese/videos_e_fotos/2014/12/141210_galeria_cidade_submersa). Nenhum desses laboratórios de pesquisa está realmente em águas profundas, mas, mesmo a 18 metros de profundidade, já é bem lá embaixo. De acordo com várias fontes, já existe a tecnologia para a construção de grandes cidades em profundidades maiores, mas ainda precisam de um monitoramento melhor. É provavelmente aí que a IA entra em cena. Ela poderia monitorar a cidade submersa a partir da superfície e fornecer os recursos de segurança necessários.

LEMBRE-SE

É importante considerar que as cidades no oceano podem não se assemelhar em nada às cidades em terra firme. Por exemplo, alguns arquitetos querem construir uma cidade subaquática em Tóquio que se parecerá com uma espiral gigante que poderia abrigar até 5 mil pessoas. Essa cidade em específico ficaria a 5.000 metros de profundidade e usaria tecnologias avançadas para fornecer coisas como eletricidade. Seria uma cidade completa, com laboratórios, restaurantes e escolas, por exemplo.

Independentemente de como as pessoas venham a se mudar para o fundo do oceano, a estrutura precisará de um uso massivo da IA. Parte dessa IA já está nos estágios de desenvolvimento (`http://news.mit.edu/2017/unlocking-marine-mysteries-artificial-intelligence-1215` [conteúdo em inglês]), e alunos já trabalham em robôs subaquáticos. Como você pode imaginar, os robôs farão parte de qualquer desenvolvimento de cidades subaquáticas, porque eles realizarão vários tipos de manutenção que seriam totalmente impossíveis para os humanos.

Criando habitats no espaço

Um *habitat espacial* é diferente das outras formas de estações espaciais, pois ele é um assentamento permanente. A razão para construir um é fornecer acomodações de longo prazo para os humanos. O princípio é o de que um habitat no espaço apresentará um ambiente de *ciclo fechado*, onde as pessoas podem existir sem o ressuprimento indefinido (ou perto disso). Consequentemente, ele precisaria de reciclagem de ar e água, de um método para produzir alimentos e dos meios para a realização de outras tarefas que as estações espaciais de curto prazo não fornecem. Embora as estações espaciais precisem de uma IA para monitorar e ajustar as condições, a IA para um habitat espacial seria de uma ordem de grandeza mais complexa.

O Capítulo 16 apresenta algumas discussões sobre os habitats no espaço na seção "Tirando suas primeiras férias espaciais". Certamente, as visitas curtas serão as primeiras formas de as pessoas interagir com o espaço. Férias no espaço com certeza seriam interessantes! No entanto, passar férias na órbita ao redor da Terra é algo diferente de estar em um habitat no espaço profundo e em longo prazo, que será necessário para a NASA caso ela consiga, de fato, tornar realidade uma viagem a Marte. A NASA já selecionou seis empresas para que comecem a verificar as exigências para que se criem habitats no espaço profundo (`https://canaltech.com.br/espaco/nasa-da-us-44-milhoes-para-seis-empresas-desenvolverem-tecnologias-espaciais-120070/`). Você pode ver alguns dos protótipos criados por essas empresas em `https://www.nasa.gov/feature/nextstep-partnerships-develop-ground-prototypes` [conteúdo em inglês].

Para algumas organizações, os habitats espaciais não são bem um meio para potencializar a exploração, mas para proteger a civilização. Neste momento, se um asteroide gigante colidir contra a Terra, a maioria da humanidade morrerá. Porém, as pessoas na Estação Espacial Internacional (EEI) talvez sobrevivam — pelo menos, se o asteroide não a atingir também. No entanto, a EEI não é uma estratégia de sobrevivência de longo prazo para os humanos, e o número de pessoas lá em qualquer momento é limitado. Então, as pessoas como as da Lifeboat Foundation estão vendo os habitats espaciais como um meio de garantir a sobrevivência humana. Sua primeira tentativa em um habitat espacial é a Ark I (`https://lifeboat.com/ex/arki` [conteúdo em inglês]), projetada para abrigar 1.000 residentes permanentes e até 500 convidados. Teoricamente, a tecnologia pode funcionar, mas precisará de uma grande dose de planejamento.

Outro uso para os habitats espaciais é o de *nave geracional*, um tipo de veículo espacial para explorar o espaço usando tecnologias que temos disponíveis hoje. As pessoas morariam nessa nave durante a viagem para as estrelas. Elas teriam filhos no espaço, de modo a viabilizar as longas jornadas. A ideia de naves geracionais não é nova. Elas já apareceram em filmes e livros há anos. Você pode ler a respeito dos esforços para criar uma nave geracional de verdade em `http://www.icarusinterstellar.org/building-blocks-for-a-generation-ship` [conteúdo em inglês]. O problema com essas naves é que precisariam de um número consistente de pessoas que estejam dispostas em cada uma das várias funções necessárias para mantê-la em movimento. Mesmo assim, crescer sabendo que você tem um trabalho essencial que o aguarda seria uma mudança interessante daquilo com que os humanos precisam lidar hoje em dia.

PAPO DE ESPECIALISTA

Em vez de construir os componentes do habitat espacial na Terra e depois levá-los ao espaço, a estratégia no momento é minerar os materiais necessários em asteroides e usar fábricas espaciais para produzi-los. Estima-se que o principal cinturão de asteroides no sistema solar atualmente contenha material suficiente para construir habitats que possuam a mesma área que 3 mil Terras. É um monte de humanos no espaço!

Construindo recursos na Lua

Não é uma questão de *se* voltaremos à Lua e construiremos bases lá, mas de *quando*. Muitas das estratégias atuais para colonizar o espaço dependem de vários tipos de recursos baseados na Lua, incluindo as tentativas da NASA de enviar pessoas a Marte em algum momento futuro. E projetos para essas bases não faltam. Você pode conferir alguns em `https://interestingengineering.com/8-interesting-moon-base-proposals-every-space-enthusiast-should-see` [conteúdo em inglês].

LEMBRE-SE

Algumas vezes as pessoas já falaram sobre bases militares na Lua (`http://ovnihoje.com/2017/04/08/projeto-horizon-eua-base-lunar/`), mas o Tratado do Espaço Exterior, assinado por 60 nações como uma forma de manter a política longe do espaço (`http://portal-antigo.aeb.gov.br/50-anos-da-declaracao-da-onu-que-originou-o-tratado-do-espaco/`), essencialmente colocou um fim a essa ideia. As estruturas com base na Lua e os serviços por elas oferecidos provavelmente atenderão primeiro as necessidades de exploração, mineração e produção, seguidas pela construção de cidades inteiras. Mesmo que esses projetos possivelmente utilizem robôs, eles ainda precisarão que os humanos realizem uma vasta gama de tarefas, incluindo os reparos e a gestão de robôs. A construção de bases lunares também necessitará de uma variedade de novas ocupações que provavelmente não veremos como parte dos habitats ou em cenários que lidam de forma exclusiva com o trabalho no espaço. Por exemplo, alguém terá de cuidar das consequências dos terremotos lunares (veja mais detalhes em `http://meioambiente.culturamix.com/natureza/abalos-sismicos-lunares-caracteristicas-gerais`).

Usar as características lunares existentes para a construção de moradias também é uma possibilidade. A descoberta recente de estruturas lunares adequadas à colonização facilitaria a construção de bases lá. Por exemplo, você pode ler sobre a descoberta de uma caverna enorme que é adequada à colonização em `https://g1.globo.com/ciencia-e-saude/noticia/japao-descobre-caverna-gigante-na-lua.ghtml`. Neste caso, o Japão descobriu o que parece ser um tubo de lava que protegeria os colonos de uma variedade de ameaças ambientais.

CUIDADO

Obviamente, o sensacionalismo a respeito de algumas dessas estruturas (muito provavelmente de origem natural) é no mínimo incrível. Algumas fontes alegam que essas estruturas no lado mais distante da Lua foram construídas por alienígenas (`http://www.arquivoxbr.com/2017/04/imagens-de-sondas-perdidas-mostram-tuneis-e-enormes-cavernas-no-lado-oculto-da-lua/`). Lembre-se: tudo está sujeito ao sensacionalismo. As estruturas existem. Podemos usá-las para que facilitem a construção de bases, e provavelmente você deveria deixar suas opções em aberto com respeito a acreditar nessas fontes de informações.

HABITATS X TERRAFORMAÇÃO

Haverá um uso significativo da IA, não importa como venhamos a decidir sobre morar e viver no espaço. O modo que criamos a IA será diferente, dependendo de aonde formos e quando. Hoje em dia, as pessoas têm a ideia de que poderíamos estar vivendo em Marte daqui a um período relativamentre curto. No entanto, ao analisar sites como `https://phys.org/news/2017-03-future-space-colonization-terraforming-habitats.html` [conteúdo em inglês], fica evidente que terraformar Marte levará um longo tempo, na verdade. Apenas para aquecer o planeta (após desenvolvermos a tecnologia necessária para recriar a magnetosfera de Marte) serão necessários cerca de 100 anos. Assim, não temos muita escolha entre habitats e a terraformação; os habitats surgirão primeiro e possivelmente os usaremos bastante para que quaisquer planos que tenhamos em relação a Marte funcionem. Mesmo assim, a IA para esses dois projetos será diferente, e será interessante ver os tipos de problemas que ela nos ajudará a resolver.

Tornando os Humanos Mais Eficientes

Uma IA pode tornar um humano mais eficiente de várias formas diferentes. A maioria dos capítulos neste livro apresenta algum tipo de exemplo de um humano usando uma IA para fazer as coisas com mais eficiência. Porém, um dos capítulos mais interessantes é o Capítulo 7, que aponta como uma IA ajudará de várias formas a atender às necessidades médicas. Todos esses usos de uma IA presumem que um humano permaneça no controle, mas utilizando-a para realizar melhor uma tarefa. Por exemplo, o Sistema Cirúrgico da Vinci não substitui o cirurgião, ele simplesmente habilita o profissional para que realize a tarefa com mais facilidade e com menos chances de erros. Uma nova ocupação que anda de mãos dadas com esses projetos é um treinador que mostra aos profissionais como usar novas ferramentas que incluem uma IA.

LEMBRE-SE

No futuro, você pode esperar ver consultores cujo único trabalho é encontrar novas formas de incorporar a IA em processos empresariais para ajudar as pessoas a se tornarem mais eficientes. De certa forma, esse profissional já existe, mas a necessidade aumentará em algum momento quando as IAs genéricas e configuráveis se tornarem mais comuns. Para muitas empresas, a chave para a lucratividade dependerá totalmente de encontrar a IA certa para potencializar os trabalhadores humanos, para que possam completar as tarefas sem cometer erros e da forma mais rápida possível. Pense nessas pessoas como sendo parte programadores de script/empacotadores de aplicações, parte vendedores e parte treinadores, tudo em um. Você pode ver um exemplo desse tipo de pensamento no artigo`http://www.information-age.com/harness-ai-improve-workplace-efficiency-123469118/`[conteúdo em inglês].

Tratando-se da eficiência humana, você deveria pensar em áreas nas quais uma IA pode se sobressair. Por exemplo, uma IA não trabalharia bem em uma tarefa criativa, então você deixa a criatividade para um humano. Porém, uma IA realiza pesquisas excepcionalmente bem, então pode treinar um humano para usar a IA na realização de tarefas que necessitam de pesquisas, enquanto o humano faz algo criativo. Veja a seguir algumas maneiras nas quais você pode ver os humanos usando uma IA para se tornar mais eficientes no futuro:

- **Contratação:** Atualmente, o recrutador de uma empresa pode não saber todo o histórico e as referências reais do candidato. Uma IA poderia pesquisar sobre os candidatos antes de uma entrevista, a fim de que o recrutador tenha mais informações para usar durante a entrevista. Além disso, como a IA usaria a mesma metodologia de pesquisa para cada candidato, a organização pode garantir que todos sejam tratados de forma justa e igualitária. O artigo em `https://exame.abril.com.br/negocios/como-a-inteligencia-artificial-ajuda-no-recrutamento-e-na-selecao/`apresenta detalhes adicionais sobre essa tarefa em particular.

A empresa de bens de consumo Unilever também está usando essa tecnologia, como descrito em `https://supertoast.pt/2017/07/10/unilever-inteligencia-artificial-recrutamento/`.

- **Agendamento:** Hoje, uma empresa está constantemente em risco porque alguém não pensou na necessidade de agendar uma tarefa. Na verdade, as pessoas podem não ter tido tempo nem de pensar na necessidade da tarefa, para começar. Secretárias e assistentes costumavam gerenciar os agendamentos, mas nas novas hierarquias horizontais, esses assistentes desapareceram, e cada funcionário faz seu próprio agendamento. Dessa forma, aqueles funcionários sobrecarregados de serviço geralmente perdem oportunidades de ajudar o negócio a se sobressair porque estão muito ocupados gerenciando um cronograma. Juntar a IA com um humano libera a pessoa de ter de realmente realizar o agendamento. Em vez disso, ele pode olhar à frente e ver o que será necessário ser agendado. É uma questão de foco. Ao empregar o humano em algo no qual ele possa se sobressair, o negócio consegue extrair mais do humano, e a IA possibilita essa excelência de foco por parte do humano.
- **Localizar informações escondidas:** Atualmente, mais do que nunca, as empresas acabam sendo pegas de surpresa pela concorrência por causa de informações escondidas. A sobrecarga de informações e a ciência, tecnologia, negócios e complexidades sociais sempre crescentes são a raiz do problema. Talvez exista uma nova forma de empacotar os produtos que reduza os custos significativamente, ou a estrutura de um negócio mude como resultado de políticas internas. Saber o que está disponível e o que está acontecendo o tempo todo é a única forma de as empresas serem bem-sucedidas de fato, mas essa função simplesmente não é viável. Caso um humano tivesse o tempo necessário para saber tudo a respeito de todas as coisas necessárias para determinado trabalho, não sobraria tempo para ele, de fato, fazer o trabalho.

  Porém, as IAs são excepcionais para descobrir coisas. Ao incorporar o aprendizado de máquina na mistura, um humano poderia treinar uma IA para buscar especificamente determinados problemas e condições para manter uma empresa em atividade, sem perder tanto tempo com buscas manuais.
- **Ajuda adaptativa:** Qualquer pessoa que use um produto hoje em dia admitirá que ter de se lembrar de como realizar uma certa tarefa é frustrante demais às vezes, especialmente quando reaprender a realizá-la necessita da utilização de uma aplicação. Já é possível vermos como uma IA se torna uma ajuda adaptativa quando precisamos digitar certos tipos de informações em formulários. No entanto, uma IA poderia ir muito além disso. Ao usar técnicas de aprendizado de máquina para descobrir padrões de uso, ela poderia até fornecer uma ajuda adaptativa que auxiliaria os usuários a não precisar ficar se lembrando das partes de uma aplicação mais difíceis de recordar. Como cada usuário é diferente, uma aplicação programada para oferecer ajuda adaptativa nunca funcionaria. O uso do aprendizado de máquina permite às pessoas que customizem o sistema de ajuda para que se adeque a cada um dos usuários.

- **Aprendizado adaptativo:** Hoje é possível fazer uma prova adaptativa personalizada com as perguntas sobre suas áreas de conhecimento percebidas como mais fracas. A prova adaptativa descobre se você realmente sabe o suficiente ou faz perguntas em número suficiente para se certificar de que você precisa de mais treinamento. Em algum momento futuro, as aplicações conseguirão perceber como você as utiliza, para oferecerem um treinamento automatizado para torná-lo melhor naquilo. Por exemplo, a aplicação pode descobrir que você conseguiria realizar uma tarefa usando cinco cliques a menos, então ela lhe mostra como realizá-la com essa nova abordagem. Ao treinar continuamente as pessoas para usarem a abordagem mais eficiente ao interagirem com computadores ou ao realizarem outras tarefas, essas pessoas se tornam mais eficientes, mas a necessidade de um humano exercendo esse papel em particular permanece.

Consertando Problemas em uma Escala Planetária

Não importa se você acredita no aquecimento global, se pensa que a poluição é um problema ou se está preocupado com a superpopulação, a verdade é que temos apenas um planeta Terra, e ele está com problemas. Sem dúvida, o clima está ficando mais estranho; áreas enormes deixaram de ser úteis devido à poluição, e algumas áreas do mundo têm, francamente, pessoas demais. Uma tempestade fora de controle ou um incêndio florestal não se importam com o que você pensa; o resultado é sempre o mesmo: destruição de áreas onde os humanos vivem. Superlotar pequenos espaços com pessoas geralmente resulta em doenças, crimes e outros problemas. As questões não são políticas ou definidas por crenças pessoais. Elas são reais, e a IA pode ajudar a resolvê-las auxiliando pessoas instruídas a buscar pelos padrões certos. As próximas seções discutem os problemas planetários sob a perspectiva de usar a IA para ver, entender e potencialmente resolver esses problemas. De maneira alguma pretendemos subtender qualquer mensagem política ou de outro cunho.

Contemplando como o mundo funciona

Os sensores monitoram todos os aspectos do planeta hoje em dia. Realmente, há tantas informações, que seria incrível que qualquer um pudesse juntá-las todas em um único lugar, muito menos fazer qualquer coisa com elas. Além disso, por causa das interações entre os vários ambientes da Terra, não podemos realmente saber quais fatos têm relação de causalidade com alguma outra parte do ambiente. Por exemplo, é difícil saber com exatidão quanto os padrões de ventos afetam o aquecimento dos oceanos, que, por sua vez, afetam as correntes que potencialmente produzem as tempestades. Se os humanos compreendessem de fato todas essas várias interações, a previsão do tempo seria mais precisa. Infelizmente, ela é certa em parte — desde que você faça um esforço para entendê-la. O fato de aceitarmos esse nível de desempenho dos meteorologistas atesta nossa percepção da dificuldade da tarefa.

Ao longo dos anos, a previsão do tempo tem se tornado mais confiável. Parte dos motivos para esse aumento na confiança reside em todos os sensores que existem por aí. O serviço de meteorologia também desenvolveu modelos melhores de clima e acumulou uma quantidade muito maior de dados para serem usados na previsão. No entanto, o motivo primordial pelo qual a previsão do tempo está mais precisa é o uso da IA para lidar com os cálculos numéricos e procurar por padrões identificáveis nos dados que surgem como resultado (veja mais detalhes em `https://news.microsoft.com/pt-br/como-esta-o-tempo-utilizando-inteligencia-artificial-para-respostas-melhores/`).

Na realidade, o clima é um dos processos da Terra que mais entendemos. Pense na dificuldade de prever terremotos. O uso do aprendizado de máquina faz com que seja mais provável que os cientistas saibam quando ocorrerá um terremoto (`https://www2.uol.com.br/sciam/noticias/a_inteligencia_artificial_pode_antecipar_terremotos_.html`), mas apenas o tempo dirá se essas novas informações serão de fato úteis. Houve um tempo em que as pessoas achavam que o clima poderia afetar os terremotos, mas não é o caso. Por outro lado, os terremotos podem afetar o clima ao mudarem as condições ambientais. Outro detalhe é que os terremotos e o clima podem agir em conjunto, piorando ainda mais a situação (`https://exame.abril.com.br/ciencia/terremotos-clima-pode-provocar-movimentos-tectonicos-2/`).

As erupções vulcânicas são ainda mais difíceis de serem previstas. Pelo menos agora a NASA consegue detectar e obter imagens de erupções vulcânicas com maior precisão (`https://revistagalileu.globo.com/Ciencia/noticia/2016/05/satelite-da-nasa-detecta-erupcao-vulcanica-que-ninguem-percebeu.html`). As erupções vulcânicas geralmente causam terremotos, portanto, saber quando uma acontecerá ajuda na previsão de terremotos. (Veja `http://www.labhidro.iag.usp.br/site_iag/?page_id=796`). Obviamente, os vulcões também afetam o clima (`https://www.climadeensinar.com.br/single-post/2018/05/29/Como-as-erup%C3%A7%C3%B5es-vulc%C3%A2nicas-influenciam-o-clima-terrestre`).

Os eventos naturais de que esta seção tratou até agora são apenas a ponta do iceberg. Caso esteja ficando com a sensação de que a Terra é tão complexa que ninguém jamais conseguirá entendê-la, você está certo. É por isso que precisamos criar e treinar IAs para ajudar os humanos a fazerem um trabalho melhor em compreender como o mundo funciona. Ao criar esse tipo de conhecimento, pode ser possível evitar eventos catastróficos no futuro, além de reduzir os efeitos de certos males provocados pelos humanos.

CUIDADO

Não importa o que você já leu, no momento não existem maneiras de evitar o clima ruim, os terremotos ou as erupções vulcânicas. O melhor que os humanos podem esperar realizar hoje é prever esses eventos e agir para reduzir seu impacto. Porém, mesmo a habilidade de reduzir o impacto de eventos naturais é um grande passo à frente. Antes da IA, os humanos estavam à mercê de qualquer evento que ocorresse, porque a previsão era impossível antes que fosse tarde demais para realmente agir de forma proativa para reduzir os efeitos de um desastre natural.

Da mesma forma, mesmo que pareça ser possível prever todos os desastres provocados pelos humanos, geralmente não é. Não há planejamento capaz de impedir os acidentes de acontecer. Dito isso, a maioria dos eventos causados pelos humanos é controlável e potencialmente evitável com o discernimento correto, que pode ser fornecido pelo padrão de combinação que uma IA pode apresentar.

Localizando possíveis fontes de problemas

Atualmente, com todos os olhos voltados aos céus, poderíamos achar que os dados dos satélites conseguiriam apresentar uma fonte absoluta de dados para a previsão de problemas na Terra. No entanto, esse ponto de vista tem alguns problemas:

- A Terra é grande, então detectar um evento específico significa vasculhar milhões de fotos a cada segundo do dia.
- As fotos devem ter a resolução correta para que um evento seja de fato encontrado.
- É essencial usar o filtro correto de luz, porque alguns eventos ficam visíveis apenas sob a luz apropriada.
- O clima pode impedir a obtenção de certos tipos de imagens.

Mesmo com todos esses problemas, os cientistas e outras pessoas usam a IA para escanear as fotos tiradas todos os dias, procurando possíveis problemas (`https://www.cnet.com/news/descartes-labs-satellite-imagery-artificial-intelligence-geovisual-search/`[conteúdo em inglês]). Mas a IA só pode mostrar possíveis áreas de problemas e realizar análises quando as imagens aparecem da forma correta. Um humano ainda precisa determinar se o problema é real e se precisa ser resolvido. Por exemplo, uma grande tempestade no meio do Oceano Pacífico, longe das rotas das linhas de transporte e de algum continente, provavelmente não será considerada um problema de alta prioridade. A mesma tempestade em cima de um continente é motivo de preocupação. É claro que, em termos de tempestades, detectá-la antes que se tornem um problema é sempre melhor do que tentar resolver mais tarde.

DICA

Além de analisar as imagens em busca de possíveis problemas, a IA também consegue melhorá-las. O artigo disponível em `https://www.wired.com/story/how-ai-could-really-enhance-images-from-space/`[conteúdo em inglês] fala a respeito de como uma IA pode aumentar a resolução e a utilidade das imagens tiradas no espaço. Ao melhorá-las, a IA pode determinar melhor os tipos específicos de eventos com base no padrão desse evento. Obviamente, se ela ainda não tinha visto um padrão em particular antes, ainda não conseguirá fazer qualquer previsão. Os humanos sempre terão de verificar a IA e garantir que um evento realmente seja o que a IA designa ser.

Definindo possíveis soluções

A solução para os problemas planetários depende do problema. Por exemplo, com uma tempestade, um terremoto ou uma erupção vulcânica, prever o evento não é nem uma consideração. O melhor que os humanos podem esperar fazer no momento é evacuar a área do evento e fornecer às pessoas outro lugar para o qual ir. No entanto, ao saber o máximo possível sobre um evento com o máximo de antecedência possível, as pessoas podem agir proativamente, em vez de reagir ao evento após o caos ter se instalado.

Outros eventos não exigem uma evacuação. Por exemplo, com a tecnologia atual e um pouquinho de sorte, as pessoas conseguem reduzir os efeitos de algo como um incêndio florestal. Na realidade, alguns bombeiros estão usando a IA para prever incêndios florestais (`https://itforum365.com.br/inteligencia-artificial-aprimora-monitoramento-florestal/`). É possível usar a IA para ver o problema e criar uma solução para ele com base nos dados históricos porque os humanos já registraram muitas informações sobre esses eventos no passado.

Usar os dados históricos na resolução de problemas planetários é algo essencial. Ter apenas uma solução em potencial geralmente é uma má ideia. Os melhores planos para resolver um problema incluem várias soluções, e uma IA pode ajudar a classificar as soluções com base nos resultados históricos. Obviamente, de novo, um humano pode enxergar algo em uma das soluções que torne uma opção preferível à outra. Por exemplo, uma solução pode não funcionar porque os recursos não estão disponíveis ou porque as pessoas envolvidas não possuem o treinamento adequado.

Vendo os efeitos das soluções

Acompanhar os resultados de uma solução específica significa registrar os dados em tempo real, analisá-los o mais rápido possível e, então, apresentar os resultados de uma forma que seja compreensível pelos humanos. Uma IA consegue juntar os dados, analisá-los e fazer várias apresentações com eles muito mais rápido que qualquer humano. Os humanos ainda estão estabelecendo um critério para realizar todas essas tarefas e tomar as decisões finais; a IA apenas atua como uma ferramenta para permitir ao humano que aja dentro de um período razoável.

DICA

No futuro, talvez algumas pessoas se especializem na interação com IAs para melhorar como elas trabalham com os dados. Obter os resultados certos significa saber quais perguntas fazer e como fazê-las. Hoje, as pessoas geralmente obtêm resultados ruins de uma IA porque não estão familiarizadas o suficiente com a forma como a IA funciona, de modo a fazer perguntas adequadas a ela.

Os humanos que presumem que a IA pensa como eles estão fadados ao fracasso em obter bons resultados dela. Mas é isso que nossa sociedade promove hoje em dia. Os comerciais sobre a Siri e a Alexa fazem com que a IA pareça humana, quando, obviamente, não é. Em uma emergência, mesmo havendo uma IA disponível para os humanos que estão lidando com o evento, estes devem saber como fazer as perguntas adequadas e a forma de fazê-las para que possam obter os resultados necessários. Não é possível vermos o efeito de uma solução se não soubermos o que esperar da IA.

Tentando novamente

A Terra é um lugar complicado. Vários fatores interagem com outros fatores de formas que ninguém consegue antecipar. Assim, a solução que você criou, na verdade, pode não resolver um problema. De fato, se ler as notícias com frequência, você verá que muitas soluções não resolvem nada em absoluto. A tentativa e o erro ajudam as pessoas a compreender o que funciona e o que não. Mas, ao usar uma IA para reconhecer padrões de fracasso — aquelas soluções que não funcionaram e o porquê —, você pode reduzir o número de soluções de que precisa para tentar encontrar uma que funcione. Além disso, uma IA consegue buscar soluções em cenários similares que já funcionaram antes, às vezes economizando tempo e esforço ao tentar encontrar novas soluções para experimentar. A IA não é uma varinha mágica que você pode balançar para criar uma solução que funcione na primeira vez que tentar. A razão pela qual os humanos sempre estarão em cena é que apenas eles conseguem ver os resultados pelo que eles representam.

LEMBRE-SE

Hoje em dia, as IAs são sempre programadas para vencer. O box "Entendendo a orientação de ensino", no Capítulo 13, discute a possibilidade de criar uma IA que entenda a futilidade — isto é, o cenário de não vitória. No entanto, uma IA assim ainda não existe, e talvez nunca chegue a existir. Os humanos, no entanto, entendem esse cenário de não vitória e geralmente conseguem criar uma solução mediana que funcione bem o suficiente. Ao avaliar por que uma solução não funciona, considerar o cenário de não vitória é essencial, porque a IA nunca o apresentará para você.

As IAs usadas na criação de soluções ficarão, a certa altura, sem ideias, momento no qual elas se tornarão praticamente inúteis. Isso ocorre porque a IA não é criativa. Os padrões com os quais uma IA trabalha já existem. Porém, esses padrões podem não atender a uma necessidade atual, o que significa que novos padrões são necessários. Os humanos são peritos na criação de novos padrões para serem aplicados aos problemas. Assim, tentar novamente torna-se um meio essencial de criar novos padrões que uma IA poderá então acessar e usar para ajudar um humano a se lembrar de algo que funcionou no passado. Resumindo, os humanos são uma parte essencial do ciclo de resolução de problemas.

6

A Parte dos Dez

NESTA PARTE...

Encontre uma ocupação que a IA não pode roubar de você.

Descubra como a IA ajuda a sociedade.

Entenda por que a IA deve falhar em algumas situações.

» Interagindo com os humanos

» Sendo criativo

» Usando a intuição

Capítulo 18

Dez Ocupações que a IA Não Pode Roubar de Você

Este livro passou um bom tempo lhe dizendo como a IA e os humanos são diferentes e demonstrando que os humanos não têm absolutamente nada com que se preocupar. Sim, alguns trabalhos desaparecerão, mas, como descrito no Capítulo 17, o uso da IA, na verdade, criará uma infinidade de novas funções — a maioria delas muito mais interessante do que trabalhar em uma linha de montagem. Os novos trabalhos dos humanos envolverão as áreas de inteligência (descritas no Capítulo 1) que uma IA simplesmente não consegue dominar. De fato, a inabilidade de IA em dominar tantas áreas do pensamento humano manterá muitas pessoas em suas ocupações atuais, o que é o foco deste capítulo.

LEMBRE-SE

Se seu trabalho envolve algumas categorias específicas em que prevalece a interação humana, a criatividade e o uso da intuição, você poderá descobrir que sua ocupação atual não será dominada pela IA. No entanto, este capítulo toca apenas a ponta do iceberg. O medo alarmista causado por alguns indivíduos (veja `https://brasil.elpais.com/brasil/2017/07/17/tecnologia/1500289809_008679.html`) deixa as pessoas preocupadas, achando que seu emprego desaparecerá amanhã, e esse medo alarmista também faz com que elas não usem todo o potencial da IA para facilitar suas vidas (confira `https://www.tudocelular.com/curiosidade/noticias/n100389/`

`Executivo-da-Google-nao-esta-preocupado-com-IAs-e-manda-indireta-para-Elon-Musk.html`). A mensagem geral deste capítulo é a seguinte: não tenha medo. A IA é uma ferramenta que, como todas as outras, é projetada para facilitar sua vida e torná-la melhor.

Realizando Interações Humanas

Os robôs já realizam uma pequena quantidade de interação humana e provavelmente realizarão mais tarefas humanas no futuro. Porém, se você der uma boa olhada nas aplicações em que são usados, descobrirá que eles estão essencialmente fazendo coisas ridiculamente chatas: ficar em um quiosque orientando aonde as pessoas devem ir, servindo como despertadores para garantir que os idosos tomem suas medicações, e assim por diante. A maioria das interações humanas não é tão simples assim. As seções a seguir analisam algumas das fornas de interação humana mais exigentes e interativas — atividades nas quais não há chance alguma de que uma IA consiga dominar.

Ensinando crianças

Passe um tempo em uma escola de ensino fundamental e observe como os professores lidam com as crianças. Você ficará impressionado. De alguma forma, eles conseguem levar todas elas de um ponto A para um ponto B com um mínimo de confusão, aparentemente pela simples força de vontade. Mesmo assim, crianças diferentes exigirão níveis de atenção diferentes. Quando as coisas saem do controle, o professor pode ter de lidar com vários problemas ao mesmo tempo. Todas essas situações sobrecarregariam uma IA dos dias de hoje, pois ela depende da interação humana cooperativa. Pense um minuto sobre a reação que a Alexa ou a Siri teriam diante de uma criança teimosa (ou tente simular uma situação assim usando seu celular). Simplesmente não dá certo. No entanto, uma IA consegue ajudar os professores nas seguintes áreas:

- Dar notas em provas.
- Usar software de educação adaptativa.
- Melhorar o curso com base nos padrões dos alunos.
- Ser tutor dos alunos.
- Mostrar aos alunos como encontrar informações.
- Criar um ambiente seguro para o aprendizado com base na tentativa e erro.

- Ajudar os alunos a tomar decisões sobre quais cursos e atividades extracurriculares fazer com base em suas habilidades.
- Ajudar os alunos com as tarefas.

Enfermagem

Um robô pode erguer um paciente, poupando as costas da enfermeira. No entanto, uma IA não consegue tomar uma decisão sobre quando, onde e como erguer o paciente, pois ela não consegue julgar corretamente a entrada exigida e não verbal dada pelo paciente nem entender sua psicologia, como a tendência de ele contar inverdades (veja a seção "Considerando as Cinco Inverdades nos Dados", do Capítulo 2). Uma IA poderia fazer perguntas ao paciente, mas provavelmente não da melhor forma para obter respostas úteis. Um robô consegue limpar ambientes, mas é improvável que faça isso preservando a dignidade do paciente, algo que o ajuda a sentir que está sendo cuidado. Resumindo, um robô é uma boa ferramenta: ótima na realização de tarefas mais pesadas e rudimentares, mas não particularmente nas que exigem gentileza e cuidado.

LEMBRE-SE

Não há dúvidas de que o uso da IA nas profissões médicas aumentará, mas esses usos são extremamente específicos e limitados. O Capítulo 7 apresenta algumas boas ideias a respeito de onde a IA pode contribuir no ramo médico. Poucas dessas atividades têm algo a ver com a interação humana. Elas envolvem mais aspectos de potencialização das capacidades humanas e coleta de dados médicos.

Atendendo a necessidades pessoais

Você pode achar que sua IA é uma companhia perfeita, afinal, ela nunca implica com você, é sempre atenciosa e nunca lhe trocará por outra pessoa. Pode contar a ela seus pensamentos mais íntimos, e ela não rirá de você. Na verdade, uma IA como a Alexa ou a Siri podem mesmo ser a companhia perfeita, como retratado em filmes como *Ela*. O único problema é que, na verdade, a IA não tem nada de boa companhia. O que ela de fato faz é fornecer uma aplicação de navegação, com voz. Antropomorfizar a IA não a torna real.

O problema de conseguir com que uma IA atenda a necessidades pessoais é que ela não entende esse conceito. Uma IA consegue buscar uma estação de rádio, encontrar um artigo de notícias, realizar compras de produtos, marcar uma consulta, dizer que está na hora de tomar remédio e até mesmo ligar e desligar as luzes. No entanto, ela não consegue lhe dizer quando uma ideia não é boa e que provavelmente lhe causará muito sofrimento. Para obter informações úteis em situações que não oferecem regras a serem seguidas, e a pessoa que está conversando com você precisa de uma experiência de vida real para apresentar qualquer coisa que se aproxime de uma resposta, você realmente precisa de um humano. É por isso que gente como terapeutas, médicos, enfermeiras e até aquela pessoa com quem você conversa na padaria são necessárias. Algumas dessas pessoas são pagas, e outras apenas esperam que você as escute quando for a vez delas de precisar de ajuda. A interação humana é sempre necessária para lidarmos com necessidades pessoais que são verdadeiramente pessoais.

Resolvendo problemas de desenvolvimento

As pessoas com necessidades especiais precisam de um toque humano. Frequentemente, a necessidade especial pode se mostrar um dom especial, mas apenas quando o cuidador percebe isso. Alguém com uma necessidade especial pode ser completamente funcional em tudo, exceto em uma coisa: é necessário criatividade e imaginação para descobrir os meios para superar um obstáculo. Descobrir uma maneira de usar a necessidade especial em um mundo que não as aceita como algo normal é ainda mais difícil. Por exemplo, a maioria das pessoas não considera o daltonismo como uma vantagem na criação de arte. No entanto, alguém apareceu e mudou as coisas. (`https://inspi.com.br/2016/09/artista-daltonico-cria-obras-multicoloridas/`).

Uma IA pode conseguir ajudar pessoas com necessidades especiais de formas específicas. Por exemplo, um robô pode ajudar alguém a fazer sua terapia física ou ocupacional para ganhar mobilidade. A paciência absoluta do robô garantiria que a pessoa estivesse recebendo a mesma ajuda imparcial todos os dias. No entanto, seria necessário que um humano reconhecesse quando essa terapia não estivesse funcionando para alterá-la.

CUIDADO

Ajudar com problemas de desenvolvimento é uma área na qual uma IA, não importa o quão bem treinada e programada esteja, poderia ser prejudicial. Um humano consegue perceber quando algo está além das capacidades de alguém, mesmo quando a pessoa aparenta se sair bem nas tarefas. Uma infinidade de mensagens não verbais ajuda, mas também é uma questão de experiência e intuição, qualidades que uma IA não é capaz de oferecer porque algumas situações exigiriam que ela *extrapolasse* (estendesse seu conhecimento para uma situação desconhecida), em vez de *interpolar* (usar o conhecimento entre dois pontos bem conhecidos) para obter sucesso. Em resumo, os humanos precisam não apenas monitorar uma pessoa que estão ajudando junto com a IA, mas também precisam monitorar a IA para garantir que ela funcione como planejado.

Criando Coisas Novas

Como vimos na Tabela 1-1 do Capítulo 1, os robôs não conseguem criar. É essencial que vejamos o ato de criar como o desenvolvimento de novos padrões de pensamento. Uma boa aplicação de aprendizado profundo pode analisar padrões de pensamento existentes, usar a IA para transformá-los em novas versões de coisas que já aconteceram antes e produzir algo que parece ser um pensamento original, mas a criatividade não está envolvida. O que estamos vendo é a aplicação de matemática e lógica para analisar o que é, e não para definir o que poderia ser. Com essa limitação da IA em mente, as próximas seções descrevem a criação de coisas novas — uma área na qual os humanos sempre se sobressairão.

Inventando

Quando falamos de inventores, geralmente pensamos em pessoas como Thomas Edison, que teve 2.332 patentes no mundo todo (1.093 só nos Estados Unidos) para suas invenções (`https://www.mundodaeletrica.com.br/thomas-edison-quem-foi-quais-foram-as-suas-invencoes/`). Ainda podemos usar uma de suas invenções, a lâmpada, e muitas outras, como o fonógrafo, mudaram o mundo. Nem todo mundo é um Edison. Algumas pessoas são como Bette Nesmith Graham (`http://mulherhd.blogspot.com/2013/02/bette-nesmith-graham-inventora-do.html`), que inventou o Whiteout (também conhecido como Liquid Paper, entre outros nomes) em 1956. À certa altura, sua invenção estava presente em todas as mesas de escritório do planeta como um meio de corrigir erros de escrita. Essas duas pessoas fizeram algo que a IA não consegue fazer: criar um novo padrão de pensamento na forma de uma entidade física.

LEMBRE-SE

Sim, esses inventores se inspiraram em outras fontes, mas a ideia foi verdadeiramente deles. A questão é que as pessoas inventam coisas o tempo todo. Você pode encontrar milhões e milhões de ideias na internet, todas criadas por pessoas que simplesmente viram as coisas de modo diferente. E diante de uma maior disponibilidade de tempo, as pessoas se tornarão, no mínimo, mais inventivas. Uma IA consegue deixar as pessoas livres das coisas rotineiras e comuns para que possam fazer aquilo que os humanos fazem de melhor: inventar ainda mais coisas.

Sendo artístico

O estilo e a apresentação diferenciam um Picasso de um Monet. Os humanos conseguem ver as diferenças, pois vemos padrões nos métodos desses artistas: tudo, desde a escolha da tela, da tinta, até o estilo de apresentação e as imagens apresentadas. Uma IA consegue ver essas diferenças também. Na verdade, com a forma precisa de uma IA realizar análises e com uma maior seleção de sensores à sua disposição (na maioria dos casos), uma IA provavelmente consegue descrever os padrões artísticos melhor que um ser humano e imitar esses padrões em novas criações. No entanto, as vantagens da IA terminam por aqui.

DICA

Uma IA ficará presa ao que ela sabe, mas os humanos fazem experimentos. Na verdade, você pode ver 59 exemplos dessas tentativas em `https://www.pinterest.com/aydeeyai/art-made-with-non-traditional-materials--or-methods/`[conteúdo em inglês] apenas com materiais não tradicionais. Apenas um humano teria a ideia de criar arte a partir de arames (`https://br.pinterest.com/neusatess/arte-em-arame/`) ou folhas de árvores (`https://br.pinterest.com/pin/724446290031021644/`). Se algum material está disponível, alguém já criou alguma arte com ele — arte que uma IA nunca conseguiria reproduzir.

Imaginando o irreal

Os humanos constantemente superam os limites da realidade ao tornar o irreal possível. No passado, ninguém imaginava que os humanos poderiam voar inventando máquinas mais pesadas que o ar. Na verdade, as tentativas pareciam apoiar a teoria de que até mesmo tentar voar era besteira. Então apareceram os irmãos Wright, e seu primeiro voo em Kitty Hawk mudou o mundo. Porém, é importante perceber que eles apenas transformaram em realidade os pensamentos irreais de muitas pessoas (incluindo eles mesmos). Uma IA nunca apresentaria uma saída irreal, muito menos a transformaria em realidade. Apenas os humanos conseguem fazer isso.

Tomando Decisões Intuitivas

A *intuição* é uma percepção direta de uma verdade, independentemente de qualquer processo racional. É a verdade do ilógico, fazendo com que seja incrivelmente difícil analisá-la. Os humanos são peritos da intuição, e as pessoas mais intuitivas geralmente possuem uma vantagem significativa sobre as outras que não são tão intuitivas assim. A IA, que se baseia na lógica e na matemática, não tem intuição. Assim, em geral ela tem de percorrer vagarosamente todas as soluções lógicas e, por fim, concluir que não há solução existente para um problema, mesmo quando um humano encontra uma com uma certa facilidade. A intuição e o insight humanos com frequência têm um papel primordial em fazer com que algumas profissões sejam produtivas, como mostrado nas próximas seções.

Investigando crimes

Se você assiste a programas ficcionais de TV sobre crimes, sabe que o investigador geralmente encontra um fato menor que se transforma na chave de todo o caso, tornando possível desvendá-lo. A solução de crimes no mundo real funciona de forma diferente. Os detetives humanos usam um conhecimento totalmente quantificável para realizar suas tarefas, e às vezes os criminosos fazem o trabalho tão bem, que não deixam marcas. Os policiais e os procedimentos que realizam, escavando fatos e passando horas apenas analisando as evidências, constituem um importante papel na solução de crimes. Porém, às vezes um humano dá aquele passo ilógico que, de repente, faz com que todas as peças que aparentemente eram desconexas se encaixem.

O trabalho de um detetive envolve lidar com uma vasta gama de questões, e algumas delas nem mesmo têm a ver com atividades ilegais. Por exemplo, um detetive pode tão somente estar à procura de alguém que aparentemente está desaparecido. Talvez a pessoa tenha um bom motivo para não ser encontrada. A questão é que muitas dessas atividades de investigação envolvem a observação dos fatos de formas que uma IA nunca pensaria em ver, pois é necessário aquele passo — uma extensão da inteligência que não existe para uma IA. A expressão *pensar fora da caixa* vem à mente.

Monitorando situações em tempo real

Uma IA monitora situações usando dados prévios como base para decisões futuras. Em outras palavras, a IA usa padrões para tomar decisões. A maioria das situações funciona bem com esse padrão, o que significa que a IA pode realmente prever o que acontecerá em determinado cenário com um alto grau de precisão. Porém, algumas vezes ocorrem situações em que o padrão não se encaixa e os dados não parecem dar suporte à conclusão. Talvez a situação não tenha dados de apoio no momento — o que acontece o tempo todo. Nessas situações, a intuição humana é a única alternativa. Em uma emergência, usar uma IA para resolver determinado cenário é uma má ideia. Embora ela experimente a solução testada, um humano consegue pensar fora da caixa e apresentar a ideia alternativa.

Separando os fatos da ficção

Uma IA nunca será intuitiva. A intuição contraria todas as regras usadas atualmente para criar uma IA. Dessa forma, algumas pessoas decidiram criar a Intuição Artificial (AN) (veja um exemplo em `http://www.artificial-intuition.com/`[conteúdo em inglês]). Ao ler os materiais que apoiam a AN, percebemos rapidamente que há um certo tipo de mágica acontecendo (isto é, os inventores estão engajados em algumas ideias fantasiosas), porque a teoria simplesmente não se encaixa com a implementação proposta.

LEMBRE-SE

Algumas questões essenciais estão envolvidas com a AN, sendo a primeira o fato de que todos os programas, mesmo aqueles que dão suporte à IA, funcionam em processadores cujo único recurso é realizar as funções matemáticas e lógicas mais simples. Essa IA funciona tão bem assim porque o hardware atualmente disponível não deixa nada a desejar.

A segunda questão é que a IA e todos os programas essencialmente usam a matemática para realizar as tarefas. A IA não entende nada. A seção "Considerando o argumento do Quarto Chinês", no Capítulo 5, discute apenas um dos enormes problemas com a ideia toda sobre a capacidade de compreensão de uma IA. A questão é que a intuição é ilógica, o que significa que nem mesmo os humanos entendem a base para ela. Sem a entender, os humanos não têm como criar um sistema que a imite de qualquer forma significativa.

» Trabalhando com humanos

» Resolvendo problemas industriais

» Desenvolvendo novas tecnologias

» Realizando tarefas no espaço

Capítulo 19

Dez Contribuições Significativas da IA para a Sociedade

Este livro o ajuda a entender a história da IA, em que ponto ela está hoje e aonde poderia ir amanhã. Porém, uma tecnologia é útil até o momento em que oferece uma contribuição significativa para a sociedade. Além disso, a contribuição deve vir com um forte incentivo financeiro, senão os investidores não terão interesse nela. Embora o governo possa incentivar uma tecnologia que já pode ser usada com os militares ou em outros propósitos por um curto período, a saúde de longo prazo da tecnologia depende do apoio do investidor. Assim, este capítulo se concentra nos componentes da IA que são úteis hoje, ou seja, que proporcionam uma contribuição significativa para a sociedade agora mesmo.

LEMBRE-SE

Alguns dizem que as atuais promessas exageradas sobre os benefícios da IA poderiam causar outro inverno da IA em breve (`https://codeahoy.com/2017/07/27/ai-winter-is-coming/`[conteúdo em inglês]). Além disso, o medo alarmista criado por certos indivíduos influentes está fazendo com que as pessoas repensem os valores da IA (`https://exame.abril.com.br/tecnologia/a-inteligencia-artificial-e-superperigosa-diz-elon-musk/`).

Essas duas questões são rebatidas por outros que sentem que o potencial para um inverno da IA é bem baixo (https://www.technologyreview.com/s/603062/ai-winter-isnt-coming/[conteúdo em inglês]) e que a disseminação do medo é descabida (https://forum.vivo.com.br/threads/35186-Executivo-da-Google-n%C3%A3o-est%C3%A1-preocupado-com-IAs-e-manda-indireta-para-Elon-Musk). O debate é valoroso para avaliar qualquer tecnologia, mas os investidores não estão interessados em palavras, e sim em resultados. Este capítulo fala sobre os resultados, demonstrando que a IA se integrou à sociedade de forma tão significativa, que outro inverno da IA é, de fato, improvável, e sabemos que nos livrar do sensacionalismo para que as pessoas possam realmente compreender o que a IA pode fazer por elas seria uma vantagem nesta altura.

Considerando as Interações Específicas dos Humanos

São as pessoas que impulsionam as vendas de produtos. Para acrescentar, são as pessoas que decidem sobre o que falar, e isso cria a agitação, que, por sua vez, cria as vendas. Embora você provavelmente não vá ouvir no rádio sobre as tecnologias de que falaremos nas próximas seções, o nível em que elas afetam as pessoas é incrível. No primeiro caso, um pé humano ativo, as pessoas conseguirão caminhar usando próteses com praticamente a mesma facilidade que caminham com um pé natural. Mesmo que o grupo de pessoas que necessita desse produto seja relativamente pequeno, os efeitos podem ser amplamente conhecidos. O segundo e terceiro casos têm o potencial de afetar milhões, talvez bilhões, de pessoas. São ofertas comuns, mas são geralmente essas coisas que criam uma expectativa e que, novamente, impulsionam as vendas. Em todos esses três casos, as tecnologias não funcionariam sem a IA, ou seja, se houver a interrupção da pesquisa, do desenvolvimento e das vendas da IA, haverá um repúdio nas pessoas que estão usando as tecnologias.

Inventando o pé humano ativo

As próteses envolvem rios de dinheiro. Custam uma fortuna para serem feitas e são um item necessário para aqueles que não têm um membro do corpo e que querem ter um nível decente de qualidade de vida. Várias próteses fazem uso da tecnologia passiva, ou seja, elas não dão feedback e não ajustam suas funcionalidades automaticamente para acomodar as necessidades individuais. Tudo isso mudou nos últimos anos, quando cientistas como Hugh Herr (https://www1.folha.uol.com.br/equilibrioesaude/2018/05/cientista-e-alpinista-que-perdeu-pernas-quer-criar-protese-sensivel-ao-toque.shtml) criaram uma prótese ativa que consegue simular os movimentos de membros reais e automaticamente se ajusta à pessoa que a está usando. Mesmo que Hugh Herr tenha aparecido em várias manchetes principais, hoje em dia podemos ver a tecnologia ativa em vários tipos de próteses, incluindo joelhos, braços e mãos.

LEMBRE-SE

Talvez você esteja se perguntando qual a vantagem potencial em usar próteses ativas, em vez das passivas. Os fornecedores da área médica já estão pesquisando (veja alguns resultados no relatório https://www.rand.org/pubs/research_reports/RR2096.html [conteúdo em inglês]). Acontece que as próteses que usam microprocessadores com IA para garantir que o dispositivo interaja adequadamente com o usuário são um tremendo sucesso. As pessoas que usam as próteses com tecnologia não apenas vivem mais, mas as próteses também reduziram os custos médicos diretos e indiretos. Por exemplo, alguém que esteja usando uma prótese com tecnologia ativa tem menos chances de cair. Mesmo que o custo inicial de uma prótese dessas seja mais alto, os custos no longo prazo são muito menores.

Realizando monitoramento constante

O Capítulo 7 analisa uma variedade de aparelhos de monitoramento usados pela medicina para garantir que as pessoas tomem suas medicações na hora certa e na dosagem correta. Além disso, o monitoramento médico pode ajudar os pacientes a receber cuidados mais rápidos após um incidente maior e até prever quando um paciente terá um desses incidentes, como um ataque cardíaco. A maioria desses aparelhos, especialmente aqueles que são preditivos por sua natureza, dependem de algum tipo de IA para realizar o trabalho. No entanto, ainda permanece a questão sobre se esses aparelhos apresentam um incentivo financeiro para as pessoas que os estão criando e usando.

É difícil encontrarmos os resultados, mas estes provenientes de um estudo e disponíveis em https://academic.oup.com/europace/article-abstract/19/9/1493/3605206 mostram que o monitoramento remoto de pacientes cardíacos diminui consideravelmente os custos médicos (além de ajudar o paciente a ter uma vida mais longa e feliz). Na verdade, de acordo com o *New York Times* (https://setorsaude.com.br/telemedicina-e-a-promessa-de-consultas-a-longa-distancia/), o uso do monitoramento remoto, até mesmo para pessoas saudáveis, tem um impacto significativo em custos médicos. O impacto da economia é tão alto, que o monitoramento remoto está mudando como a medicina funciona.

Administrando medicações

As pessoas doentes que se esquecem de tomar seus remédios custam muito dinheiro ao sistema médico. De acordo com este artigo na CNBC.com (https://www.cnbc.com/2016/08/03/patients-skipping-meds-cost-290-billion-per-year-can-smart-pills-help.html [conteúdo em inglês]), o custo, apenas nos EUA, é de US$290 bilhões por ano. Ao combinar tecnologias como Near Field Communication (NFC) [comunicação por campo de proximidade] (https://www.techtudo.com.br/artigos/noticia/2012/01/o-que-e-nfc.html) com aplicativos que usam a IA, você pode acompanhar como e quando as pessoas tomam seus remédios. Além disso, a IA pode ajudar as pessoas a se lembrar de quando devem tomar seus medicamentos, quais devem ser tomados e qual a dosagem certa. Ao ser combinado com o monitoramento, até as pessoas com necessidades de monitoramento especiais podem tomar a dose certa de seus remédios (https://clinicaltrials.gov/ct2/show/NCT02243670 [conteúdo em inglês]).

Desenvolvendo Soluções Industriais

As pessoas impulsionam incontáveis pequenas vendas. Porém, quando pensamos no poder de compra de um indivíduo, ele praticamente desaparece ao ser comparado com o que apenas uma organização pode comprar. A diferença está na quantidade. Mas os investidores analisam os dois tipos de vendas, pois ambos geram dinheiro — rios de dinheiro. As soluções industriais afetam as organizações, mas tendem a ser caras. Contudo, a indústria as usa para aumentar a produtividade, a eficiência e, acima de tudo, a receita. O que mais importa é o lucro. As próximas seções discutem como a IA afeta os lucros de uma organização que usa as soluções apresentadas.

Usando a IA para impressões 3D

A impressão 3D começou como uma tecnologia para brinquedos que produziu alguns resultados interessantes, mas não particularmente de valor. No entanto, isso foi antes de a NASA usar a impressão 3D na Estação Espacial Internacional (EEI) para produzir ferramentas (https://www.nasa.gov/content/international-space-station-s-3-d-printer). A maioria das pessoas pode achar que a EEI deveria ter levado todas as ferramentas necessárias ao partir da Terra. Infelizmente, as ferramentas se perdem ou quebram. Além disso, a EEI não tem espaço suficiente para armazenar absolutamente todas as ferramentas necessárias. A impressão 3D também pode criar peças de reposição, e a EEI certamente não tem como carregar um conjunto completo total de peças sobressalentes. As impressoras 3D funcionam da mesma forma na microgravidade e na Terra (https://www.nasa.gov/mission_pages/station/research/experiments/1115.html), então é uma tecnologia que os cientistas podem usar precisamente da mesma forma nos dois lugares.

Enquanto isso, a indústria utiliza a impressão 3D para atender a vários tipos de demanda. Adicionar a IA à mistura permite que o dispositivo crie uma saída, veja o que é criado e aprenda com seus erros (https://www.digitaltrends.com/cool-tech/ai-build-wants-to-change-the-way-we-build-the-future/[conteúdo em inglês]). Isso significa que a indústria conseguirá, algum dia, criar robôs que corrigem a si próprios — pelo menos até certo ponto, o que reduzirá os erros e aumentará os lucros. A IA também ajuda a reduzir o risco associado à impressão 3D através de produtos como Business Case (https://www.sculpteo.com/blog/2017/08/10/the-artificial-intelligence-for-your-3d-printing-projects-business-case/[conteúdo em inglês]).

Avançando as tecnologias robóticas

Este livro contém uma abundância de exemplos sobre como os robôs estão sendo usados, desde dentro de casa, passando pela medicina até a indústria. O livro também fala sobre os robôs nos carros, no espaço e embaixo da água. Se está tendo a impressão de que eles são uma força motriz significativa por trás da IA, você está certo. Os robôs estão se tornando uma tecnologia confiável, acessível e conhecida com uma presença visível e um histórico de sucesso, e é por isso que tantas organizações estão investindo em robôs ainda mais avançados.

Muitos dos negócios tradicionais existentes já usam os robôs hoje, o que talvez muita gente não saiba. Por exemplo, a indústria petrolífera depende fortemente dos robôs para encontrar novas fontes de petróleo, realizar manutenções e inspecionar tubos. Em alguns casos, os robôs fazem reparos em lugares que os humanos não conseguem acessar com facilidade, como as tubulações (https://www.opetroleo.com.br/inteligencia-artificial-vai-transformar-o-mercado-de-trabalho-de-og/). De acordo com o fórum Oil & Gas Monitor, a IA possibilita a interpolação entre modelos de mineração, a redução dos custos de perfuração e a realização de simulações que demonstram os potenciais problemas de perfuração (http://www.oilgasmonitor.com/artificial-intelligence-upstream-oil-gas/[conteúdo em inglês]). Usar a IA permite aos engenheiros reduzir o risco geral, potencialmente diminuindo o impacto ambiental, por causa da redução do número de vazamentos.

DICA

O preço reduzido do petróleo é parte do que levou a indústria petrolífera a adotar a IA, de acordo com Engineering 360 (http://insights.globalspec.com/article/2772/the-growing-role-of-artificial-intelligence-in-oil-and-gas [conteúdo em inglês]). Como a indústria petrolífera evita o risco ao máximo, o uso que faz da IA é um bom teste para ver como outras empresas a adotarão. Ao avaliar artigos sobre a indústria do petróleo, você percebe que ela esperou outras áreas alcançarem o sucesso, como a saúde, finanças e manufatura, antes de ela própria fazer investimentos. Você pode esperar ver um aumento da adoção da IA conforme o sucesso em outras áreas aumenta.

LEMBRE-SE

Este livro trata sobre vários tipos de soluções robóticas — algumas são móveis, outras não. A Parte 4 falou sobre os robôs em geral, os robôs voadores (o que os drones na verdade são, se pararmos para pensar) e o carro autônomo, ou carro AD. Geralmente os robôs conseguem gerar lucro ao realizar um tipo específico de tarefa, como varrer o chão de sua casa (o Roomba) ou montar seu carro. Da mesma forma, os drones são pequenas fábricas de dinheiro agora para as empresas de segurança, e em algum ponto se tornarão rentáveis para um número significativo de usos civis também. Muitas pessoas preveem que o carro AD não apenas gerará lucro, mas também se tornará extremamente popular (https://www.forbes.com/sites/oliviergarret/2017/03/03/10-million-self-driving-cars-will-hit-the-road-by-2020-heres-how-to-profit/[conteúdo em inglês]).

Criando Novos Ambientes de Tecnologia

As pessoas costumam procurar coisas novas para comprar, e, sendo assim, as empresas precisam criar coisas novas para vender. A IA ajuda as pessoas a buscar padrões em todos os tipos de coisas. Esses padrões geralmente mostram a presença de algo novo, como um novo elemento ou um novo processo para criar algo. Na esfera do desenvolvimento de produto, o propósito da IA é descobrir o novo produto (em vez de focar a venda de um produto existente). Ao reduzir o tempo necessário para encontrar um novo produto para vender, a IA ajuda a empresa a melhorar os lucros e a reduzir o custo da pesquisa associada com essa atividade. A próxima seção discute com mais detalhes essas questões.

Desenvolvendo novos recursos raros

Como você pode ver ao longo deste livro, a IA é especialista em observar padrões, e os padrões podem indicar vários tipos de coisas, incluindo elementos novos (a seção "Descobrindo novos elementos" no Capítulo 16 fala sobre este aspecto da IA). Novos elementos significam novos produtos, que se traduz em vendas de produtos. A organização que conseguir criar um novo material terá uma vantagem significativa sobre a concorrência. O artigo disponível em https://virulentwordofmouse.wordpress.com/2010/11/30/an-economic-perspective-on-revolutionary-us-inventions/[conteúdo em inglês] fala sobre o impacto econômico de algumas das invenções mais interessantes que existem. Muitas delas usam um novo processo ou material que a IA pode ajudar a encontrar com significativa facilidade.

Vendo o que não pode ser visto

A visão humana não vê o espectro amplo da luz que de fato existe na natureza. E, mesmo com a potencialização, os humanos têm dificuldades para pensar em uma escala muito pequena ou muito grande. Os vieses fazem com que os humanos não vejam o inesperado. Algumas vezes, um padrão aleatório tem, de fato, uma estrutura, mas os humanos não podem vê-la. Uma IA consegue ver o que os humanos não conseguem e agir a respeito. Por exemplo, ao procurar por tensões em metais, uma IA consegue ver potenciais fadigas e tomar medidas. A economia de custos pode ser monumental ao lidar com itens como guias de ondas, que são usados para a transmissão de rádio (https://www.ncbi.nlm.nih.gov/pmc/articles/PMC4481976/[conteúdo em inglês]).

Trabalhando com a IA no Espaço

O Capítulo 16 leva você em um passeio sobre o que a IA pode potencialmente fazer no espaço. Embora os planos para a realização dessas tarefas estejam no papel ainda, a maioria deles é patrocinada pelo governos, o que significa que podem abrir uma oportunidade que talvez não resulte em lucro. Também encontramos projetos de pesquisa relacionados às empresas no Capítulo 16. Nesse caso, a empresa está realmente atrás do lucro, mas talvez não esteja lucrando no momento. As próximas seções observam o espaço de uma outra maneira e apontam para o que está acontecendo hoje. Atualmente, a IA permite que as empresas ganhem dinheiro trabalhando no espaço, o que concede um incentivo para que os investidores continuem a apoiar a IA e os projetos relacionados ao espaço.

Entregando produtos em estações espaciais

Talvez a maior história de sucesso comercial da IA até agora seja o envio de suprimentos à EEI por empresas como a SpaceX e a Orbital ATK (`https://www.nasa.gov/mission_pages/station/structure/launch/overview.html` [conteúdo em inglês]). Essas organizações ganham dinheiro com cada viagem, é claro, mas a NASA também sai ganhando. Na verdade, os EUA como um todo aproveitaram os benefícios dessa iniciativa:

- Redução do custo da entrega de materiais por não usar veículos de outros países para levar suprimentos à EEI.
- Aumento do uso de bases norte-americanas como o Centro Espacial Kennedy, o que significa que o custo dessas bases é amortizado no longo prazo.
- Novos centros de lançamento foram adicionados para futuros voos espaciais.
- Maior disponibilidade de capacidade de carga para satélites e outros itens.

A SpaceX e a Orbital ATK interagem com muitas outras empresas. Dessa forma, mesmo que apenas duas empresas pareçam receber todos os benefícios desse acordo, muitas outras também se beneficiam como parceiras subsidiárias. O uso da IA possibilita tudo isso, e está acontecendo neste segundo. As empresas estão ganhando dinheiro com o espaço hoje, sem esperar o amanhã, como talvez você possa achar com base em algumas notícias. Que os ganhos sejam provenientes de um mero serviço de entrega, não faz qualquer diferença.

As entregas espaciais são algo essencialmente novo. Muitas empresas online ficaram no vermelho por anos antes de se tornarem lucrativas. No entanto, a SpaceX, pelo menos, parece estar em uma posição de obter lucro depois de algumas perdas iniciais (https://voyager1.net/tecnologia/spacex-a-mao-bem-visivel-do-estado/). As empresas sediadas no espaço levarão um bom tempo até atingirem o mesmo impacto financeiro que as empresas da mesma área sediadas na Terra possuem hoje.

Minerando recursos extraplanetários

Empresas como a Planetary Resources (https://www.planetaryresources.com/) estão prestes a começar a mineração de asteroides e outros corpos planetários. O potencial para encontrar o pote de ouro está certamente nesse caminho (https://www.bbc.com/portuguese/noticias/2012/04/120424_asteroide_mineracao_fn). Incluímos esta seção no capítulo porque a Terra está literalmente ficando sem recursos para minerar, e muitos dos recursos remanescentes exigem técnicas de mineração por demais poluidoras. Esse negócio, em particular, decolará mais cedo ou mais tarde.

CUIDADO

Há muito sensacionalismo a respeito desse tipo específico de negócio, incluindo a mineração do asteroide 16 Psique (https://koutroularis.wordpress.com/2019/02/27/16-psyche-o-asteroide-milionario/). Mesmo assim, as pessoas em algum momento terão de criar um programa incrível de reciclagem, algo que parece ser improvável, ou encontrar recursos em outro lugar — muito possivelmente no espaço. As pessoas que estão ganhando dinheiro com esse projeto em particular hoje são aquelas que fornecem ferramentas, muitas das quais baseadas em IA, para determinar a melhor forma de realizar a tarefa.

Explorando outros planetas

Parece muito provável que os humanos acabarão explorando e colonizando outros planetas, sendo Marte o primeiro na lista. Na verdade, mais de 100 mil pessoas já se inscreveram para essa viagem (veja http://g1.globo.com/mundo/noticia/2013/08/mais-de-100-mil-se-inscrevem-para-viagem-sem-volta-a-marte.html). Depois que as pessoas chegarem a outros planetas, incluindo a Lua, muitos acreditam que a única forma de ganhar dinheiro será através da venda de propriedade intelectual, ou, possivelmente, a criação de materiais que terão suporte apenas naquele mundo em particular (https://www.forbes.com/sites/quora/2016/09/26/is-there-a-fortune-to-be-made-on-mars/#68d630ab6e28).

CUIDADO

Infelizmente, embora algumas pessoas estejam ganhando dinheiro com esse projeto hoje em dia, é provável que não veremos lucro real de nossos esforços por um tempo. Mesmo assim, algumas empresas estão ganhando dinheiro hoje fornecendo as várias ferramentas necessárias para projetar a viagem. Quem disse que a pesquisa não fomenta a economia?

» Compreendendo o mundo

» Desenvolvendo novas ideias

» Entendendo a condição humana

Capítulo 20

Dez Maneiras em que a IA Falhou

Qualquer livro abrangente sobre a IA deve considerar também quando ela deixou de atender às expectativas. Este livro discute essa questão em partes durante os outros capítulos, dando uma visão histórica dos invernos da IA. Porém, mesmo com análises anteriores, talvez você não tenha captado que a IA não apenas falhou ao atender às expectativas estabelecidas por seus defensores excessivamente entusiastas; fracassou ao atender às necessidades específicas e as exigências básicas. Este capítulo fala sobre as falhas que não permitirão que a IA se sobressaia e realize as tarefas que precisamos que realize para alcançarmos os sucessos descritos em outros capítulos. A IA é atualmente uma tecnologia em evolução que, na melhor das hipóteses, tem um sucesso parcial.

LEMBRE-SE

Umas das questões essenciais envolvendo a IA no momento é que as pessoas continuam antropomorfizando-a e transformando-a em algo que ela não é. Uma IA aceita dados limpos como entrada, analisa esses dados, encontra os padrões e fornece a saída solicitada. Como descrito nas seções deste capítulo, uma IA não entende nada, ela não é capaz de criar nem descobrir nada novo e não possui o conhecimento intrapessoal, então não tem como sentir empatia por qualquer um, a respeito de nada. A informação crucial a ser levada deste capítulo é que uma IA se comporta conforme projetada por um programador humano, e o que você geralmente entende como inteligência é apenas uma mistura de uma programação inteligente e vastas quantidades de dados analisados de uma forma específica. Para obter outra visão a respeito dessas e de outras questões, dê uma olhada no artigo https://medium.com/@yonatanzunger/asking-the-right-questions-about-ai-7ed2d9820c48 [conteúdo em inglês].

Porém, ainda mais importante é que as pessoas que afirmam que uma IA dominará o mundo no futuro não conseguem entender que isso é algo impossível, considerando nossa tecnologia atual. Uma IA não é capaz de subitamente adquirir autoconsciência, porque não possui qualquer meio de expressar a emoção que é necessária para se tornar autoconsciente. Como mostrado na Tabela 1-1 no Capítulo 1, hoje em dia uma IA não tem alguns dos sete tipos essenciais de inteligência necessários para se tornar autoconsciente. Mas nem se ela possuísse esses sete níveis de inteligência seria o suficiente. Os humanos têm uma intuição especial — algo que os cientistas não entendem. Sem entender o que é essa intuição, a ciência não consegue recriá-la como parte de uma IA.

Entendendo

A habilidade de compreender é inata aos humanos, mas é completamente ausente em IAs. Ao observar uma maçã, um humano vê mais do que apenas uma série de propriedades associadas com a figura de um objeto. Os humanos entendem as maçãs por meio do uso dos sentidos, como cor, sabor e toque. Entendemos que a maçã é comestível e que fornece nutrientes específicos. Temos sentimentos em relação às maçãs; talvez gostemos delas e as consideremos nossa fruta favorita. A IA vê um objeto que tem propriedades associadas a ele — valores que não entende, mas que apenas manipula. As seções a seguir descrevem como a incapacidade de entender faz com que a IA como um todo fique abaixo das expectativas.

Interpretando, não analisando

Como afirmamos muitas vezes ao longo deste livro, uma IA usa algoritmos para manipular os dados de entrada e produzir uma saída. A ênfase é na realização da análise dos dados. Porém, um humano controla a direção dessa análise e deve interpretar os resultados. Por exemplo, uma IA pode realizar uma análise de uma radiografia que apresenta um possível tumor cancerígeno. A saída resultante pode destacar uma parte da radiografia que contém o tumor para que o médico a veja. Talvez de outro modo, o médico não conseguisse ver o tumor, então a IA sem dúvida oferece um serviço importante. Mas, ainda assim, é preciso que um médico reavalie os resultados e determine se a radiografia realmente mostra um câncer.

Como mostramos em várias seções deste livro, especialmente com os carros autônomos no Capítulo 14, uma IA pode se enganar com facilidade, basta que um pequeno objeto esteja no lugar errado. Sendo assim, mesmo que a IA seja incrivelmente útil para que o médico veja algo invisível ao olho humano, ela também não é confiável o suficiente para tomar qualquer tipo de decisão.

A interpretação também sugere a habilidade de ver além dos dados. Não é a habilidade de criar dados novos, mas de entender que eles podem indicar algo além do que está aparente. Por exemplo, os humanos geralmente conseguem identificar quando os dados são mentirosos ou falsificados, mesmo que não haja evidências desses problemas nos próprios dados. Uma IA entende que os dados são reais e verdadeiros, enquanto um humano sabe que isso não é verdade. Formalizar com precisão como os humanos chegam a esse objetivo é atualmente impossível, pois os humanos na verdade não entendem como isso ocorre.

Mais do que apenas números

Mesmo que aparentemente pareça ser diferente, uma IA trabalha apenas com números. Por exemplo, uma IA não consegue entender palavras, o que significa que, quando você fala com ela, a IA está simplesmente realizando uma combinação de padrões após converter sua fala em uma forma numérica. A essência do que você disse não existe mais. Mesmo que a IA conseguisse entender palavras, ainda assim ela não conseguiria fazê-lo, pois as palavras desaparecem após o processo de simbolização. A falha das IAs para entender algo tão básico como palavras significa que a tradução que a IA faz de um idioma para outro sempre deixará de lado o fator essencial para traduzir o sentimento subjacente às palavras, assim como as próprias palavras. As palavras expressam sentimentos, e uma IA não consegue fazer isso.

CONSIDERANDO O COMPORTAMENTO HUMANO

A falta de entendimento sobre o comportamento humano destaca-se ao longo deste capítulo. Mesmo que um comportamento seja compreendido, não significa que possa ser replicado ou simulado. Uma compreensão matemática formal do comportamento deve ocorrer para torná-lo acessível à IA. Considerando que muitos comportamentos humanos não são, de fato, compreendidos, é improvável que alguém crie um modelo matemático formal para eles em curto prazo. Sem esses modelos, uma IA não consegue pensar de uma forma parecida com os humanos e nem realizar qualquer coisa que se assemelhe à senciência.

O mesmo processo de conversão ocorre com cada sentido que os humanos possuem. Um computador traduz a visão, a audição, o olfato, o paladar e o tato em representações numéricas para depois realizar uma combinação de padrões de modo a criar um conjunto de dados que simule a experiência do mundo real. Para complicar ainda mais a questão, os humanos geralmente experimentam as coisas de forma diferente uns dos outros. Por exemplo, cada pessoa tem uma forma única de enxergar as cores (`https://hypescience.com/seu-azul-e-meu-vermelho-as-pessoas-nao-veem-as-mesmas-cores/`). Para uma IA, todos os computadores veem a cor exatamente da mesma forma, o que significa que uma IA não consegue experimentar as cores de forma única. Além disso, por causa da conversão, ela, de fato, não experimenta cor alguma.

Considerando as consequências

Uma IA pode analisar dados, mas ela não consegue fazer julgamentos éticos ou morais. Se você lhe pedir que faça uma escolha, ela sempre escolherá a opção com a maior probabilidade de sucesso, a menos que você também forneça algum tipo de função de aleatoriedade. A IA fará essa escolha independentemente do resultado. O box no Capítulo 14 intitulado "Os carros AD e o dilema do bonde" expressam esse problema de forma bem clara. Ao se deparar com uma decisão entre permitir que os ocupantes do carro ou os pedestres morram, quando uma escolha desse tipo for necessária, a IA deve ter instruções humanas disponíveis para que possa tomar a decisão. Ela não é capaz de considerar as consequências e, assim, não está apta para ser parte do processo de tomada de decisão.

CUIDADO

Em muitas situações, julgar mal a habilidade de uma IA para realizar uma tarefa é meramente inconveniente. Em alguns casos, talvez você precise realizar a tarefa uma segunda e terceira vezes manualmente porque a IA não está à altura dessa tarefa. No entanto, em termos de consequências, isso pode acarretar problemas legais, além dos morais e éticos, caso confie em uma IA para realizar uma tarefa que ela não está apta a realizar. Por exemplo, permitir que um carro autodirigido (AD) conduza o veículo em um local que não tem estrutura para essa necessidade será provavelmente ilegal, e você terá problemas com a lei, além dos danos e despesas médicas que o carro AD pode causar. Resumindo, conheça as exigências legais antes de confiar em uma IA para fazer qualquer coisa que envolva consequências em potencial.

Descobrindo

Uma IA consegue fazer a interpolação entre conhecimentos existentes, mas não consegue extrapolá-los para criar novos conhecimentos. Ao encontrar uma nova situação, ela geralmente tenta resolvê-la como se fosse um conhecimento existente, em vez de aceitar que se trata de algo novo. Na verdade, uma IA não tem métodos para criar qualquer coisa nova ou determinar que algo é único. Essas são expressões que nos ajudam a descobrir coisas novas, trabalhar com elas, inventar métodos para interagir com elas e criar novos métodos para usá-las de modo a realizar novas tarefas ou potencializar algumas existentes. As próximas seções descrevem como a inabilidade de uma IA para fazer descobertas faz com que ela não atinja as expectativas dos humanos em relação a ela.

Inventando novos dados a partir dos antigos

Uma das tarefas mais comuns que as pessoas realizam é a *extrapolação* de dados. Por exemplo, considerando A, o que é B? Os humanos usam o conhecimento existente para criar novos conhecimentos de tipos diferentes. Ao conhecer uma parte do conhecimento, um humano consegue ir além e chegar a uma nova parte do conhecimento, fora do domínio do conhecimento original, com uma alta probabilidade de sucesso. Os humanos dão esses passos com tanta frequência, que isso se torna extremamente natural e intuitivo. Mesmo as crianças conseguem fazer essas previsões com uma alta taxa de sucesso.

LEMBRE-SE

O máximo que uma IA conseguirá fazer é *interpolar* os dados. Por exemplo, considerando A e B, C está em algum lugar entre as duas? A capacidade de interpolar bem os dados significa que uma IA pode estender um padrão, mas ela não consegue criar dados novos. No entanto, às vezes os desenvolvedores conseguem fazer com que as pessoas acreditem que os dados são novos, ao usar técnicas inteligentes de programação. A presença de C parece algo novo, quando, na verdade, não é. A falta de novos dados pode produzir condições que fazem a IA parecer que está resolvendo um problema, quando não está. O problema exige uma nova solução, e não a interpolação de soluções existentes.

Vendo além dos padrões

Atualmente, uma IA consegue ver padrões nos dados quando eles não estão aparentes aos humanos. A capacidade de identificar esses padrões é o que torna a IA tão valorosa. A manipulação e análise de dados consome muito tempo, é complexa e repetitiva, mas uma IA consegue realizar a tarefa sem estresse algum. No entanto, os padrões de dados são simplesmente uma saída, e não necessariamente uma solução. Os humanos usam seus cinco sentidos, a empatia, a criatividade e a intuição para ver além dos padrões em busca de uma solução em potencial que esteja em um lugar diferente de onde os dados o fariam crer que estivesse. O Capítulo 18 discute essa parte da condição humana com mais detalhes.

DICA

Uma forma básica para entender a habilidade humana de ver além dos padrões é observar o céu. Em um dia nublado, as pessoas conseguem identificar padrões nas nuvens, mas uma IA vê nuvens, e nada além de nuvens. Além disso, duas pessoas podem enxergar coisas diferentes nas mesmas nuvens. A visão criativa de padrões nas nuvens pode fazer com que uma pessoa enxergue uma ovelha enquanto a outra vê uma fonte de água. O mesmo se aplica para as estrelas e outros tipos de padrões. A IA apresenta o padrão como uma saída, mas ela não entende esse padrão e não tem a criatividade para fazer qualquer coisa com ele, a não ser relatar que o padrão existe.

Implementando novos sentidos

Conforme os humanos se tornaram mais inteligentes, eles também ganharam a percepção sobre as variações nos sentidos humanos que, na realidade, não se traduzem bem a uma IA, pois a replicação desses sentidos em hardware não é possível no momento. Por exemplo, a habilidade de usar múltiplos sentidos para gerenciar uma entrada simples (sinestesia; veja mais detalhes em `http://www.daysyn.com/istoearticle.pdf`) está além da capacidade da IA.

Descrever a sinestesia de forma eficaz está muito além da maioria dos humanos. Antes que possamos criar uma IA que consiga imitar alguns dos efeitos realmente incríveis da sinestesia, precisamos primeiro descrevê-la por completo e depois criar sensores que converterão a experiência em números que a IA possa analisar. No entanto, mesmo assim, a IA verá apenas os efeitos da sinestesia, e não o impacto emocional. Como consequência, uma IA nunca experimentará ou entenderá a sinestesia totalmente. (A seção "Mudando o espectro de dados", no Capítulo 8, analisa como uma IA poderia potencializar a percepção humana com uma experiência similar à sinestésica.) Por mais incrível que pareça, alguns estudos mostram que os adultos podem ser treinados para terem experiências sinestésicas, tornando incerta a necessidade de uma IA (`https://www.nature.com/articles/srep07089` [conteúdo em inglês]).

PAPO DE ESPECIALISTA

Embora a maioria das pessoas saiba que os humanos possuem cinco sentidos, muitas fontes agora sustentam que, na verdade, os humanos possuem muito mais do que os cinco sentidos conhecidos (`https://incrivel.club/admiracao-curiosidades/o-ser-humano-nao-tem-apenas-5-sentidos-tem-26-247210/`). Alguns desses sentidos adicionais não são nada compreendidos e mal podem ser provados, como a magnetocepção (a habilidade de detectar campos magnéticos, como o da Terra). Esse sentido possibilita às pessoas que digam qual a direção certa, parecido com o sentido dos pássaros, mas em um grau menor. Como não temos métodos nem para quantificar esse sentido, replicá-lo como parte de uma IA é impossível.

Exercendo Empatia

Os computadores não sentem nada. Não é algo necessariamente negativo, mas este capítulo entende isso como negativo. Sem a habilidade de sentir, um computador não consegue ver as coisas sob a perspectiva humana. Ele não entende o que é estar feliz ou triste, então não sabe como reagir a essas emoções a menos que um programa crie um método para analisar expressões faciais e outros indicadores para, então, agir adequadamente. Mesmo assim, essa reação seria uma resposta programada e propensa a erros. Pense em quantas decisões você toma com base em uma necessidade emocional, em vez de considerar apenas o fato. As seções a seguir discutem como a falta de empatia por parte da IA a impede de agir corretamente com humanos em muitos casos.

Estando na pele de alguém

A ideia de *estar na pele de alguém* significa ver as coisas sob a perspectiva da outra pessoa e se sentir da mesma forma ela. Ninguém se sente, de fato, exatamente da mesma forma que outra pessoa, mas por meio da empatia, as pessoas podem se aproximar. Essa forma de empatia exige uma forte inteligência intrapessoal como ponto de partida, que uma IA nunca terá a menos que ela desenvolva um sentido de si mesma (a *singularidade*, como explicada em `https://www.technologyreview.com/s/425733/paul-allen-the-singularity-isnt-near/`[conteúdo em inglês]). Além disso, a IA precisaria conseguir sentir, algo que é impossível no momento, e precisaria estar aberta para compartilhar sentimentos com outras entidades (geralmente humanas, até agora), o que também é algo impossível. O atual estado da tecnologia da IA não permite que ela sinta ou compreenda qualquer tipo de emoção, o que impossibilita a empatia.

LEMBRE-SE

Obviamente, a questão é por que a empatia é tão importante. Sem a habilidade de sentir o mesmo que outra pessoa, uma IA não consegue desenvolver a motivação para realizar certas tarefas. Você poderia mandar que a IA realize tarefas, mas ela não teria motivação por si só. Desta forma, ela nunca realizaria certas tarefas, mesmo que isso fosse uma exigência para a construção de habilidades e do conhecimento necessários para atingir uma inteligência semelhante à humana.

Desenvolvendo relacionamentos verdadeiros

Uma IA constrói uma imagem de você através dos dados que ela coleta. Depois, cria padrões a partir desses dados e, usando algoritmos específicos, desenvolve uma saída que faz parecer que ela sabe quem você é — pelo menos como um conhecido. No entanto, como não é capaz de sentir, não é possível que ela o aprecie como pessoa. Ela pode servi-lo, caso você lhe ordene a fazer isso e presumindo que a tarefa esteja dentro de suas listas de funções, mas não consegue ter qualquer sentimento por você.

Ao lidar com relacionamentos, as pessoas precisam considerar tanto o apego intelectual como os sentimentos. O apego intelectual geralmente surge a partir de benefícios compartilhados entre duas entidades. Infelizmente, não há esses benefícios compartilhados entre uma IA e um humano (ou qualquer outra entidade, aliás). A IA simplesmente processa os dados usando um algoritmo específico. Algo não pode dizer que ama outro algo se uma ordem o obriga a declarar tal amor. O apego emocional deve levar consigo o risco da rejeição, o que significa ter autoconsciência.

Mudando a perspectiva

Às vezes os humanos podem mudar de opinião com base em outra coisa além dos fatos. Mesmo que as probabilidades digam que determinado conjunto de ações é o mais prudente, uma necessidade emocional faz com que outro conjunto seja preferido. Uma IA não tem preferências. Dessa forma, ela não consegue escolher outro conjunto de ações por qualquer outro motivo que não sejam as probabilidades, uma *restrição* (uma regra que a force a fazer a mudança) ou uma exigência para fornecer uma saída aleatória.

Dando os saltos da fé

Fé é a crença em que algo é verdadeiro sem ter provado o fato para dar suporte a essa crença. Em muitos casos, a fé tem a forma de *confiança*, que é a crença na sinceridade da outra pessoa, sem qualquer prova de que ela seja confiável. Uma IA não consegue demonstrar fé nem confiança, parte do motivo pelo qual não consegue extrapolar o conhecimento. O ato de extrapolação geralmente se baseia em um pressentimento, baseado na fé, de que algo é verdadeiro, mesmo que não haja qualquer tipo de dados para apoiar o pressentimento. Como a IA não tem essa habilidade, ela não consegue oferecer insights — uma exigência importante para padrões de pensamentos semelhantes aos humanos.

DICA

Há inúmeros exemplos de inventores que deram o salto da fé para criar algo novo. No entanto, um dos mais proeminentes foi Edison. Por exemplo, ele tentou 1.000 vezes (e possivelmente mais ainda) para criar a lâmpada. Uma IA teria desistido após um certo número de tentativas, provavelmente devido a uma limitação. Você pode ver uma lista de pessoas que deram saltos de fé para realizar coisas incríveis em `http://coisasdekarol.com.br/desistir-descubra-a-historia-de-famosos-que-nao-desistiram-dos-seus-sonhos/`. Cada um desses atos é um exemplo de algo que a IA não consegue fazer, pois ela não tem a habilidade de pensar além dos dados que você lhe forneceu como entrada.

Índice

Q

R

S

T

U

V

W

X

Y